中华当代学术著作辑要

持续发展途径的经济学分析

潘家华 著

商务印书馆
The Commercial Press

图书在版编目(CIP)数据

持续发展途径的经济学分析/潘家华著.—北京：
商务印书馆,2022
（中华当代学术著作辑要）
ISBN 978-7-100-21113-0

Ⅰ.①持… Ⅱ.①潘… Ⅲ.①中国经济—经济可持续发展—经济分析 Ⅳ.①F120.4

中国版本图书馆 CIP 数据核字(2022)第 077984 号

权利保留,侵权必究。

中华当代学术著作辑要
持续发展途径的经济学分析
潘家华 著

商 务 印 书 馆 出 版
（北京王府井大街36号 邮政编码100710）
商 务 印 书 馆 发 行
北 京 通 州 皇 家 印 刷 厂 印 刷
ISBN 978-7-100-21113-0

2022年11月第1版　　　开本 710×1000　1/16
2022年11月北京第1次印刷　印张 25½
定价：138.00 元

中华当代学术著作辑要

出 版 说 明

学术升降，代有沉浮。中华学术，继近现代大量吸纳西学、涤荡本土体系以来，至上世纪八十年代，因重开国门，迎来了学术发展的又一个高峰期。在中西文化的相互激荡之下，中华大地集中迸发出学术创新、思想创新、文化创新的强大力量，产生了一大批卓有影响的学术成果。这些出自新一代学人的著作，充分体现了当代学术精神，不仅与中国近现代学术成就先后辉映，也成为激荡未来社会发展的文化力量。

为展现改革开放以来中国学术所取得的标志性成就，我馆组织出版"中华当代学术著作辑要"，旨在系统整理当代学人的学术成果，展现当代中国学术的演进与突破，更立足于向世界展示中华学人立足本土、独立思考的思想结晶与学术智慧，使其不仅并立于世界学术之林，更成为滋养中国乃至人类文明的宝贵资源。

"中华当代学术著作辑要"主要收录改革开放以来中国大陆学者、兼及港澳台地区和海外华人学者的原创名著，涵盖文学、历史、哲学、政治、经济、法律、社会学和文艺理论等众多学科。丛书选目遵循优中选精的原则，所收须为立意高远、见解独到，在相关学科领域具有重要影响的专著或论文集；须经历时间的积淀，具有定评，且侧重于首次出版十年以上的著作；须在当时具有广泛的学术影响，并至今仍富于生命力。

自1897年始创起，本馆以"昌明教育、开启民智"为己任，近年又确立了"服务教育，引领学术，担当文化，激动潮流"的出版宗旨，继上世纪八十年代以来系统出版"汉译世界学术名著丛书"后,近期又有"中华现代学术名著丛书"等大型学术经典丛书陆续推出,"中华当代学术著作辑要"为又一重要接续,冀彼此间相互辉映,促成域外经典、中华现代与当代经典的聚首,全景式展示世界学术发展的整体脉络。尤其寄望于这套丛书的出版,不仅仅服务于当下学术,更成为引领未来学术的基础,并让经典激发思想,激荡社会,推动文明滚滚向前。

商务印书馆编辑部
2016 年 1 月

再版序
——可持续发展的经济学理论的传承与创新

可持续发展不仅是一个资源效率配置的经济学命题，更是一个伦理认知的哲学命题。公平可以从不同视角进行道义解读，也可以从经济学理论上开展社会福利优化分析。也正是因为这样，可持续发展经济学的基本要义，不仅涵盖可持续力的伦理和经济学宗旨，也包括发展的效率和道义原理。1992年完成的博士论文"经济效率与环境可持续力"中所梳理的学术源流，在古典经济学中已有清晰脉络，而诸如亚当·斯密、约翰·穆勒等古典经济学大师，原本也是哲学巨匠。自然保护的哲学思辨，源远流长。"市场万能"论者忽略了市场的逐利性与自然的原本性。而原本的自然，可以得益于市场而勃发，也可以受制于市场而毁灭。有技术助推市场勃发，也有技术加速市场毁灭。也正是因为这样，可持续发展经济学超越了纯然的经济学范畴。

1992年完成博士学业后，以博士论文研究为基础或素材，在剑桥一年博士后研究，发表五篇英文学术论文；1993年中国哲学社会科学博士后制度启动后，我作为第一批进入中国社会科学院的博士后研究人员，在世界经济与政治研究所博士后流动站开展研究。受益于社科院世界经济与政治研究所宽松的学术氛围，感知到国内学界对于可持续发展经济学研究的相对薄弱，在博士后流动站期间以博士论文为基础，我完成了本书的撰写。承蒙设站单位当时之青年才俊后任所长张宇燕的推介，本书纳入中国人民大学出版社经济学文库出版。同时，本书获评"中国社科院优秀科研成果二等奖（专著）"后，社会科学文献出版社作为庆祝社科院建院30周年的优秀成果再版。商务印书馆选取本书作为改革开放以来成长学者的代表作品再版，我再次通读和审视全书，其学术内涵于价值，在现今全球可持续发展大势之下，中国生态文明转型发展进程之中，依然是丰富而可取的。

作为我学术生涯的重要作品，本书系统梳理了可持续发展经济学的思想源流，全面阐释了可持续发展经济学的理论内涵。经济学源于哲学，而土地伦理、生物中心伦理和正义论等学说构成了可持续发展经济学早期的伦理认知基础。可持续发展经济学是一门综合性、战略性和长远性的学科，它囊括了外部成本内部化等环境经济学理论、最优资源存量与可持续利用等自然资源经济学理论、工业生态学等生态经济学理论及代内公平、代际公正等发展经济学理论。研究者要系统把握各学理组成要素之间的关系，寻求以可持续发展与合理分配保障为前提的经济体最优产出水平。可持续发展的经济学核心是考察经济增长的潜在可持续力。自然资产转换、人均物质消费增加、固定资产存量提升及技术效率优化都可能成为经济增长的潜在增长因子，但发达经济体的增长实践证明，工业文明难以突破自然资产刚性约束、人均消费饱和、固定资产存量饱和的三重"天花板效应"，技术效率的不断优化才是环境中性条件下的增长源泉。本书对可持续发展经济学研究的方法论也进行了较为系统全面的分析深化，涉及可持续发展的资源环境要素评价与核算方法、可持续发展的经济学系统分析方法和可持续发展系统的综合分析方法。

纵观可持续发展经济学的学科进展、学术创新和话语演化，本书在可持续发展经济学领域研究中所展现的基础性、学理性和系统性，应该说，经受住了时间的考验，理论与方法仍然具有科研、教学和决策实践的参考价值。但这并不意味着可持续发展经济学在过去几十年里没有进展。相反,许多基础性更变型的变化,推进和引领可持续发展经济学研究的不断创新和实践。从可持续发展的国际政治经济格局及全球治理进程看,20世纪90年代初主要分为发达国家和发展中国家两大阵营;进入21世纪,则演化为发达经济体、新兴经济体、欠发达经济体三大板块。进一步考察,明确辨析出技术扩张型、超饱和型、品质提升型、投资扩张型、人口扩张型五类经济体。全球可持续发展治理进程,也从单一维度发展到"五位一体",围绕着"5P理念"(people,planet,prosperity,peace,partnership),2015年联合国通过了包括消除贫困、消除饥饿等在内的17项可持续发展目标。更为重要的是,需要开展和深化可持续发展的经济学范式转型思考。推进生态文明建设,构建生态文明发展范式转型理论十分必要,这就要求在价值理论、生产力理论、福祉理论、和谐共生的系统理论上,对工业文明发展范式下常规的、传统的以功利主义为伦理基础的经济学理论进行生态学革命。这也需要在方法论上有新的突破。从古典经济学系统综合悲观、乐观与恒常观的方法到目前处于探索阶段的关联分析和基于自然的解决方案,复合系统的评价方法从可持续发展的三大支柱发展到"5P"协同,进而上升到生态化的指标测评,从可持续力、风险化解能力以及和谐共生水平三个方面准确测评生态化进程,推进生态文明社会演进。

原则上讲,可持续发展经济学是对工业文明发展范式下人类社会发展的经济学药方,但工业文明发展范式具有内在的不可持续性。联合国2030年可持续发展议程、应对气候变化的《巴黎协定》都表明国际社会已经启动发展范式的转型进程。如何转?中国的生态文明建设实践,在理论和方法上,代表着转型的方向所在。在学理上,我们需要做的,则是要系统探索并逐步构建生态文明发展范式新经济学,不是简单的传承工业文明发展范式下的可持续发展经济学体系,而是需要革命性的创新与发展,使得生态文明发展范式下的新经济学不仅仅具有中国特色的经济学,而应具有世界普遍适用性、为国际学术界和国际社会所认可、接受并应用的理论与方法体系。

潘家华

2021 年 4 月 12 日

前　　言

　　持续发展概念的内涵十分丰富。它既是目标,又是手段;既强调保护,又强调发展。在一定程度上,持续发展是环境保护的压力与经济增长的动力两种力量的妥协和矛盾的统一。所谓妥协,隐含有保护与增长之权衡取舍的抉择;所谓统一,意味着环境与经济互为条件的基本原则。

　　然而,持续发展这一概念的丰富内涵,又使其确切含义变得模糊起来。效率配置、污染控制、生态重建、生物多样性保护、社会平等、生活质量提高、消除贫困等均被用来定义和论述持续发展,以致国外学者称持续发展已成为一种"泛用"的时髦词汇而包罗万象。但是,进一步考察这些定义和论述则可发现,它们从不同侧面探讨和认识持续发展的条件和实施方式,形成各具特色的持续发展途径。这些途径都有明确的伦理学规范意识,独特的环境问题优先序列或重要性辨识,较为系统的理论和方法论基础,以及各具特色的实践方式。因此,我们不能简单地肯定或否定某一特定的持续发展途径,而是要充分揭示其特点与局限,明确其政策含义。

　　分析各种持续发展途径,需要一定的框架和相应的方法论基础。尽管古典经济学的资源稀缺论及新古典经济学的效率利用论构成持续发展的重要途径,但有关持续发展的讨论,却以环境与自然保护为主导。1988年,我初到英国剑桥做环境经济学的博士学位论文研究时,觉得西方经济学在持续发展讨论中的声音一开始相对微弱,但随后,理论上与方法上对持续发展概念的完善与应用异军突起,作用巨大。1993年回国后,也觉得中国持续发展的声潮主要来自于环保和自然科学界。因此,有必要应用经济学方法考察各种持续发展途径的特点、局限及其实践含义,在此基础上探讨持续发展的市场调控机理及其政策含义,以实现符合效率原则的环境持续。不仅如此,还需对中国当前环境管理与资源利用中的一些重大问题,作一些可能的案例解析,认识中国在向市场经济过渡阶段应用市场途径优化资源配置的原理与政策措施。

鉴于上述考虑,本书分为四个部分展开研究。第一部分考察了持续发展概念所基于的环境与资源的价值原理,主要讨论了有关环境伦理、环境危机以及环境资源状态辨识参数的一些基本原理。第二部分从经济学的角度分析了当前国际上有关持续发展主要途径的特征、局限、实践意义或应用前景。在本研究中所分析的典型途径包括古典的资源稀缺、常规的效率利用、悲观的极限增长、能动的能力建设、回归性的绿色发展等模式。第三部分根据经济效率与环境持续的关系,建立了持续发展市场调控的优化模型,讨论了多目标协同的决策与经济政策问题。第四部分就土地资源、水资源、环境成本及贸易自由化的环境效应等涉及中国持续发展的一些重大现实问题进行了案例和专题研究。

中国在环境与资源经济学领域理论与方法方面的研究已有一定基础,但就可持续发展有关经济原理的系统探讨尚不多见。本书在体例结构上仍延续我1992年完成的博士学位论文风格,主要以西方有关的理论与方法为基础展开研究。作为理论上的探讨,许多观点、分析乃至措辞不尽与国内已有的或所熟悉的完全一致,有些甚至出入较大或相矛盾,如资源价值论与劳动价值论、环境资源产权的明确界定及其市场配置。此外,书中对西方文献引证,所涉及的诸多西方学者人名及术语的中文表述也可能不尽准确。对于西方人名的翻译，有两种处置方法。一是沿用那些已广为接受的惯用译名，如亚当·斯密、约翰·穆勒。这部分人多为经济学家，主要参照经济科学出版社1987年翻译出版的《世界重要经济学家辞典》和上海译文出版社1988年出版的《现代经济学辞典》的译法。二是参照商务印书馆1985年版的《英语姓名译名手册》译出。至于专业词汇，以意译为主，并参照国内文献的译法。

本书汲取了生态伦理和环境保护的一些基本原理与方法，既有别于传统的环境与资源经济学，又不同于以增长为核心的发展经济学。对这样一个尚处于发展和完善过程中的领域，我的研究只能是探讨性的，许多观点很可能失之偏颇，一些原理的论述也难免不尽妥帖。对于许多问题的讨论也仅限于提出问题，需要更多的研究来回答这些问题。作者谨藉此书讨教于关注持续发展经济研究的同仁，探索可持续发展的原理与实践问题，建立起符合发展中国家实际的理论与方法体系，推动中国的可持续发展实践。

目　　录

第一篇　环境与资源的价值原理

第一章　环境价值观 ································· 3
1.1　土地伦理学 ································· 3
1.2　生物中心论 ································· 8
1.3　均等的环境伦理观 ··························· 17
1.4　环境伦理与持续发展 ························· 20

第二章　环境危机论 ······························· 23
2.1　市场缺陷 ··································· 23
2.2　非确定性与不可逆性 ························· 30
2.3　权衡取舍关系 ······························· 34
2.4　环境库兹涅茨曲线 ··························· 36
2.5　人口增长的环境压力 ························· 51

第三章　环境状态值 ······························· 55
3.1　市场参数因子 ······························· 55
3.2　综合经济指数 ······························· 60
3.3　物理指数 ··································· 66

第二篇　持续发展主要途径的经济学分析

第四章　资源稀缺论 ······························· 73

4.1 绝对稀缺论 …… 73
4.2 相对稀缺论 …… 75
4.3 静态经济 …… 77
4.4 自然和谐论 …… 79

第五章 效率利用论 …… 83
5.1 效率配置 …… 83
5.2 纯市场理性 …… 93
5.3 产权管理途径 …… 97
5.4 排污许可额市场配置 …… 108
5.5 环境管制 …… 120

第六章 极限增长论 …… 124
6.1 增长的极限 …… 125
6.2 成本与时滞效应 …… 135
6.3 极限、效率与替代 …… 144
6.4 极限与持续社会 …… 154

第七章 能力建设论 …… 166
7.1 历史背景 …… 166
7.2 能力建设 …… 171
7.3 容量与发展 …… 182
7.4 财富持衡论 …… 190

第八章 绿色发展论 …… 195
8.1 绿色发展 …… 195
8.2 持续农业 …… 203

第三篇 持续发展的市场调控与多目标协同

第九章 市场控制论 …… 217

9.1 经济效率与环境持续的函数关系 …… 217
9.2 最优控制模型 …… 220
9.3 市场参数与实物资本量 …… 226
9.4 经验印证 …… 232
9.5 政策含义 …… 239

第十章 多目标协同论 …… 243
10.1 社会经济与环境系统分析 …… 243
10.2 经济、社会与环境目标 …… 246
10.3 多目标决策 …… 248
10.4 经济政策 …… 252
10.5 绿色国民账户 …… 256

第四篇 环境资源配置案例解析

第十一章 土地资源价值论 …… 265
11.1 土地与土地利用 …… 265
11.2 土地的资源属性价值 …… 273
11.3 土地资源价值 …… 280
11.4 土地资源价值的影响因子 …… 290
11.5 土地经济价值评价与实现 …… 300

第十二章 环境成本控制论 …… 306
12.1 环境成本因子 …… 307
12.2 动态变化特征 …… 310
12.3 变化态势分析 …… 315
12.4 控制途径分析 …… 330

第十三章 水资源市场配置论 …… 336
13.1 市场原理 …… 337

13.2 水资源经济特点 ………………………………………… 339
13.3 成本与收益 ……………………………………………… 341
13.4 利益分配机理 …………………………………………… 346

第十四章 贸易协同论 …………………………………………… 350
14.1 贸易自由化的环境效应 ………………………………… 351
14.2 环境成本对贸易的影响 ………………………………… 357
14.3 贸易协定规则与环境保护 ……………………………… 361
14.4 南北贸易关系与发展中国家的环境 …………………… 364
14.5 贸易自由化的环境政策保障 …………………………… 371

参考文献 ……………………………………………………………… 379
后记 …………………………………………………………………… 389

第一篇　环境与资源的价值原理

第一章　环境价值观

　　环境资源的保护和利用需要环境价值观。环境经济学和可持续发展的有关理论讨论,通常都以环境伦理为基础。为了分析和比较各种可持续发展的经济学说和途径,我们需要考察相应的环境价值观。在这一章里,我们主要讨论与持续发展经济途径较为直接的三种环境价值观:土地伦理、生物中心及均等的环境伦理观。

1.1　土地伦理学

　　土地伦理(land ethics)观念为美国学者利奥波德[①]于20世纪40年代提出,在环境保护理论发展中占有十分重要的地位。这一学说第一次较为系统地从伦理学的高度来讨论自然保护问题;所提出的土地群落方法及批评人类以经济价值来判断自然和要求人类尊重自然的观点,一方面承接19世纪末20世纪初美国所开展的自然保护运动;另一方面又为其后的自然保护主义者所全面继承。这些观念在国际自然保护同盟的自然保护战略中,乃至在联合国一些有关机构的文本中,都有充分的反映。[②]

---

　　① 奥利多·利奥波德(Aldo Leopold,1887—1948)被称为美国野生资源保护之父。他一生热爱自然,保护自然,对美国的自然保护作出了特殊贡献。他撰写的有关政策方面的论文,在他去世后汇编成书出版。

　　② 参见 IUCN et al, *World Conservation Strategy: Living Resources Conservation for Sustainable Development*, IUCN, Gland Switzerland, 1980; *Caring for the Earth: A Strategy for*

土地伦理的生态学基础

在利奥波德看来,伦理观不仅是一个哲学概念,而且也是一个生态学观念。从生态学上讲,伦理观是在生存斗争中对行为自由度的制约。从哲学概念上讲,它是对反社会行为的一种歧视性否定。因而在实际上,伦理存在着两种定义。不论是生态学上的,还是哲学上的,它所表述的是一个相互依赖的个体或群体趋向于合作的进化模式。生态学家称之为共生(symbiosis)。政治和经济系统便是一种人类社会的共生体系。在这一共生体系中,原有的自由竞争为具有伦理学约束的合作机制所取代。

作为一种伦理观,通常有着这样一个基本假设:个体是一个相互依赖的群体的成员,其本能促使他在群体中竞争自己的位置,但其伦理观又促成他与其他成员合作。尽管有许多朴实的爱护自然的观念,但关于人与土地及与生长在土地上的动植物的关系,往往缺乏伦理上的阐述。现有的土地关系仍然从属于经济学范畴,将土地当作一种财产而占有,对土地本身缺乏一种道义上的责任感。

土地伦理观显然不是以人文为中心(anthropocentric)的、基于经济价值判断的伦理规范问题。它将上述人类群体的边界扩大,从而包括土壤、水、植物以及动物,它们的总和便构成了一个群落整体,利奥波德称之为土地。这样,土地伦理观将人类从土地群落征服者的地位改变为土地群落的普遍一员。这便意味着人类应该尊重其同伴及土地群落总体。①

Sustainable Living, IUCN, Gland, Switzerland, 1991; WCED, *Our Common Future*. Oxford University Press, Oxford, 1987; Mollison, *Permaculture: A Designer's Handbook*. Tagari, Talgrum, *New South Walse*, 1988; Taylor, *Respect for Nature: A Theory of Environmental Ethics*, Princeton University Press, New Jersey, 1986。

① 这与泰勒(Taylor, *Respect for Nature: A Theory of Environmental Ethics*, Princeton University Press, New Jersey, 1986)尊重自然的生物中心伦理观有共同之处。

自然保护的经济价值观批判

自然保护旨在寻求人与土地的和谐状态。完全基于经济动机的保护体系,是不能取得和谐的,因为土地群落的大多数成员没有普遍意义的市场经济价值。许多鲜为人知的花草禽兽,很难说在当前的市场上有价值。真正在市场上售卖、作饲料、食品或其他经济用途的生物种类,可能还不到生物总数的5%。但是,这些所谓没有经济价值的物种,是生物群落的成员,如果生物群落的稳定依赖于其完整性,那么这些物种就成为必不可少的成分而应该持续生存。

传统上对于生物种群或个体的保护,并不是基于群落的完整性,而是寻求直接或间接的价值关联。例如,当某种非经济类的物种受到威胁,而人们又恰好注意到了并且喜欢它,人类就会找寻经济上站得住脚的借口,然后强调这一物种的经济重要性。在20世纪初的美国,人们注意到许多鸟类在消失,于是鸟类学家及爱护鸟的人为拯救这些鸟类,找了一个很好的理由:如果没有鸟控制害虫,这些害虫将吃掉人类。这一理由足以从经济上使人震撼。可见,自然与生物保护考虑的出发点必须是经济影响。

类似地,对于食肉哺乳动物、猛禽及海鸟的保护,其根据也是出于经济学考虑。生物学家煞费苦心,证明这些生禽猛兽捕杀弱者,有利于保护狩猎区动物的健康;或是说它们帮助农民控制鼠类,或是说它们只捕杀没有价值的物种。显然,为使证据立足,经济仍然是考虑的出发点。自20世纪中叶开始,人类才在伦理上有所醒悟,开始认识到,人类没有为使自己获利而灭绝其他物种的权利。但对许多人说来,这一观点只是说说而已。不过,这已足以表明,人类已在一定程度上承认作为一种生物权利,所有的生物种类,不论它们在经济上对人类有益与否,都应该延续。

缺乏经济价值不仅是许多物种的特点，而且有时也是一些整个生物群落的特征。这样的例子包括沼泽、沙丘及荒漠等。可见，完全基于经济自我利益的自然保护系统会侧重于经济收益，它易忽略而最终排除土地群落中的许多缺乏商业价值的元素，而这些元素又是土地群落正常运行所必不可少的。这种保护观念错误地认为，生物种群的经济成分会在没有非经济成分的情况下正常运转。它趋向于把过大、过分复杂或是过分分散的许多功能寄希望于政府，而不强调人类伦理上的自我约束。

土地的群落特征

土地群落中各种成分的有机联系，构成生物连续机制。应用生态学术语，我们可以将这种机理想象成一种金字塔。这样便不难勾画出作为土地象征的金字塔外形，探索其土地利用的含义。

太阳能量在被植物固定后，经过金字塔各层的生物体而转换循环。土壤是金字塔的基层，其上为植物层，再上便是昆虫层。鸟类和啮齿动物捕食昆虫，构成再上一层。似此，经过多种生物，直到金字塔顶只有少数的大型食肉性动物。

鉴定某一金字塔层的物种，并不在于它们所生活的位置，也不在于它们的外观。它们吃什么是决定金字塔层的主要依据。上一层的动物取食于下层的生物。从下至上，层次越高，其数量越少，这一食物依赖关系常被称为食物链。从金字塔底至塔顶，能流是单向的，但死亡和腐烂又使生物体所贮存的能量归还给土壤，并有一部分散失到大气中。

人类活动对土壤的破坏，对循环过程中能流的截取，使得土地群落成为一种混乱状态。这种混乱状态有如动物之病症，只是不会像动物那样出现死亡。土地可以恢复，但其复杂程度降低了，对人及动植物的承载容量降低了。所谓的高产农业，在利奥波德看来，实际上是人为维系,已经超出了自然系统的承载容量。这种非自然的人为维系将土地群落成分简化,破坏了土地群落的自然结构与特征,形成了人类对自然的剥夺和对立的关系。

土地伦理观念

一种土地伦理观念反映出一种生态意义,这种意义反过来又表明人们对土地的健康有一种责任感。在这里,健康的含义体现为土地自我恢复的能力。自然保护便是我们致力于认识并保持这一能力。但在现实中,人们拥有不同的文化背景与观念,对土地的认识各不相同,因而在各个领域,都可能存在两种截然不同的观念:一种观念将土地视为土壤,将其功能视为商品生产;另一种观念将土地视为一个生物区系,并将其功能扩展到商品生产以外的领域。对土地的认识,反映了人与土地的关系,前者将人视为土地的征服者,而后者将人视为土地群落的一个生物成员;前者将科学看作征服土地的剑器,而后者将科学视为探索宇宙空间的光源;前者将土地视为人类的奴隶与仆人,而后者将土地视为一个集合的有机体。可见不同的伦理观,对土地的态度截然相反。

如果没有对土地的爱、尊重、赞赏,没有对其价值的认可,很难形成一种正确的土地伦理观。这里所说的价值,不是狭义的经济学价值,而是更广义的、哲学概念上的价值。土地伦理观的形成,有一个必要前提,即不要将土地利用完全看成是一个经济问题。对于土地利用,要考察三个方面的问题:(1)伦理上是否正确;(2)美学上是否有价值;(3)经济学上是否可行。判断一个事件正确与否,根据土地伦理行为规范,要看它是不是倾向于保护生物群落的完整性、稳定性及美学属性。如果回答是肯定的,则这一事件是正确的,否则便是错误的。当然,上述判断准则也可以在没有经济可行性的条件下成立。利奥波德认为,经济的决定作用已经束缚了人类的手脚;我们需要砍断此绳索,改变经济决定一切土地利用的状态。

土地伦理观的发展既富有学术性又富有感情色彩。它与其他伦理观的运行机制一样,要求在一个社会里,赞许正确的行为,阻止错误的行动。带有强制性的自然保护,其本意无可厚非,但结果表明功效不大,甚至是危险的。原因何在? 经济原因应该是次要的,因为它从属于一定的伦理价值观。主要原因应在于缺乏对土地的理解,没有形成并接受尊重土地群落的伦理规范,因而难于成为一种自觉的行为。

1.2 生物中心论

尽管土地伦理观明确应用了"伦理"这一哲学术语,但它仍然是基于自然科学知识的、对人与自然关系的一种朴实的认识。哲学上系统的环境伦理思考,是在一系列的环境与生态保护运动的基础上,于20世纪80年代初逐步形成的。这种思考和争论主要包括两个方面,即环境伦理理论究竟应该以人类为中心,还是以生物为中心,来考虑人们的伦理准则。[①] 关于环境伦理的人类中心说,我们将在第3节阐述。这里,我们先考察环境伦理的生物中心论(biocentrics)。

生物中心论又称生命中心论(life-centred theory)。这一学说认为,我们对大自然所承担的义务,并不源于我们对人类自身所应尽的义务。也就是说,环境伦理学不是以人类自我为中心的人类伦理的一个分支。

根据生物中心说的观点,我们对地球上野生动植物的权利和义务,来自于我们和自然界之间所存在的某些道德关系。自然界的存在,并不简单地是我们开发利用的对象,也不能将自然界生物仅仅当做是我

---

① 参见 Taylor, *Respect for Nature: A Theory of Environmental Ethics*, Princeton University Press, New Jersey, 1986, pp.12-13。

们利用和消费的资源。相反,野生生物群落及其成员值得我们给予道义上的关心和思考,因为它们有一种遗传上属于它们自身的价值。要理解这一点,我们需要将人放到或还原到一般生物的位置。对于我们人类自己,我们不会问这样一个不合时宜的问题:一个人的益处何在?因为这一问题隐含有这样一种假设,即一个人的价值只不过取决是否对某些目的有所用。显然,这是对人的价值的贬损或不完备的理解。同样,野生生物的益处何在的问题,从生物中心论的观点来看,同样也不适宜。因为它们并不是为了人类而生存。自然界的生物,拥有一种地球生命群落成员的实有价值。这一价值,并不源于它们实际上或可能于人类有用,也与人类感兴趣观赏或研究它们的事实无关。

换言之,除对人类自身成员的道义外,我们还有尊重野生生物自身权益的义务,这一义务与人类成员间的道义是相互独立的。我们对地球上非人类生命形式的义务,是基于它们拥有内在价值的物种地位。它们有一种属于其自身的纯天然价值,也正是由于这种价值,使得我们将它们的存在仅作为人类利用之物的观念和做法成为谬误。是为了这些生物,而不仅是为了人类,其益处应得以弘扬或保护。正如人类一样,它们也需要尊重。

道义主体与受体①

尽管人类以外的物种大多不是道义主体,但它们都是道义受体。我们人类是道义主体,拥有道义上的责任和义务,能够为所做负责。同时,人类又是道义受体,他们接受其他道义主体正确或错误的对待。而人类以外的物种,除了少数如海豚、鲸、大象和灵长类外,都没有判断道

---

① 关于道义主体(moral agents)和道义受体(moral objects)的概念与区别的讨论,详见 Taylor, *Respect for Nature: A Theory of Environmental Ethics*, Princeton University Press, New Jersey, 1986, pp.14-24。

义是非的能力，只能受到有益或有害的处置，即只能是道义受体。对于这些道义受体，我们作为道义主体的人类，是不是不需要施展道义于它们呢？回答是肯定的，即需要。因为，第一，我们人类的一小部分成员，包括神经疾病患者和大脑十分迟钝者，显然他们不具有承担道义的能力，但他们需要道义上的爱及正确对待。从这一种角度上看，不具主体能力的道义受体并不应该排除接受道义的权利。第二，道义主体也必然是道义受体，需要人的道义对待。如果人类从道义受体的立场来作判断，其他生物也需要福利关照与保护。因此，按环境伦理学的生物中心论观点，我们人类不仅能够而且应该施道义于人类以外的生物。

人类需要好的生存、学习和工作环境，这是众所周知的。与人类一样，动植物也有着其自己所适宜的环境。沙子、石头等无机物就无所谓适宜环境了，湿的沙子和干的沙子，对沙子来说，无所谓益与无益。那么动植物是否自身就适宜环境呢？我们可能难于一下说出一只蝴蝶的利益和选择，甚至否认其所宜和所欲。但一旦我们知道了其生命周期及其健康生存所需的环境条件，我们便不难说出什么对其有利，什么对其有害了。因此，从动植物的客观需要上讲，都有着其自身适宜的环境。如果我们站在动植物的位置上，便自然会努力创造其所适宜的环境，减少或避免不宜的外界影响。

固有价值(inherent worth)

我们说，人类在道义上能够而且应该维护动植物的利益，客观上动植物也存在其自身的利益，那么尊重和保护它们，究竟有没有价值，值不值得尊重？

此处所说的固有价值，并不指我们一般理解的使用价值或经济价值，而是与人类利益无关的价值。固有价值在应用中，常与内在值(intrinsic value)和固有价值相混。因为这两者也不涉及对象的使用价值。所不同的是,在于前者不能为人类所评判,而后者通常源于人类的评估。①

内在值是理性生物寻求满足自身的目标以及它们所追求利益的实现,而对其他事物的一种感受或价值认可。例如人类或其他理性生物会积极评价某一件事物,因为经历该事有一种乐趣。这种价值便是一种内在的价值;这种经历也会被认为是内在受益的。这种经历并没有消费或损坏具有内在价值的物件。可见,内在值不同于耗费性的使用价值。因此,严格说来,内在值是人们赋予自然界景观或生物种的一种不在于直接耗损,而在于品尝或意念满足的一种价值。

固有价值是我们赋予某一件物品或特殊场地(如艺术品、古建筑、战场、自然景观,或考古场地)的价值。我们认为这些应该保护起来,并不在于其实用或其商业价值;而是因为它美,或具有历史或文化意义。一旦某物品或地方被认为有遗产价值,毁坏或损伤都被认为是错误的。对人类社会来说,它十分珍贵。不应该忽略不顾,让其自然腐蚀;人们还要花钱保护它,维修它。可见这些物品并不在于实用或商业价值,而是因为人们注重它,认为它重要。在某种意义上,人工培养的新品种及有典型意义的人工群落或生态系统,也可以认为具有固有价值。而用来生产牛奶的奶牛,就不具有这种遗产价值,因为它涉及物质生产与消费。

内在值和遗产值都不体现物质生产与消费的商业过程和市场价值。但前者是赋予自然物(个体)的价值,不需要人类去维修、保养;而后者多为人造物,需要经济投入用以维护和保养。而固有价值是一个不同的概念,它只适用于具有自身适宜环境的生物种。根据泰勒的定义,如果说物种 A 具有固有价值,那便是说,A 所适宜的环境得以实现

---

① 参见本书第三章和第十一章的讨论。

的状态,较之未实现的相似状态更有益于物种 A。这种状态与物种 A 被人类估价与否无关,无论这种估价源之于内在的还是生产消费性的。它也与物种 A 在事实上是否有用于其他有感知的物种无关,而不论这些物种是人类与否,有知觉与否。①

从上述定义可见,如果一个生物体具有固有价值,那么,它便拥有相应的价值;而不管它是否有任何固有价值或生产消费价值,也不用看它与其他生物体的适宜生境有益与否。也就是说,它与内在值和遗产值的根本区别,在于它是物种自身所具有的,不是由其他物种个体来评价,与其他生物个体的利益并不相干。

既然一个物种拥有固有价值,它也就值得在道义上得到关注和考虑了。或者说,它应被看着是道义受体。随之而来的便是道义主体有一个基本义务,来保护或促进该物种的适宜生存环境。为了该物种的缘故,使其受益。这样,按生物中心论的观点,生物种有其自身的、与我们人类不相关的价值。人类对其尽道义上的责任和义务,不是为了人类,而是为了生物自身的价值。

尊重自然

据上述分析,人类应建立一种新的道德观。生物中心论的倡导者泰勒将之概称为尊重自然(respect for nature)。② 它要求在一个人的实际生活中,其意愿和目的都必须不干预或伤害自然生态系统中的动植

---

① 参见 Taylor, *Respect for Nature: A Theory of Environmental Ethics*, Princeton University Press, New Jersey, 1986, p.75. 在 Pearce 等(*Economic Values and the Environment in the Developing World: A Report to UNEP*, Nairobi, 1994)有关自然资源经济价值的分析中,没有考虑生物种的固有价值。

② 参见 Taylor, *Respect for Nature: A Theory of Environmental Ethics*, Princeton University Press, New Jersey, 1986, p.84. 它与 IUCN et al., (*Caring for the Earth: A Strategy for Sustainable Living*, IUCN, Gland, Switzerland, 1991)所倡导的爱护地球(Caring for the Earth)的观念不尽一致;后者强调的是为人类自我而爱护。

物。为了这些动植物,必须保护它们的野生状态。具有这样一种基本态度,人们的行为就会考虑和关心野生生物的适宜环境,表现出真正地对自然的尊重。换句话说,人们行为的目的必须是一种伦理上的约束性追求,必须是一种不掺杂个人利益成分的追求。需要说明的是,这些追求,与人们是否被强制无关。如果某人所表现的行为追求仅仅是或主要是个人兴致,那么这种对自然的尊重便不是道义上的,而是个人情感或爱好。因此,尊重自然是一种道义承诺,而不是简单的情感或爱。

尊重自然的态度,需要一系列的信念来支撑和提供理性依据。一个人接受尊重自然的观念,必然有合理的解释和根据。生物中心观便是这种信念的基础,其核心内容包括下述四个方面。

(1)人类如同其他生命体一样,是地球生命群体的成员。在这一意义上,所有生命体都是等同的。都有生存与发育的生物及环境要求,都存在着自身适宜的生境。而且在地球的生命长河中,人类只是一个后来者。其他许多生物没有人类可以生存,而人类离开其他生物则不能生存。这一信念是非常基本的,说明人类只不过是地球生物体大家族的一员,与其他成员之间,应具有尊重意识,并和睦相处。

(2)人种与其他物种一起,构成一个相互依存体系的有机组合。这使得每一个生命体的生存及生活的好坏不仅取决于物理环境,而且还取决于生物体之间的相互关系,这一信念较容易理解,可以看做是人类成员之间相互依存关系的外延。这一点与土地群落观念极为相似。

(3)每一生物有机体都是独特的个体,以其自有的方式,寻求自己的适宜生境。从这一意义上讲,每一个生物有机体都是一个生命感应中心。[①] 这一信念可能比较难以理解,好像我们人类已将其他生物种

---

① 参见 Teleological Centre of Life, Taylor, *Respect for Nature: A Theory of Environmenial Ethics*, Princeton University Press, New Jersey, 1986, p.119.

类人格化了,将人类的特征移植到它们身上。我们知道,许多生物是没有知觉的,它们并不知晓它们周围的世界,也没有思想感觉。因而对与之相关的事,并不能表现出兴趣。例如说一棵树,是一个生物感应中心,并不是说它有意保护其生存,作出各种努力来避免死亡,甚至它并不介意生死存亡。而是说,它有其自身的适宜生境,其行为组织是围绕这一生境而展开的。每一种有机体都是一个统一的密切有序的系统,有着明确的目标行为,即保护或维护其存在的一种趋向。从这一意义上讲,所有有机体,不论有知觉与否,都是生命的感应中心。

(4)人类并非先天优异于其他生物。这一信念似乎与人类的"文明"相悖,因为传统观念认为,我们人类所具有的价值和尊严在"较低的生命形式"上是不能得到反映的。诚然,人类拥有许多其他生物所不具备的技能;但同时我们也要看到,许多动植物所展现的技能,如鸟的飞翔、蜘蛛的织网、绿色植物的光合作用等,都令我们人类自愧弗如。如此看来,我们人类并非是全能的先天性优等物种。

上述四种基本信念是尊重自然的伦理基础。只有观念上的彻底改变,才有可能在行动上自觉地尊重自然。

伦理原则

如果我们接受并实施生物中心伦理观念,很快就会遇到与人类自身利益相冲突的具体问题。人类切身利益与生物中心伦理原则的协调便成为一个现实的难题。在谈伦理原则以前,我们先讨论三个实际例子。

(1)生物种养业。最典型的例子是种植业和禽畜养殖业。其特点在于所有种养物种都是在人为的控制下,而且种养的目的都是为了人类的直接物质消费。在此处,它们的价值主要是物质生产与消费的商业价值。但这里也不能否认,被种养的动植物,作为生命有机体,也都有着其自身的适宜生境。从这一意义上讲,人类在种养业的实践中,也应该有一定的道德约束,例如减少所养殖动物的痛苦(它们有感知),改善所种植作物的生长条件。这些可能与传统的收益最大化的原则相矛盾,因为一定道德约束的实践可能成本高,效益低。但无论怎样,也存在有这样一种可能:种养业在满足人类需求的同时,其运作实践符合一定的道义规范。

(2)于人类健康或生存有害的生物。即使我们接受生物中心伦理观,但当我们受到其他生命有机体的侵害时,总不能置之不顾,自我牺牲。最明显的例证是那些流行性病原体,如鼠疫、天花、血吸虫等。为了人类自身的利益,我们需要控制或消灭它们。但在另一方面,我们是否有必要让其从地球上绝迹呢?如果这样,这些生物的固有价值也就随之消失了。按生物中心伦理观点,这一做法在道义上不可取。那么,是不是有可能在人类居住和活动的地方实施控制或消灭它们,以维护人类利益,而在实验室或非人类生活区域让其得以生存呢?这在实践中并不是不可能的。

(3)生计问题。一些传统的狩猎民族,如北美的爱斯基摩人,他们以狩猎为生。在许多食不果腹的地区,人们必须过度开发利用自然资源以维系生存。在这些情况下,生计问题与生物中心伦理原则也是相冲突的,需要寻求有效的方法和协调机制,既满足人们的生计要求,又符合生物中心伦理准则。

上述冲突的例证表明,在运用和实践生物中心伦理观的过程中,还需要一些具体准则,才能使生物中心观落到实处。据泰勒及世界自然保护同盟等的研究[1],认为需要遵循下列几项原则。

---

[1] 参见 Taylor, *Respect for Nature: A Theory of Environmental Ethics*, Princeton University Press, New Jersey, 1986, pp.263-306; IUCN et al., *Caring for the Earth: A Strategy for Sustainable Living*, IUCN, Gland, Switzerland, 1991.

自我防卫原则 这一原则允许道义主体保护自己免遭危险或有害有机体的伤害。这一原则只适用于被迫的、不得已的境况。那些故意招引其他生物伤害的行为不符合本原则,而且自我防卫也不是不加选择的滥用各种方式。只能用适当方式,尽量减少对"进攻"有机体的伤害。

比例性原则 所有生物体的利益,都可以分为基本的和非基本的两大类。前者涉及生物体的基本生存,而后者则是非生存所必需的。有些利益,如享受象牙雕刻工艺品,使用鳄鱼皮包,并不关系到具体消费者的生存。比例性原则的中心内容在于,在人类价值与野生动植物的适宜生境发生冲突时,不论是何种物种,基本利益的权重应该大于非基本利益的权重。根据这一原则,我们人类的许多非必需利益,必须让位于野生动植物的基本利益。

最小差错原则 我们常会遇到这样一些情况:(1)人类的非必需利益不可避免地与野生动植物的利益相冲突;(2)这些人类利益在根本上与尊重自然观念不相抵触;(3)满足这些利益所需的行为,不利于野生动植物的基本利益;(4)所涉及的人类利益,尽管非必须,但十分重要,即使那些生物中心观持有者也不愿放弃。这些情况的例证包括,毁坏一片自然环境以修建图书馆、艺术馆,严重影响自然生态系统的机场、高速公路、铁路的修建等。在这些情况下,最小差错原则要求采用产生最小不利影响的方案。

分配公正原则 有两种条件需要应用这一原则:(1)非人类生物并没伤害我们,自我防卫的原则不适用;(2)利益冲突属于同一层次,都是基本利益,比例性和最小差错原则都不适用。分配公正原则要求,在冲突各方的利益都为基本利益,而且有着各方均可利用的自然适宜资源,冲突各方都必须配以等同分享。例如,人类有时需要捕杀野生动物来维持生计。双方利益均为必须,但我们又不能把野生动物赶尽杀绝。怎么办呢？实际上，人类已有许多遵循分配公平原则的实践，如划分永久性生境和公有保护区，实施环境整合规则、轮作、轮猎等。这样，人类只是消费一部分，野生动植物也有一片至少是暂时不受人类干扰的地方生存。

重塑公平原则 这一原则为最小差错和分配公正两个原则的补充原则。因为在上述两个原则之下，人类对并无恶意的动植物都带来了伤害，因而这一原则相应要求人类应该对这些伤害有所补偿。如果我们的行为是与尊重自然的观念相一致的，我们便会设法通过生态重建、环境复原等方式给野生生物予以补偿。

1.3 均等的环境伦理观

与生物中心观不同，人类均等的环境伦理观以人类为中心，它只考虑人类各成员的均等，将自然环境和其他生命有机体看作是人类均等的内容，所以称为人文中心环境伦理观（anthropocentric）①。这一伦理观认为，我们对自然界的道德义务，最终都源于我们人类各成员相互间所应承担的义务。这是因为，由于我们尊重每一个人的权利，或是由于我们应该保护和改善人类的福利，才使得我们在对待地球的自然环境及其非人类物种时，必须有一些道义约束，以实现社会公正。

关于环境伦理的社会公平论源于公正论。它由英国学者罗尔斯于

---

① 实际上，人类伦理观都是以人文为中心的。例如一些环境经济学的讨论（Kneese and Schulze, *Ethics and Environmental Economics*, In A.V.Kneese and J.C.Sweeney (eds), *Handbook of Natural Resource and Energy Economics*, Vol I.Elsevier Science Publishers B.V., Amsterdam, pp.191–220, 1985. Pearce and Turmer, *Economics of Natural Resources and the Environment*, Harvester Wheatsheaf, Hertfordshire, England, 1990, Chapter 1）强调的均是人类的均等与福利。

20世纪70年代初提出。① 罗尔斯从哲理的角度,考察一个理性的人在不知道其社会位置的情况或在"无知面纱"(veil of ignorance)下,所应采取的选择。他所探讨的基本上是同一时代内社会各成员间的问题,随后为许多学者引申到不同代人之间的选择问题。这样,环境伦理上的公平或均等概念,实际上包括同代人社会各成员间(代内)的均等和不同代人社会成员间(代际)的均等。

代内均等(intra-generational equity)

罗尔斯的理论构架是,通过对一个理性个人的分析,来看能否得出一套道义原则。他假定,有这样一群人,他们蒙有一层"无知面纱",即他们不知道各自在社会中的确切位置,均处在"原点位置"。这样,在原点位置上的人也就不知道他在揭去"无知面纱"后,会是富还是穷,处于有利或不利地位。但是,每个人都有一个理性的"生活方案",将选择社会资源的分配原则,以实现其"生活方案"。这样,根据这一个人选择的理性方案,便可以得到公正原则及社会如何运转的知识等。而所有这些结论,均是在"原点位置"和"无知面纱"的条件下获取的。

罗尔斯认为,这一假设状况所推演的规则,便是社会组织和社会选择的两个原则,它们是:

(1)每一个社会成员将享有均等权利,具有与其他社会成员的自由相容的个人自由。

(2)任何社会不均等将源于自由竞争,只有在不均等的出现有益

---

① 参见 Rawls,*A Theory of Justice*.Oxford University Press,Oxford,1972。罗尔斯的公正论(theory of justice)已在福利经济学和环境经济学中有广泛的应用。中国古代孟轲的"井田制"、董仲舒的"限民名田"论,均有均等的思想,但这些思想没有形成环境资源利用与保护的伦理规范。参见王乃琮等:《先秦两汉经济思想史略》,83、239页,北京,海洋出版社,1991。

于每一个社会成员时,不均等才会被接受。

后一个原则是"差异原则"。在无知面纱下处于原点位置的社会成员接受这一原则,等同于接受"小中取大"原则(maximin principle)。所谓小中取大,是指在一组选择对象中,选取一个使社会中最为不利的成员或群体收益最大的方案。它不同于帕累托最优选择,也不同于补偿原则①,而是注重社会成员中情况最糟的那部分人,使其福利达最大。这样,社会各成员就可以确保自己面临社会最穷成员的风险时,可以得到最大的保护。

罗尔斯所讨论的均等,不是直接关于环境与资源的。但是,其公正论作为一般原则,可应用于环境问题。这样,均等的权利便可理解为对环境与自然资源的占有和消费。在出现不均等时,也需要注重改善社会成员中资源最为匮乏和环境最为恶化的那一部分人。因此,作为一种理性的社会选择,作为一种伦理规范,每一个社会成员应该而且有责任,使大家都有同等权利和机会开发、利用、消费环境和自然资源。而且在实际应用中,资源的范畴还扩展到包括资金、技术等非自然物品。

代际均等(inter-generational equity)

罗尔斯的假设体系,可以拓展到代际均等问题。假定由很多代人构成一个群体,而每代人作为一个选择单元,也蒙有一层"无知面纱",处在"原点位置"。那么,这些选择单元或各代人的理性代表所作的选择应与代内结果一致。代际均等是环境伦理人类中心观的主要成分,它与代内均等的概念不一样,很少直接包含政治的或现实的因素。19

---

① 如果一种新的状态能够在所有社会成员的福利水平不致降低的情况下而使至少一个成员的福利有所改善,这种新的状态的实现便是一种帕累托改进(Pareto improvement)。在帕累托改进成为不可能时的状态,便构成帕累托最优(Pareto optimum)。参见第五章的经济效率分析。补偿原则(compensation principle)允许福利改善补偿福利损失,如果补偿后的福利净值大于零,便是一种社会福利改善。

世纪末美国的自然保护运动,已明确提出将资源留给子孙后代。然而,它作为一种伦理观,是在近 20 年内才从学术上得到系统阐述。

其论点可以简述为:我们的子孙后代与我们当代人具有同样的权利,过上环境安全和健康的生活。因而我们每一个人有责任不让自然环境恶化而构成对地球上未来人类居住者生存与福利的威胁。我们也有义务保护自然资源,使得我们的子孙后代能够与我们均等地享受他们应该得到的源自于这些资源的收益。我们当前所承担的保护濒危物种的责任,也是与未来人类的利用价值联系在一起的。这是因为,我们需要一个多种多样的动植物物种的基因库,来开发新的防病治病途径,消除有害细菌,探索如何控制昆虫及其他害虫,并通过遗传工程,生产新的食物源。保护大自然天然美也是我们的义务,以使子孙后代与我们享有同样的机会去体验和欣赏。破坏世界的自然美景而留下丑陋的垃圾堆给后人,是我们的过失。因此,需要一整套有关道义标准和规则,来约束我们当代人的行为,使地球的自然环境得以保护。

这一代际均等论似乎比较狭义。近年来,许多学者将非自然资源财富作为衡量代际均等的指标,即只要我们的子孙后代所拥有的钱财(包括知识和各种建造物等)不低于我们所拥有的,也可以称为代际均等。这些具体的指标将在本书三章及七章中详细讨论。

1.4 环境伦理与持续发展

伦理是一个复杂的问题。人们需要一定的伦理准则,来规范和约束各自的行为;也需要能够为社会所能接受的伦理观念,作为追求和支持某些目标的道德依据。然而,一种伦理观念的提出、发展和形成,又需要人们对事物从不同方面、不同角度来认识与理解。环境伦理的形成过程,也正好说明了人们在长期的生产实践中,对持续发展的不断认识；从不同的方面、不同的角度来探讨人们应该怎么办。这就不免使各种伦理观点带有某种痕迹，具有一定的片面性。

土地伦理基于生态学的科学认识，从生物与土壤之间相互作用、相互影响的关系，以朴素而实际的方式来讨论人们所应具有的行为规范。它实际上并没有以哲学的手法和语言形成一种哲学上能站住脚的伦理体系。因此，要作为一种行为准则，显得有些模糊和不切实际。人们不能确切地知道应该怎么办。但是，由于其自然科学背景，它易为具有自然科学，尤其是具有生物科学类知识的人所接受和应用。

生物中心观作为一种较为完善的伦理体系，有着严密的逻辑论证。它用哲学的抽象语言，系统地阐述了我们应该尊重自然的道义准则。但它作为一种新的伦理观，与人们固有的伦理概念不可避免地发生冲突，甚至于有些玄。既然人们不能够评判生物物种的固有价值，那么，人们便没有一个价值比较，就难以规范具体的行为实践了。而且，这一伦理观强调生物中心，对当代一些地区尤其是贫困地区人们的实际困境似有忽略之嫌，进而其在发展中国家的实际意义，让人怀疑。但无论如何，作为一种新的伦理探讨，其积极作用不可忽略。

千百年来，人们传统的伦理观均是以人类自身为中心的。从问题的出发点到问题的结局，所考虑的中心均是人。所以将环境作为人类社会各成员的一个客体因子来考虑公平，是顺乎自然的。但人们首先考虑到的是子孙后代，千秋万代，距我们当代人遥远的未来。因为他们还没有出生，没有发言权，所以我们有道义上的责任考虑他们的利益。既然是以人为中心，其他生命有机体只能作为从属来考虑，其持续生存就有可能被忽略。

尽管各种伦理观念目的不一，出发点各异，但有一点是共同的，就是为了持续发展。一个和谐的土地群落，当然可以持续下去；如果生物中心伦理观广为社会接受，地球上包括人类社会在内的所有的生物群落都将得以无限生存;而代际均等的实现,就包含着千秋万代可以共享地球上的资源。从这一点看,它们所要求的客观效果较为接近。

在这里我们需要明确,上述各种伦理观念尽管都有相对独立的体系,但在环境与发展实践中,一方面,人们可能难于同时应用它们来作为行为依据。这是由于具体问题的差异,如贫困地区的生存与脱贫,当然首先应考虑人,而且是当代人。而在考虑拯救濒危动物时,生物中心论显然可以提供更多的伦理依据。例如中国为了保护大熊猫,对偷猎熊猫者判处了死刑,如果避开法律问题,单从价值上考虑,这似乎说明熊猫的生存价值高于人类某些个体的生命价值。但在另一方面,人们对一复杂环境问题的综合考虑,在应用一种伦理原则时,也可能考虑另一种伦理方法。这在一些持续发展模式中有明确体现。

第二章 环境危机论

经济发展改善人类生活条件,是我们所致力和期望的。但经济发展过程中的某些内在因素,有碍于环境的保护和资源的持续利用。这些因素包括市场失效、非确定性、不可逆转性、人口增长及在许多情况下存在的环境与经济发展的取舍关系等问题。这些问题的出现,并不是因为人们对于环境的忽略,而是在现实的社会经济体系下,经济运行所伴生的必然结果。也就是说,所谓"非持续性"(unsustainability)危机,并非人们主观愿望。相反,人们并不希望环境危机的出现。但由于这些危机源于社会经济体系的内部机制,伴生的不理想结果也是一种现实存在。譬如说,市场经济有利于资源的优化配置与效率利用,但资源利用的外部性负效应,却不能在市场上反映出来。因此,市场经济这样一种体制,如果没有政府的干预或社会矫正,外部性负效应很可能造成严重的环境污染和公共资源的破坏,影响环境的可持续性。

在这里,我们只限于讨论与社会经济有关的一些问题,不讨论自然的客观因子。自然因素包括环境脆弱和自然灾害等,可能与人类的社会经济活动有关,并被人为的恶性化或改善。但这些只是外部因素和结果,并不是对环境持续构成威胁的社会经济内在因子。

2.1 市场缺陷

市场经济条件下环境资源的开发利用,目的是效率与收益。具体的市场运作机理,我们将在第四章和第五章中讨论。市场经济中的某些缺陷,妨碍效率的实现,需要政府加以纠正。但这些缺陷从环境持续的角度看,则可能有益,最典型的便是垄断问题。由于垄断的存在,经营者为了获取垄断利润,往往使环境资源的价格根据资源的边际收益,而不是边际成本来确定。这样所形成的垄断价格便会高于市场竞争价格。由于价格较高,因而对资源的需求量减少了。经济系统对环境资源总需求量的减少,意味着对环境压力的减轻,使得更多的资源能够得以保存,持续到未来。当然这种环境效益是在牺牲经济效益的情况下取得的,其得失将在后面进行讨论。我们这里所讨论的市场失灵(market failure),主要是那些实现经济效率配置过程中的内在机理性问题。从原则上讲,供需各方均可获最大市场收益,但效率实现的固有机制有不利于环境、影响环境持续的一面。这些机制性因素包括:(1)技术进步的非对称性含义;(2)外部性或市场非对称性;(3)忽略无市场价值的资源。后两种都具有外部性的特点,但各自所涉及的问题和原理不尽相同,因此分而述之。

技术进步的非对称性含义

一般认为,技术进步是有利于环境资源的保护和持续的。它可以提高资源利用率,开发新的替代产品,从而使有限资源的有效使用期限得以延长。事实上,市场运作中对环境资源稀缺的补偿过程,也正是通过市场价格作用促进技术进步而实现的,这些将在第五章和第九章作进一步讨论。

对技术进步作用的质疑,最早由美国环境经济学者克鲁蒂拉于20世纪60年代提出[①]。他认为,技术进步包括两种类型:一类是利用环

---

① 参见 Krutilla, "Conservation reconsidered", *American Economic Review*, 57: 777-786, 1968。

境资源生产商品与服务的技术;另一类是关于那些具有效用的自然现象的生产技术。应该说,两者都是对于人类有效用的。由于前一种具有创新,可以导致更新更美更好的商品和服务的出现。因而,技术进步常倾斜于经济生产过程和产品;而对于各种自然现象,如气候现象、大自然奇观、灭绝物种的复苏等,由于人们已习以为常,而且它们的生产技术难度大,需要的投入多,周期也长,成功的可能性低,市场条件下的技术进步几乎不考虑这些方面。事实上,有些自然现象如大自然奇观复制、恐龙复苏,在可以预见的未来,技术进步也不可能使它们得以成为现实。这样就不可避免地出现技术进步的不对称现象。

70年代后期,美国另一学者佩奇分析了技术进步的另一不对称含义①:即资源开发利用技术和环境保护技术的不相称。技术进步,许多源于资源开发实际,因此也多集中于开采利用技术,如何降低开采或收获成本,如何增加资源利用率以获取更多收益,如何使以前不能开发的资源能够经济可行地加以利用。这些技术进步,在客观上都可能促进环境资源的开发利用,不利环境的保护与持续。而在另一方面,技术进步往往忽略环境资源的保护和持续。比如说如何使一个生态系统的功能更完美。如何使一个湿地生态系统持续,如何使脆弱环境变得更为稳定。当然也有这方面的技术开发,如污染防治技术、野生动物的繁育保护技术等。但要看到,前一种是市场自身力量推动的结果,多触角多方位,反应快,周期短,投入产出比高;后一种则是政府干预的结果,非市场经济的自然产物,往往反应慢,时间滞后,周期长,市场收益率低甚至为负数。这样,可以想象,技术进步必然倾斜于资源的开发利用。经济发展的实践正是这样。

---

① 参见 Page, *Conservation and Economic Efficiency*, The Johns Hopkins University Press, Baltimore & London, 1977。

这两种技术进步的非对称性含义,都源于市场机理,是市场自身所不能解决的,而这种含义对环境持续的影响是不言而喻的。

对于节省能源、提高效率、直接耗损环境资源量小的高新技术,对环境的间接影响也不可低估。例如信息高速公路,可以减少与交通相关的拥挤、污染、占地,应该说是环境友善技术。但其间接环境影响绝不可低估。① 由于信息高速公路缩短了空间距离,便利了信息传播,必将导致人们生活方式的改变。尤其是那些乡村和中小城镇,传统的资源节省型将转向于对环境不利的"现代化"方式;不仅如此,它还将促进城市人口向乡村流动,蚕食乡村残存的森林、空地及荒野生境。在美国,80%的人口集中在本土48个州16%面积的都市中。信息高速公路的开通,有如20世纪末铁路体系贯通后铁路沿线的城镇发展一样,促使人口由都市向乡村转移。可见,技术的间接效应也具有明显的环境影响。

市场非对称性(market asymmetry)

市场非对称性问题,最初由福利经济学者庇古②于20世纪20年代提出。其研究发现,在商品生产过程中存在有社会成本与私人成本的不一致,即生产者所承担的那部分成本与社会成本的不一致;或者说,生产者所承担的那部分成本与他实际上所造成的成本有差距。

---

① 参见 Slide,"The Adverse Effects of Information Highway on the Environment",*Futurist*,March/April,1995。当然,生活方式的改变和人口的流动是有利于生活福利的改善的。如果用成本收益评价,实现同等社会福利改善的环境收益应大于环境成本;而且环境成本还可以通过经济与技术手段得到有效控制。参见 Arrow and Fisher,"Environmental preservation,uncertainty and irreversibility",*Quarterly Journal of Economics*,88:312–319,1974;Coase,"The Problem of Social Cost",*Journal of Law and Economics*,Vol.3:1–44,1960 and Anderson,*Free Market Environmentalism*.Westview Press,Boulder,USA,1991,及本书第五章、第九章的分析。

② 参见 Pigou,*Economics of Welfare*(4th edition),Macmillan,London,1932,pp.172–174。

这部分差距为社会或他人所承担了。他所给的例证,便是污染问题。由于英国于18世纪工业革命造成的工业污染问题,20世纪初污染已相当严重。生产者只是关心其生产成本,而置污染物排放所带来的损失于不顾,因为这一部分损失对排污者不造成直接影响。

进入20世纪60年代,环境污染问题愈加严重。因污染而造成的各种损失,尤其是大气和水污染对人体健康和工农业生产的不良影响,使人们对市场的局限有了进一步明确认识。美国学者尼斯在分析了市场对资源利用和环境保护的作用后,认为市场非对称性内生于市场体系,不可避免。它表现在,对于基础资源的开发、加工与分配,市场运作富有效率,能产生足够的激励;而对于污染废弃物的处置,市场运作失灵,几乎完全不具效率①。这是因为,大气和水资源具有公共资源的属性,污染物排放是对公有资源的破坏。但这种破坏发生在生产和交换过程之外的市场外部,不受市场力量的约束。

除了大气和水以外,还有其他一些公共资源,对其利用也存在明显的外部负效应。最典型的例证是公共牧场。在一个公用的牧场,大家都可以放牧。每一个放牧人均在利益机制的驱使下增加羊只数量,以提高产量,增加收益。增加了一只羊对牧草就增加一份消耗,但这份消耗是由所有放牧人分担的,对自己影响不大,也就是说增加羊只数量对其他放牧人有不利的外部影响。如果羊只一再增加,超出牧场承载能力,草场就会退化,环境难以持续,构成公有资源毁坏不可逆的悲剧。②另一研究较多的例子是海洋渔业。由于大家都可以在远海渔场捕鱼,

---

① 参见 Kneese, *Economics and the Environment*, Penguin Books, Harmondsworth, 1977, p.29。

② 最早发出这一呼吁的是美国学者哈丁(Hardin, "The Tragedy of the Commons", *Science*, 162:1243 – 1248, 1968)。

当然是捕获量越大,收获越高。市场会促使人们开发新技术,如渔业机械化,增大网眼密度等,来捕更多的鱼。而渔场是公共的,很少有人会保护渔场和致力于作促进鱼类生长的公益性生产投入。结果会使鱼越捕越少。图2-1所描绘的1910—1987年全球鲸鱼捕获量的演变轨迹便是一个例证。尽管这种外部性与污染不一样,但其机理是相同的,即排污者和资源收获者在经济活动中获取利益,而将经济上的不利影响转嫁给他人。这种转嫁超出市场的作用范围,经济成本不由获利者承担。因此,他们会过度开发利用资源,直接影响环境资源的持续状态。

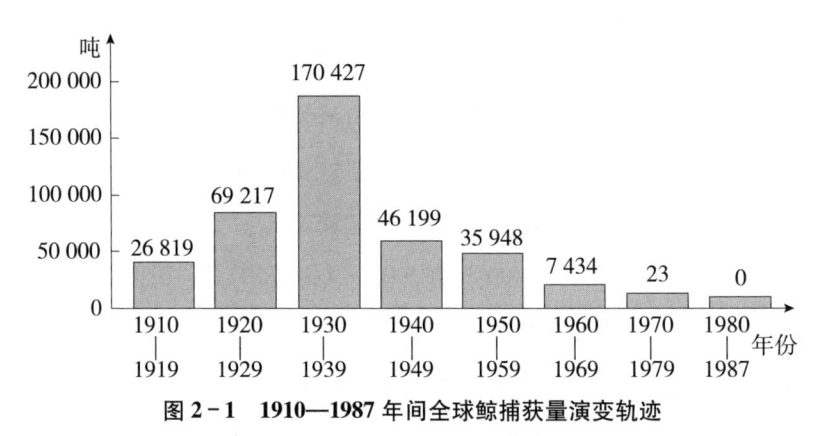

图2-1　1910—1987年间全球鲸捕获量演变轨迹

资料来源:根据 Pearce and Warford, *World Without End: Economics, Environment and Sustainable Development*, Published for the World Bank, Oxford University Press 1993, p.244 数据编绘。

非市场交易资源

在环境资源的开发利用中,还有一处市场之手伸不到的地方,就是那些没有市场价值的资源。上面所说的外部性,不论是排污也好,还是公有资源的收获也好,它们都有市场收益。而那些没有市场价值的资源,不存在市场利用问题,它们只是伴随其他经济活动被随意处置。这些资源包括生物多样性,生态系统功能,许多没有被人类开发利用的动植物品种等。实际上,它们并不是没有价值。我们在第一章生物中心论中讲,它们有固有价值。这不属于人类可评估的价值,姑且不论。资源经济总值①的概念中,有间接使用价值和存在价值两项。根据这一概念,这些没有市场价值的资源,实际上只是没有直接使用价值。但它们有间接使用价值和存在价值。由于这两项价值没有在市场上交换,市场对它们是忽略不计的。

上述情况所涉及的资源,均不受市场力量的保护。作为资源优化配置和追求效率的手段,市场会倾向于加速优化开发利用有市场价值的资源,如果有效率,市场也有可能保护某些资源,促使其持续利用。而对于那些市场外部资源,市场往往显得无能为力。

环境和资源经济学的发展,提出了一些外部效应内部化的设想。例如环境污染,可以将污染损失以税收的形式,让排污者负担,社会就不再负担这一部分损失了。也可以用排污许可限额等方法,将污染排放控制在一定范围内。有关经济学原理将在本书第五章中讨论。环境资源经济总值的概念,也在原则上有助于我们认识资源的真实价值。但是,有几点是可以明确的:(1)市场自身不足以保证环境的可持续力,必须要有人为的干预,不论是经济的还是行政的。这说明市场是有缺陷的,市场体制中的资源开发与管理,在逻辑上会引起人们对环境安全的担心。(2)通过一些市场修正和补充措施,有可能缓解一些环境问题,但这些修正和补充措施的实践还有待探讨。(3)即使是所包含的那些资源,其利用也有非确定性和不可逆性,同样构成潜伏的环境危机。

---

① 参见 Pearce et al, *Economic Values and the Environment in the Developing World: A Report to UNEP*, Nairobi, 1994, 及本书第三章、第十一章的讨论。

2.2　非确定性与不可逆性

非确定性

所谓非确定性,是指现实决策对未来影响的不可准确预见。这是不可避免的,因为我们不具备完全信息,没有无限时间序列的期货市场。因而,环境资源的利用带有一定的不确定色彩。

如果对环境资源的开发、利用和保护的效益与社会价值有充分的认识,决策和执行时掌握各种有关信息,这种非确定性可以减少到可以忽略的水平。但这是不可能的。主要原因在于:(1)限于我们现在的知识水平,难以全面准确地了解环境资源的各个方面。科学技术的不断发展,使我们的视野不断得以拓展,认识逐步得以加深;但要完全认识它们,并非轻而易举。而且,科学技术的发展和信息的获取过程,在一定程度上还需要时间。(2)决策和实践往往是有明确目标的,因而,在已获取的不完全信息中,只是选用那一部分有关的信息,而对于与目标关系不直接的信息,可能弃置不顾。可见,人为的选择、使用已有信息,进一步增加了非确定性因素。(3)在实践中,许多信息难以直接用以决策与管理。一方面,有些信息自身具有不确定性,只能作为参考;另一方面,那些市场不能反映,需要政府干预的问题,需要一个决策过程,一些利益集团很可能为了自身的利益,解释和利用有关信息,使之在实际运用中走样。[1]

---

[1] 例如全球气候变暖的有关数据,环境保护主义者与自由市场环境主义者(free market environmentalist)的理解与应用相去甚远。见 Singer, *Will the US withdraw from the Montreal Protocol*? Paper presented at the *China Workshop* by Atlas Economic Research Foundation & Friedrich Nauman Foundation, April 21-23, Beijing, China, 1995; Anderson and Leal, *Free Market Environmentalism*. Westview Press, Boulder, USA, 1991. Kwong, *Ecorealism: The New Challenge to Western Environmentalism*, Paper presented at the China Workshop by Atlas Economic Research Foundation & Friedrich Nauman Foundation, April 21-23, Beijing, China, 1995。

由于信息不完全,便缺乏环境资源长时间序列的期货市场。对某一环境资源如石油,现实的市场供需信息较易获取,原油生产与销售可以相对平衡。但是,未来市场对石油的需求,就很难说了。根据现有存量、生产能力、技术发展及人们的选择偏好,我们可以作相应的预测,建立起近期的期货交易市场。能否建立长期的期货市场呢?在理论上,如果一个长时间序列的期货市场能够建立起来,环境资源便可以在相当长的时间里进行市场配置,这不仅可以实现资源的优化利用,而且可以消除未来市场供需的不确定性因素。① 因为未来市场问题可以简化为现实期货交易在将来时段的产供销了。但这在实践中是不可能的。即使我们对资源存量、生产能力和技术可以作出比较准确的预测与判断,我们也无法知道子孙后代的选择偏好。他们尚未出生,不能参与现实决策。人们的选择偏好并非是随时间连续的。几代人以前,人们期望的是现代化、工业发展;而现在,人们在发现工业化社会的一些问题后,对现代化进行了反思,以至于有人提出所谓逆现代化(de-modernisation)或逆工业化(deindustrialisation)发展的选择。② 在这里,我们只是试图说明人们的选择在不同时代是不同的。这就说明,现时所建立的未来市场,即使可以建立起来,在将来也不会按图索骥。

由于资源开发、利用和保护中的不确定性,很可能导致人们预料之中的或预料不到的一些环境问题。许多学者从资源利用效率的角度对不确定性的后果作了分析,有关结果列在表 2-1 中。

所谓资源利用的最优水平,是指决策者在考虑了时间系列和风险等因素后,能获取最大收益的资源利用量。可见这一资源利用水平包含有资源持续利用的内容。对于不确定性所引发的过量资源消耗,环

---

① 参见 Dasgupta and Heal, *Economic Theory and Exhaustible Resources*, Cambridge University Press, Cambridge, 1979。

② 关于这一逆向选择,我们将在第八章论述。

境安全问题是显而易见的;但资源流量低于最优水平,等同于节省了资源,不应引起对环境可持续的担忧。但这一节省减少了社会产出,阻碍了经济发展,不利于自然资产与生产资本之间的动态平衡调节,削弱了自然保护的经济能力,表现出抑制环境持续的负效应。可见,不确定性确实引起人们对环境持续的担忧。而这种非确定性,由于源于不完全信息和缺乏未来市场,是当前人们的决策与实践所不能排除的问题。它与环境资源开发利用中的不可逆特性联系起来,使环境持续所受的威胁进一步加大。

表2-1 不确定性及其对资源利用的影响

不确定性类型	对资源利用的可能影响(假定为风险趋避型决策者)
资源总存量水平	减少资源开采利用率,导致经济体系中的资源流量低于最优水平
所有权(公有资源、剥夺或被征用)的不确定性	增加资源开采利用量,导致经济体系中的资源流量高于最优水平
技术创新	如果担心资源更为稀缺,技术创新将倾向于减少资源消耗;但如果担心资源贬值或被毁坏;技术创新将倾向于增加资源消耗
环境污染影响测定精度的不确定性	如果高估了污染损失,污染控制将过于严厉;如果低估了污染损失,污染控制将过于宽松,均导致社会损失

资料来源:Dasgupta and Heal, *Economic Theory and Exhaustible Resources*, Cambridge University Press, Cambridge, 1979, ch.13; Fisher, *Environmental and Natural Resource Economics*, Cambridge University Press, Cambridge, 1981, pp.46-48; Baumol and Oates, *Environmental and Natural Resource Economics*, Cambridge University Press, Cambridge, 1988, ch.5; Barbier, *Economics, Natural Resources, Scarcity and Development: Conventional and Alternative Views*, Earthscan Publications Ltd., London, 1989, pp.66-68。

不可逆性(irreversibility)

环境资源的开发利用,可能具有不可逆的特征。对于可枯竭资源,这一点容易理解。例如石油、天然气储量是有限的,开发一桶就少了一桶,开发完时就没有了。这种资源的开发与消耗过程是不可逆的。生物有机体的生命过程也具有明显的不可逆特征。对于任何生命体,一旦其生命终止,该生物体将不复存在了。由于生物有繁殖再生能力,生物个体的生命周期不可逆,一般不构成环境持续的危机。但是,如果一个生物种群,或生物群落所有个体的生命过程都消失了,其繁殖再生能力就不存在了,这种情况就构成不可逆。历史上恐龙的消失,至今人们只能从化石上看其昔日风采。现实的许多濒危物种,人们对其利用已近于不可逆的边缘:物种灭绝。例如,野生的中国东北虎、华南虎,已难于在其原生存区域发现。人工驯养的老虎可以维系其种群存在,但已是实际意义上的不可逆了:笼养虎归山难以生存。

老虎、大象、熊猫及鲸这些物种种群数量的急剧减少,都只是经济发展带来环境不可逆可能性的现象和后果。其原因在于对资源的大规模、高强度、以获取经济收益为目的的利用。而这些利用,又以一些大型开发项目的影响为最大。例如,一个大型陆地交通系统——公路和铁路,把自然生境人为地分割,使许多动物的生活区域受到阻隔;又如一个湿地生态系统,对其作农业或城市工业开发,原有系统将消失。湖北的洪湖经过人为整治与开发,其生态系统的结构与功能与数十年前判若两样。其经济收益提高了,洪涝威胁减轻了,但原有的湿地生态系统则在相当程度上一去不复返了。由于湖区及周围农业生产、城镇建设及人口增长,几乎不可能逆转昔日洪湖风貌了。城市建设和自然生境的破坏,也是造成环境不可持续的重要原因。城镇建设必然要彻底毁坏原有的自然生态系统,大量的人工建筑物和污染废弃物排放,使其恢复自然系统的可能性几乎为零。毁林开荒,对野生动植物资源的过度开发利用,使自然生态系统的生物链结构受到破坏。因而,就是放虎归山,老虎的活动范围及食物来源都受到限制,它也难以生存繁衍。

人们之所以强调不可逆特性,是因为许多环境资源具有唯一性。例如,一个生物种,它与其他物种有明显区别。一旦消失,便没有相同的生物体在世了。大千世界物种多得不计其数。但东北虎就是东北虎,非华南虎或印度虎。又如许多自然生态系统,它们都是在生物与环境相互作用的长期过程中形成的,有着自己的特点与功能。如果说,资源可以替代或复制,那么其唯一性及不可逆就不会构成严重的环境问题。通过收集太阳能,开发可再生的风能、水能及核能,我们可以替代天然气、石油等能源资源。但石油、煤炭作为能源只是其资源属性的一部分,它们还是石油化工和煤化工的主要原料。这些化工原料的功能,太阳能或水能都是难以替代的。当今的生物技术虽然可以分离和移置基因,但还不能对一个物种进行复制。

总而言之,环境资源有其自身的特点,具有唯一性。对任何一种资源都难以完全替代。这样,资源开发利用所包含的非确定性和不可逆特性,便形成一种内在的危险性机理,威胁环境的持续。

2.3 权衡取舍关系

环境保护与经济发展之间是否存在一种权衡取舍(tradeoff)关系?关于这种关系,争论颇多,可以概括为两种,一种是此消彼长的矛盾关系,另一种是相互促进的和谐关系。

所谓此消彼长,通俗地说,便是鱼与熊掌不可兼得的道理。也就是说,如果选择了环境保护,就必须以牺牲经济增长来作代价;如果追求经济增长,则必须准备接受环境退化的后果。用几何图形表示,这种关系类似于 GE 曲线(见图 2-2A)。它表明,所要求的环境资源存量越高,那么,所能够取得的经济增长就越低;相反,如果对环境资源的存量要求不是特别高,则经济增长量可以加大。这实际上是一种转换关系,即环境资源量与经济增长之间的相互转换,这种转换率为:

$dY/dX = a < 0$

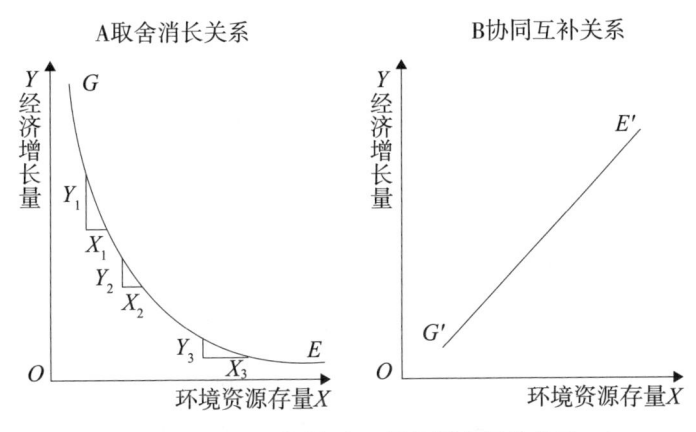

A 取舍消长关系

B 协同互补关系

图 2-2　经济增长与环境资源存量的关系

显然这是有一种权衡取舍关系。这种关系无疑在现实中是存在的；没有自然资源的开发利用，就谈不上经济发展。在此，我们需要注意，由于环境资源只是一个生产要素，经济增长还要受到资本、劳动力、技术等因子的制约，单位环境资源利用量对经济增长的边际贡献，并不是等量的。对于给定的资本和劳动力投入量，环境资源存量越大，则在边际水平上资源量增加对经济增长的边际贡献越小，即：

$|Y_1/X_1| > |Y_2/X_2| > |Y_3/X_3|$

但在另一方面，我们又不能说环境资源存量水平越低，经济发展速率就越快。因为从长远看，环境资源的存量低于某一水平，资源利用就困难了，经济高速发展失去了资源投入也就成为不可能了。因此我们说这种关系是存在的，适宜描述短期环境与增长的矛盾关系，但从长远来看，这种矛盾关系只能在某一限度内存在。

另一种互为促进的关系也是存在的。经济发展水平提高了，对资源的利用效率也会提高，对环境改善的投入也可能增大，完全可能提高环境资源的总存量水平。例如，可以通过投资营造森林，改善农业生态系统。而人工营造的森林,成材后又可以采伐促进经济发展。这是一种良性的促进关系。相反,如果经济发展水平低下,很可能滥用和过度开发利用资源,使资源存量降低。这又可能导致一种逆向的恶性循环。这种关系在平面几何图上(见图2-2B),类似于$G'E'$曲线。究竟是向E'端的良性发展还是向G'端的恶性循环,则可能取决于环境与经济增长间的权衡取舍关系。

如果从环境中获取的资源量转化为经济增长后,部分经济增长又可转换为环境资源,并可以补偿资源消耗量,则很有可能呈现良性发展态势;否则,便有可能出现恶性循环。

然而,不论怎样,环境保护与经济发展之间的权衡取舍关系是存在的。如果两者之间的转换关系掌握得不好,则很可能导致环境的不可持续。因此,这一关系本身促使人们对未来环境资源状况的担心。

2.4 环境库兹涅茨曲线

前一节所讨论的经济增长与环境保护的关系为单一的,或互补或互逆。然而,在经济发展过程中,这两种关系很可能存在一种联系或一种转换关系。在这里,我们借助于库兹涅茨曲线形态,从理论与实践上来分析取舍关系与经济发展过程的联系。

库兹涅茨曲线

20世纪60年代中期,西蒙·库兹涅茨在研究中提出这样一个假设:在经济发展过程中,收入差异一开始随着经济增长而加大;随后这种差异开始缩小。在二维平面空间,以收入差异为纵坐标,以人均收入为横坐标,这一假设便是一个倒U型的关系。这一关系为大量的现实统计数据所证实,通常被称之为库兹涅茨曲线。

这一曲线所表明的逻辑含义在于,事情在变好以前,可能不得不经历一个更糟糕的过程。这一逻辑推论也一直是关于经济增长与环境保护的争论焦点。零碎的个案观察可能给人这样一种印象:在经济发展的进程中,环境先是变得恶化,而后得到改善。例如,发展中国家的城市污染较之于二三十年前,污染水平随着经济的增长而提高;而发达国家的城市污染,则随着经济增长而使污染水平不断得到降低,污染状况远比20世纪六七十年代清净。这些经验数据很可能支持一种倒U型的环境退化率和经济发展水平的关系的存在。① 在较低的发展阶段,经济波动处于一种生存维系状态,对自然资源的影响较为有限;所排放的废物,不仅数量较为有限,而且可生物降解。因而,不论是数量上,还是强度上,环境退化都是有限的。随着经济的加速发展,出现农业的现代化经营和工业化的起飞状态,资源消耗速率开始超出资源更新速率,废物排放的数量和毒性均有增加。在较高的发展阶段,环境意识得到了强化,环境管制也更有效,技术更为先进,环境治理开支得到了增加,使得环境退化得以遏制并逐步得到逆转。

但是,在概念上接受这一倒U型的关系并不意味着发展中国家的环境恶化只是与其经济发展阶段联系的一个暂时现象。如果只是一个暂时现象,也就没有必要促使和支持发展中国家改善其环境了。相反,这种促使和资助是十分必要的。这是因为,如果环境退化超过一定的生态阈值,环境退化就成为不可逆了。这些阈值对于许多重要资源如森林、渔产、土壤,都是存在的。如果这些资源在经济发展的起飞阶段造成严重枯竭或退化,那么,将需要很长的时间和很高的成本才能使之

---

① 世界银行:《1992年世界发展报告》,中国财政经济出版社1992年版;Panayouto, *Environmental Kuznets Curves: Empirical Tests and Policy Implications*, mimeo., Harvard Institute for International Development, Harvard University, 1993; Dasgupta and Maler, *Poverty, Institutions and the Environmental Resource Base*. Environment Paper no.9, World Bank, Washington DC, 1994. 上述作品中都有相近的或直接的描述。

恢复。可见,即使接受倒 U 型的关系的存在,也需要相应的政策措施和国际援助,防止倒 U 型曲线超出生态阈值。当然,有些污染物,如人均垃圾产量、CO_2 排放量(见图 2-3),一般都随收入增加而上升,呈单调递增态势,并不表现倒 U 型。① 但这并不表明环境恶化了,因为垃圾可以处理,CO_2 可以通过造林吸收,而避免环境逐步恶化。而且,环境库兹涅茨曲线只描述收入水平与环境状态的关系,而收入尽管十分关键,也只是决定环境状态的一个因子。这容易产生一种误导,认为一旦收入达到一定水平,环境就自然恶化了。

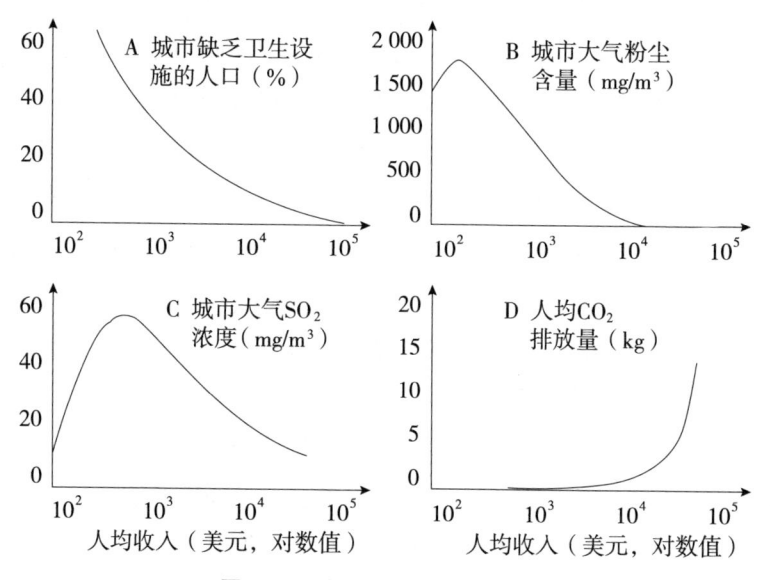

图 2-3 人均收入与环境状态*

* CO_2 只包括化石能源排放量。

资料来源:World Bank, *World Development Report* 1992. Oxford University Press, Oxford, 1992. p.11。

---

① 例如世界银行:《1992 年世界发展报告》,第 11 页所描绘的环境指标与收入水平关系,并参见 Dasgupta and Maler, *Poverty, Institutions and the Environmental Resource Base*. Environment Paper no.9, World Bank, Washington DC, 1994。

经济增长的环境效应

一般说来,一个国家或地区的环境和自然资源状态取决于:(1)经济活动水平或国民经济的规模;(2)国民经济的部门结构;(3)技术水平;(4)对优美环境的需求;(5)环境保护的支出及其有效性等因子。假设其他因素为一定,按 GDP 测定的国民经济规模越大,自然资源的消耗量就越大,污染物排放水平就越高。资源消耗和污染的类型也取决于国民经济的部门结构:依赖于农业和其他初级产品产业的经济体系趋于遭受较快的资源消耗速率,如毁林和水土流失,但工业污染的程度相对较低。随着向工业化的迈进,农林资源枯竭问题便逐步转化成为城市污染和拥挤问题了。

但这一转变态势受到两种因子的影响,使自然资源的退化呈严重之势。这两种因子为:(1)相对于产出来说,就业的非平衡结构性变化,使得过量的农村人口依赖于日渐萎缩的资源部门,导致森林的被蚕食和资源利用的不可持续;(2)城市工业部门以原料需求和污染(如危害森林和作物的酸雨)的形式给农业资源基础蒙上了环境污染的阴影。

发展水平(人均 GDP)、工业部门占 GDP 的比重与产业结构诸因子之间有着较为密切的联系。在低收入国家,工业产值占 GDP 的比重较低(低于农业所占的比重),而且工业以农产品加工和轻型组装业为主。在中等收入国家,工业所占的比重接近或超过 GDP 总量的 1/3。在高收入国家,重工业行业,如钢铁、造纸、水泥、化工等,所占 GDP 的比重趋于稳定或略有下降,主导工业部门为复杂技术产业(如机械和电子)和服务业。工业污染物的排放与工业部门的总体规模和化工与重工业所占份额大小呈正相关。在一定的发展阶段,工业部门所占的份额以及化工与重工业在工业部门内所占的份额出现持平,并开始逐步下降,而信息技术和服务业所占的比重不断上升。仅这些结构变化便足以解释污染物排放与经济发展水平的逆向关系。

但是,具有相同产业结构的国家并不一定会排放相同量的污染物和废物。原因在于,各国的资本存量和生产技术可能存在着质量上的差异。陈旧、过时或是维护不良的工厂和设备通常在能源利用上缺乏效率,生产效率低,从而导致其排污水平高于采用新技术而且维护良好的工厂和设备。

技术与生产投入的选择受相对价格和政策规定的影响。如果某国政府补贴能源、电力、水和原材料,而另一国采用完全成本定价,无疑,前者的排污水平会高于后者。如果某国政府采用优惠关税进口污染防治技术和设备,而另一国课以高税,前者的排污水平会低于后者。一般说来,工业保护和对传统制造业的投资利于资本密集、能源密集、排污量大的产业结构。影响污染强度或单位产出排污量的因子还包括环境管制的严格程度和执行强度、企业排污所承受的实际价格。在其他因子相同的情况下,实施环境管制和收取排污费用的国家,污染物排放量会相对低些。

工业污染物的排放水平不仅在国与国之间存在差异,而且在任何一个国家内,由于经济增长、产业结构转换和政策变化,其排污水平也随时间而异。一方面,工业增长意味着更高的产量,从而需要更多的物质与能源投入,因而会产生更多的污染物和废物。但在另一方面,工业增长也意味着引进新的资本,更为有效的技术及更高的附加值,所有这些因子又有助于减少单位产出的排放量。旧的缺乏效率的技术、资本和产业被新的技术、资本和产业取代后,污染物排放的绝对水平就会降低。譬如说在日本,过去 15 年的经济增长,就是在大量减少能源利用和污染物排放量的情况下取得的。德国由于采用了排污许可贸易制度,逐步淘汰了旧的工厂设备,新的技术工艺不仅使工业增长得以维持,而且排污量大为降低。因而可见,工业增长对排污水平的影响,取决于工业化的阶段。在工业化的早期阶段,工业增长增大排放量;而在工业化的后期阶段,工业增长减少排污量。

经济结构是一个动态特征,它随发展水平的变化而变化。一个经济体系随时间产生结构变化也可以通过处于不同发展阶段的国家之间的差异表现出来。其时间序列变化与当前处于不同发展阶段的国家的现行结构差异特征较为接近。经济增长越快,产业结构变化也就越快,使得工业从弱小变为国民经济的主导部门,从轻工业经过重工业转向技术复杂的产业。宏观经济政策和产业政策也会随时间而变化。经济和贸易自由化会淘汰无效率的产业,重塑公有企业,而这些企业常是工业污染的主要来源;但同时,这一自由化也可引致门户开放,允许那些环境管制严格国家的污染产业进入国内。根据发展的不同阶段,采取自由化政策如减少贸易保护水平或货币贬值,在中、短期内,并不必然导致工业污染排放量的减少。但就长期来看,改善竞争和提高经济效益的政策,会减少废弃物排放、促进副产品再利用和提高资本存量的档次,从而减少工业污染。可见,尽管在工业化的进程中,污染排放的一般趋势为先增加而后降低,但政府政策可以阻抑或加速产业结构变化的进程和技术进步,从而修订工业排污与经济增长之间的关系。

就长期来看,随着收入的增长,污染物累积而导致损失的增加,人们逐渐有意识、有能力改善环境质量,环境规则得到强化而且得以更为严格地实行。这样,便可见支撑倒 U 型曲线的另一组作用力(宏观政策效力):(1)在不同的发展阶段,政府和产业预算中环境改善支出所占份额的变化;(2)在不同收入水平,人们对环境美化的需求变化。

在发展的早期阶段,贫困肆虐,税收征集缺乏效率,环境意识程度低,很少或根本没有资金用以环境保护。由于人们的收入水平低,人们对环境舒适的需求也就不高,也就更没有能力自己掏钱来用以污染治理。环境舒适是一个收入弹性"商品",直到消费者收入达到较高水准时,才在其预算中占有一定地位。尽管用以环境保护的公共支出费用较低,而且私人部门用以环境保护的开支几乎不存在(少数富翁除外),但在发展的较低水平,环境退化仍是有限的。这是因为,排放的废物不仅量低而且可降解量低,环境的自然净化能力尚未遭受破坏。

随着发展进程的加速,资源消耗加快,环境污染开始积累。而且由于自然净化能力超额承受污染物,这种积累速度不断加快。与此相反,由于环境意识的时滞效应,环境保护支出的增长十分缓慢。

随着一个国家步入新兴工业化经济状态,其经济迅速增长的累积效应和以往污染物积累的推延效应,使得其环境质量进入低谷状态、而此时的环境改善投资仍十分有限,这种有限投资对环境改善的影响也尚不明显。在收入和财富的较高水平,经济变得相对发达,人们对环境舒适的需求(这一需求富有收入弹性)增加,造成一种可以觉察到的环境舒适供给萎缩的失衡状态。其结果是形成一种经济、社会和政治的压力,要求制定和实施环境管制,增加环境保护的预算支出。这不仅导致排污量的减少,而且也引发产业结构的变化,有利于采用高新技术、引入污染少的产业。因此,在发展的后续阶段,环境质量得到改善。

收入水平与环境状态

由于经济规模、经济与产业结构、技术水平、对环境舒适的需求以及环境支出水平均是经济发展水平的函数,所以我们有理由认为,在环境退化(毁林、水土流失、污染)与人均 GDP 之间存在有一种关联。而且,考虑到上面所讨论的结构变化,技术发展和消费支出的动态特征,我们可以认为这种关联为非线性的,其形状可能有如一倒 U 型。美国、西欧和日本的经历及新兴工业化国家和地区,如韩国、新加坡、中国香港、中国台湾的实际看起来似乎符合这样一种环境质量与经济增长的倒 U 型关系。

但这种假定还需要实践验证,即通过考察经济增长(如人均收入水平)环境状态(如大气质量)的经验数据,来检验理论上的推断。这就需要一个国家或地区反映两者之间历史变化过程的有关数据(time series data),或处于不同发展阶段的各个国家或地区现行水平的截面数据(cross-sectional data)。由于缺乏具体某一个国家环境变化的历史系列数据,一些研究多采用一些发达国家和发展中国家的现行截面数据,来验证这一环境库兹涅茨曲线的关系。由于缺乏一个单一综合的环境恶化指数,在研究中通常分别考虑不同类型的资源退化和污染问题。在此,我们选用两个因子:毁林作为自然资源枯竭的代表变量和大气质量(SO_2 和 NO_x)作为工业与能源相关的污染变量。

为简化分析,毁林采用森林砍伐率,此处的森林砍伐率为毁林的净效应,扣除了造林的影响。在人口密度和经济活动水平低的国家,森林为主要的土地利用形式(当然荒漠、永久冻原地带除外);随着人口增长和经济活动的扩张,森林便被砍伐用作建筑材料和薪材,林地辟为农耕地。然而,此时的森林开发水平仍然很低,并未发生始料不及的永久性森林消失。例如,休闲期较长的刀耕火种和轮作制并未导致永久性毁林。然而,随着农村人口的进一步增加和国际贸易的发展,过度砍伐以获取薪柴和木材以及毁林开荒便引发了毁林。尤其是在农业生产力得不到改善、生活燃料和非农就业没有着落的情况下,毁林更甚。在工业化的起飞阶段,森林尤其脆弱,因为此时农业部门的税赋繁重,以提供工业增长所需的资金剩余。而受到保护的工业部门却不能带来因工业化所引致的农业剩余劳动力所需的就业机会。结果导致对森林的蚕食。政府的政策可能加重这一毁林的状况,例如巴西政府鼓励穷人到亚马逊森林腹地垦殖,印度尼西亚向其外围岛的大规模人口迁移计划,都导致了热带森林的加速消亡。

一旦工业起飞,农业生产力提高,非农产业的就业需求增加,人们的收入上涨,收入差距变小,从而对土地和森林的依赖逐渐降低,毁林速度开始下降。20世纪80年代末期,泰国就已到达这一水平(人均收入水平1 000美元)。这个国家以前垦殖的那些边际土地,现在处于休闲状态的,正逐步为森林所占据(除非水土流失已造成不可逆)。同时,政府发动了造林计划,建立了私人种植园和国立公园。所有这些都使毁林最终得到了逆转,出现净的森林增长,与西欧和北美部分地区的经历相近似。

污染指标不是指污染物浓度,而是指污染物排放量。这是因为,污染物浓度的测定要比排污量复杂得多,不仅取决于排污量,而且还取决于地理位置,大气条件及扩散情况。而且,我们要解释的不是不同国家之间环境质量的差异,因而所选用的解释变量为污染物的排放量。二氧化硫(SO_2)、氮氧化物(NO_x)和粉尘污染物的水平随时间而异,随国家而不同,取决于能源消费的类型和数量。具体地说,主要因子为:(1)工业活动的水平和类型;(2)机动车辆的数量与质量;(3)国内电力消费;(4)污染控制与治理(因之于环境法规,经济刺激和公共部门的环境支出)。

显然,上述因子与经济发展阶段和收入水平直接相关。也就是说,能源消费与排污量随发展水平增加,而发展水平又以人均收入为代表。但在另一方面,工业活动的类型,资本存量的档次,车辆的使用时间与质量,以及燃料和其他能源的质量均随经济发展水平提高而得到改进。尽管在较高发展水平会有更多的污染源,但各污染单位产出的排污量会减少。究其原因,部分在于随着过时资本存量被更新,新技术得到引入;部分来源于经济效率的改善。在一个国家向工业化迈进的进程中,它在关税保护屏障下所获许的进口替代的机会逐渐消失,而转为出口导向的工业化。其结果是贸易保护的减少和国内商品价格与世界价格的一致。这些因子促进改善投入效率,从而减少单位产出的废物排放。从另一方面看,以出口为导向的工业化的扩张意味着更高的产出,较之于早些时候的内向进口替代的工业化的排污总量水平要更高些。

在发展后期,一方面,相应于对包括清新空气在内的具有收入弹性的环境美化的需求增加,排污管制加强;另一方面,通过结构调整,第二产业比重降低,第三产业比重上升;在产业内部,也出现高能耗、高污染的产业向技术、知识密集性产业如电子行业的转移,使单位 GDP 的排污水平降低。结果不仅确保单位产出的排污量减少,而且确保排污总量也减少。

上述分析意味着,排污量先是随着经济发展水平的提高而上升,尔后在收入达到一定水平时,排污量便开始降低。为验证这一关系,我们在此考察两种大气污染物:SO_2 和 NO_x。这些污染物以各国在同一时段的人均量来表示,并与在这一特定点的人均收入相联系。分析中的样本包括 20 世纪 80 年代后期的发达和发展中国家;所用的人均收入值取自于世界银行的世界发展报告,发达国家 SO_2 和 NO_x 的全国排放值取自于经济合作与发展组织的环境状态报告。由于发展中国家缺乏这类数据,只能根据这些国家的石油、煤炭和天然气的消费量进行估算,因为这些化石能源的消费所产生的排污量要占总量的 90% 以上。

实际上,决定污染物排放水平的有三个因子:能源消费量,能源结构和技术。分析中采用的排污量包含前两个因子而忽略了第三个因子。随着一个国家向工业化快速迈进,人均能源利用不断增加并趋于使用更脏的燃料如煤炭,因这些资源国内就近可取(如印度、中国、泰国)。在发展的较高水平,人均能耗趋稳,甚至降低,并转向更为清洁的能源,如天然气。尽管技术水平与排污量没有直接关联,但它与人均收入(代表发展水平)相关密切。表 2-2 列出了验证分析的函数形式和有关参数。

表 2-2　　环境库兹涅茨曲线函数形式与参数

毁林	$\ln DEF = a_1 \ln INC + a_2 \ln POP + \frac{1}{2} a_{11} (\ln INC)^2 + a_{12} (\ln INC)(\ln POP) + \frac{1}{2} a_{22} (\ln POP)^2$
	$\ln DEF = 0.035 \ln INC - 0.0385 \ln POP - 0.00467 (\ln INC)^2 + 0.00108 (\ln POP)^2 + 0.0459 (\ln INC)(\ln POP)$
	$\ln DEF = 0.0133 \ln INC - 0.0181 \ln POP - 0.0013 (\ln INC)^2 + 0.0011 (\ln POP)^2 + 0.00096 (\ln INC)(\ln POP) + 0.0189 (TROPIC)$
SO_2	$\ln SO_2/N = a_0 + a_1 \ln INC + a_2 (\ln INC)^2$
	$\ln SO_2/N = -35.36 + 8.13 \ln INC - 0.51 (\ln INC)^2$
NO_x	$\ln NO_x/N = a_0 + a_1 \ln INC + a_2 (\ln INC)^2$
	$\ln NO_x/N = 25.36 + 4.82 \ln INC + 0.28 (\ln INC)^2$

资料来源:根据 Panayouto(*Environmental Kuznets Curves:Empirical Tests and Policy Implications*, mimeo, Harvard Institute for International Development, Harvard University, 1992)的分析资料整理。

表 2-2 中,DEF 为毁林率,即森林减少的百分率;INC 为人均收入;POP 为人口密度;SO_2/N 为人均 SO_2 排放量;NO_x/N 为人均 NO_x 排放量。毁林率的曲线为对数变换函数形式;人均收入与人均 SO_2、NO_x 排放量的关系呈现二次对数函数形式。毁林的参数估计有两套数据:41 个发展中国家和 41 个发展中国家加上 27 个发达国家。后一个函数中有一虚拟变量,表明热带发展中国家的毁林率与温带发达国家的毁林率相比,在同等收入和人口密度的情况下,要平均高出 1%。

采用 41 个主要为发展中的热带国家 20 世纪 80 年代中后期的数据,进行最小二乘方回归统计计算,结果表明,75% 的毁林可由上述函数关系来解释。倒 U 型曲线的峰值(即毁林速率由随收入增加而增加到随收入增加而减少的转折点)相对应的人均收入水平为 823 美元。相应人均收入的毁林弹性系数(ε)[①],按收入的几何平均值计算$\varepsilon=0.19$;几个代表国家的特征值列在表2-3中。在人均收入只有100美元时,毁林率约为年均1.3%。随人均收入的增加,毁林速率呈上升趋势;到人均823美元时抵达峰值:3.5%。此后,随着人均收入的增加,毁林率逐渐降低。在人均收入超过2 000美元时,毁林率降至3%以下。在收入超过4 000美元时,净毁林率减少到2%以内;在人均收入超过12 000美元时,毁林率为零,即毁林不再发生。此后,毁林率便为负。即造林使森林净增长。以此类推,在人均收入超过20 000美元时(如瑞士),净森林增长率达到每年1.8%。

表2-3 大气污染物的环境库兹涅茨曲线特征值

	低收入	转折点	高收入
毁林			
人均收入水平(美元)	126	823	3226
代表国家	埃塞俄比亚	泰国	委内瑞拉
弹性系数	1.12	0	-0.81
年均毁林率(%)	1.3	3.5	<2.0(瑞士-1.8)
SO_2			
人均收入水平(美元)	300	3 000	20 000
代表国家	印度	葡萄牙	瑞士
弹性系数	2.31	0	-2.00
人均排放量	0.005	0.049	0.009
NO_x			
人均收入水平(美元)	300	5 500	20 500
代表国家	印度	希腊	新加坡
弹性系数	1.63	0	-0.76

表2-3给出了SO_2和NO_x环境污染库兹涅茨曲线的几个关键值。一般说来,倒U型曲线的左半侧,即在转折点到达之前,曲线较为陡

[①] $\varepsilon=\dfrac{\partial \ln\text{DEF}}{\partial \ln\text{INC}}.$

峭;而右侧较为平缓。从弹性系数上看,在人均收入为300美元时(印度),人均收入每增加1个百分点,SO_2人均排放量增加2.3个百分点。在人均收入为1 000美元左右(泰国)时,弹性系数降至1.0∶1.0。而在曲线的右侧,人均收入从3 000增至5 000美元(希腊)时,弹性系数才从0降至-0.55;8 000美元(新加坡)时,则变为-1.0∶1.0,即收入增长1%,人均SO_2排放量减少1%。

上述分析由于数据所限,不能说精确,但却表明,环境状况与人均收入存在一种倒U型关系。

环境阈值

上述理论与实际数据分析表明,尽管需要更为精确的数据和深入分析来进一步确认,但不可否认地存在环境库兹涅茨曲线关系。值得注意的是,毁林的转折点远低于污染物排放的转折点,前者约在800—1 200美元/人,后者在3 000—5 500美元/人。这一差异并不奇怪。不论是农业扩展还是出口木材以获剩余,毁林都出现在发展的较早阶段,超前于工业化。总体上的环境恶化(资源枯竭和污染的联合效应)在低于1 000美元的人均收入水平上会呈恶化态势;在1 000—3 000美元之间,经济和环境退化都经历着从乡村到城市,从农业到工业的急剧结构变化。在人均收入超过10 000美元时,便出现另一个结构转换:从大耗能的重工业转向服务业和信息技术密集型产业。

环境库兹涅茨曲线的存在有着重要的政策含义:(1)它隐含着,沿着一个国家的发展轨迹,尤其是在工业化的起飞阶段,不可避免地出现一定程度的环境恶化。(2)这一曲线表明,随着发展进程,在人均收入到达一定水平以后,经济增长便从环境的敌人转为环境的朋友。尽管在相当长的一段时间内,经济增长只是弥补早些年的环境损失。如果经济增长于环境有益,那么,刺激增长的政策如自由贸易、经济结构转换和价格改革也应该于环境有益。反过来说,环境并勿需特别注意,无论是国内环境政策还是国际压力和援助,问题简化为实现快速经济增长以尽快超过于环境不利的发展阶段,抵达环境库兹涅茨曲线中的于环境有利的发展阶段。

这种对环境破坏听之任之的政策并非为最优选择。原因在于:(1)使环境恶化而不是改善的曲线中的上升区段可能需要很长时间才能越过。在这种情况下,未来经济较高增长和更清洁环境的现值可能难于抵消现实环境的破坏。因此,在经济发展的早期阶段致力于控制污染排放和资源枯竭显然从经济上讲是合理的。(2)今天防治和治理某些形式的环境退化可能比未来更节省费用。例如在生产过程中处理和安全存放危险废物,较之于不经处置、随意乱放,然后在经济发展需要治理而且有条件(经济投入)治理时,费用会低些。(3)或许是更重要的原因,在发展的较早阶段所允许的某些环境恶化类型,在较后阶段便出现环境上的不可逆。在贫穷困扰下的环境状态与收入水平,很可能不构成一个完整的倒 U 型,因为在收入十分低下的情况下,脆弱的环境有可能变为不可逆。[①] 热带森林的砍伐、生物多样性的消失、物种灭绝以及独特自然生境的毁坏,从实物形式上看,或者是不可逆转,或者是逆转费用极其高昂。就污染而言,也会有不可逆的效应,如燃烧含铅汽油所排放的含铅气体,核事故的辐射污染等。例如,美国国际援助署和国家环境保护局的一份研究表明,汽车所排放的含铅废气污染是学龄儿童血液中高铅浓度的主要原因,结果会使得这些儿童的智力发育减缓,学习成绩下降,相当于损失了 5 个智商点。受这一污染影响的

---

① 参见 Dasgupta and Maler, Poverty, "Institutions and the Environmental Resource Base", Environment Paper no.9, World Bank, Washington DC, 1994。

儿童将来发展能力的损失和国家发展潜力的损失并不那么容易通过在发展的后期阶段使用无铅汽油而逆转。(4)某些形式的环境恶化,如水土流失、自然灾害恢复能力的丧失、水库淤积、由于交通堵塞和呼吸道疾病而引起的人类健康和生产力的损失,以及工作时间的损失,都制约经济发展。因此,需要通过适当的环境政策和投资来直接控制环境恶化,以消除经济增长自身的障碍。

总之,尽管环境库兹涅茨曲线在现实中存在,而且相伴于经济增长过程和经济结构不可避免的变化过程,但这一曲线轨迹并非必然为最优。在存在有不可逆的生态阈值和环境保护与经济增长互补的情况下,较高峰值的环境库兹涅茨曲线(意即单位人均 GDP 增量引起较高的自然资源枯竭和污染速率),既非经济上最优,也非环境上最优。这是因为,较好的管理可以使同样的资源获得更多的经济增长和环境保护。经济增长的来源和格局与经济增长率同等重要。因之来源于能源和原材料补贴的经济增长,或来源于消耗自然资产的资本增加,较之来源于有效利用资源、劳动力密集产业和服务业以及信息技术的增长。所产生的环境成本更大。在资源产权没有明确界定和确保、环境成本没有计入和内在化的情况下,经济增长会使社会承受过高的环境成本,这一成本最终将动摇持续增长的根基(见图 2-4)。

当然,也要防止另一种危险:发展中国家过早采用发达国家严格的环境标准,试图通过严格的终端排放标准和强制要求安装废物处理设施,以期一夜之间实现这些标准。这一不切实际的环境目标并不必然导致环境的改善,但却阻碍经济增长。这种做法只会使环境库兹涅茨曲线跨越更大的区间,而并非必然使该曲线变浅。更为合适的政策是采用于该国经济发展相适应的环境标准,从而可以在不阻碍经济发展的情况下,使环境库兹涅茨曲线变浅。也可以逐步引入国际标准,采用具有可塑性的基于市场的手段或经济刺激,而不是僵化的命令加管制。经济手段最终将引导投资,使经济结构转离高能耗、高污染的产业,形成更有益于环境的农业、工业和服务业。进行资源的完全成本定价,使之反映不断增加的稀缺性,并将外部影响全部内部化,环境库兹涅茨曲线也不会消失,但可使该曲线变浅。较浅型的环境库兹涅茨曲线意味着,随着收入的增加,环境退化的峰值降低程度趋缓,环境改善提前实现。

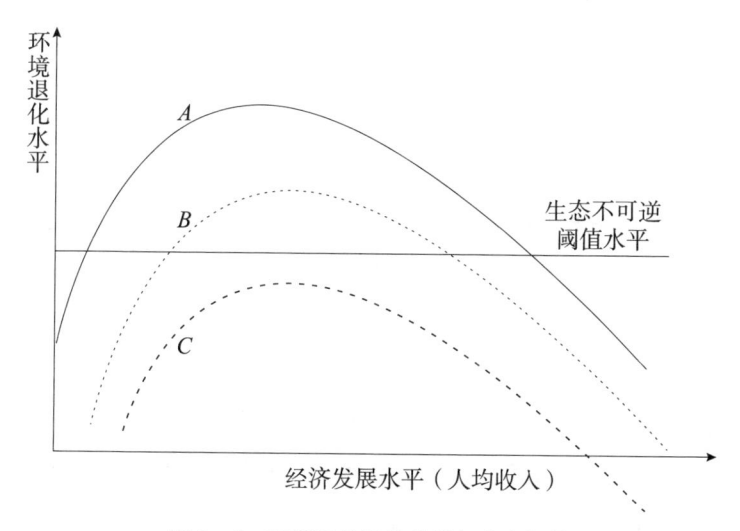

图 2-4　环境库兹涅茨曲线与生态阈值

A:不考虑环境破坏的环境库兹涅茨曲线:环境退化很可能超出生态不可逆阈值;

B:部分考虑环境成本的环境库兹涅茨曲线:通过制定环境标准、去除有害的环境补贴等政策手段,使曲线变得平缓,环境恶化的峰值降低;

C:大部分消除环境成本的环境库兹涅茨曲线:通过明确产权、成本内部化及去除有害的环境补贴,使曲线峰值进一步降低,经济发展对环境的破坏水平降到较低限度,有效地防止了经济起飞过程中对环境的不可逆破坏。

2.5　人口增长的环境压力

人口增长对环境的压力是不言而喻的。许多自然保护主义者和环境主义者将人口的环境压力当做环境问题的症结。而对经济学者来说,人口具有两重性,一方面人类生存发展需要消耗资源,构成对环境的压力;另一方面,人类的双手和智慧又可以改善环境,保护资源,对环境保护又有着积极作用。所以在环境与资源的经济分析中,多将人口当做一个中性因子或常量。这里我们也不专门讨论人口对环境资源的压力问题,而只是将人口增长这个问题提出来,说明它对环境持续所带来的不良影响,成为社会经济系统的一个引起人们对环境担忧的内在因子。

人口问题引起人们的环境担心,不仅源于人口数量的增加,还因之于生活质量的提高。从人口数量上看:

(1) 人口持续高速增长。自从人类在地球上出现以来,人口数量一直呈增长趋势。但约在 8 000 年前的农业革命以前,人类尚未处于地球生物的主宰地位,人口数量基本持平。农业革命使粮食生产趋于稳定,保证了食物的供给,使人口增长速度加快。但真正的高人口增长率是在工业革命以后,人类的生存条件大为改善,人类的疾病得到有效控制,而生产的发展,客观上又需要大量人口,使人口增长进一步加快。从表 2-4 可见,近几百年来,人口一直呈加速增长势头。

(2) 人口增长分布不平均。分析一下人口增长的分布状况就可以发现,世界每年新增人口的绝大多数在贫穷的发展中国家。从人口增长率来看,1900—2000 年发达国家平均每年为 0.83%;而发展中国家则高达 1.52%。预测的 21 世纪的年均增长率,发展中国家更是比发达国家高出 5 倍以上(表 2-4)。尤其是那些最不发达国家,人口增长速度更高。按这样一种增长格局,环境本来就比较脆弱,经济发展原来就极落后的地区,人口增加越来越快,对环境的压力也就越来越大;而这些国家和地区的经济基础薄弱,没有力量进行环境改善,进一步加剧了环境压力。所以,对环境构成威胁的主要来源是发展中国家过快的人口增长。

(3)人口增长态势的持续。自从20世纪70年代以来,世界上多数国家已认识到人口对环境的影响,纷纷采取措施,实施计划生育。在许多国家或地区,取得了较好的收效。但是,由于人口控制涉及宗教信仰、文化习惯、发展水平及种群动态等因素,人口增长难以得到迅速有效的目标控制。在多数发达国家,人口的年龄结构已趋于稳定;而在多数发展中国家,这种年龄结构基本上还是一种金字塔形,表明人口仍处于一种增长态势。可见人口的稳定还需要相当长的一段时间,据世界银行的材料,世界人口增长的势头仍将持续。

表2-4 世界各地区人口增长态势

年代 地区	14世纪	1000	1500	1750	1900	1975	1990	2000	2025	2100
世界总计	256	280	427	731	1668	3967	5294	6121	8206	10185
非洲	23	50	85	100	122	401	642	872	1617	2591
中国、印度次大陆*	143	130	179	307	783	1584	2230	2647	3409	3809
拉丁美洲	—	—	—	—	70	165	405	546	779	1238
欧洲、北美洲、澳洲、日本	51	68	133	179	535	1109	1201	1284	1407	1437

人口年均增长率	1900—2000年	2000—2100年
世界平均	1.33	0.51
发达国家	0.83	0.11
发展中国家	1.52	0.59

* 印度次大陆指印度、巴基斯坦、孟加拉国三国。

资料来源:《联合国与世界人口》,1987年英文版,表1-1;FAO:《生产年鉴1990》;Pearce and Warford(1993,p.151 Table 6-1)。

美国学者内斯的一份研究表明[①],1985—2025年间,全球因人口

---

① Ness,"Population and the Environment:Framework for Analysis",Working Paper no.10.The Environmental and Natural Resources Policy and Training Project,EPAT/MUCLA,University of Wisconsin-Madison,USA,1994,p.12.

增长而引起的 CO_2 排放量的增加,有 50% 来源于人口增长,其中发展中国家的 CO_2 增量有 53% 源于人口增长,发达国家为 42%;2025—2100 年间,以上 3 个数据分别为 22%,39% 和 3%。可见在 2025 年以后,发达国家人口增长所引起的 CO_2 排放增量所占比例只是发展中国家的 1/13。

人类生活质量的提高,需要消耗更多的环境与自然资源。例如 CO_2 的排放量,决定因子除人口数量外,还包括人均收入、人均能源消费、森林面积等。这些因子均与生活质量的改善有关。实际上,生活方式的改变和生活质量的提高对环境的影响远比人口数量的影响大(表 2-5)。

表 2-5 世界各地区人口增长与能源消费

	人均能源消费(10^9 焦耳/人)		能源消费增加之原因	
	1960	1984	人口数量%	生活改善%
非洲	6	12	33	67
亚洲	8	20	18	82
欧洲	72	124	16	84
北美洲	236*	281*	51	49
南美洲	16	28	37	63
世界平均	38	55	46	54

* 为美国数据。

资料来源:Pearce and Warford, *World Without End:Economics,Environment and Sustainable Development*,Published for the World Bank,Oxford University Press,1993,p.162。

据 1960—1984 年的人口增长与能源消费数据,全球能源消费量的增加,54% 源于生活标准的提高,46% 为人口数量的增长。

第三章 环境状态值

环境问题的出现以及人类对环境的担忧,不是杞人忧天;环境状态的变化,已通过各种信号反映到社会经济的各个方面,人们通过对这些信号的获取、分析,来进行环境状态的评估,判别环境究竟是否恶化了,资源是否在减少而致枯竭。实际上,这些信号是一个指标或参数系统,注重它们的时间序列及内涵,就可以了解环境现状及变化趋势。也正是由于人们对这些指标的认识,发现了环境状态变化中的许多令人担忧的迹象,并针对这些指标提出相应的措施,以使这些指标不超过环境状态的危险信号水平。

一般说来,环境状态指示因子或指标可分为3类[1],第一类是市场参数因子,通过各种环境资源在市场中的获取或交换价值,来看环境资源是否变得更为稀少了。第二类是综合经济指数,不仅仅用单一的市场参数因子。第三类是实物指标,直接分析各种环境资源的物理存量。

3.1 市场参数因子

物以稀为贵。因而某一市场参数因子的变化可能反映环境资源状况。譬如说,某一资源的市场价格呈现增长态势,资源开采或开发成本

---

[1] 当然,也有一些较为综合的指标体系,包括生产力影响及社会因子,如收入分配、人文发展指数等。市场参数实际上能够反映生产力变化情况。社会因子涉及体制、文化因素,其量化指标尚存许多争议。

不断上升,或是资源租金高昂,很可能表明该资源的存量呈下降趋势,质量或品位变差了。成本、价格和租金在市场上有着密切联系,但它们对环境资源状态的指示,却有着各自的特点。下面我们先就这些特点进行分析,然后就各个因子的优点与缺陷进行讨论。

成本

为了便于讨论,我们将以矿产资源的单位开采成本为对象进行分析。可更新资源及其他环境资源,如大气、水质等,均可进行类似分析。因为它们不论是在数量上,还是在质量上,由于人类社会的开发利用,都有可能减少或下降。因而,开发利用或保护的成本会发生相应变化。

关于用成本作为指示因子的研究,是美国未来资源研究所在20世纪60年代初的一个研究项目。[①] 其主要使用的测度为"开采量的单位成本",定义为:

$$C = (\alpha L + \beta K)/Q$$

式中,L为劳动力;K为生产资本;Q是开采产业的产出量;α和β为权重,以便加总生产投入中的劳动和资本量。

根据美国第一产业各行业的统计数字,该项研究得出了一组直接成本指数和相对成本指数。前者是单位开采量的直接成本比较,后者为开采成本相对于非开采业产品生产成本的指数。其计算结果列在表3-1中。

根据表中的成本指数,我们不难看出,成本均处于下降趋势,尤以采矿产业和渔业最为显然。这一趋势在20年后的80年代,又由朱丽

---

① Barnett and Morse(*Scarcity and Growth: the Economics of Natural Resource Scarcity*, The Johns Hopkins University Press, Baltimore & London, 1963)对美国自然资源的经济稀缺性作了历史系列考证;随后佩奇(Page, *Conservation and Economic Efficiency*, The Johns Hopkins University Press, Baltimore & London, 1977)等人又从物资资源政策及稀缺的角度出发,对资源的经济指标进行了分析。

安·西蒙(Julian Simon)①补充了新的资料,进一步以成本的下降趋势,来说明我们的资源并没有变得稀少,环境状况也没有恶化。

用成本作为测度因子,表面看起来,是有其根据的。如果环境资源变得更为稀缺了,就要开采更低品位的资源。这样,较之于原高品位的资源,必然需要更多的资本和劳动力以生产同等数量的初级产品。因而,开采成本就会随时间延伸而上升。资源枯竭到来前相当长的一段时间里,开采成本将会持续上涨,给人们以明确的信号,该资源存量正在变少,将至枯竭。

表3-1 单位产出的劳动力—资本投入量指数

	所有开采业		农业		矿业		渔业
	A	B	A	B	A	B	A
1870—1890	134	99	132	97	210	154	200
1919	122	103	114	97	164	139	100
1957	60	87	61	89	47	68	18

A:开采直接成本指数;B:相对于其他产业的成本指数。

资料来源:Barnett and Morse, *Scarcity and Growth: The Economics of Natural Resource Scarcity*, The Johns Hopkins University Press, Baltimore & London, 1963。

但是,这些成本指数并没有反映资源量自身的变化状况。我们看不到资源消费量与存量的关系以及未来资源量的情况。成本是一个经济参数,它只反映现实成本,对未来成本并无预见作用;而且成本也不仅仅受资源存量的影响,它还受到技术进步和资源替代的影响。在很大程度上,开采成本的降低,并不一定说明资源量更丰富了,而只能说明开采技术降低了成本,替代品的开发,降低了对该资源的市场需求量。如果在开采成本计算中,能够排除这两个因子的影响,其指示效果会客观些。实际上,应用成本测度的学者明确认识到,开采成本的下降

---

① 参见 Simon, *The Ultimate Resource*. Princeton University Press, New Jersey, 1981。

主要是由于技术进步和替代资源的开发。以成本作测度因子,还有一个实际困难。这就是投入量的计算。劳动力投入似乎还好统计,但资本投入量的分离统计就十分困难了。例如寻找新矿的资本投入,相关产业的资本投入,按什么比例,如何计入,在实际计算中难于确定。

鉴于上述考虑,很有可能在资源即将枯竭时,开采成本仍处于下降趋势。因此,成本因子似乎不足于指示环境资源状况。

价格

一般认为,资源价格能较好地反映环境资源状况。因为,成本只是一种当前的支付水平,而市场价格的确定是有预期性的,能够体现未来资源的开发成本,资源存量状况及市场需求水平。在这里,资源存量,尤其是预期存量,有着举足轻重的影响。而且,现实及未来成本也必然会反映到价格上。因而,可以在原则上说,如果资源存量随时间增加,则价格会降低,反之则提高。例如,现实的资源开采成本较低,但由于后续资源还未发现或难以发现,开采成本就不足以作为资源枯竭的信号。而价格就不同了。由于人们占有市场信息,未来资源的开发成本及供给数量,必然影响到当前市场的供需水平。这样,即使是现实开采成本低,其市场价格可能会很高——因为它考虑了未来市场因素。

与成本因子一样,价格因子的信号作用也可能被技术进步和替代资源的开发而弱化。在一定程度上,木材生产便是一个例证。由于城市交通及农业开发,森林资源量呈下降趋势,但西方木材价格却一直保持相对稳定。[①] 究其因,一方面是由于技术进步,使木材的利用效率提高了,使树枝边角料也可加工为优质用材,而且速生丰产林的人工

---

① 参见 Fisher,"Measures of Natural Resource Scarcity", In V Kerry Smith(ed), *Scarcity and Growth Reconsidered*, The Johns Hopkins University Press, Baltimore & London. pp.249 - 275, 1979。

生产,使单位面积的产量有较大增加,另一方面是金属、塑料产品对木材的替代作用。可见,价格信号也不能充分揭示环境资源存量的变化水平。

租金

资源租金(rent)源于资源所有权,用于可枯竭性的矿产资源时,又常称为矿山使用费(Royalty)。资源拥有者将资源开发或使用权出让,从而获取一定的报酬,便是租金。显然租金受市场供需、数量及质量的影响,与价格和成本一样,是一个经济测度因子。

对于租金的信号指示能力,争议颇多,看法不一。一些著名的资源经济学者,例如剑桥大学教授达斯古普塔认为[1],租金优于价格和成本。这是因为,租金作为开采成本的一部分,可以独立于成本,其预期价值以复利形式随时间增长,表明预期的资源价值会不断增加。[2] 如果资源的初始存量很大,其资源租金就不会很高。但按霍特林规则,资源租金会以市场利率的速度增加。例如,按5%的年利率计算,一分钱大约要120年才能涨到5元钱。因此,根据资源利用的优化原理,价格和成本可能会随时间波动,但租金却是上涨的,预示着资源会随时间而减少至枯竭。

也有一些实例支持租金的信号作用。例如美国森林资源租金呈上浮趋势,而其单位开发成本和价格都呈下降态势。考察一下美国木材资源的实物存量,便可见租金的信号预警是对的,而成本和价格则与实物存量变化呈反向关系。

---

[1] 参见 Dasgupta,"Exhaustible Resources",In L.Friday and R.Laskey(eds),"The Economics of Exhaustible Resources",*Journal of Political Economy*,39:137 – 175。

[2] 这是霍特林规则(Hotelling Rule)的直接应用。参见第五章关于霍特林规则的讨论。

但是,租金也有其不足的地方。由于它与资源品位有密切联系,其变化具有不规则性。例如,高品位资源的租金较高;当高品位的资源开采完后转向低品位资源时,开采成本增加了,但资源租金却会下降。在开采成本上升到与资源价格等同时,租金就可能不存在了。而在这种情况下,实际上资源是变得更为稀少了。因而费雪认为,资源租金不宜作为指示资源状态的信号指示因子。①

从上述分析看,市场参数因子都可能在一定情况下,在一定程度上反映环境资源状态。但要以它们中的任一个,作为环境与发展分析的基础和决策的依据,显然是有缺陷的。首先,它们都是纯市场变量,完全受市场的影响,不可能独立地反映资源状况。尤其是技术进步和资源替代,它们在市场力量的作用下,可能在相当大的程度上扭曲市场变量的信号价值。而市场的不确定性和市场失灵,又会使市场变量自身失真。其次,这些市场变量,均为单一因子,只能从一个方面,一个角度反映环境资源状态。例如价格,它只反映市场供需及预期情况,它与成本和租金有直接联系,但它并不表现为一种必然的线性关系。而且,环境资源的实物数量和质量也不可能以市场变量来代替。这就需要一些综合的经济指数或实物参数,来更为全面和准确地反映环境资源状况。

3.2 综合经济指数

综合经济指数与市场变量因子的共同之处在于,它们都以经济变量的方式来衡量环境状态,尽管前者所用的度量内容不大可能在市场上实现。它们之间的区别主要表现在三个方面:(1)综合经济指数是

---

① 参见 Fisher, "Measures of Natural Resource Scarcity", In V Kerry Smith(ed), *Scarcity and Growth Reconsidered*, The Johns Hopkins University Press, Baltimore & London, pp. 249 – 250, 1979。

综合性的,包含有两个或更多的因子,因而有可能更为全面地反映环境状态;(2)综合经济指数包含一些在市场上不可交换的因子,因而在有的情况下,综合经济指数可能不是一个标量,而是一个向量,即由一组数字表明一种状态,而市场变量均为单一市场确定量;(3)由于综合经济指数含有非市场度量因子,较之于市场变量,它相对独立于市场波动,具有较好的稳定性。综合经济指数的这些特征,使得其环境指示效果可能优于单一的市场变量因子。

在这里,我们主要讨论两个综合指数,稳态经济和总资本量。前者是一种经济结构状态,通过这种状态的变化来反映环境状态;后者为人造资本量和自然资本量的总和。

稳态经济(steady state economy)

稳态经济的概念最早由英国古典经济学家穆勒①提出。他在分析资源存量的时候,认为从经济上讲,资源不会枯竭;但从环境上讲,我们不应该追求高的物质增长和消耗,需要从一个经济体系的稳定与否来看环境状态。

按穆勒的设想,一个稳态经济体系应具有一些相对稳定不变的特征,表现在以下几个方面。

(1)一个可衡量的人类种群数量,即人口数量不能随时间增加。

(2)一个可衡量的人造资本数量,即人类所创造的各种资本总量也不应增加。穆勒将这些人造资本数量看成是人类种群数量的延伸,并且认为需要消耗环境与自然资源,因此必须持衡。

---

① 穆勒所用的词语为"静态(stationary state, Mill, 1871, Vol.Ⅱ, pp.330 – 331)";这一概念后来为美国学者 Daly("The Economics of the Steady State", *American Economic Review*, vol.64, pp.15 – 21, 1974) Meadows et al.(*Beyond the Limits: Global Collapse or a Sustainable Future*, Earthscan, London, 1992)所运用和发展,所用的词语为稳态经济(steady state economy)。

(3)上述两个数量的持衡水平要足以使人们过上较好的生活并可延续到未来。也就是说,如果两个数量的水平太高,尽管可能使之保持稳定一些时候,但不能持久,因此有一个持衡水平的选择。

(4)维系人口和资本数量所需的物质与能量流通速率要降到最低的可能水平。例如人口的持衡,并不是高出生率和高死亡率的相抵,而是在低水平上的相等,使得人口有高的期望寿命。对于人造资本数量,生产速率与资本折旧在较低水平上的等同,从而使得资本长期耐用,因而对资源的需求和污染排放量都将较低。

上述所要求持衡的,只是人口和资本数量。也就是说,稳态经济作为一个环境指数,是一个包括两个元素的向量,该向量的变化便可用以指示环境状态变化了。而技术、信息、知识、遗传特征、收入分配、生产要素组合等并未要求持衡,而且正是通过对这些因子的调整来达到经济稳态的。

经济总值

在讨论生物中心观时,我们讨论了生物的几种价值。然而,那只是伦理学上的概念分析,不能用作可实际度量的经济价值。既然是经济值,那就应该可度量,而且是人为的度量。20世纪90年代以来,英国学者皮尔斯等人[1]在概念上系统地讨论了环境资源经济总值的构成问题。

皮尔斯等人认为,环境资源的经济总值包含多种价值成分,其主要类型可分为四类。

---

[1] 参见 Pearce and Turner, *Economics of Natural Resources and the Environment*, Harvester Wheatsheaf, Hertfordshire, England, 1990; Pearce and Puroshothaman, "Protecting Biological Diversity: the Economic Value of Pharmaceutical Plants", CSERGE Discusslon Paper GEC 92－127,1992。

(1)直接使用价值。指自然资源可直接用以生产过程和消费的经济价值,其中有的容易在市场上直接测量,如木材、干果等的市场价格;而有的则不易测量。例如药用植物,其市场收购价格可以作为一个参考值,但其实际使用值可能超出市场收购价。一般说来,通过市场或调查手段,直接使用价值可以测量出来,尽管不是十分精确。

(2)间接使用价值。这部分价值也具有使用效能,但它并非直接用以生产过程或消费,不直接在市场上交换,其价值只能间接地表现出来。一般说来,这一价值相应于生态学家所说的生态功能,例如一片森林,可以涵养水源,保持水土,吸收二氧化碳,从而减轻污染和河流淤积。而且森林所创造的小环境,适宜许多生物生存,形成一个生态系统,有利于生物多样性的保护。这些功能对于人类说来,都具有使用价值,但却不能在市场上得到实现。因而其测量比直接使用价值要难。但是,这些价值是存在的,可以通过一定方法测量。例如水源涵养和水土保持的功能,就可以设想在没有这片森林的情况下,采用工程方法达到同等功效的收入或营造森林所需的投资作为估计值。

(3)选择价值。该价值是指人们为了保存或保护某一自然资源,以便将来做各种用途所愿支付的数额。所以,严格地讲,选择价值仍应属于使用价值的范畴;所不同者,它所衡量的是未来的直接或间接使用价值。例如一片森林,一旦毁掉,开发为城市或工矿用地,它在将来可能不具有其他用途的选择了。在这个意义上,它类似于保险溢价,确保在未来不确定的情况下,某一环境资源的供给的价值,需要考虑或纳入。人们尚难确切地说,开发某一环境资源如森林的选择价值会大于零,但这种可能性是存在的,尤其是在今天,对环境质量的需求在不断增加,而其供给却受到毁林的影响。

(4)存在价值。它与现在的使用和未来选择使用无关,是人们对某一环境资源存在而愿意支付的数额。这在实际上并不难理解,很多人愿意出钱来保持某一环境资产的存在。例如许多人对野生动植物保护的捐赠，他们愿意出钱保护这些生物，但它们并不是想获取使用价值。再如旅游赏景，或其他一些将来的消费等。西方也有一些实例研究，通过条件价值评估法(Contingent Valuation Method，也称问卷调查法)，基于人们的显性偏好，获取人们支付意愿的定量数据。结果表明，存在价值是经济总值中的一个重要组分。例如对美国著名的自然景观区科罗拉多大峡谷问卷调查的计算得出，保护这一景观的收益，按愿意支付额，全美国高达78亿美元。可见人们对这一自然景观存在的价值评估有多高。

上面我们从概念上分析了环境资源的经济总值，前三种价值均为使用价值，唯后一种是非使用价值，表3-2以热带雨林为例，给出了各种价值的例证说明。

表 3-2 热带雨林的经济总值

经济总值	使用价值			非使用价值
	直接价值	间接价值	选择价值	存在价值
例证	木材产品，非木材林果产品，旅游，药用，植物基因，教育，人类生境	养分循环，水源涵养，吸收 CO_2，森林微气候	未来直接与间接的用途	森林作为有内在价值的群落单元，有其存在的必要；它是大自然的赠品，不仅是我们的，还属于子孙后代及其他物种

资本总量

环境资源经济总值的评估十分重要，它可以将实物量的环境资源转换为经济量值，避免了资源实物量的计量不统一问题，以货币单位表现资源量。这样，不仅不可更新的矿产资源可以计量为自然资产，可更

新的生物资源也可以计量为资产。一个地区所有的自然资产,便是该地区自然资本总量了。根据资本总量的定义:

$$资本总量 = 人造资本 + 自然资本$$

一个地区在某一时间的资本总量便可以求得。前面已经讨论过,人造资本与自然资本之间有一种替代和权衡取舍关系。但不论怎样,资本总量的变化是可以体现两种资本变化后的总体水平的。正是由于这种总体水平的指示功能,使得资本总量这一指数能在一定程度上综合反映环境与发展的状态。

这一综合指数与稳态经济指数不同,主要有三点:(1)它不包括人口因子;(2)包含有自然资本或资产量,而在稳态经济指数中没有直接涉及;(3)它与市场变量指标一样,是一个标量,而不是一个向量。

上述区别表明了总资本量这一指数的特点,也显示出其难点。既然总资本量是人造资本和自然资本量的和,那么,就必须使两者可以在共同的度量上相加。所谓资本量,是以货币为单位统计的。人造资本容易统计,但自然资本用货币量来表现和统计就难了。有些自然资源产品,如木材、石油、矿石,可以市场价格来衡量,从而得到一个资源现有储量的市场资产量。但市场价格并没有反映资源的全部价值,因而需要对自然资产进行经济评估。这就涉及一个具体困难:如何评价。人造资本是以货币为统计单位,有的自然资产如森林、石油、地产可以用货币单位来统计。但有的资源如湿地生态系统、生物多样性、臭氧层浓度等难以用货币来表现。即使是可以用货币来表现的自然资产,在不同地区,作不同用途的资源价格也可能不一样。这样自然资产的货币数量与其物理存量可能不易统一。这些环境资源核算中的难题还有待进一步探讨。

而对于其他自然资源,如生态系统,生物多样性,野生动植物,其价值难用市场价格度量。既然不能市场度量,也就难以转换为资本量,不能加到总资本量中去了。即使是前一类可以度量的资源,市场量测的也不是其全部资产量。例如森林,所测算统计的很可能只是木材量。而森林的生态系统效应便被忽略了。因此,要使总资本量变为一个可用的指数,必须要有一套系统的方法,对其进行价值度量。

由于稳态经济和资本总量这两个综合指数不具备常规的经济变量指数的市场灵敏特征,在资源市场配置的经济学讨论中,优点发挥不出来。此外,由于它们包含人造资本这一经济度量,环境主义者的自然保护分析也不愿接受。但正是由于它们包括有经济和环境两种变量因子,使得它们成为持续经济发展研究的主要指数。近年来,许多有关持续经济发展的分析,就是以这些综合经济指数为线索,来评价和探索持续经济发展的理论与实践的。

3.3 物理指数

一般说来,物理指数不含有经济变量。它以实物形式出现,用以反映环境资源的存量或状态。由于这些指数能直接给人们以物理量的概念,其变化当然比起经济指数,不论是市场变量还是综合性的,更能具体、准确地指示环境资源存量水平。但是,由于不同资源不能以同一物理量统计,它们通常只能反映单一资源或系统状态,而不能表现一个地区各种自然资源的总量情况。例如,石油储量、铁矿存量、木材蓄积量,它们是以不同单位计量的,分别为桶、吨和立方米。当然它们都可以用重量单位吨来统计,但一吨原油加一吨铁矿石加一吨木材,显然没有实际意义。要使各种环境资源的总体水平得到体现,就需要一个包含众多元素的向量。

需要说明的是,物理指数并不是狭义的数量表述,它还包括物理关系,如生态系统和物质生产方式。生态系统是由众多因子组成的。但各个单一因子并不能反映生态系统中各种元素之间的相互作用和联系,需要用一些系统参数来衡量。

物理数量指数

物理数量指数比较容易理解。但由于环境资源的种类太多,计量单位太复杂,目前还没有一个综合指数包罗多种环境资源,指示环境资源的一般水平。通常是以包含多种元素的向量形式,分门别类,通过向量中具体元素的考察分析来了解环境资源状态的变化态势。环境资源的分类方法很多,因而类型也可以很多,一般说来,可分为可更新资源、不可更新资源、环境介质资源和衡量资源。

(1)可更新资源。主要是指可以自我更新的资源,其更新速率较快,所需周期较短。最为典型的是生物资源,通过繁殖,世代延续。这些资源也有枯竭的可能。在种群数量特别少,所需生境被破坏时,有的生物资源就不能更新,而趋于消亡。

(2)不可更新资源。这类资源是在相当长的时间内形成的,不能在短时间内得到量的增加或更替。其代表种类是各种化石能源和矿产资源,例如石油,其自然形成需很长的地质时期,一旦开采利用,其贮量就会逐步减少,直至枯竭。

(3)环境介质资源。指具有接纳净化环境污染物质的资源,主要是大气及水资源。大气资源可以接纳各种气体污染物,如碳氧化物,氮氧化物、硫化物等。大气环境可以自然净化一部分污染物。同样,水资源可以接纳各种液体污染物,具有一定的污染净化能力。但如果污染物浓度太高,环境质量恶化,会直接影响到包括人类自身在内的所有生物。

(4)衡量资源。有些资源,其总量是恒定的,不会被消耗,总量保持不变。太阳能是最典型的例子。不论地球怎样收集利用太阳能,它日复一日,年复一年,总辐射能不发生变化。地表资源也可以说是恒定的,地球不会变大或缩小,表面积不会发生变化。但是,地表上的土地资源是可以变化的,自然过程可以沧海桑田,人为的围湖造田。尤其是耕地资源,可以不可逆地转化为城镇及道路,而使耕地数量减少。

上述的资源类型及特点列在表3-3中。需要说明的是,资源类别的划分并不是非常确定的,界线往往不十分明确。例如土壤资源,可以通过自然风化而得到补充更新。因而,可以算是可更新资源。但如果风化补充速率特别慢,则与不可更新的矿产资源没有什么差异了。水资源也是这样,它可以通过自然循环过程,得到更新补充,是可更新资源。同时,地球上水的总量可能是一定的;从地球总体上看,水又是一个衡量资源。它们作为物理指示因子,需要看它们所具体体现的环境意义。例如将水作为衡量因子,就没有环境含义了。

通过对上述环境资源因子及特点的认识,考察其物理数量的变化,人们就可以了解到环境资源状态。

表3-3 环境资源类型及特点

类型	可更新资源	不可更新资源	环境介质资源	衡量资源
例	生物资源	矿产资源	大气及水资源	太阳能,地球表面积
特点	可更新,但可枯竭	不可更新,会因消耗而减少	可接纳,净化污染物,但能力有限	总量一定,不会人为地或自然地变化

物理关系

反映环境状态的物理关系主要有两种,一种是生态系统的状态描述,另一种是物质生产方式的规定。

(1)生态系统状态。生态系统是生物有机体与无机环境、生物有机体之间相互关系的总和。在相当程度上,生态系统状态便是环境状态的直接反映。然而,生态系统并不是通过其组成部分单个物理量的变化来认识的,其状态是通过一些系统参数来揭示的,这些参数或特征包括:稳定性、抗逆性和多样性。

稳定性是指生态系统通过一个自然演变过程,使系统的成分、各成分间的相互关系达到一种相对稳定的状态。这一稳定的系统具有抗逆性。即,在外界不利环境的影响下,其系统的成分及功能受到一定程度破坏,系统通过各种内部联系及功能,可以有效地减弱甚至抵消这种不利影响;即使在破坏较严重时,也可以在短时间内得以恢复。例如森林生态系统,在森林火灾这样大的破坏后,由于原系统所富集的土壤肥力及水分,有利于植物生长,使受灾地区很快恢复到原来水平。这种抗逆性与生物多样性是分不开的。某一种生物受到影响,而其他生物可以照常生长,整个系统仍可表现出健康状态。多样性还可以提高系统生产力水平。因为,各种各样的生物可以充分利用自然营养空间,相互改善生长条件,使系统有高的产出水平。

如果一个生态系统具有稳定性、抗逆性和多样性,则表明,环境资源状态是好的;如果这些特征变差了或没有了,说明环境资源状态恶化无疑。因此,这些系统特征可以作为物理关系指数,较好地反映环境资源水平。

(2)物质生产方式。这里的物质生产方式,是指生产过程中物质的投入和消耗,以及以劳动力生产的形式而规定的生产格局。一般说来,可分为传统型、现代型或工业化型。

所谓传统型,是指工业化出现以前的农业生产及手工作坊式的生产方式。其特点是能量及资本投入量少,尤其是化石能源,需要量很少。但劳动力使用密集,产量较低。现代化型或工业化型则不然,需要消耗大量的化石能源,如农业中的化肥、农药、农机具、工业生产耗能及生活中的汽车、家电、取暖空调耗能。但劳动投入量少，单位劳动力的产量高。而最为重要的是前者对环境资源需求量少，对环境的压力低；后者正好相反。正是由于这一区别，才使人们意识到，生产方式也可以指示环境资源水平。

这些物理指数，多为环境主义者和自然科学研究人员所注重。他们通过对这些指数的认识和分析，来寻求环境与发展关系的新的协调途径。这些途径将在第六章中讨论。

第二篇　持续发展主要途径的经济学分析

第四章 资源稀缺论

现代环境与经济发展的理论,源于19世纪初叶古典经济学理论和自然保护学说。古典经济学家所考察的,是自然资源尤其是土地的稀缺及其对收益和经济发展所造成的影响。西方自然保护学说的早期代表人物是美国的乔治·P.马什(George P.Marsh)。他倡导自然保护,鼓吹人类与自然的和谐。这些经典的理论,对我们今天的环境问题研究,仍具有不可低估的现实意义。

4.1 绝对稀缺论

当代环境保护问题的讨论,不论是经济上的,还是环境上的,总免不了马尔萨斯的影响。从经济上讲,是一个资源稀缺问题。从环境上看,有一个资源总量的限额问题。这两个问题在马尔萨斯的《人口原理》和《政治经济学原理》中有相应阐述。①

马尔萨斯的《人口原理》最初发表于1798年。以后几经再版。但其关于人口与资源的关系的核心观点没有改变。概括起来,表现在四个方面:(1)马尔萨斯认为人口的增长在数量上可以是无限的。而且,这种增长的速度,是呈指数型的。这就使得人口的数量增长呈加速之

---

① 参见 Malthus, *Principles of Political Economy*(2nd ed), Basil Blackwell, Oxford, 1951; *An Essay on the Principle of Population*, Everyman's Library(two volumes), with introduction by M.P.Fogarty.Dent, London, 1967。

势。(2)从另一个方面看,人类自然资源的数量却是一定的、有限的。而且,其增长是缓慢的,不具指数型的加速特征。(3)静态地看,现时的人口与资源矛盾不十分突出;但动态地看,人口的指数增长和自然资源的非指数平稳增长在经过一段时间后,或早或迟,人口数量将超过自然资源所能够承受的水平。(4)如果人类不认识自然资源的有限性,不仅自然环境与资源将遭到破坏,而且人口数量将以灾难性的形式,如饥荒、战争、瘟疫等而减少。

资源的稀缺性表现为报酬递减。这一点马尔萨斯在《政治经济学原理》一书中,承袭人口论的观点,进行了经济学的表述。自然资源的极限被表述为食物生产或其他生活必需品的极限。这种极限不会因人口的增加,或需求的增大而有所扩张。① 由于存在这一极限,所有的自然资源都将很快为人类所占据利用。此时,人口的增加便意味着劳动力的增加;新增加的劳动投入的报酬将呈递减趋势。

无论是资源物理数量的有限还是经济上的稀缺,在马尔萨斯看来,都是必然存在的;而且是绝对的。它不会因技术进步和社会发展而有所改变。马尔萨斯认为,稀缺和地租的上升与土地的肥力(包括肥力和区位因素)没有联系。因而这一绝对性的论点不同于李嘉图的级差地租学说。② 马尔萨斯的这一思想,在以后的资源与环境经济分析中,被概括为资源的绝对稀缺模式(absolute resource scarcity)。

这一绝对稀缺模式,在表面上看来很悲观。因为人们的主观努力,不能改变这种绝对状态。增长的极限及环境的人口承载容量的观点与方法,可明显看到这种绝对稀缺论的踪影。但在另一方面,这一绝对

---

① 参见 Malthus, *Principles of Political Economy* (2nd ed), Basil Blackwell, Oxford, 1951, p.208。

② 参见 Ricado, *The Principles of Political Economy and Taxation* (3rd ed), Everyman's Library, with introduction by D.Winch, Dent, London, 1973, p.181。

稀缺模式也有乐观的成分。在马尔萨斯的体系中,主要表现在两个方面:(1)是资源品位的均质性。自然资源在其自然肥力水平或品位上,没有差异或差异不大。这便意味着,极限到来之前,劳动力和资本的投入不会有报酬递减现象。假定资源数量相对于人口数量,在相当长的时间内不构成制约。那么,这种绝对稀缺在这段时间内就不存在。(2)尽管土地利用是绝对稀缺的,但许多其他自然资源,如空气和水,则不存在稀缺问题。① 当然,这些乐观因素并没有改变绝对稀缺模式的悲观色彩。因为前一种情况在马尔萨斯的分析里不可能长期存在;后一种情况中的资源相对于粮食生产的土地来说,对人类生存的制约不构成数量上的威胁。

从另一个角度上看,这些乐观因素展示了马尔萨斯模型的缺陷。在现实经济中,自然资源的肥力(或品位)及区位差异是存在的。资源均质性的假定与实际情况相去甚远。空气和水这些在古典经济学家看来是无限、可无偿利用的资源,实际上也是稀缺的。然而,马尔萨斯模型最根本的错误,在于指数关系的简单假定和对技术进步的忽略。因而,对于经济学家说来,李嘉图的相对稀缺更具有现实意义。

4.2 相对稀缺论

李嘉图对自然资源利用的分析,在方法与结论上均不同于马尔萨斯。

在方法上,李嘉图认为,自然资源不存在均质性。以土地资源为例,存在自然肥力的差异,即有的土地肥力要高些,有的则要低些。这

---

① 参见 Ricado, *The Principles of Political Economy and Taxation* (3rd ed), Everyman's Library, with introduction by D.Winch, Dent, London, 1973, p.208。

样从高到低,形成一个土壤肥力级差系列。肥力较高的土地,数量可能是有限的;肥力较低的土地,数量上可以不断增加。不仅土地是这样,矿产资源也有品位的差异。品位较高的、开采成本较低的矿产资源贮量是有限的。但品位较低的,更难于开采的矿产资源可以不断纳入开采之中。这样,李嘉图实际上否认自然资源经济利用的绝对极限。在其分析中,根本上没有涉及极限或绝对稀缺的字眼。他所强调的,是肥力较高的自然资源数量的相对稀缺。他不仅承认这一稀缺,而且将这一相对稀缺作为其经济分析的出发点。

假定在一个地区或国家,有 A、B、C 等不同土壤肥力的土地,地块 A 的肥力为最高,因而耕作所能获取的产量也最大。那么,人们将首先开发地块 A。随着人口的增加,地块 A 的产出已不够。必须开发更多的土地。但只有肥力较差的地块 B 可以得到较高的产出。为了开发利用地块 B,地块 A 与 B 之间因肥力差异而导致的产出差额应作为地租,使得地块 A 与 B 之间的收益相等。如果人口再度增加,则对地块 B 也收取地租,使地块 C 也投入生产。这样,随着需求或人口的增加,总会有较低肥力或品位的资源得到开发利用。即使是马尔萨斯认为无限量的空气和水,李嘉图认为,只要它们存在质量的差别,那么,其利用也会有从高到低的质量系列,逐步得到利用。①

较低肥力的资源,在数量上不存在绝对稀缺。但是,报酬递减是不可避免的。因为,在较低肥力的土地上的耕作,单位劳动力和资本的产出会比肥力高的土地低。但这一递减的原因与马尔萨斯模型的递减有所不同。前者是由于土壤肥力的差异,在不同地块之间所形成的,而后者是在同一地块(均质)上,由于劳动力或资本的不断增加而造成的。

---

① 参见 Ricado, *The Principles of Political Economy and Taxation* (3rd ed), Everyman's Library, with introduction by D.Winch, Dent, London, 1973, p.39。

从这一意义上讲,李嘉图模型更使人悲观,因为报酬递减是一个延续的、无时不在的现象;而马尔萨斯模型中的递减,只有在极限抵达时才出现。

但是,这一相对稀缺模式(relative resource scarcity)相对于绝对稀缺模式,给人以希望而不是无可奈何的绝望。从这一意义上说,李嘉图模式更具乐观色彩些。不仅如此,李嘉图还强调技术进步的作用。一方面,我们可以改良土壤,提高土地生产力;另一方面,我们可以使用机器,节省劳动,提高单位劳动的产出量。因此,在李嘉图看来,这种相对稀缺并不构成对经济发展的不可逾越的制约。

4.3 静态经济

对资源稀缺理论有重大贡献的另一个古典经济学者是约翰·穆勒。在其《政治经济学原理》一书中,他不仅对马尔萨斯和李嘉图模式作了进一步的阐述,而且还将稀缺的概念延伸到更为广义的环境。并在此基础上,从哲学的高度,提出了建立静态经济(stationary economy)的概念。

(1)穆勒明确接受了绝对稀缺的概念。"有限的土地数量和有限的土地生产力构成真实的生产极限"[①]。这种极限在最终到来时,必然对生产产生制约;不仅如此,早在该极限来临之前,资源绝对稀缺的效应便会表现出来。但穆勒认为,这种极限在现实世界中不甚相关,因为这一极限只是无限未来的事。社会进步和技术革新不仅会拓展这一极限,而且还可以无限推延这一极限。因而在实际上,穆勒对马尔萨斯模

---

① 参见 Mill, *Principles of Political Economy* (in two volumes), Longman, London, 1871, p.173。

式持否定态度。

（2）对于李嘉图的相对稀缺论，穆勒全部继承了过来，并且加以引申扩展。李嘉图谈到了矿产资源的品位差异，但他把这种差异与土壤肥力差异混为一谈。穆勒明确区分了土壤肥力的可更新（或重复利用）与矿产资源利用的一次性（不可更新）的特征差异。但他未能进一步阐述可枯竭资源利用的经济学问题。穆勒对资源稀缺论的另一个贡献是将资源稀缺论引申到非物质生产的环境。不管是马尔萨斯还是李嘉图，所关心的均是用于物质生产的资源。穆勒所考察的，还包括生活环境的数量和质量。经济系统中的土地资源，除了农业生产的功能外，还具有人类生活空间和自然景观美的功能。而且，生活空间的博大和自然景观的美是人类文明生活所不可缺少的。人们的思想源泉和激励动因均与大自然密切相关。可以说，穆勒是第一个将自然环境纳入经济学分析的学者，但他并未能作深入的分析。

（3）穆勒对环境经济研究最重要的贡献，应该是其关于"静态经济"的构想。他并不担心马尔萨斯的绝对稀缺会出现，也充分相信人类克服资源相对稀缺的能力。但是，他并不赞赏人类应用这种能力去征服自然，开发利用所有的自然资源，用以粮食生产，供人类消费。他以哲学家的思维，既有别于马尔萨斯，又不同于李嘉图，提出了静态经济的思想。[①] 他认为，自然环境、人口和财富均应保持在一个静止稳定的水平，而且这一水平要远离自然资源的极限水平，以防止出现食物缺乏和自然美的大量消失。[②] 穆勒提出这一思想，主要考虑的，并不是经济或技术上的，而在于哲学伦理上的。在他看来，荒野生境、野生动植物都应受到保护，尽管它们可能用以生产人类所需的食物或与人类争

[①] 参见 Mill, *Principles of Political Economy*, Vol II ch.6。
[②] 同上书, p.331。

夺食物。他觉得,人类生活需要博大的生活环境。拥挤狭小的环境影响人的情绪与思维。不仅如此,我们还要为子孙后代着想。静态经济的思想,已超出了稀缺的范畴,将环境保护及其影响的时间尺度拓展到了更为长远的未来。穆勒的这一思想,在 20 世纪 70 年代初由戴利①作了进一步拓展,形成为现代环境保护主义者如梅多斯等人②所接受的静态经济的概念。

4.4　自然和谐论

古典经济学家对资源稀缺与利用的论述,强调的是自然资源对人类的经济价值。由于自然资源和环境是人类生产的投入要素和必要消费物品,而人与自然的关系,是一种主从关系,征服与被征服关系。即使是穆勒的静态经济思想,也是将大自然作为一种人类经济活动的物质仓库和人类生活的环境空间,希望人们节制使用,在主观上并没有将保护作为目的。

中国悠久的文化中有许多朴实的自然保护的思想火花。如"竭泽而渔""杀鸡取卵"这样类型的资源利用方式的不可取,已成为人们接受并遵循的哲理信条。应该说,它们包含有丰富的资源经济内涵,与当前国际上倡导的资源持续利用的思想是相一致的。对自然界的细致观察,也总结有"大鱼吃小鱼,小鱼吃虾米""螳螂捕蝉,黄雀在后"的生物链关系的生态学规则。我国古代的一些政治家和先哲也从统治的需要或对自然的观察,提出了自然资源利用的一些理性的主张。例如春秋

---

① 参见 Daly,"The Economics of the Steady State",*American Economic Review*,64:15 - 21,1974。

② 参见 Meadows et al,"The Limits to Growth:A Report for the Club of Rome's Project on the Predicament of Mankind",*A Potamac Associates Book*,Earth Island Ltd.,London,1972;*Beyond the Limits:Global Collapse or A Sustainable Future*,Earthscan,London,1992。

时期曾在齐国为相的管仲,就提出过"山林虽近,草木虽美,宫室必有度,禁发必有时"①的高论。意思是说,山林虽然离得很近,草木虽然长得很好,但建造房屋必须有个限度,封禁与开发必须有一定的时间。先哲孟轲,也曾有"居移气,养移体,大哉居乎"②的感叹,认为人所处的环境足以改变人的气质,人所得到的奉养足以改变人的体质,环境对人的作用十分重大。历代统治者也从维护统治的需要,作过一些有关资源保护的训令并有一些具有积极意义的措施。例如《旧唐书》所记载的中唐时期,朝政腐败,生活糜烂。朝中及地方官僚竞相以"奇鸟异兽毛羽"攀比织裙,以至于许多鸟兽"采之殆尽"。唐玄宗李隆基从整刷政治,革除时弊的需要出发,作出禁令,不准制作穿戴这类奇异的毛羽衣物。③ 但是,我们必须看到,我国古代有关自然资源保护利用的朴实观念,只是一些闪光的火花而已,而且,包括许多自然保护的政令和措施,几乎都是从属于时政,没有形成系统的自然保护的思想和管理体系。

不仅中国如此,西方自然保护的系统思想的形成也较晚。18世纪中叶美国的地理学家、外交家乔治·马什关于《人与自然》一书,被称为是西方环境保护的开创性著作。他关于人与自然相和谐的观念,被称为是自然保护运动的源泉。④

马什作为一个地理学家和外交家,在对欧美和中东许多地区考察之后,对神奇的自然力和人类活动破坏自然的观察,促使他进行了许多理性的思考。几乎与古典经济学家创立资源稀缺模型的同时,他从不同的角度,独立地提出了与资源开发利用相对立的自然和谐模式。概括起来,马什自然保护思想的主要内容为:

---

① 《管子·八观》。
② 《孟子·尽心》,18页。
③ 参见袁清林《中国环境保护史话》,261—263页,中国环境科学出版社,1989。
④ 参见 Barnett and Morse, *Scarcity and Growth: The Economics of Natural Resource Scarcity*, The Johns Hopkins University Press, Baltimore & London, 1963, pp.89 - 89。

(1) 将自然界视为一个整体。人们对自然资源的认识,往往只是注重单一的于人类有经济价值的种类。马什则不然。他所考察的自然资源,不仅包括所有的资源元素,而且还包括这些元素之间的相互关系。在马什看来,自然资源是由有机生命体和无机物质所组成的一个整体性的"物质王国"。对于单个的资源元素,不能单独地进行考察,因为元素之间的"相互联系与适应"①,已形成一种牢靠的平衡状态。

(2) 自然界自身有着稳定性和抗逆性的特征。稳定性和抗逆性是生态系统的重要特征。尽管生态系统的概念在 20 世纪 30 年代才出现,但其特征已为马什所揭示并用来描述他所崇尚的神奇的自然力。如果没有外来的干扰力的存在,自然在"形式、外观及相互比例关系上"几乎是永久不变的。在出现自然干扰的情况下,只要不是人为的破坏,自然界将恢复到几乎与破坏以前完全一样的景观。在马什看来,只要排除人类的敌意活动,由稳定性和抗逆性所形成的自然界的均衡,将会永远存在下去,几乎不会有什么波动。②

(3) 人类的活动对自然带来极大的破坏性。马什认为,人类已经忘却了"地球只是给人们提供一定量的物质享用,地球本身不是供人类消费的,也不是用作人类垃圾桶的"③。人们往往在自然系统中增加物种,减少物种,或消除某一物种。不论是何种行为,都会对无机环境造成影响,导致土壤乃至气候的变化。结果使得原有的物种平衡受到破坏。所以人类的经济活动很可能造成对自然的破坏。

(4) 人类作用于自然的不明智的经济活动已经破坏了自然均衡状态。通过对世界各国的自然资源的利用观察,马什指出:"地球正在很

---

① 参见 Marsh, *Man and Nature; or Physical Geography as Modified by Human Action* (ed by D.Lowenthal), Cambridge, Mass, 1965, p.4。
② 同上书,39、30 页。
③ 同上书,36 页。

快地变得不适于其高尚居民的居住地,而演变到一个等同于人类犯罪和匮乏的时代。"①因此,地球将会降低其生产力,表面破碎零乱,气候变得异常、极端,从而威胁人类的生存,甚至造成人种的灭绝。可见由人类不明智的经济活动带来的环境退化和自然资源的非持续利用,最终危及的还是人类自身。

(5)主张重建和谐。人类对于自然有着破坏性的力量,但人类是可能避免采用这一力量的。人类对自然不应该抱有敌意,总是试图并致力于征服之;而应该认识并顺从自然,寻求一种相互依存的人与自然的和谐状态。鉴于这种和谐已被打破,人类应该努力重建和谐。他认为,人类社会不仅有这种必要,而且也有这种可能。比如不要过度地开发利用和破坏自然资源,在开发利用中注意保护并恢复自然均衡关系。

马什的人与自然和谐论带有一定的伦理色彩,但他所强调的主要是自然环境的物质联系,几乎没有涉及经济学原理,尽管当时古典经济学在他所出使和考察过的欧洲已趋于成熟。可能是由于看问题的方法和立场上的差异,马什的和谐论与古典经济学的稀缺观形成鲜明的对照。并且,这一和谐论作为现代自然保护运动的思想源泉,为环境保护运动所接受和发展。

---

① 参见 Marsh, *Man and Nature; or Physical Geography as Modified by Human Action*, p.43。

第五章 效率利用论

稀缺与和谐尽管仍具有现实意义,而且有些观点也反映在当代环境与发展的讨论中,但当时所考虑的环境及人们的认识水平,与今天的实际相去甚远。从经济的角度考虑,自然资源,尤其是经济价值较高的自然资源的稀缺是必然的,是市场供需作用的结果。正是由于稀缺,才需要考察其配置效率,使稀缺资源的利用达到最大的收益。因此,新古典经济学注重的并不在于自然资源的稀缺或极限,而强调资源利用在边际水平上的成本与收益,实现市场优化配置。在这一章里,我们考察分析环境资源效率利用的新古典经济学理论与各种应用途径,并就各自的实践意义展开一些讨论。

5.1 效率配置

古典经济学所分析的资源,主要集中在用于农业生产的土地。尽管李嘉图和穆勒均涉猎矿产资源和自然环境,但他们并未对此作深入的分析。一个主要原因一方面可能在于方法论上的局限,即古典经济学分析以劳动价值论为基础;另一方面,当时正处于资本主义工业化的发展时期,许多环境与资源问题没有构成对现实威胁的境况。自然保护运动的兴起和环境与资源问题的日趋突出,使环境与资源问题再度成为经济学研究的具体对象。由于各种资源具有不同的特点及市场属性,因而不能简化为一般的稀缺问题来分析。相反,经济学家对环境污染、不可再生资源、可再生资源分别进行了研究,提出了相应的资源优化配置的市场原理。在此,我们将分别讨论这些经济学原理及观点。

环境污染

环境污染的经济理论,源于庇古20世纪初关于福利经济学的分析。由于英国在工业化发展中没有注重环境成本,使环境污染随着工业化的进程而日趋严重。据说在当时的伦敦,由于工业排放的烟雾,伦敦总是烟雾沉沉。① 显然,空气污染给人们的正常生活带来不便,造成社会的损失。而按古典经济学原理,空气是自由财货,工厂可以自由排放污染物,因而工厂排污并不构成生产成本。这样,就必然会有企业的私人成本与社会(受污染影响的人和企业的损失的总和)成本的差异。由于这一差异未反映在企业的生产成本中,就形成了庇古称之为边际净社会产品与边际净私人产品的差额,或者说,私人的经济活动产生的外部成本。庇古认为,这一差额或成本不能在市场上自行消除,因为这些影响或成本与造成污染的产品的生产者和消费者不直接相关。也就是说,污染并不影响该产品的生产者和消费者的交易。在这种情况下,国家即政府可以采取行动,以征税的形式,将污染成本加到产品的价格中去。庇古的这一关于外部成本通过征税形式(即所谓庇古税)而使之企业内部化的设想,构成环境污染经济分析的基本框架。

然而,自庇古的污染经济分析之后,在长达近半个世纪里,环境污染问题基本上被忽略了。直到20世纪60年代末70年代初,环境污染的经济分析才再次系统展开。例如,美国经济学家鲍莫尔等人应用一般均衡分析方法②,去寻求污染控制的最优途径。

---

① 参见 Pigou, *Economics of Welfare* (4th edition), Macmillan, London, 1932, p.184。
② 参见 Baumol and Oates, *Theory of Environmental Policy*, Cambridge University Press, Cambridge, 1988; Fisher, *Environmental and Natural Resource Economics*, Cambridge University Press, Cambridge, 1981。

在一般均衡模型中,优化配置的原则是帕累托准则(Pareto criterion),即一个群体或社会中在所有人的福利均没有降低的条件下,如果有某一个人的福利得到了改善,那么这种资源配置方案便是有效率的。根据这一准则,所考虑的系统包括:

(1)每个人的福利函数 U_i;i 为所考察群体或社会中的第 i 个人,并设总数为 m,即 $i=1,2,\cdots,m$。该函数的元素包括消费品(X_{ij})和污染(S);X_{ij} 指第 j 个人消费的第 i 种产品的数量;S 为各生产厂家排放的污染物排放总量。由此得福利函数为:$U_i(X_{ij},S)$。

(2)厂商的生产函数 f_k;k 为所涉及地区的第 k 家排污企业,并设厂商总数为 h,即 $k=1,2,\cdots,h$;该函数的元素包括该厂商所生产的商品数量(Y_{ik});自己的污染物排放量(S_k)和所有企业的排污总量(S),即 $f_k(Y_{ik},S_k,S)$,$\sum S_k = S$。

(3)所涉及地区或社会可利用的资源总量(r_i),r_i 为 i 种资源或产品的可利用资源总量;设资源的品种数量为 n,即 $i=1,2,\cdots,n$。

按帕累托准则,该系统的目标函数可定义为,使所考察的群体或社会中任意选取的一个人的福利水平达最大化。设随意选取的这人为 a,目标函数便为:

$$\max U^a(X_{1a},X_{2a},\cdots,X_{na},S) \tag{5.1}$$

其约束条件包括:(1)帕累托准则所要求的 a 以外的所有人的福利不致降低;(2)在给定的生产技术条件下,厂商排污与生产的关系;(3)消费和生产的同一种类的资源品必须在给定的该种资源的总量水平之内。即

$$U^j(X_{1j},X_{2j},\cdots,X_{nj},S) \geqslant U^j \quad (j=1,2,\cdots,m;j \neq a) \tag{5.2}$$

$$f^K(Y_{1j},Y_{2j},\cdots,Y_{nj},s_k,S) = 0 \quad (k=1,2,\cdots,h)$$

$$\sum_{j=1}^{m} X_{ij} - \sum_{k=1}^{h} Y_{ik} \leq r_i \qquad (i=1,2,\cdots,n)$$

这是一个静态模型,考察的是在某一时点市场均衡的条件。尽管污染问题可以在动态系统中进行分析,但污染的控制与影响,主要是一个静态的资源配置不当的问题。因此,这一静态分析有助于我们认识污染优化控制的均衡条件。根据上述模型,我们可以对其优化求解。方法为,分别考察消费变量 X_{ij},生产变量 Y_{ik} 和污染排放量 S_k 三个变量变化对系统的影响。结果表明,对于消费变量,所消费产品的影子价格,应该等于消费该产品所带来的边际福利增量。对于生产变量,所生产的产品的影子价格,应该等于生产该产品给厂商所带来的边际收益。这两个优化条件与一般的不包括污染的均衡分析,在原则上没有什么区别,要求产品的影子价格与消费者的福利增量和生产者的边际收益或边际成本相等。我们真正希望知道的,是污染对厂商生产和消费者福利的影响。系统的优化条件是,厂商排放污染物进行生产所带来的边际收益应该等于污染所带来的边际损失,其数值为消费者福利的边际损失和对其他厂商生产所产生的边际损失的加权平均和。

在这里有两个问题需要进一步考察:(1)污染给消费者带来边际福利损失。对于消费者来说,其目标函数是使其福利最大化。由于厂商生产的排污,会给消费者带来边际损失。这便形成了两种对立的观点:给受损害者以补偿或向受损害者征税。前一种观点的理由为,受害者蒙受有污染给福利的损失,应该给以补偿;后一种观点的依据是,一些人为了寻求补偿,蓄意跑到污染排放的影响范围,以获得补偿收入,从而人为地增大污染损失数量。当然,这里的污染损失不包括责任明确的污染事故。由于受害者并不涉及排污厂商的生产,对其行为的征税为不必要。或者说,税率为零。这便意味着,对受害者的补偿不因其消费水平的不同而变化。具体地说,如果某人搬到排放烟雾的工厂旁,从而增加了受烟雾的损害。在这种情况下,既不要给他以补偿,也不必向他征税以防止他搬到工厂附近住。(2)排污企业的外部成本内部化的问题。前面的分析结论表明,企业的生产排污给其他企业的生产和消费者的福利带来损害。为了使排污企业承受这一成本,需要对企业的污染物排放征税。这一税率,根据前面所讨论的帕累托最优体系的结果,应该等于受害者边际福利和边际生产的损失。

这一结论表明:(1)要使企业排污的外部成本内部化,需要对排污征税,以实现一般均衡体系的优化解或帕累托最优化状态。(2)这一税率为均一的,取决于污染的边际损失,并不因企业的排污的边际收益不同或边际控制成本差异而所有区别。也就是说,这一统一税率适用于所有企业。(3)污染税只是相对于排污量而征收,与企业的产品产量没有直接联系。如果企业采用新技术或替代品而不排污,其产品产量不论有多大,都不会征缴排污税。

从理论上说,环境污染可以通过征收排污税而使外部成本内部化。但在实践中,这种途径的应用受到许多局限。(1)确定税率的信息问题。理论上,受害者边际福利的损失和其他企业生产的影响均是存在的,但对其进行精确量化的信息往往是不充分的。这样,实际采用的税率很可能不是帕累托最优。(2)政府需要对企业的排污量进行经常性监测,以确定其排污量,施征排污税。这样,势必增加管理成本。(3)由于征税并不能有效控制企业的进入,这样,在经济扩张阶段,许多新的污染企业会参与排污,使污染物总量增加,边际损失增大。而且,一旦遇有通货膨胀,统一税率的作用也会减弱。这些我们将在产权途径和成本效率途径中进一步讨论。

不可再生资源

对不可再生资源的过速、过度消耗的担心,是 19 世纪末美国自然保护运动的主要内容。但对不可再生资源的经济理论分析是美国数理经济学家霍特林的经典论文"可枯竭资源经济学"①,它被发表在1931年的《政治经济学》杂志上。但自霍特林以后,在长达40年的时间里,很少有经济学家对这一问题作进一步深入研究。直到20世纪70年代初期的石油危机,才使许多著名经济理论家将注意力重新转向不可再生资源的效率配置问题。结果发现,霍特林40年前的研究,已奠定了不可再生资源经济学的坚实基础,其结论被称为霍特林规则,或可枯竭资源经济学的基本原理。②

所谓不可再生资源,是指经过地质年代形成的矿产资源,如煤炭、石油等化石能源,铁、磷等金属和非金属矿产资源,开采利用一吨就会少一吨。过度的、不当的开采利用或浪费,会加速这些资源的枯竭。但在另一方面,这些资源的存量为一定,不会因不开采而增多;现在开采与未来利用均是开采利用。究竟是现在利用还是留到将来,对于资源拥有者说来,关注的是资源开采利用的收益。这便是一个资源随时间系列的效率配置问题。资源拥有者收益的最大化,并不会导致其他人的福利减少。因此,有限资源存量利用的收益最大化,符合帕累托效率。

假设有一家公司拥有一片矿藏,矿产的总存量为 X;公司的开采量为 Y。由于开采会减少存量,X 会随时间(设为 t)、开采量 Y_t 而降低。结果为 $X_t = X_{t-1} - Y_t$。设在竞争市场条件下,矿产资源的价格为 P,这样公司所实现收益为 PY_t。随着矿井的加深和开采难度的增大,开采成本也会相应增加。因此,开采成本是资源流量 Y_t 和资源存量 X_t 的函

---

① 参见 Hotelling,"The Economics of Exhaustible Resources", *Journal of Political Economy*, 39:137 – 175, 1931。

② 参见 Dasgupta and Heal, *Economic Theory and Exhaustible Resources*, Cambridge University Press, Cambridge, 1979。

数,即 $C(Y_t, X_t)$。由于资源存量随时间的变化率(dX_t/dt)为$-Y_t$,那么,这一固定存量的资源的优化开采系统为:

$$H = PY_t - C(Y_t, X_t) - \omega Y_t \tag{5.3}$$

式中,ω 为资源存量变化的影子价格。

系统的优化条件有二:一是关于资源的优化价格,要求资源的市场价格,等于其边际开采成本加上资源的影子价格。如果资源的边际开采成本为零或可以忽略时,市场价格便与影子价格相等同。在这里,我们可以将资源的价格看做是资源的净收益,影子价格也可理解为资源租金或矿山使用费。因而,该公司在竞争市场条件下开采资源,获取相当于资源租金的纯收益。二是描述影子价格的变化率。假定资源存量的品位相对均质,也就是资源存量的边际变化不影响开采成本,则影子价格的变化率($\dot{\omega}/\omega$)与市场利率 r 相等。其中

$$\dot{\omega} = d\omega/dt \tag{5.4}$$

前面我们已讨论,在竞争市场,影子价格与市场价格趋于一致。由此得出,资源价格的变化率($\dot{P}/P$)与市场利率相等。这一结论便被称为霍特林规则或可枯竭资源经济学的基本原理。当然,如果资源存量的品位并非均质,开采成本随存量的减少而增加,这便意味着现在开采数量的减少,等同于未来开采时开采成本的节省。

在这样的一个优化开采程序中,给定量的矿产资源被看成是一笔资产。如果开采利用,其所有者便将这笔资产在市场上转化为资本资产。资本用以投资,在资本市场上按市场利率增值。如果这笔资产放在地下不开采,只要资源的市场价格的变化率与市场利率相同,那么,该资产的市场增值量与开发转化为资本以后的增值量是一样的。对于资源所有者来说,他并不介意是让资产在地下增值还是开采以后变为资本增值。霍特林规则的政策含义在于,资源存量本身的变化或者说枯竭与否并无关紧要,关键是要看矿产资源的开发是否有效率。

但真正实现这一效率配置,要求不仅有现实的竞争市场条件,而且要有竞争的未来市场条件,即未来市场上对该资源的供给与需求情况。而后者往往有不确定性。因此,不可再生资源的优化定价和效率配置仍存在许多操作上的困难。

可再生资源

资源经济学所讨论的可再生资源,主要是指可以通过繁殖、生长而自我更新的生物资源,包括动物、植物、微生物及其相应的生存环境。从这一意义上讲,自然循环中的水资源和土壤资源通常没有包括在资源经济学的研究中。可再生资源不同于大气资源和不可再生资源,最主要的区别在于前者可以自我繁殖增长,而且这一增长的速率与生物种群的数量或存量相关。即对于给定的生长环境,增长速率(设为g)是种群数量或存量(X)的函数,为$g(X)$。在存量很低时,增长量也很低;如果此时继续收获,种群数量就会继续减少以至最终灭绝。如果种群数量过大,就会出现过度拥挤,增长的营养空间将制约该种资源的继续增长,增长率可能降为零。这便意味着,生物资源的利用也可能与不可再生资源一样,在物种灭绝前,就成为不可再生了。

与不可再生资源一样,对可再生资源的效率利用是使其利用收益最大化。对于某一生物资源的拥有者和开发利用者来说,所关心的是如何在一个动态的系统中,使其收益最大化。与不可再生资源一样,假设在时间t的收获量为Y_t。但不同的是,可再生资源可自然补充,即增长量为$g(X_t)$。种群数量或资源存量的变化率便为:

$$X_t = -Y_t + g(X_t) \tag{5.5}$$

相应地,动态优化系统成为:

$$H = PY_t - C(Y_t, C_t) + \omega[g(X_t) - Y_t] \tag{5.6}$$

式中,P仍为资源的单位市场价格;ω为影子价格。

与不可再生资源相比,动态系统中多了一个增长函数$g(X_t)$。如果将资源的市场价格看成是除去收获成本后的净收益,那么它与影子价格自然是一致的。在这一点上,可再生资源与不可再生资源具有共性。但对于影子价格的变化率,则受到增长函数的影响,其值为$\omega(dg/dX_t)$,即资源存量的变化所导致的增长量的边际变化(dg/dX_t)与影子价格的乘积,也就是这种变化所带来的影子收益的量。如果我们假定资源存量的边际变化不影响收获成本,影子价格的变化率为:

$$\dot{\omega}/\omega = r - dg/dX_t \tag{5.7}$$

可见,可更新资源的效率利用,不是简单的要求资源的价格变化率与市场利率(r)相等,而是必须考虑增长率的边际变化,dg/dX_t。达斯古帕塔称$r-dg/dX_t$为社会贴现率。如果这样,在达到均衡状态以前,影子价格沿最优资源利用路径随时间的变化率,应与社会贴现率相等。这一结论在资源经济学中被称为"可再生自然资源经济学"的基本原则[1]或"资本积累的黄金法则"[2]。

上面所讨论的是可再生资源的价格变化。那么,根据效率利用原则,资源收获量和资源存量的变化又会如何呢?在这里,我们用一个图示来说明。纵轴为生长量(g)和收获量(Y),横轴为种群数量或资源存量X。$g(X)$曲线是对应于不同的资源存量水平的增长量。图5-1中描述有三种收获曲线。Y_a表明收获量总是大于增长量,使得资源存量逐渐减少直至最终枯竭。此时的均衡点为$Y_a = g(X_0) = 0$。例如,所涉及的可再生资源为一公共资源如公海渔产,收获的成本不是很高,而其市场价格很高。对于收获者来说,其捕获量越大,获利就越多。至于以

---

[1] 参见 Dasgupta, *The Control of Resources*, Basil Blackwell, Oxford, 1982, pp.131-132。
[2] Conrad and Clark, *Natural Resource Economics*, Cambridge University Press, Cambridge, 1987, p.75。

后的收获,他可以不考虑,因为他不拥有这些公海资产。在这种情况下,最优收获曲线很可能如 Y_a 所示。另一种极端情况如 Y_c 所示。如果某一可再生资源的商业价值很低,或没有商业价值,收获将不会带来经济收益。在这样一种情况下,该资源的存量将保持在未收获的自然状态。此时也形成一种均衡,即 $Y_c = g(X_c) = 0$。

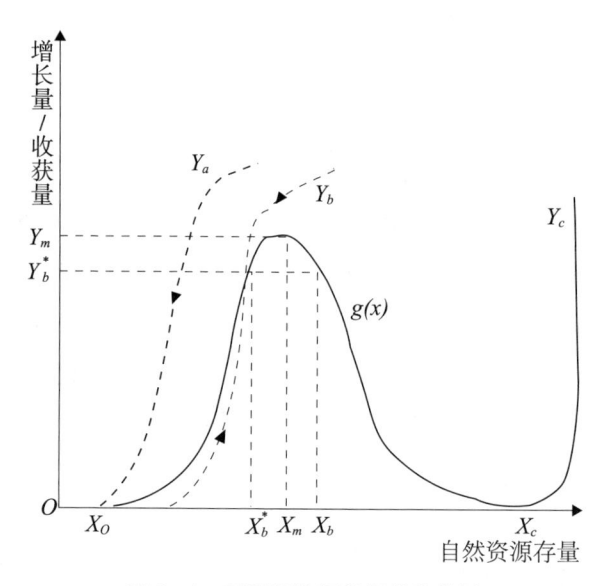

图 5-1 可更新资源的最优收获量

但最为常见的,应该是介于两种极端情况之间,如 Y_b 所示。如果收获量大于自然增长量,必将导致资源存量的减少。而存量的减少又会促使收获成本的上升,从而使资源的价格上涨。价格的这种变化抑制需求而减少收获量。在另一方面,如果收获率低于自然增长率,市场机制的作用又会从另一方向促使两者趋于均衡。结果是形成最优均衡状态 $Y_b = g(X_b)$。注意,此时的最优资源存量 X_b 通常低于生物种群的最大可持续产量(MSY)所对应的种群数量 X_m。从生物学上讲,Y_m 为最大可持续收获量,大于 Y_b。一般认为,Y_m 应该是最优收获量。如果在动态系统中，贴现率 r 为零；假定边际收获成本不变，则边际种群增长量为零。此时的最优稳定态便为 X_m。由于贴现率大于零，在边际收获成本不变的情况下，边际种群增长量与贴现率相等。此种情况的增长量必定小于最大可持续产量。相应地，X_m 在市场条件下，不构成最优资源存量水平。

在具体的资源收获与管理实践中，实现最大可持续产量的收获也是有困难的。这是因为，自然状况的变化以及不同种群之间的相互关系，会使 MSY 有所波动。实际的资源收获量，一般都不是根据 MSY 来确定的。在这方面最为经典的例子是海洋渔业捕捞。为使收益最大，所保留的种群数量水平也一般低于生物学意义上的最优水平。

5.2 纯市场理性

一些坚信市场机理的经济学家，完全否认自然资源供给存在极限，主张自由放任的市场经济可以自动地解决环境问题。

自 20 世纪初以来，环境与资源经济学的发展已在理论上克服了"资源稀缺论"的古典观念，根据供求关系及效率配置的原理，阐述了环境污染、不可再生及可再生资源最优控制与利用的市场均衡条件。其中有的条件，如庇古的污染税、达斯古帕塔的社会贴现率，并非由市场自行确定，需要政府的作用。但新古典经济学的基本原则是市场理性，政府可以以税收和社会贴现率等方式进行宏观的市场干预。只是要求政府不必进行直接环境管制，而是干预微观市场的运行。有的经济学家甚至认为以经济杠杆所进行的宏观干预也是多余的。他们认为，市场的理性可以克服环境与资源中的问题，而不会出现经济上的资源枯竭，保证经济的平衡增长。

坚信市场理性的经济学家,以美国的朱利安·西蒙等为代表,否认增长的极限和反对环境管制。他们认为能源危机是人为干预的结果,并非市场运行之必然。人口问题及环境污染问题,由于资源的效率应用,均处于改善之中。这种市场理性的观念,基于市场均衡的优化原理,强调市场价格机制的功能及技术进步的作用。[1]

较为极端的市场理性观点认为"一种商品的价格体现了该商品的全部社会成本"[2]。换一句话说,在环境与资源利用中,不存在庇古所说的社会成本与私人成本的差异。这样,应用经济杠杆以调整市场价格扭曲,进行宏观干预也没有必要。一些并不那么极端的经济学家,承认在环境问题上存在市场失灵,造成效率损失。但是,他们认为,政府干预不仅不能纠正市场失灵,反而导致更多的效率损失。巴尼特认为,环境污染带来社会成本,但这种成本并不构成什么大不了的社会问题。[3] 因为这一成本相对于经济增长来说,只是很小的一部分。如果实施环境管制,厂商就不能实现效率生产,由此而产生的社会损失会更大。

对于公共资源问题,存在有市场失效,但持市场理性论的学者认

---

[1] 较为激进的强调市场效用、反对极限与政府管制的分析参见 Boserup, *Are there really depletable resources?* C.Bliss and M.Boserup(eds), *Economic Growth and Resources*(Vol 3: Natural Resources).Macmillan,London,pp.49 – 63,1980;Stiglitz, *A Neo-classical Analysis of the Economics of Natural Resources*.V.Keny Smith(ed), *Scarcity and Growth Reconsidered*, The Johns Hopkins University Press,Balitimore & London.pp.36 – 66,1979;Simon, *The Ultimate Resource*. Princeton University Press,New Jersey,1981;Simon and Kahn, *The Resourceful Earth: A Response to Global* 2000.Basil Blackwell Publisher Ltd,New York,1984;Dasgupta, *Exhaustible resources*.L. Friday and R.Laskey(eds), *The Fragile Environment*.Cambridge University Press,Cambridge.pp. 107 – 126,1989;Smith, *Markets and the Environment: A Critical Appraisal.Contemporary Economic Policy*, *Vol*13(1):pp.62 – 73,1995。其中有的(Simon,Kahn,Smith)用历史系列的经验数据,有的(Boserup,Stiglitz,Dasgupta,Smith)从经济原理上进行论证。

[2] Simon, *The Ultimate Resource*,Princeton University Press,New Jersey,1981,p.154.

[3] 参见 Barnett, *Scarcity and Growth Revisited*, V.Keny Smith(ed), *Scarclty and Growth Reconsidered*,The Johns Hopkins University Press,Baltimore & London,1979。

为,这类问题可以通过明确产权关系来解决。缺乏明确界定的产权,没有市场价格,或是定价太低或补贴,才是环境恶化的根本原因。美国的一些经济学家将这一环境资源产权界定与市场交易的自由放任管理方式称为"自由市场环境主义"[1]。通过生态私有化,使环境与生态资源融入经济体系,让自由市场来管理公共资源。

对于子孙后代的利益,西蒙等人也认为"市场力量和现行价格考虑进了未来的预期状况,因而会自动保护稀有资源用以未来消费"[2]。社会和技术进步是市场理性论的重要支柱。由于市场价格的变化,市场就给出了资源状况的信号,从而引发一个内在的自我生成的社会和技术进步程序,来减缓资源稀缺压力,保护和改善环境资源。达斯古帕塔认为[3],这一程序会导致各种创新的交替和重叠出现,包括新材料开发,提高生产率和资源利用效率,资源回收重复利用以及替代品开发等。这些创新支撑和反馈给市场,导致自然资源在经济意义上的持续和有效利用。

对于政府干预的批判,主要在于"政府或政治缺陷",这种缺陷同样带来社会损失。政府干预的原因在于环境问题具有外部性,市场反应失灵。如果这样,产生环境影响的所有经济活动都需要政府管制。由于所有的经济活动均有环境影响,市场失效理论便表明,整个经济都要纳入政府或政治管制。史密斯认为:"没有这个必要,不应该以整个

---

[1] 参见 Anderson and Leal, *Free Market Environmentalism*, Westview Press, Boulder, USA, 1991; Smith, *Markets and the Environment: A Critical Appraisal. Contemporary Economic Policy*, Vol.13(1): pp.62 - 73, 1995. Panayouto, *Environmental Kuznets Curves: Empirical Tests and Policy Implications*, Mimeo, Harvard Institute for International Development, Harvard University, 1993。

[2] Simon, *The Ultimate Resource*, Princeton University Press, New Jersey, 1981, pp.154 - 155。

[3] 参见 Dasgupta, *Exhaustible resources*, L.Friday and R.Laskey(eds), *The Fragile Environment*, Cambridge University Press, Cambridge, 1989, pp.107 - 126。

经济为代价来拯救环境。"①其理由在于市场失效的事实并不表明政府的管制就会成功。史密斯列举并分析了三类政府或政治缺陷:(1)缺乏效率。政府的行政管制不仅不利于环境,而且往往引起巨大的经济损失。史密斯声称,如果政府管制可以使环境恶化得到某些遏止,东欧社会主义国家的环境应保护得比市场经济体制下的西欧好。但事实正好相反。(2)优先问题选择误导。环境问题的政治解决必然会取决于政治需要而不是对环境的担忧。(3)公共选择误区。各种利益集团难免想方设法损失社会或公众利益来中饱私囊。这三种缺陷就不只是政府在信息不充分的情况下,体现政府意志,妨碍资源的效率配置,而且还可能导致环境的毁坏。

有的经济学家还对"可持续发展"的概念提出质疑,认为它既不符合自由市场原则,也与自然保护的生态学原理不相容。安德森和利尔的理解是,持续发展无非是作一些"体制变更"②,通过政治手段来约束老百姓。因为它要求从体制上稳定人口、物质财富和确保公平分配。这些不仅与市场原理相悖,而且忽略生态学的种群与群落关系,与生态学的竞争、共生、多样性原则相矛盾。在这些经济学家看来,自由市场型的环境管理,符合生态学原则,不仅有利于经济长期稳定发展,而且也有益于生态环境的维护和改善。

市场理性论的观点,其基础是环境与资源经济学的效率理论。主要是针对环境保护主义者的悲观论调和政府干预而形成的;往往强调的是市场效率配置的有利的一面,所采用的经验数字也是于自己有利的那一部分。这样就不可避免有失偏颇。

---

① 参见 Smith, *Markets and the Environment: A Critical Appraisal*, *Contemporary Economic Policy*, Vol.13(1):62-73,1995。

② 参见 Anderson and Leal, *Free Market Environmentalism*, Westview Press, Boulder, USA,1991,pp.168-171。

5.3 产权管理途径

关于环境经济的理论与政策的阐述,是以庇古税为主线来分析帕累托最优的基本条件的。而对于强调产权管理的科斯定理,尽管承认其可能的理论意义,但并没将它看作是环境问题的主要分析工具和政策手段。

然而,科斯的产权途径,在其假定条件得到满足的情况下,从理论上讲,可能在不需要政府干预的情况下,通过产权的拥有与协调各方的利益或讨价还价过程,而实现没有社会成本的环境优化管理。科斯本人于1991年度被授予诺贝尔经济学奖,在相当程度上可以说是对科斯定理理论价值的认可。近年来,许多学者将产权途径用以分析具体的环境管理问题。如布罗姆利和霍奇提出①应将土地的一些环境属性如自然景观、不受污染等从土地所有权中分离出来,作为一种特殊产权,不归土地所有者和使用者。这样,根据科斯定理,社区或政府就有权力要求所理想的环境属性水平。德塞帕在最近的一篇文章里②,将庇古与科斯并列比较,认为两者的观点有许多相似之处,两者所包含的信息是一致的。科斯定理作为一种环境管理的市场途径,无疑具有实践意义。

优化机理

有关环境管理文献中所援引的科斯定理,源于他 1960 年发表于《法律与经济学学报》上的一篇文章,题目为"社会成本问题"。其实,

---

① 参见 Bromley and Hodge, "Private Property Rights and Presumptive Policy Entitlements:Reconsidering the Premises of Rural Policy", *European Review of Agrlcultural Economics*, 17:197 – 214,1990。

② 参见 DeSerpa, "Pigou and Coase in perspective", *Cambridge Journal of Economics*,17: 27 – 50,1993。

产权途径的理论框架是在其之前的一篇关于控制无线电广播信号干扰的文章中提出的。① 在该文中,科斯反对美国联邦通讯委员会对无线电信号的政府管制,提出应由无线电信号干扰者明确其信号使用权利,两者协商解决。其理由在于,如果一个信号使用者有权制止他人干扰信号,他可能不应用这一权利,条件是干扰者付给他补偿费,且其额度不低于其因信号受到干扰所造成的损失。因自己使用无线电信号而对他人有干扰的一方也会权衡自己的得失,决定究竟是补偿还是停止干扰(即停止使用)。如果使用权倒过来,则由被干扰方权衡,与干扰方协商,达成补偿的共识,使两者均可接受。由于产权的明确,双方经过协商或讨价还价,使各自的收益最大化,社会总体收益也就最大化了。

由于无线电信号管理与环境管理的联系不甚直接,这就使得科斯关于牧人和农夫的故事成为产权途径的经典之论了。农夫耕作经营一片土地,牧人在农耕地附近的牧场放牧。农夫的农作物系其劳作收益所在,不应受到牲畜的破坏。牧人也承认这一点。但总难免牲口偶尔躲过看管,侵扰农田。农作物被破坏,损失是可计的。对农夫说来,他是通过收获农作物在市场上出售获取收入,还是在农作物被牲口糟踏后接受同等数量的补偿,并不觉得有什么差异。对于牧人来说,他可以雇工、养狗、动用移动性无线电设备乃至飞机和其他方式来控制畜群骚扰农作物。但牧人要考虑,究竟是雇工、动用飞机等来控制畜群合算呢,还是赔钱给农夫便宜。这样,农夫权衡农作物收益与损失;牧人比较赔偿额与控制成本。农夫所要求的是补偿额略多于农作物损失;而牧人所盘算的,是补偿额低于其控制成本。如果农田里生长的是高额经济作物,牧人可能养狗雇工来看着畜群。这样,双方协商,讨价还价,

---

① 参见 Coase, "The Problem of Social Cost", *Journal of Law and Economics*, Vol.3: 1-44, 1960; "The Federal Communications Commission", *Journal of Law and Economics*, Vol.2, October, 1959.

达成一个补偿价格,将牲畜骚扰农作物这一外部负效应内部化了。反过来,如果牧人有在农夫所耕作土地上放牧的权力,则农夫需赔偿牧人不在该地放牧和控制牧群的损失。所得结果将与农夫具有产权的情况是一致的。即农夫和牧人双方的总体收益达到最大化。从这一意义上讲,其结果在资源优化配置上是与庇古税一致的。

从上面的例子中,产权途径具有以下特征:(1)具有明确的产权,但无论是谁具有这一产权,结果将是一致的;(2)造成损失方(即引起外在成本者)和受损失方协商,无需政府从中干预;(3)在没有交易成本的情况下,所涉及各方的联合收益达最大化。任何一方都是双方对生产要素投入的自愿支付。这便是所谓科斯定律的基本内容。

尽管农夫和牧人故事作为一个自然资源利用过程中,外部成本内部化的例子,与环境管理联系较紧,但产权途径直接应用于典型的污染控制,其作用机理又如何呢?这里我们仍然用个例子来说明。在某郊区有一个湖凼。农民在里面养鱼、种莲并用其水灌溉农作物;一家造纸厂也利用此凼排放生产污水。我们先假定农民没有权力保护其水不受污染,也没有法律禁止排污。由于污水破坏了水产品和农作物的生产,湖水接纳污水便意味着农民的经济损失。而且污水排放量越大,损失也越惨重。这样,农民会愿意给工厂钱,让工厂少排污水。农民愿给的减少每吨污水排放的支付额,在边际水平上,不应高于所造成的经济损失。对于造纸厂来说,它所要求的是,得到的支付额不应低于减少排放一吨污水所带来的边际收益。这样便可达到一个均衡点,即污水排放给农民造成的边际损失与工厂的边际收益相等同。现在我们再假定,农民有权享用不受污染的湖凼之水,这就意味着工厂无权向湖中排污。这样,工厂将愿意支付给农民排污费,只要每吨污水的支付额不高于其边际收益或减少一吨污水排放的控制成本。同样,农民所要收取的排污费,至少要与每吨污水所造成的损失相等。结果是同一均衡点,排污的边际损失等于边际收益。

这种产权协商均衡过程可直观地描述在图 5-2 中。DD 是排放污水给农民的边际损失曲线，BB 是造纸厂排污的边际收益曲线。不论产权归谁，协商或讨价还价的结果是边际损失等于边际收益，即 DD 曲线与 BB 曲线的相交之处，即 P^*。农民所收取的排污费与工厂所支付的补偿相等，均为 a^*，即边际损失和边际收益相重叠。这时，农民和工厂的联合收益达最大化，外部成本通过产权使用协商而内部化了。此时任意一方不可能在不使对方受损失的情况下增加收益，满足帕累托最优的条件。因此，产权途径有使环境管理达到帕累托最优的理论潜力。但这一潜力的充分实现，受到诸多因素的制约，我们将在下面讨论。

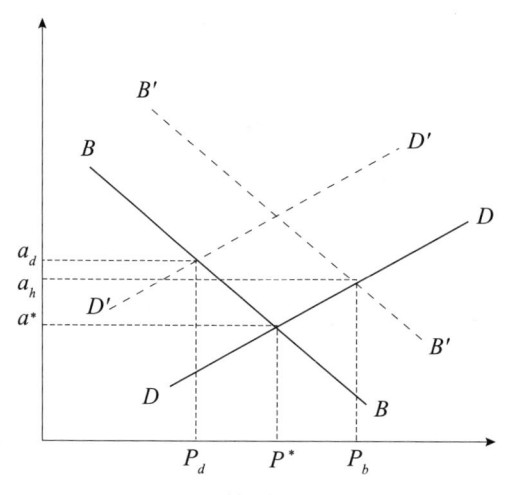

图 5-2 科斯定理均衡过程

制约因子

科斯定理有其内在的假定条件，也有外在的制约因子，使其优化机理在实践中不能得以运行，几乎不可能实现帕累托最优。

科斯定理的一个前提是明确的产权。许多自然资产如山林、农地、牲畜等，其产权容易界定。而还有许多则不易界定。例如生物多样性、臭氧层、大气、公海等，属于人类的共有资源，不可能将这些资源的产权分配给某一个或一群人。界定不了产权，就只有单方面利用，只有外部成本。在这些情况下，产权途径显然不适用。当然，有些共有资源，如臭氧层和公海利用，由国际组织或各国政府协定一些排放 CFC 和公海利用的许可额度，这些许可份额在市场上配置，其效果可以达到许可额的优化配置，但这些许可额本身并非帕累托最优水平，因为它们并非是产权的拥有者与使用者之间协商的均衡产物。

使科斯定理难以实际应用的最主要限制因子，应该是交易各方在协商中应用误导战略。所涉及的各方在讨价还价中，均有利益刺激，促使其蓄意给出错误的(非真实)信号，以使自己获益。我们仍以农民和造纸厂例子来说明。如果农民享有湖水不受污染的权力。为了使自己获益，农民夸大其污染损失，声称其边际损失曲线为 $D'D'$。造纸厂的边际收益曲线不变，仍为 BB。此时，农民所索要每单位污水排放的补偿便为 $A_d(>a^*)$，工厂的排污量为 $P_d(<P^*)$。这样的结果有二：一是在 P_d 形成均衡点，但这一点非为社会最优点；二是工厂倒闭不生产或搬往他处。无论何种结果，都将带来社会成本。作为造纸厂，很可能不断进行污水处理的投资，使其边际收益曲线外展至 $B'B'$。注意，在此处，工厂应投资进行污水处理，但工厂为了自己的收益，节省污水治理投资，使污水排放量增至 P_b。尽管此时农民也可能获得较高的补偿 $a_b > a^*$，但这一误导战略使排污量偏离于帕累托最优点，同样造成社会损失。可见，只要所涉及的各方有一方为使自己获益而蓄意误导并得不到纠正，产权途径就不能达到帕累托最优解。

科斯定理有一个隐含的条件，就是协商或讨价还价中没有交易成本。在农夫和牧人例子中，涉及两方，交易成本可能可以忽略不计。但在大多数环境管理实践中，如污染的公共健康影响，旅游休息景观的丧失,所涉及的受影响人数常常是数以千计、甚至百万计。如果按产权途径的程序,要召集所有被影响的人在一起,并征询他们每一个人根据产权的拥有或不拥有而要求的补偿或愿意支付额。在我们上面的湖水污染例子中,如果受影响的农民数以千计。假定数千农民的单个污染损失加在一起,其总值超过了造纸厂排污的边际收益。如果农民不享有清洁湖水的权力,那么,将所有的农民召集在一起,并且协商一个一致的使工厂不增加污水排放的支付额,其成本可能太高而不值得去弄。在这种情况下,湖水就不会处于最高价值的利用,而且这一使用与谁拥有产权相关。因此,交易成本的存在,使科斯定理的实用性受到了极大的限制。不可想象,在臭氧层、生物多样性这样的全球性问题上,即使明确没有人有权力破坏之,但地球上所有的破坏者和享有这些资源不受破坏权利的人们可能会召集在一起,讨价还价,协商一个最优资源存量水平。如果所涉及的受影响各方都参与协商成为不可能,或是成本太高,那么资源破坏就很可能维持现状或继续破坏下去。

除上述因子外,收入效应的存在也可能使科斯定理难圆其说。如果协商双方均为生产厂商,收入效应的影响不会表现出来。在科斯的农夫和牧人及我们的农民和造纸厂例子中,所涉及的各方均为生产者,农民的损失可用其生产的减少或防止生产减少所花费的成本来计量,不会出现差异与分歧。但如果参与协商的一方或双方为消费者时,由于各个消费者的收入差异,每一个消费者所愿意支付或要求补偿的数额很可能相去甚远。如果产权所有者为高收入,所索要的补偿数额就会高;而产权所有者为低收入,其索要的补偿很可能要低一些。在这种情况下,产权的占有情况就会影响资源利用。这显然与科斯定理矛盾。

综上所述,在理论与实践上,科斯定理均受制于各种局限,妨碍其作为一种政策工具,应用于环境管理的实际。费雪认为,在环境管理上,科斯定理不能代替庇古税,甚至不构成对庇古税的挑战。① 随着我国改革的进程,许多资源的产权日渐明确。那么这种产权途径在市场体系中应用前景如何呢?

应用前景

产权协商与庇古税一样,均是在市场经济条件下基于经济激励实现环境的优化管理的。但在许多方面,两者又不相同。在考察产权途径在市场经济体系中的应用前景之前,有必要比较一下科斯定理与庇古税的市场运作特征。

表5-1 产权协商与庇古税市场运作特征比较

运作特征	产权协商	庇古税
政府干预	不需要	需要
效率潜力	帕累托最优	帕累托最优
运作涉及	排污与受害者双方	排污者一方
交易成本	涉及面小时,不高;涉及面大时,可能很高	无
管理成本	无	有
环境管理的区域差异	不受影响因为涉及各方协商	受影响,因税率为统一的
误导战略的影响	严重制约	无影响
收入效应	受影响	不受影响
产权	原则上无关,但可能有关	无关
环境质量确定性	较为确定,因协商约定的内容为污染量的损益	不确定,因缴纳的为统一税率,在经济扩张和通货膨胀时,会超量
调节灵活性	灵活,协商各方可随时商定	调整税率,需要一个过程,易造成时滞
选择与决策	单个选择,分散决策	集体选择,集中决策

---

① 参见 Fisher, *Environmental and Natural Resource Economics*, Cambridge University Press, Cambridge, 1981, p.184。

从表 5-1 中所列的特征比较看,两者在理论上均有实现帕累托最优的潜力。产权协商无需政府干预,但庇古税也只是一种宏观干预,并非指令与控制式的干预。在其他方面,两者各有千秋。庇古税不存在交易成本,但有管理成本:政府要监测污染浓度,测算污染损失,监测排污厂家的排污量。就环境质量的确定性和调节灵活性来看,产权协商具有优势,尤其是在经济快速扩张和存在通货膨胀的情况下,以及决策程序琐碎的地方,庇古税的效果会受到影响。但产权协商不易排除误导战略的干扰。

就目前各国的环境管理实践来看,所奉行的经济激励原则是谁污染谁治理,与 20 世纪 70 年代中期欧共体提出的"污染者付费原则"类同。就这一点看,不论是产权途径,还是庇古税,均与上述原则是一致的。西方在经济理论与学术界,注重并推崇庇古税的效率,但完善的理论并非一定在实践中可操作运用。因而庇古税不论是在西方工业化国家,还是在中国,均没有按理论所设计的那样去实施。例如征收超标准排污费,似乎与污染税类同。但它与庇古税有原则的区别,因为排污标准并非一定是帕累托最优而且收费率并非是基于边际收益与边际损失的等值要求的。但它毕竟是与庇古税接近的,因为它与庇古税的许多特征是一致的,如政府干预、只涉及排污方,不考虑产权等。相比之下,相应的产权途径却是鲜为人知。各国每年受理的污染索赔事件,乍一看带有一定程度的产权协商性质。但仔细考察,索赔并不是产权协商。这是因为:(1)索赔发生在事后,而非在事前;(2)索赔只考虑经济损失,而且只是一次性的,并非产权使用的交易转让;(3)索赔通常通过政府或法院为中介,而不是污染与损失者直接讨价还价;(4)索赔隐含有政府干预,因为仲裁依照的是国家有关排污收费的标准。可见在理论与实践上,索赔与产权协商均有本质的区别。当然,产权途径未在我国认识并应用,主要原因在于以前的计划经济体制、公有制以及不存在市场体系。

进入20世纪90年代以来,许多资源的产权已经或正在界定,市场体系已在建立并完善的过程中。这是否意味着产权途径可以在中国实践了呢?回答并非是确切的是或否。对于温室效应,生物多样性保护这样涉及每一个人及子孙后代的事,科斯定理显然不适用,因为子孙后代尚未出生,根本不可能参与现实的协商。由于收入差距的拉大和工农产品剪刀差的存在,即使有明确的产权,这种协商也难以实现效率。实际上工农业产品的比价不合理,农产品的边际损失与工厂的排污边际收益具有不可比性,即使两者在数字上相等,并不体现真正意义上的帕累托均衡。

然而,在中国应用产权途径,最大的障碍应该是误导战略的非对称性采用。前面我们已经讨论过误导战略使产权途径的市场机理失效的原因。但前面所讨论的,是污染方和受损害方双方均可采用,而彼此不知道底细,担心为对方揭露,因而所采用的程度和范围要受到相应的约束。但在中国,这种误导战略很可能发展为非对称性的,即一方占有优势,明目张胆地采用,而另一方无可奈何。造成这种不对称性的原因主要有二。一是双方在资本、技术上的差异。由于自己有资本、技术上的优势,可能将对方的情况了解无余,而自己的情况对方无法充分了解,自己也尽力提供于自己有利的证据。处于劣势的一方知道有误,但也没有资本揭示全部真实信息。例如一些污染企业向农村的转移,就在相当程度上具有这种不对称性。二是行政力量的卷入,支持一方压制另一方,使协商双方所受的外来压力不均等。由于计划体制的遗留,所涉及的各方总是希望寻求政府部门的保护与支持,而政府部门也习惯于插手企业的事务。这样到最后,行政级别和头衔在协商中无形中就成为了筹码。在一定程度上,这种误导战略的非对称性是制约产权途径在中国应用的根本原因。

产权途径在中国应用受到诸多制约,并非意味着在中国没有应用前景。相反,将它引入中国的环境管理实践,可以有效地强化市场机制的运行并补充政府干预,促进环境管理的优化。说它可以强化市场机制的运行,主要表现在以下几个方面:(1)产权途径不需要政府的干预,为单个选择,分散决策。对环境资源的利用或污染水平的决定,是市场机理的作用。这无疑是一种改革,有助于我国市场体系的建立。(2)可以增强人们的产权意识。自己拥有经营的资产,有权力不受别人的污染或破坏;自己作为生产的污染厂家,无权无偿利用他人的资产来排污。这不仅有利于我国当前的所有制的改革进程,而且也促使排污厂家考虑自己生产收益的外部成本,降低社会成本。(3)促进资源的优化配置。参与协商的双方,不论是产权拥有者还是使用者,在使用自己的有限资源时,都必须慎重比较其机会成本,使资源使用的收益达最大化。(4)有助于将污染索赔事件由事后变为事前,这样不仅可以减少纠纷,而且也可以减少损失,使市场机理运行更为平稳。

说它可以补充政府干预,可以从以下几个方面来看:(1)它既可以避免指令控制缺乏效率的弊端,又可以防止庇古税或排污费在经济扩张和通货膨胀时环境质量的不确定性,而且还可以防止排污费(或税)不区别空间差异的毛病。(2)它具有调节上的灵活性。协商各方可以随时修改已达成的协议,签署新的协约,使新的信息、技术进步及时得到体现。而政府统一的税率或费率,其调整需要一个较长的周期。(3)产权途径的引入,可以使政府减去许多产权已明确界定的环境管理问题,加强力量,行使必要的政府干预。此外,对市场运行机制的强化,也更有利于以经济激励手段进行所需要的政府干预。

但同时也要看到,在中国应用产权途径强化市场运行机制和补充政府干预，还有许多工作要作。这些工作包括：

（1）进一步界定产权，并赋予应有的内涵。对于土地、水体、森林等可明确界定产权的自然资源，需要有产权上的法律依据；否则，如果不受污染不包括在产权之内，产权途径也无法作用。

（2）避免政府对产权协商的直接参与或卷入。政府的干预，不论是指令形式还是激励形式，公平地适应于协商的各方；如果政府直接或间接地卷入到其中，产权途径就不具有市场性质了。

（3）政府对于技术和资本不对称的协商，在受到处于劣势一方的要求时，应考虑提供帮助；但这种帮助不应体现政府意志。

（4）建立产权利用协商的保障体系。在所涉及各方未达成共识之前，任何一方无权采取行动。表面上看起来可能要耽误工厂的开工或经营活动，但进一步考察并不一定有这种可能。如果按边际收益和边际损失的信息均可获益，延期协议等于是各方收益的损失，所涉及各方不会拖；如果久拖不决，则说明当前的协商尚没有给各方带来什么利益。因此，协商的保障便是效率的保证。

产权途径作为一种优化环境管理的市场手段，有着其自身的特点与局限。在我国由计划经济体制向市场经济转型的过程中，这种特点尤值得我们认识与利用；同时也要看到这种局限使之在我国的应用受到更为严重的制约。从原则上讲，它与我国所提倡的"谁污染谁治理"是一致的。对于我国环境管理市场机制的强化和政府干预的补充，其实践应用有着十分积极的意义。因此，我们不应该忽略其应用前景。

但不论怎样，产权途径不可能代替市场经济激励方式和环境管制方式的政府干预。尤其是对那些产权不容易分割界定的资源，如大气、生物多样性等，政府应该作为公众的代表，而不必要让所有的受影响的人们直接参与协商。这种情况类似于布罗姆利和霍奇将公共产品的产权收归公有,由民主政府代为行使产权的建议。[①] 事实上,大气污染排放许可额的拍卖和交易,制定排污许可总额的政府在某种角度上具有大气产权所有者的性质,而排污企业具有产权利用方的性质。在交易达到市场均衡时,每一个许可额的价格等于排污的边际收益。这种排污许可额的市场交易体系与产权途径的协商或讨价还价具有相同的市场机理。

5.4　排污许可额市场配置

环境污染作为一个典型的外部性问题,不能在自由放任的市场经济里靠"看不见的手"来解决。强有力的环境管制可能有效地保证环境质量,但这种管制常常有碍于市场经济的运行,缺乏经济效率。环境税有实际操作上的困难,而产权途径又难以解决公共资源的保护问题。例如大气和自然水体,属于公有或共享资源,谁也无权独占,而且也无法独占。在这种情况下,只能根据环境质量要求,限定污染物排放量。此时,这一限定量便是环境管理目标。

为实现这一目标,可以指令管制,也可以成本效率方法,使这一限定量得到效率配置。或者说,以最低的成本实现环境管理目标。这里的排污限定量,可以看作为量化的排污权,由对环境或对社会福利负责的政府与排污者在市场上明确使用权。产权协商的原则无疑可以适用。但排污权并不是普通意义上的产权,因为政府不是公共资源的所有者,而且排污权也不是根据边际损失或收益确定的。

20 世纪 60 年代末,戴尔斯首先提出了将满足环境标准的允许污

[①] 参见 Bromley and Hodge, "Private Property Rights and Presumptive Policy Entitlements: Reconsidering the Premises of Rural Policy", *European Review of Agrlcultural Economics*, 17: 197−214, 1990。

染物排放量作为许可份额,准予排污者之间的相互有偿交易。① 20 世纪 70 年代初,蒙哥马利率先应用数理经济学方法,严谨地证明了排污许可贸易体系具有污染控制的成本效率(即实现污染控制目标的最低成本)特征。随后涌现了大量的有关理论与应用的研究。但这一体系为政府环境决策机构所采纳,则始于 80 年代。1986 年,美国环境保护局正式颁布了排污许可贸易政策;随后在有些地区对污水和废气的排放实施了许可贸易制度。近年来,欧美的许多学者又在探讨建立国际排污许可贸易体系,以控制温室效应和臭氧层的破坏。中国环境保护局也于 1988 年制定了排污许可登记制度,但尚未涉及许可贸易问题。②

排污许可额贸易机制

排污许可贸易体系,首先是排污许可额的明确,然后才是这些许可额的市场交易。在一个国家或一个地区,一定的自然环境特点可以有一定的污染物稀释净化能力。污染物对人们身体健康的影响及对自然生态系统的破坏,一般也有一定的阈值浓度。根据自然净化能力和阈值浓度,环境保护当局便可计算出该国或该地区可能允许的污染物排放总量,设其值为 D。

如果有 N 个企业或单位在经济活动中排放污染物。在对排污不加控制的情况下,每一个单位均可自由排放,排污量为f_i。这样,很可能

---

① 参见 Dales, "Land, water and ownership", *Canadian Journal of Economics*, 1:791 – 804, 1968。

② 参见 Kverdokk, "Tradeable CO_2 Emission Permits: Initial Distribution as a Justice Problem", *CSERGE GEC Working Paper* 92 – 135, 1992; Luken and Fraas, "The US Regulatory Analysis Framework: A Review", *Oxford Review of Economic Policy*, 9(4):96 – 106, 1993; Stavins, "Transaction Costs and the Performance of Markets for Pollution Control", *Discussion Paper* QE 93, Resources for the Future, Washington DC, 1993;中国国家环境保护局科技标准司:《环境质量与污染物排放国家标准汇编》,中国标准出版社,1992。

$$\sum_{i=1}^{N} f_i > D \tag{5.8}$$

由于实现排污总量许可控制,每个单位必须减少其排污量。如果其减少量为 r_i,按排污总量控制的要求,减少后的排污总量不得超过 D,即

$$\sum_{i=1}^{N} (f_i - r_i) \leqslant D \ (0 \leqslant r_i \leqslant f_i) \tag{5.9}$$

每个排污单位与其生产工艺和技术水平相对应,有其自己的污染控制成本函数 $C_i(r_i)$。从成本效率的角度上看,在这里,我们的目标是要使污染控制的总成本 C 最小化,即

$$\min \sum_{i=1}^{N} C_i(r_i) \tag{5.10}$$

此处的控制变量为 r_i,约束因子为式(5.9)所给定。

式(5.10)和式(5.9)便构成了一个一般的最优控制模型。如果所有排污单位的污染控制成本函数 C_i 均是凸函数(以满足单一最优解),那么,根据优化方法,我们可得到成本效率的必要条件①:

$$\partial C(r_i)/\partial r_i = \lambda; \sum_{i=1}^{N}(f_i - r_i) = D \tag{5.11}$$

式中,λ 为拉格朗日乘数或污染控制的影子价格;λ 和 r_i 均为非负($\geqslant 0$)。

式(5.11)表明,不论是哪家排污单位,其控制或减少污染物排放量的边际成本 $\partial C(r_i)/\partial r_i$ 均必须与拉格朗日乘数相等同;即在边际水平上放松许可总额限制时所带来的对污染控制成本的节省额。

现在我们来看,政府在制定排污许可总额时,将其分解,分配给各个排污单位;每个单位得到的许可额为 q_i,使得

$$\sum_{i=1}^{N} q_i = D \tag{5.12}$$

政府在进行许可额初始分配后,便允许各个排污单位进行许可额的自

---

① 按非线性优化求解方法,组建拉格朗日控制体系,并对控制变量及拉格朗乘数求偏导,并使其为零,即可得解。

由贸易。每个单位可能将所分配的许可额留着自用,也可以在市场上卖掉;如果排放污染的公司买许可额比自己控制合算,它也可能去买而不是自己减少排污。这时,使污染控制成本最小化的厂商所面临的问题便要考虑自己的控制成本 $C(r_i)$,购买许可额的花费和出让许可额的收益。

如果许可额交易符合竞争性市场条件,市场上的排污许可单价为 P,问题便可表述为:

$$\min \sum_{i=1}^{N} \{C(r_i) + P \cdot (f_i - r_i - q_i)\} \tag{5.13}$$

亦即,厂商要根据自己的污染控制成本函数选择其污染物排放的减少量 $r_i(\geq 0)$,并且根据自己的实际排放水平 f_i,减少量 r_i,政府分配的许可量 q_i 和市场价格 P 来确定许可额的买或卖。如果 $f_i-r_i-q_i>0$,那么该单位就必须在市场上购买额外的排污许可额;如果 $f_i-r_i-q_i<0$,该单位则有排污许可余额在市场上出让。

为使成本最小化,将式(5.13)对 r_i 求偏导,并令其为零,便得到优化的必要条件:

$$\partial C(r_i)/\partial r_i = P \tag{5.14}$$

也就是说,厂商在排污许可市场贸易的情况下,自己所应采取的污染控制的优化战略是,污染控制的边际成本与单位排污许可额的市场价格相等。例如有两家厂商,A 和 B,A 的边际控制成本(C_a)比 B(C_b)高,即 $C_a>P$,$C_b<P$。厂商 A 就会愿意从厂商 B 购买排污许可,从而节省污染控制成本 $C_a-P>0$。对于厂商 B,也愿意出让许可额而获益 $P-C_b>0$。这样便产生了依从排污总额的情况下双方均受益的交易。这种交易直到 $C_a=C_b=P$ 时停止。此时,全社会的污染控制总成本达最低。

环境管理特点

从上面的模型机理可见,排污许可的市场贸易体系兼有环境质量保障和成本效率的特点，是排污税和简单的行政管制所不可比拟的。

在污染控制成本最小化的模型中，污染物排放总量的确定是独立于市场运作的。所考虑的依据在于环境的自然净化能力和污染对环境破坏的阈值水平。尽管环境标准制定当局可能参考了污染排放的经济收益和控制成本问题，但排污总量确定与给出是一个以科学为基础的行政管制过程。各个污染排放单位可能有差异，但总量作为模型的约束条件得到了有效控制。这样，环境质量的控制是行政程序，可因时因地而异，确保环境质量的要求。关于这一点，我们可从以下三个方面来看。

(1) 可以根据季节变化的实际，在不同时间确定不同的许可数额，保证环境质量不受季节变化的波动。比如在旱季，天然降水量少，河流水量减少，水体的自然净化容量也会减少，为保证环境质量，环境保护当局可以减少排污许可额。

(2) 可以有效地平衡地区差异。由于地形、地貌、气候、生产力布局等因素的差异，需要防止环境质量的局部恶化，政府当局可以根据空间格局，分配和确定与之相应的排污许可额。

(3) 不受经济扩张和通货膨胀的影响。排污许可的市场价格可以变，但排污许可总量是不变的。这样就不会因新建企业数量的增多和货币贬值，而影响环境质量。

但这种总量管制又不是一般的指令性控制：它并不干预企业的微观经营。也就说，政府并不去管哪个企业排放多少，或减少多少，或收多少费。这些都留给了市场。从污染控制的优化模型（式 5.13 和式 5.14) 可见，各个排污企业的污染减少量 r_i，并不受该企业现实排放量 f_i 和政府初始分配给该企业的许可量 q_i 的影响。排污许可贸易中起决定作用的是该企业污染控制的边际成本 C_i。企业根据 C_i 与排污许可市场价格 P 进行比较，决定是出让还是购买排污许可，以使自己的污染控制成本达最小。这样,无论排污许可在交易前怎样分配,排污许可市场配置的均衡结果 r_i^* ($i=1,2,\cdots,N$) 是一致的。①

动态地看,排污许可贸易体系与排污税一样,提供有一个经常的经济刺激因子,促使企业减少其排污量。因为不论是出让还是购买排污许可,都涉及企业的收益。因此,减少排污量,也就等于降低了成本或增加了收益。这样,企业就能通过调整生产规模,或改变生产投入因子组合,或改变生产过程,或采用污染控制新技术,来减少污染物排放。

排污许可贸易体系在管理上也有一些可取之处。首先,政府制定税率或收费标准时,不必去了解企业的污染控制技术与成本;也不需要进行税率或收费标准的调整。这不仅减少了政府环境管理费用,而且还有助于减少对市场的干预和经济波动。其次,有利于为人们所接受。采用污染征税或收费,符合效率原则,但对企业来讲,无疑是一个新的负担。排污许可额在市场交易前,可免费按一定规则分配给企业,更易为企业所接受,调动其积极性,主动配合。

尽管排污许可贸易体系有许多优点,但它并不能完全替代排污税或环境指令管制。成本效率途径有效率特征,但它并不代表污染控制的帕累托最优。② 由于排污许可总量的确定不是基于污染的边际收益或边际损失,很可能不是最优污染排放量。政府或环境保护当局在受到环境压力集团或其他利益团体的压力时,决策中所确定的许可总量可能既不反映环境质量保障,又背离优化排放水平。一些环境问题如有毒化学物质,只能按严格的环境法规来管理,而不存在市场贸易的可

---

① 参见 Baumol and Oates, *Environmental and Natural Resource Economics*, Cambridge University Press, Cambridge, 1988。但是,如果排污许可的交易成本很高时,初始许可分配可能影响均衡结果。参见 Stavins, "Transaction Costs and the Performance of Markets for Pollution Control", Discussion Paper QE 93 – 116, Resources for the Future, Washington DC, 1993。

② 参见 Baumol and Oates, *Environmental and Natural Resource Economics*, Cambridge University Press, Cambridge, 1988,称之为非帕累托最优(non-Pareto optimality)的效率途径。

能性。而且,许可额的市场贸易,还有一个交易成本问题。这一体系的实际应用,也有一些操作性问题需要进一步分析。

信息与排污许可的初始分配

排污许可市场交易的实际运作,要求参与交易各方有充足的市场信息。这种信息从本质上看属于竞争市场的必要条件,但对于环境管理者和交易者,认识获取这些信息的成本有助于排污许可贸易体系的实际管理与操作。

获取有关排污许可的市场信息及交易,往往涉及交易成本①。一般说来,这种成本可分为三类:(1)基础信息寻求的直接成本。交易者要知道谁有或谁需要许可额、排放水平、控制成本、许可额的供给与需求关系等。这些是交易者所必须具有的走向市场的基础信息。(2)议价与决策成本。根据已掌握的基本信息,还需与交易各方讨价还价,协商一个各方均可接受的市场价格,以便作出决策。这一过程自然会带来成本。(3)监测与执行费用。这部分工作环境保护当局可能会做,但作为许可交易者,也需要了解有关情况。交易者可能找咨询公司或中介人,这样,可能减少信息寻求费用,但交易成本是存在的。

由于交易成本的存在,整个交易体系可能都要受到影响。(1)如果边际交易成本不为零,那么,式(5.14)的结果就很可能不成立,因为要在这个等式中反映边际交易成本。也就是说,边际控制成本与许可额的市场价格不是直接相等。这样就有可能形成一个新的成本效率均衡点。(2)如果交易成本增加,排污许可的市场交易与成交量都将降低。因为高的交易成本对排污许可的供给和需求均有压抑效果。(3)交易成本的存在对许可额的成交价格也有直接影响。斯塔文

---

① 在这里,交易成本实际上是信息费用。

斯的研究结果表明①,交易成本对双方均有影响,但这部分费用将主要由污染控制成本高的一方承受,不论他是许可额的出让者还是购买者。这是因为,由于控制的边际成本高,交易成本对交易数量的压抑,使得其污染控制总成本相应提高,因而他对污染控制量极为敏感。

排污许可交易过程信息的缺乏不仅产生交易成本阻碍该体系的实际运作,而且对许可额的初始分配也有重要操作性意义。

1990年,美国国会在关于《清净大气法修改案》的辩论中,所考虑的初始的分配方案为三类:公开拍卖、固定价格出售和免费分配。拍卖的方法无疑是与许可贸易体系相一致的,因而在20世纪70年代的许多分析中,均是以拍卖作为初始配置的方式,然后在市场上用户之间相互交易。对于政府当局说来,拍卖并不涉及许多管理及交易成本,但对企业来说,他们不仅要承受拍卖的价格,而且还要承受涉及有关信息的交易成本以及对生产影响的风险。因而在实际应用中,尽管有其理论上的优势,但很少被采用。标价出售与排污税或费具有相似的特征,但实践的主要阻力来自两个方面:一是政府需要了解足够的信息以合理标价,但需支出管理费用并且操作困难;二是政治阻力,企业及一些利益集团会反对这种收费的做法。应该说,不论是拍卖还是标价出售,均是对污染的外部成本的内部化,是对市场价格扭曲的纠正;而且这种收入作为政府财源,也是有益的,因为它不像所得税或公司税那样,不会对市场产生扭曲性影响。但人们对收费的抵触心理,使得这种有偿的初始分配遇到极大的政治阻力。因而,不论是在美国的实际应用,还是在一些学术探讨中,均视免费分配更具实际可操作性。这样不仅企业易于接受,而且免费分配的排污许可额度作为企业的一笔资产,可以在

---

① 参见 Stavins, "Transaction Costs and the Performance of Markets for Pollution Control", Discusslon Paper QE 93–116, Resources for the Future, Washington DC, 1993。

市场上交易转让,不会影响其效率配置。

实行免费分配,需要有一个参照基础或依据。寻求这一基础,目的并非在于效率,而在于公平。可供选择的依据有很多,大体上可分为三类:成本效率分配、现时经济活动(排污、投入、产出)量和非经济因子。

所谓成本效率分配,是根据预测的在完全竞争的排污许可市场上的均衡结果,根据各厂商的控制成本,将相应所需的许可额进行免费分配。一方面,它考虑了各厂商的污染控制成本和预测的均衡需求,它具有公平合理的特征;但另一方面,由于这一方法使控制成本低者得到的分配数额少,而控制成本高者得到的许可数额多,不鼓励人们采用先进高效的污染控制技术和生产方式,又具有不公平的属性。政府需要花大量费用获取信息,而且这种信息还不一定准确。因而其实际操作困难大。

现实经济活动量作为初始分配的参照,具有简便易行的特点。这种与排污有关的经济活动量通常可以从4个方面来考察:污染物排放量;导致污染的生产投入要素如煤炭、化肥使用量;污染生产过程的最终产出量以及产值。一般说来,最为直接的是污染物排放量。因而政府当局可以根据各企业的现时排污水平,将排污许可额按比例免费分配。现时的排污水平是企业生产和历史的产物,而且污染损失作为一种外在因子,并非企业所追求的目的,因而以现时排污量为依据分配,可以说是公平合理的。但反对这一方法的观点认为,这样实际上鼓励了现时排污及企业夸大排污,对于清洁生产的企业等于是一种惩罚。而且这种方式还有另外一种不公平,发达国家已污染了环境,况且大量污染源于工业化国家,这样,缺乏工业基础和技术的发展中国家在许可额分配上处于不利地位。这样看来,这种分配实际上是对现实不公平的一种合法延续。

非经济因子包括国土面积、人口等。由于部分国土面积例如荒漠与污染和经济活动关系不大,不宜作为一般性的依据。当然可以根据国土的使用情况来分配,但这又会引发出更多的问题。挪威学者克文多克在一份研究报告中①,基于伦理学的公平原则及政治上的可接受性,主张按人口的比例来分配排污许可额。这一方式对欠发达的发展中国家和地区无疑是有帮助的,工业化国家也不会以效率为理由提出反对意见,因为这些许可额作为一种资产,可以在市场上交易和转让。它可能对人口控制有不利影响,但由于许可额分配的现实性和人口增长的滞后,这种影响可以忽略。然而,这种方法显然不适于一个国家或一个城市的许可分配。人们不一定接受哪家企业的人多就应多给排污许可额的主张。

从以上分析可见,排污许可额度的免费分配,有多种依据可以作为分配的基础,而各种依据都有其公平合理及欠合理的特征。在实际应用中,显然要具体问题具体分析,寻求一种切实可操作的方法。

排污许可交易的政策含义

前面我们分析了排污许可贸易体系的运作机制、特点及实践中的一些问题。它与排污税和行政措施等方法一样,作为一种环境管理途径,有其明确的政策含义。

一方面,由于这一体系兼有行政管制和经济刺激的优点,尽管其结果可能不是帕累托最优,但它是一种具有现实应用可能和可操作性的成本效率方法。对于具有不确定性和不可逆转性特征的环境问题来说,可以说是一种确保环境安全的效率方法。它对于中国的实际,更具

---

① 参见 Kvemdokk, "Tradeable CO_2 Emission Permits: Initial Distribution as A Justice Problem", CSERGE GEC Working Paper 92, 135, 1992。

有政策上的优点。中国正处于快速经济发展阶段,国民经济扩张速度快,一般的排污收费显然难以保证环境质量。

从另一方面看,中国正在向市场经济过渡,传统的行政命令不仅缺乏经济效率,而且存在一个即将行不通的问题。以经济激励为基础的市场途径无疑适宜这样一种情况。而且,中国已于20世纪80年代末登记核实了众多企业的排污许可额,这等于建立了排污许可体系的基础。在这一基础上,允许排污许可的上市交易,排污许可体系就运转起来了。这便意味着,排污许可贸易体系作为一种环境政策手段,在中国不仅有应用的必要与前景,而且已具有相应的运作基础和条件。

但是,要利用现有的基础和条件建立起市场运作体系,还必须充分认识实践中的阻力和困难。比如交易成本。对单个企业来讲,由于不可能投入足够的资源来寻求有关信息,这样高的成本,会阻止企业进入市场交易。要解决这一问题,一种方法是,政府在制定法规的同时,提供排污许可贸易的信息。这样,交易成本就为政府所承担了。另一种方法是寻求中介人或咨询公司。由于专业化服务,这样的经纪人可以以较低的费用提供必要的信息服务。这样的经纪人与股票经纪人没有质的区别,企业很有可能接受这种服务而不是自己去寻求信息。事实上,在美国,近年来就已有数家从事排污许可贸易的中介公司。①

排污许可的初始分配尽管是一个公平问题,但它却是人们所关注的一个基本问题。这里包括有三个层次的内容。一是城市或地区内的分配。如河流、湖泊的水污染控制。二是全国性的,如二氧化碳排放,

---

① 如ADRX公司,清净大气资本市场等,都是近年来根据美国1992年《清净大气法修正案》成立并经营排污许可的咨询和中介服务的公司。

或其他大气污染物。三是国际性的。中国作为全球的一个重要部分，全球排污许可贸易需要中国的参与与合作。当然，这种初始分配可以通过协商来进行；但进行这种协商，需要对各个方面的情况作必要的分析。例如，克文多克曾对全球二氧化碳的排污许可以不同的初始分配方案进行了模拟计算。① 结果表明，以 1990 年全球二氧化碳的排放总量的 80% 作为许可量。如果按 1990 年世界各国人口比例分配，到 2000 年时，美国和其他经济合作与发展组织(OECD)的国家将要花费其大约 6% 和 3% 的国内生产总值从发展中国家购买排污许可额度。这些数字显然高于联合国确立的发达国家每年向发展中国家提供其国内生产总值(GDP)0.7% 的数额帮助欠发达国家的要求。如果二氧化碳许可额按 GDP 的比例进行初始分配，发展中国家到 2000 年时将要从发达国家进口许可额，而中国将要把其 50% 的国内生产总值用以购买排污许可额。可见，不同的初始分配方案，对一个国家和地区经济发展和社会福利水平均有着十分重要的影响。根据《世界资源报告》②数据，1989 年，美国二氧化碳的排放总量达 48.7 亿吨，中国 23.9 亿吨，日本 10.4 亿吨，欧洲 43.5 亿吨。可见以现行排污量为基础的分配，发展中国家也处于不利地位。中国若参与协商，必要的经济和福利影响的信息十分重要。

许可额市场贸易体系，不仅可用以污染控制，还可用以许多公有资源的管理。例如公海渔业、公共牧场、森林砍伐等。对这些公共资源的利用，均可以核发许可于使用者，并允许这些许可在市场上有偿转让，促使这些资源的持续利用与效率配置。

---

① 参见 Kvemdokk, "Tradeable CO_2 Emission Permits: Initial Distribution as A Justice Problem", CSERGE GEC Working Paper pp.92,135,1992。
② 世界资源研究所等:《世界资源报告 1992/3》，283 页，中国环境科学出版社，1993。

5.5 环境管制

环境管制是政府以非市场途径对环境资源利用的直接干预。行政管制的形式有很多,如禁令,明令禁止某些生产经营活动或资源利用与排污;非市场转让性的许可证制,规定只有许可证持有者才可以生产或排污,但这种许可不准在市场上交易。有的干预要求某些污染生产工艺或技术必须被淘汰,某些新的污染治理设备必须装配于生产工艺中。

环境管制的特点,第一,在于对生产和消费过程中所涉及污染活动的直接干预,不考虑企业之间成本与收益的差别,对所有的企业的要求为一刀切。第二,这些直接干预,都带有法定性质,一旦不遵守,就会有严重的法律和经济后果,所承担的责任风险远远高于控制成本或边际收益。第三,或是说最为明显的特征,是中央集权式的运行管理机制。环境标准的制定及执行均是由政府行政当局一手操办,当局可能要了解一些市场状况和企业经营情况,但市场和企业在严格的行政管制中没有活动余地。从以上特征看,可市场交易的排污许可具有政府直接干预的色彩,因为许可总量的确定是由政府当局确定,不以市场和企业的意志为转移。但行政当局并不对具体的企业规定许可额的使用,而允许市场来分配、调剂许可额。从这一意义上看,可市场交易的排污许可制又有别于直接管制。

根据效率准则,直接管制由于直接干预了企业活动,排除了市场效用,经济学家通常认为直接管制是缺乏效率的。但在某些特定情况下,直接管制可能比市场途径更有效率。

前面我们已经讨论过排污税和排污许可市场贸易的特征。从实现某一环境标准的目的说来,排污许可与排污税均可以市场途径取得相同的结果。当然此处的排污税不是帕累托最优的税率,其税值等于排污许可的市场价格。此处我们用图 5-3 来说明。

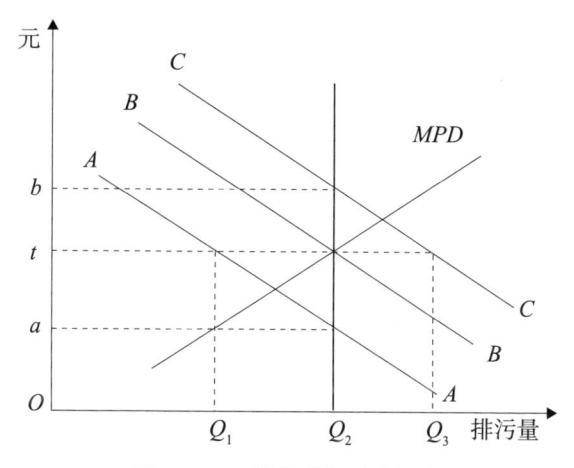

图 5-3 环境管制与效率损失

设政府当局制定的环境标准为 Q_2。为便于说明,Q_2 为污染物浓度,而非排污总量。当然,对应于 Q_2,可以计算出相应的排污量。在一个湖泊附近,有两家工厂 A 和 B,将污染废水排放到湖里。由于污染物浓度升高,水质下降,造成生产和生活损失。随着排污量的增加,污染的边际损失呈上升趋势,为 MPD 曲线所示。而边际污染控制成本则相反,即在污染物浓度越低或排污量越少的情况下,边际控制成本就越高。因此边际控制成本(MAC)为向右下倾斜的曲线,图中 AA、BB、CC 分别表示厂商 A、B 和两家联合边际控制成本曲线。环境当局根据生产和生活用水水质的要求,规定废水中的污染物浓度为 Q_2。根据这一标准,环境当局可以发放与 Q_2 等量的排污许可,也可以根据边际污染损失和联合污染控制成本信息,对排污征收税率为 t 的排污税或费。在市场条件下,排污许可交易的结果也是单位排污许可的价格与排污费 t 相等同。此时,边际污染损失与联合边际控制成本相等,环境标准 Q_2 以最小成本取得。在市场条件下,厂商 A 和 B 的排污浓度将根据各自的边际污染控制成本来决定。由于厂商 B 的边际控制成本高,它将购买等量 Q_2Q_2 的数额来排污,而不是花钱自己控制排污,使自己的废水中的污染物浓度依从于 Q_2。对于厂商 A 来说,其污染边际控制成本较低,它将乐意减少等量于 Q_1Q_2 的污染物排放量,而接受厂商 A 付给的排污许可购买费。如果是统一的排污税或费,厂商 A 与 B 之间便没有排污许可的交易,而将各自的排污量调整到 Q_1 和 Q_3 的水平,使边际污染控制成本与排污税率 t 相等同。其结果是一致的:以最小的联合成本依从环境标准。

现在我们来看,如果政府当局不用经济激励手段,而用直接管制途径来实现环境标准。在这种情况下,政府将指令厂商 A 和 B 各自依从环境标准 Q_2。厂商 A 可以较低成本依从,但它没有经济利益上的动因,利用较低的边际控制成本优势减少排污,甚至还可能改变生产工艺,将排污量从 Q_1 增大到 Q_2。对于厂商 B,尽管其污染控制成本较高,也必须无条件地依从 Q_2。这样,在边际水平,由于直接管制所带来的效率损失为 $b-a$。不仅如此,采用直接控制并不向企业征收任何排污损失费。实际上,在环境标准所规定的 Q_2 水平,也是有污染损失的。如图 5-3 中所示,此时的边际污染损失为 t。这一损失实际上就由社会承担了。在这种情况下,新的进入者将不考虑这一损失;由于新的更多的进入者参与排污,环境质量也会下降。当然可以调整这种直接管制,但这会增加政府管理成本。尽管这种直接干预企业经济行为的管制依从了环境标准,但在经济上是缺乏效率的。这也就是为什么经济学家从最低费用的考虑出发,反对直接指令控制的根本原因。

当然,直接管制对企业的污染控制还是有积极作用的。由于必须依从当局的直接管制,企业会选择以最低成本的方式来依从环境标准。如改变生产技术,调整生产投入组合,或直接投资用于污染控制。但这些企业内部的调整,并不表明是市场上的最优选择。所以从全社会来看,由于生产设备、工艺、技术、管理等方面的差异,直接管制所带来的企业内部调整通常是不能实现社会效益的。

但也有少数特殊情况,经济效益的实现需要严格的管制。例如,自然资源存量或环境污染浓度的边际社会损失曲线为非连续的形式,在一定量时边际损失突然趋于无穷大。许多生物资源的利用或环境污染浓度,都存在有一定的阈值水平。超出这一水平,会造成巨大的社会损失。这样,不同的资源利用者或排污企业,都必须执行统一的标准,不允许任何企业因污染控制成本高或排污生产带来的效益高而超出这一统一标准。在这种情况下,只有严格的指令管制才能满足执行统一标准的要求。这也就意味着,直接管制与效率在此处并不矛盾。

使指令管制与效率相容的另一特例是出现偶然的、未预期的紧急情况,如异常气候所产生的干旱、洪、涝灾害,或其他自然灾害情况。① 在这些情况下,由于情况紧急,而且持续期不长,征税或许可证市场贸易体系的建立不仅时间上来不及,而且也难以保证所希望的环境标准。

从以上分析可见,直接管制在通常情况下,是缺乏效率的。但这并不意味着直接管制与效率根本不相容。在有些特定情况下,直接管制具有经济刺激手段的不可替代性。这也从另一方面说明,为什么政府当局喜欢运用行政权力进行干预。从这一意义上讲,直接管制的最大缺点和最大优点都表现在指令的严格特征。严格的指令妨碍了市场的运作而引起效率的损失。但正是这样,它确保了环境标准和准确依从。

---

① 参见 Dasgupta, *The Control of Resources*. Basil Blackwell, Oxford, 1982; Pan, "Economic Efficiency and Environmental Sustainability, with A Case Study on Nitrate Pollution Control in East Anglia", *England Unpublished PhD Dissertation*, University of Cambridge, Department of Land Economy, 1992。

第六章　极限增长论

古典经济学的资源稀缺论是基于社会经济对资源的需求来考虑的。它含有对资源自然供给极限的认识，但它所强调的，并不是自然极限自身，而是对经济的影响，对劳动力和资本投入的报酬或收益的影响。即使是马尔萨斯的绝对稀缺模式，所考虑的也是一种动态失衡，即随着时间系列的延伸，人口数量不断增加，从而形成资源的绝对稀缺。

极限增长或增长的极限的观念，并非为经济学的资源稀缺，而是一个静态的，物理量限的概念。早期自然保护主义者和古典经济学家都明确认可这一量限，但并没有将这一量限同经济增长或经济发展联系起来，并以此物理量限来论证经济增长或发展的极限。因而，当20世纪60年代末、70年代初罗马俱乐部①以物理量推论和判定增长极限时，不仅在方法论上独树一帜，而且其结论更是石破天惊。随后，赫什沿用这一概念，提出了非物资需求的社会极限的论点。认为物理极限较为遥远和不确定，而人们追求社会地位而对环境与资源品如旅游、景观居住环境的需求所导致的极限，才是现实的问题。② 经济学家中也不乏极限论者，例如戴利，不仅承认生物物理极限，而且也强

---

① 参见 D.Meadows et al., *The Limits to Growth: A Report for the Club of Rome's Project on the Predicament of Mankind*, Earth Island Ltd., London, 1972。D.Meadows et al., *Beyond the Limits: Global Collapse or A Sustainable Future*, Earthscan, London, 1992.

② 参见 Hirsch, *Social Limits to Growth*, Harvard University Press, Cambridge, MA, 1976。

调伦理社会极限。① 增长极限观点的提出,使人类社会在征服自然、经济增长的自我陶醉中醒悟过来,重新审视资源利用、环境保护与经济发展之间的关系。

正如马尔萨斯的人口论一样,极限增长论给人们敲醒了警钟;但展现的却是一幅黯淡的前程,忽略或机械地看待人类社会的技术创新能力和市场的作用,对许多社会现实问题如贫困、社会公平等均未涉及或没有提出切实可行的解决途径。因此,这一论点不仅遭到了经济学家的批驳,也为一些政治家和普通民众所难于接受。尽管如此,极限增长论在环境与发展的讨论中仍占有十分重要的地位。作为一种资源持续利用的途径,仍为许多人所认同。它对于20世纪80年代初所提出的可持续发展,起有推动作用,而且极限增长的一些原理和方法,也为当前的有关环境与发展的讨论中所吸收或借鉴②。在另一方面,经济发展和技术创新又使物理量限变得模糊。因此,我们有必要对极限增长论的基本概念、方法进行考察,认识其局限。在这一章里,我们分析考察极限增长论以及走向持续社会的有关论点。

6.1 增长的极限

不论是生物物理极限,还是伦理社会极限,最终原因仍在于地球

---

① 参见 Daly,"The Economic Growth Debate: What Some Economists Have Learned But Many Have Not",*Journal of Environmental Economics and Management*,14:323-336,1987。

② 例如1980年美国发表的《全球2000年报告》(Barney,*The Global 2000 Report to the President: Entering the 21st Century*),*Report Prepared by the Council on Environmental Quality and the Department of State*,Penguin Books,Middlesex,England(1982 reprint),1980,国际自然保护联盟的观点(环境容量,IUCN et al,*World Conservation Strategy: Living Resources Conservation for Sustainable Development*,IUCN,Gland,Switzerland,1980;*Caring for the Earth: A Strategy for Sustainable Living*,IUCN,Gland,Switzerland,1991),世界环境与发展委员会的报告(WCED,*Our Common Future*,Oxford University Press,Oxford,1987),均可看到极限的影子。

的有限特征。对这一量限有两种理解:总量和通量。所谓总量,是指地球上环境与自然资源的总存量,70年代关于极限的讨论,大多集中于总量理解,这一极限的抵达或来临,便是世界之末日。在一定程度上,这一极限只是一种远虑,尚不构成近忧。而且,一旦极限来临,人类便不可自救了。因而,极限论者①随后对极限的内涵作了相应修正,强调社会经济体系中的资源流通量,认为自然资源的开采、利用量应受到自然恢复、更新速率的极限制约。这样,总量极限便成为一种通量极限。

总量与通量极限

对自然资源的开采利用有一个量限,社会经济排放到自然环境的废弃物,也有一个量限。这些废弃物,包括废气、废水、固体废物等,进入自然环境,进行降解、吸收和转化,自然环境所能吸纳废物的总量及单位时间有效降解转化量,也都在一定的极限之内。如果我们将自然环境对废物的吸纳降解容量理解为一个仓库的话,这一容量便是极限。梅多斯等人将这一废物降解库称为沉库(Sink)。这一沉库对污染废弃物的吸收净化能力,与自然资源的更新、再生能力一样,也构成人类社会经济体系所必须遵从的一种通量极限。

这种通量极限并非为生态系统的阈值,或自然体系的临界线。在一定的时期以内,这一极限可以被突破而不导致系统的不可逆变化或毁灭。例如,森林采伐量便是一种资源进入经济体系的流通量。在这里,生长量或更新量是可开采利用的极限量。如果这一通量超过了森

---

① 参见 Daly,"Towards Some Operational Principles of Sustainable Development", *Ecological Economics*,2:1-6,1990;Meadows et al.,*Beyond the Limits: Global Collapse or A Sustainable Future*,Earthscan,London,1992。

林生长量,那么,便是逾越了极限,或称越限。显然,短时间的越限并不表明森林的消失。可见,这一通量极限更具有现实意义,具有可操作性。如果这样,就有一个如何理解通量极限,并鉴别极限是否被突破的问题。

人口和工业资本所具有的自我再生产的潜力构成世界体系中指数增长的原动力。如果没有连续不断物质与能量的输入,没有连续不断的污染和废物的排放,这些潜力便不可实现。人类需要食物、水、空气和养料来生长、维护生命和生育。机器需要能源、水、空气和各种各样的矿产品、化工产品和生物材料来生产商品和服务设施、进行机器保养,以及生产更多的机器。根据地球上最为基本的规律,人口和资本生产所消耗的物质与能量并不消失。物质或是回收利用了,或是成为废弃物或污染物。能量散失为不可用的热能。

人口和资本消耗地球上的物质和大多数形式的能量,并将废物与热能返还给地球。从物质和能源的地球源本处经过人类经济系统,进入废污物存积的沉库。人类和资本生产需要消耗物质和能源,存在有这种消耗速率的极限;如果废物排放有害于经济、人类健康,就是地球吸收、再生和调节的过程,也存在有量的极限。

人类所需的每一种资源——食物、水、木材、铁、磷、石油以及数以百计的其他资源——既受限于其生产源,又受限于其沉库容量。这些极限的确切特性很复杂,因为两者都是一个动态的相互联系的单一系统——地球的组成部分。有的极限是近期的,有的则是较远期的,生产源和沉库可能交互作用,地球的某一自然特征可能同时具有生产源和沉库的作用。例如土壤,既是食品作物的生产源,又是大气污染所引起的酸雨的沉库。土壤发挥这些作用的能力取决于各种功能间的相互作用。

那么,如何具体地认识通量极限呢？极限论者提出了三个简单原则[①]来简化这些极限,定义长期可持续的通量极限。

可更新资源——土壤、水、森林,其持续利用率应低于其更新率(例如捕鱼的数量不应超过现存鱼类种群数的自我更新量)。

不可更新资源——化石燃料,高品位矿石,化石地下水,其可持续的利用率应低于可更新资源在持续条件下对不可更新资源的替代率(例如,一个油田的原油将可持续,如果原油开采的部分利润被系统地用来投资兴建太阳能汇集器或植树,这样在油田枯竭时,同等量的可更新能源便可替代)。

污染,可持续的排污量应低于回收利用、环境吸收或转化为与环境无害物质的速率(例如,排放到河流或湖区的污水,其可持续的排放量应不高于河流或湖区自然生态系统消化污水中营养成分的速率)。

梅多斯等人用这三条标准来考察各种形式的通量及地球生产源和沉库的状态,得出了有关极限的三点结论:(1)人类社会现在消费资源和生产污染的速率是不能持续的;(2)这些过高的通量速率并非必要。通过技术分配及管理的调整,可以在维持并改善世界上人类生活质量的同时,大量降低这些通量速率;(3)即使采用更为有效的管理和技术,地球支撑人口和资本的能力仍是有限的,这些极限可能就在近期,就在不远的将来。

比如说污染,排污并不是生产的必然。污染并不代表进步。相反,

---

① 这些极限概念最初见国际自然保护联盟(IUCN, *World Conservation Strategy: Living Resources Conservation for Sustainable Development*, IUCN, Gland, Switzerland.1980)。20 世纪 80 年代初的《世界保护战略》;但其明确作为极限加以讨论,则在 10 年之后,见 Daly, "Towards Some Operational Principles of Sustainable Development", *Ecological Economics*, 2:1-6, 1990; Meadows et al., *Beyond the Limits: Global Collapse or a Sustainable Future*, Earthscan, London, 1992; Pearce and Turner, *Economics of Natural Resources and the Environment*, Harvester Wheatsheaf, Hertfordshire, England, 1990。

它是缺乏效率和粗心大意的病症。应用清洁技术和预防措施对生产全过程的再考察,可以找到大量减少排污的生产方式。例如,美国的航空科技公司投资生产离子交换设备,回收重金属污弃物,从而获取金属回收收益,降低水费开支,而且减少了投保支付。工业制造商 3M 公司降低大气排污量、污水排放量、需水量及固体废物生产量,从而在生产支出中每年节省 2 亿美元。国际电业公司通过改进其焊接材料和工艺便不再用 CFC 溶液清洗焊件,有助于减少对臭氧层的破坏和减弱温室效应,而且每年可节省 100 万美元。经济合作与发展组织(OECD)对法国清洁生产技术的一项调查表明,67% 的项目节省了资金或原料,65% 的项目保护了水源。

但是,防止污染的观念在发达国家还不普遍。在欧洲,工业环保投资的 80% 仍然用于烟窗和污水沟排放的除污技术开发,只有 20% 是用于生产过程的重新设计。人类减少污染流量的潜力才刚刚开始发挥。如果我们生产和使用的产品寿命增加一倍,如果材料回收利用率再翻一番,如果生产所用的材料减少一半,我们便只需要现有通量的 1/8。如果能源消耗更为高效,如果农耕地、林地、食物和水源的利用不那么浪费,我们就可以终止温室效应的进一步升级及许多其他污染物质的增多。将能源和物质消耗控制在其生产源的极限范围内,污染流通量将会自动减少。

由于人们已致力于降低某些污染物质,因而它们在土壤、水和大气中的总存量正在不断降低。经过较大努力,有些污染物正被维持在一个相对稳定水平。有许多治污举措只是将污染物从一个沉库转到另一个沉库,比如从大气到土地或从水源到大气。由于人口增长,资本增加,加上两者所需的能流和物质流需要,许多污染物仍在呈指数增长。提高物质和能源利用率比消费后的治理更为有效。这样可减少污染流量,达到原来的 $\frac{1}{10}$ 到 $\frac{1}{2}$,从而帮助人们返回到已逾越的极限范围内。

通量极限已被逾越

在极限论者看来,人类现行对生产源和沉库的利用都是不可持续的。土壤、森林、地表水、地下水、湿地和自然多样性均在恶化中。即使在有的地方如北美的森林和欧洲的土壤看起来趋于稳定,但这些资源的质量、多样性或健康状况不是没有问题的,矿产和化石能贮量正在降低。在化石能用完后,用什么来进行工业生产,仍然没有一个计划和充足投资的规划。污染物逐日累积,污染物的沉库已充满外溢,全球大气的化学成分正在被改变。如果只有一种或几种资源储量下降而其他资源储量趋于稳定或增长,或许可寄希望于资源之间的相互替代,增长仍可继续。但是,如果众多资源在侵蚀,许多沉库在充溢,无疑人类物质和能源的消耗已增长过量了。梅多斯等人因此而判定,可持续极限已被逾越。

此处的极限,不是总量,而是通量限额。他们是速度极限,而不是空间范围极限;是流量极限,而不是多少人占有多少资金的极限。所以,极限论者并未将此判定为世界之末日;而是称,逾越这些极限并不是说已头撞南墙。甚至也有可能,在不堪重负的资源或沉库出现负反馈而强制物质与能流能量减少之前,通量仍可增长一定时间。但是,通量减少是必然的,它可以通过人类选择,也可通过强烈而使人不快的自然反馈。事实上,至少在当地水平,进入人类经济的通量已超越极限。洛杉矶所排出的大气污染,已超过人类肺腑所能承受的水平。菲律宾的森林已近消失。海地许多地区的土壤已流失殆尽,只见裸岩;莱茵河里化学物质浓度之高,使得德国港口的沉积淤泥只能当作危险废品对待。

促成越限的主要因子

在极限论者看来,造成越限的原因存在于社会经济结构的内部;而不在于某一个人、某一群人和某一种因子。梅多斯等人反对无休无止有关明确责任的论争,认为一个富人所需的通量当然高于一个穷人,但缺乏效率的生产远比高效率产出所消费的物质与能源要多。环境恶化与影响因子之间的关系①,可以简单地概括为:

$$环境影响 = 人口 \times 财富 \times 技术 \tag{6.1}$$

即人口或一个国家对地球资源和沉库的影响是人口(P),富有水平(A)和支撑财富所采用特定技术(T)所造成的危害三者的乘积。

所以,要讲责任,都有一份②:挥霍浪费的发达国家,人口增长过速的发展中国家,高资源消耗低物质产出的原计划经济国家。由于该方程中各项均为乘积关系,不难看出,不论富国还是穷国,资本主义还是社会主义,都有机会尽力改进,减少环境影响。

财富可定义为人均资本存量。表6-1中为人均茶杯数量(或电视机、汽车或房间数量)。这一财富所产生的影响或通量包括用于维护各种形式资本的物质流。比如说,人均拥有三个瓷杯,那么,维护这些瓷杯,需要水和清洁剂洗涤,需要一定数量的瓷杯数来替换破损。如果某人在工作时喝咖啡使用一次性的聚苯乙烯杯,那么维系量则包括一年所用的杯子总数及生产聚苯乙烯所需的石油和化工产品。

---

① 关于人口、消费、生产等因子与环境的关系,提出的各种模型有很多。内斯(Ness,"Population and the Environment: Framework for Analysis", Working Paper No.10, The Environmental and Natural Resources Policy and Training Project, EPAT/MUCIA, University of Wisconsin-Madison, USA, 1994)在最近的一份报告中,对近年来的六种模型作了分析比较,发现各种模型的结构及核心内容大致相仿。

② 麻省理工学院经济学家莱斯特·瑟洛(Lester Thurow)将这种关系描述得更为形象:"如果世界有瑞士人的生产率水平,中国人的消费习惯,瑞典人的平均主义天性,日本人的社会秩序,那么这个地球有可能承受数倍于今日的人口而不导致任何人的贫困。相反,如果世界人口有着乍得人的生产率水平,美国人的消费习惯,印度人的反平均主义天性,阿根廷人的社会秩序,那么这个地球可能无法承受现有人口数量"(Meadows et al., *Beyond the Limits: Global Collapse or a Sustainable Future*, Earthscan, London, 1992, pp. 101-103)。

表 6-1 人口、财富和技术的环境影响

环境影响 = 人口 × 财富(消费) × 技术
环境影响 = 人口 × $\dfrac{资本存量}{人数}$ × $\dfrac{物资流通量}{资本存量}$ × $\dfrac{能耗}{物资流通量}$ × $\dfrac{环境影响}{能耗}$
环境影响 = 人口 × $\dfrac{茶杯数量}{人数}$ × $\dfrac{水和清洁剂}{每年茶杯数量}$ × $\dfrac{焦耳或千瓦时}{公斤水和清洁剂}$ × $\dfrac{CO_2 NO_x 土地利用}{焦耳或千瓦时}$

调控方式					
人口	财富		技术		
计划生育	价值	产品寿命	总效率	控制管理	
妇女教育	价格	物质选择	转换效率	规模	
社会福利	全额成本核算	最小物质消耗设计	传输效率	选址	
妇女作用	需要什么	回收	系统整合	技术改进	
土地租赁	何谓充足	重复利用	程序设计		

技术的影响定义为生产和传输每一物质流所需的能源,乘以单位能源的环境影响。作一个瓷杯,需要能源制陶土,烧陶坯,运瓷杯。用时还要烧热水洗之。造一个聚苯乙烯杯,需要能源探石油,采矿井,输油炼油,聚苯制模,将新杯送给用户,将用过的弃杯拉走处理。各种能量消费均有环境影响。这些影响在技术上可以改变,如安装控污设施、节能、使用替代能源等。

可见,改变 P、A 和 T 中的任一项,都会导致人类经济向着地球之极限迈进或远离此极限。降低人口数量或减少人均物质消费,将有助于人类世界生存于地球极限之内,从而减少生存所需的能流物流,减轻单位能流或物流的污染影响。表 6-1 中列有一些因子调整方法以及可能导致的结果。

如果控制信号发出迟了或不真实,如果忽略或否认所给出的控制信号,或系统只能在时滞之后才反应,那么,这个系统就不能对存在的极限进行准确调控。其结果必然是系统改错迟缓而越限。譬如说一辆汽车,其设计是在一般情况下,红灯出现时有足够的时间和距离平缓停车。但是如果司机走神,对红灯视而不见,或是反应迟钝,或是车速过快,或是刹车失灵,或是交通信号系统出故障,车就很可能越过停车线,闯红灯而出事。

越限的系统状态及征兆

当人口和经济以不可持续的速率获取资源或排污时,人类社会经济便处于一种越限运行状态。越限对支撑系统的压力尚不够强烈时,排污或资源获取速度都不会立即自然减少。越限源之于系统反馈的滞缓,即系统的决策者没有得到,或不相信,或不反应于极限已被逾越的信息。

只有在资源库存有积累时,越限才有可能。例如森林,砍伐率可以大于其年生产率并持续相当长一段时间,因为这一片森林的木材存量是数十年乃至几个世纪林木生长累积的结果。同样,草原可自然积累大量牧草,牧民可以投放高于载畜量的牲畜。在未曾捕过鱼的水域,种群的自然增长也会暂时支撑过量的滥捕。累积存量愈大,可能的越限水平就会越高,越限运营期越长。如果一个社会只是简单地看库存量的有无,而忽略库存量的大小、质量、多样化、健康状态及自然更新速率,结果就会越限。

第二个越限的促成因子是物理惯性。它不仅滞延报警信号,而且也滞延对这些信号的反应。森林生产、种群老化、污染物在生态系统中产生作用,污水净化、资产设备折旧,人们受教育再培训,这些都需要时间。因而经济系统不可能在一夜之间得以改变,即使这一系统获有并认可明了及时需要改变的信号。为了正确操纵一个具有内在物理惯性的系统,需要高瞻远瞩,眼光注意到数十年之后。

越限的最后一个促成因子是增长。如果一个司机所开的车在雾天里行驶或刹车失灵,那么他防止出事的第一件事便是减速,而绝不应加速。不断加速会使任何系统进入一种不能及时反应的状态。即使汽车和司机无毛病可挑,高速仍是不安全的,因而增长愈快,越限就会越多。

将越限最终转换为崩毁是非线性特征的侵蚀。侵蚀是一种系统压力,如果没有得到迅速控制,这种压力便快速倍增。非线性近似于阈值,超过这些阈值水平,系统行为陡然变化。人口的食物供给可以降低而在较长时间不会对健康产生不利影响。但是人均摄食量低于一定极限水平,死亡率便会迅速增加。

一个国家开采矿石,品位会越来越低,低于一定品位级别,开采成本会大量增加。土壤流失在一定量内可能不会对产量造成影响,但如果土壤层比作物根系浅的时候,作物就会减产。阈值水平的存在使反馈延滞的后果更为严重。如果雾天开刹车失灵的汽车,遇有陡坡意味着车速必须进一步降低,以求安全。

根据上述分析,越限是一种状态,在这种状态下,来自环境的已耽搁的信号远不足以迫使增长终止。那么,一个社会如何才能知道是否处于越限状态呢?梅多斯等人列出的主要征兆为:

(1)资源总存量下降,污染沉库污物增加;

(2)经济资源(资本、劳动力、资源)必须从最终产品生产转向更为短缺、更为遥远、更为深层或更低品位的资源开发;

(3)经济资源必须从最终产品生产转向补偿曾是自然赋予的免费服务活动,如污水处理、大气净化、洪水防治、害虫控制,恢复土壤养分、授粉或物种保护;

(4)需要应用经济资源防护、保卫或改善日趋集中于少数几个地方的资源;

(5)天然污染净化机能开始失去;

(6)让资本折旧超出投资,或是推迟维修,因而出现资本存量恶

化,尤其是耐久的基础设施;

(7)需要减少人口资源的投资(如教育、卫生、住房)来满足近期消费需求或还债;

(8)债务在国民生产中的百分比增大;

(9)争端,尤其是关于资源或沉库的争端增多。社会凝聚力降低,欺骗增多,贫富悬殊增加。

越限一段时间并不必然导致崩毁。然而,如果要避免崩毁,就需要下决心快速反应。资源基库必须尽快保护起来,其流失必须大量降低。这并不意味着降低人类资本量或生活水平,尽管它表明只要可能,增长必须减缓。真正必须迅速降低的是物质和能耗量。由于在当今的全球经济中,浪费和低效率随处可见,使得减少通量有着巨大的潜力而又可以提高生活质量。随后,我们需要重新构造这一系统,使越限决不致再度发生。

6.2 成本与时滞效应

经济学家对增长极限的指责,在于极限论忽略了技术进步和市场的作用。极限论者承认技术和市场的积极作用,但同时强调成本递增和时滞的抵消效用。这就使得越限的暗淡局面至多只不过是推迟一些。因此,在他们看来,极限增长论并不因技术和市场而失效。由于技术开发成本的增加和市场反应滞后,极限增长仍为必需。

技术与市场

一般认为,在一个经济体系中,技术进步和市场机理会对环境与资源问题,尤其是那些与生产和消费直接相关的资源稀缺和污染损失作出相应反应,导致资源的有效保护与效率配置,从而缓解乃至消除资源的制约效应。例如,在预见增长的极限时,技术和市场便会有下列机制运行。

出现一个有关极限的问题,资源变得稀缺,或是危险的污染物开始累积;

市场导致稀缺资源相对于其他资源的价格上升,或污染物的准确成本开始反映于产品或服务的价格中;

价格上涨引起市场反应,使得资源开采或收获者用更多的资金去找更多的资源;它使制造商用更充裕的资源来替代稀有的资源;它迫使消费者使用较少的含有这种资源的产品,或更为有效地使用这种资源;它诱使科技人员开发污染控制设备,或找到一个地方使污染物与社会分离,或是发明新的生产工艺,从而不排放污染物;

这些供求双方的变动反映到市场竞争上,买卖双方共同决定何种工艺和消费模式以最低成本解决问题最快,最有效。然后社会便应用这些最优解决途径,从而克服资源稀缺,或减少污染损失。

极限论者接受这一模式,但强调技术或市场的作用往往依赖于两者间的相互作用:需要市场来给出问题的信号、配置资源、选择和奖赏最优解决方式;需要技术来解决问题。没有市场信号和引导,技术就不会产生;没有技术知识和天才,市场信号和引导将不会产生任何结果。这一论点经济学家也是认可的。然而,在极限论者考察技术与生产的实际效用时,却外加了一些机械性假定,隐去市场机理的内核——价格,使得时滞和成本抑制乃至抵消技术与市场的效用。在这里,我们分析梅多斯等人的几种主要假定与模拟运算结果,来认识极限论的局限与可取之处。

梅多斯式技术改进

我们在此称梅多斯式技术改进,是因为在梅多斯等人的模拟分析中,并非考虑技术的非对称性机理①,而是强调技术开发的成本和时滞特征,并机械地(固定指数关系)进行模拟计算。在梅多斯等人的世界动态模型中,技术是根据需要产生的。例如医疗服务,只要有支付能力,医疗服务就自动产生了。在医疗服务系统中能支撑生育控制并且社会需要计划生育时,生育控制技术就出现了。土地开发和土地产出的改进也是自发的,只要食物需求未得到满足及资本有来处。对于可枯竭资源,如果变得稀缺了,模型中的经济体系将会安排更多的资金去探寻和开采。在模型中,许多技术,如资源利用效率、回收利用、污染控制和水土流失防治,只有选用某一模拟方案,才会生效。这些"选择"技术需要资金,而且它们的开发利用需要一个时间周期,一般都假定为20年。

在梅多斯等人的计算机模拟方案中,资源总量假定为现在的一倍。并且,先考虑某一种技术,再引进其他技术。在其模型中,也有一些较为乐观的假定,如内涵技术需要——包括医疗卫生、生育控制、农业改良、资源探寻和替代——有充分的信号显示而且不存在时间上的迟延。只要有足够的工业或服务产出使这些技术成为可能,这些技术便得以立即采用。但是,由于假定价格作为中间信号在调整机制中即刻而完善地起作用,价格这一市场机理的内核在模型中没有明确给出。

下面我们来看梅多斯等人的几种模拟方案和结果。

开发污染控制技术。关于污染控制技术的开发,梅多斯等人在模拟中的假定条件包括:(1)在1995年决定将污染水平降至1975年的水平,并系统地将资本用以该目的;(2)采用的方法为排污管终端控制,即在排污管道口增加降污设施,而不是减少资源流通量来防污;(3)一种新的降污技术需要20年开发出来并安装应用到全世界中。随着技

---

① 参见第二章关于市场缺陷的讨论。

术发挥作用,每单位工业产出的排污量每年减少可达 3%,直至污染水平降到 1975 年的较低水平。

在这一方案中,尽管采用控污措施,污染水平仍继续提高,原因在于:(1)措施落实的时滞;(2)工农业生产的持续增长。但是,其污染水平远比不采用控污技术要低,而不至于严重影响人体健康。但土地肥力会在 2015 年后开始降低。由于土壤肥力为新增的农业投入所补偿,农业生产不会降低。

由于农业投入增加,土壤肥力降低,随之而来的后果是在 2010 年以后生产停滞。人口仍继续增长,因而人均食物产量下降;工业总产出在 2035 年到达顶峰,随后降低。这是因为大量资金被投入农业和污染防治,不再具有足够的投资来补偿工业资本折旧。由于在 2050 年后,人口仍持续增长,人均工业产出下降,经济出现衰退,崩溃便始现端倪。

污控和农业增产技术。在上述方案中,污染得到了大力改善,但食物危机得不到控制。在这一方案中,污染技术仍被采用,而且高效农业技术已于 1995 年开始引入。同样,假定需要 20 年时间使农业技术在全世界实施,由于资金投入用以技术开发,使得产量每年增长最高可达 2%。值得注意的是,按 2% 的速率,100 年后土地产出的食物量将是现在的 7 倍多。模拟结果表明,到 2100 年,世界平均产量几乎达 1990 年的 4 倍。但食物生产从总体上看并没有增加很多,因为可耕土地量越来越少了。极高的农业生产强度导致水土流失而耕地减少。农民在剩下的土地上生产强度再度增加以获高产,因而水土流失愈是加剧。如此循环,农业生产部门会扯住越来越多的人力和资金。

污控、增产和水土保持技术。在这一方案中除污染控制和农业增产技术外,还考虑土地保护技术。假定从 1995 年起,新技术可将全球水土流失减少 2 倍。结果表明,问题不在于资源、污染和土地单个因子,而在于它们同时出了毛病。大约到 2020 年,食物充裕,污染可以不很严重,经济仍然增长。但在此后,各种技术的开发成本增高,资源获取成本加大,经济系统没法提供资金满足这些成本需要。

污控、增产、水保和高效资源利用技术。污染、人口和土壤流失都会引起越限、崩毁。但三者不会同时同等程度地起作用。假定资源稀缺是首要的,对崩毁起有关键作用。在这一方案中,增加一种资源利用技术,从1995年开始,对单位工业产出所需的不可更新资源量每年减少3%,直到资源总消费降至1975年的水平。上述方案中的其他技术仍起作用。

由于所有这些技术的综合作用,所模拟的世界经济平稳增长到下世纪中叶。不可更新资源枯竭速度缓慢,其开采成本保持在较低水平。食物生产稳定增长。污染仍在进一步增大。减低土壤肥力的影响为额外的农业投入所抵消。人口在100亿的水平上稳定。人口稳定并非为人口转换过程中出生率下降与死亡率相等,而是在2020年后,死亡率上升与出生率持平。

为什么死亡率会上升?并非因之于任何明显的危机。不断升级的技术效率勉强地避开了突发性的崩毁。但所模拟的世界仍然越限,表现为工业产出的缓慢降低和物质生活质量的不断侵蚀。其原因在于,防止饥荒、污染、水土流失和资源短缺的连续花费占去了可用以进一步增长的投资。这就使得在2020年后,人口期望寿命值降低,一开始缓慢,随后变快。主要原因为经济衰退不可能维系高的医疗服务。人均食品占有停止增长,人均消费品在2015年后不断降低。由于污染在生态系统中发挥作用迟缓,而且生命周期长,在排污开始减少后,污染仍然要增长20多年。

在这样一个社会里,社会所拥有的不断提高的技术能力被用以维持增长,而增长最终反过来削减这些技术的效能。到最后,这个模拟的世界由于技术花费太高和环境恶化不能维持生活标准。

缩短技术生效时滞。上述方案中,技术生效要20年。在这一方案中,梅多斯等人将时滞缩短到5年。时间从1995年至20世纪末。工业产出比起前一方案要多增长30年。人口增长到125亿;人均食物充足,但不多余;人均食品占有略低于1990年世界平均水平。尽管食物在增长,但其速率大致等同于人口增长率。污染水平比较低。可枯竭资源并不稀缺,但库存量在不断减少。在2015年后,人均消费品逐步降低,2050年后总工业产出停滞,在2075年后下降。这一方案尚可以支撑不断增长的人口在21世纪内有一个颇好的生活水平。但在后半个世纪,生活的物质质量不断降低。由于人口基数大,尽管没逾越极限,但已迫近极限。

上述几个模拟,结果都较悲观。但梅多斯等人认为,它们都还算是比较乐观的情况。因为:(1)模型并未区分发达与贫穷国家,而问题又多出在缺乏技术与资金的贫困国家。因而在实际上,技术开发推延时间会更长些。(2)在模拟中,市场被假定是完善的,技术是成功的,决策是及时的,不费成本的。这些在现实中可能太乐观了些。(3)模型中没有考虑消费支出,没有考虑战争和自然灾害,这些也算是不很现实的假定。

增长与极限

极限论者总是为极限所困扰,并不一定完全是一种主观臆断。其中有些因子对资源的效率利用与保护具有借鉴意义。人口、资本、资源利用和污染的指数增长仍在地球上广为实践。人类各种社会经济问题,从失业和贫困到对地位和权力追求,推动着这一指数增长。指数增长可能超越任何固有的极限。如果一个极限被推回,指数增长将迅速遇到其他极限。由于反馈延迟,全球经济系统可能越限并侵蚀其可持续的极限。在梅多斯等人看来,世界经济中许多重要的资源和沉库确实已经越限。技术和市场作用需要时间,而且所信赖的信息不完全。

它们自身也构成负反馈,延误了反应时间。

　　梅多斯等人的模拟分析表明,在一个复杂有限的世界里,如果一个极限被取消或增加,然后继续增长,另一个极限就会冒出来。尤其需指出的是,如果增长是指数性的,下一个极限的出现将会令人惊奇地快。它们中大多数是清晰的,特别的,属于局部区域性的;只有少数几个极限,如臭氧层或大气中的温室气体,才真正是全球性的。如果现实世界的各个部分总是增长,人们或许会在不同时间、不同地点不同程度上遇上极限。但在一个日益相互联系的世界经济体系里,一个受压的社会不论在何处都会将压力传送至世界各处。自由贸易增大了这样一种可能,即自由贸易区内的各地同时抵御极限。

　　不仅如此,一个社会运用经济和技术手段越是成功地推延其极限,那么,它在未来同时遇几个极限的可能性也就越大。在梅多斯等的模拟中,世界体系并不是耗尽了土地、食物、资源或污染防治能力,而是耗尽了"应付的能力"①。所谓"应付能力"被简单地用单一变量来表现:每年可用于投资解决问题的工业产出量。在"现实世界",还包括有应付能力的其他成分:受训人数、政治参与、可以对付的金融危险、机构组成、管理能力等。如果社会投资开发,所有这些能力都随时间增长。但在任意一个时间,他们是有限的。当问题呈指数般增长并成倍出现时,尽管这些问题可以单个被解决,但现时同时"应付的能力"远远不够。

　　事实上,时间才是模型中的最终极限。因为指数增长是单调递增的,它使时间变短而不能采取有效行动。它使一个社会所承受压力越来越大,直到可以应付较慢变化的内部机制失去功能。为什么在一个变化较为缓慢的社会里功能完好的技术和市场机制不能解决指数增长

---

　　① Meadows et al., *Beyond the Limits: Global Collapse or a Sustainable Future*, Earthscan, London, 1992, p.180.

问题,还有其他三个原因:(1)这些调整机制自身是有成本的;(2)它们通过反馈而起作用,而这些反馈信息有谬误和延迟;(3)市场和技术仅仅是服务于目的、伦理和社会期待的工具。如果以增长为目标,时间尺度短,技术和市场不仅不能防止崩毁,而且会加速崩毁。

技术和市场的成本制约表现在资源、能源、劳动力和资本。这些成本随极限的到临趋于非线性增长。一个典型的例子是污染消除量与控污成本的关系。如果设降低二氧化硫和氮氧化合物每吨所需成本是从烟囱消除这些污染物总量的函数,几乎80%的二氧化硫可在烟囱排污终端以较低成本回收。氮氧化合物的清除要贵些,但还是可支付得起的。然而,如果超逾70%,成本就呈直线上升。可见有一个极限,或是阈值,一旦逾越之,进一步消除污染物的成本就会剧增。

当然也有可能技术进步将使这些极限或阈值进一步增大,达80%或90%而成本不是太高。但在某一阈值呈指数增长的态势是不变的。从物理上看,100%的污染清除是十分困难的。如果污染源不断增大,要使排污总量不增加,控污成本必然会呈指数上升。如汽车废气排放,将排放量减少一半可能并不贵。但如果汽车数量增加一倍,而使废气排放量不增加,废气排放减少量就要达75%,再翻一番将达87.5%。在此时,降低废气排放量的成本就会十分惊人。也就是说,汽车数量不能再增加了。这便是为什么在某一量点,增长将使经济足够富裕而有钱治理污染的论点难以成立的原因。事实上,增长将经济沿着一个非线性成本曲线带到一个社会无力承受进一步降低污染的极限点。

技术与市场效用质疑

极限论者认为,技术和市场反应的迟延可能会比经济理论所预期的要长得多。技术市场反馈自身也是越限的来源。20世纪70年代和80年代石油价格的上升便是一个例子。1973年"石油价格震荡"固有众多原因,但最基本的一个便是世界范围内的石油生产资本(油井)相对于石油消耗资本(汽车、高炉等)的短缺。在70年代初期,全世界90%的油井都在满负荷工作,因而中东的政治波动即使让少量的油井关闭,任何其他地方的石油供给增长也将不足以弥补这一短缺。其结果,市场唯一可能的反应便是涨价。

70年代初和80年代初的两次石油涨价引发了经济和技术上的强烈反应。就供方来说,钻了更多的油井,增强了泵油能力。边际油田突然有利可图而加以开采。勘探、建设油井,原油从油井到炼油厂到贮油罐,都需要时间。与此同时,消费者对涨价的反应便是省油:汽车公司推出了更节油的车型,民房建筑隔热;电力公司关闭了耗油发电机组而投资兴建燃煤或核电机组;政府也明文规定各种节能形式并鼓励开发替代能源。这些反应也需要时间。

经过大约近10年时间,供需双方调整妥当。但当节油和增产都成功地面世时,两者的惯性冲力使得越限出现。到1982年,相对于消费资本,石油生产资本过量。欧佩克开始关闭泵油机,采油能力从90%降至50%。世界油价连续四年下滑,然后到1985年再度猛降。

正如油价涨得太高一样,现在也跌的太低。由于石油生产设施的关闭和产油区域的经济萧条,节能计划也都抛置了。省油汽车设计束之高阁,替代能源开发投资也来源尽断。再过大约10年,这些实践的结果又会导致油价上涨,产油能力不足,如此循环。

产量的大幅波动是石油市场反应迟延的不可避免的结果。它们引起了大量财富的国际移位、大量的债务、暴利和银行失利。这些皆因之于石油生产资本和销售资本相对调整的努力。所有这些石油价格的涨跌,皆与地下原油储量或钻、运、炼、烧油的环境影响无关。价格信号只是告诉了油井的相对短缺或剩余,而不是石油枯竭期的绝对短缺。

由此可见,油价这样的市场信号,太嘈杂,太迟,被投机者放得太大,太为私营和公营利益团体所操纵,从而不能给世界关于近期物理极限的明确信号。

市场对于长期供需反应十分有限,经济信号和技术反应可引发强有力的刺激,但它们与地球体系没有在合适的地方相联,从而给出有关极限的有用信息。

在梅多斯等人看来,技术和市场仅仅是工具而已。它们在世界上所产生的结果取决于谁用它们,用于何目的。如果将它们用以不可能的目的,如在一个有限的星球上作无限的物理扩张,它们终将失败。如果让它们服务于可行而持续的目标,它们便帮助建立一个可持续的人类社会。

技术进步和市场可塑是持续社会的必需工具,如果人类世界决定不要氟氯烷烃化合物,那么技术就有可能促成这一变化。如果能源价格不为特别利益所扭曲,并且考虑到环境成本,市场将鼓励开发可持续的、财力可承受的能源。

技术和市场服务于一定的社会价值观,或服务于社会中最为得势的那一部分人。如果首要目标是增长,它们便服务于生产增长。如果首要目标是平等和持续,它们也会服务于这些目标。一旦人口和经济超越地球的物理极限,返回极限内的路径有两条:由不断升级的短缺和危机所引起的非情愿的崩毁,或是通过社会精细选择,在控制条件下对资源流通量进行削减。

6.3　极限、效率与替代

第五章讨论了市场理性机制。许多经济学家对经济增长持乐观态度,否认增长的极限。在这一节里,拟从另一个方面来看待极限:经济效率和资源替代是否可以缓解并无限推延极限。分析的目的并不在于批判或接受极限论;而在于更为全面地认识极限,增进对可持续发展经济分析的理解。

污染与温室效应

大气污染不仅影响局部环境质量,而且还有区域及全球性含义。在这里,我们考察技术和市场对大气污染控制的积极作用和对重大环境问题的质疑,从另一方面来看环境污染问题的严重性。表6-2给出了有关大气污染技术效率的分析。如果改变现有的污染生产方式和技术,采用低排放方式,许多大气污染物便可基本消除。

表6-2 生产方式、技术与污染控制

污染源与污染物	低排放方式污染指数*	低排放生产方式与技术
电力生产		
粉尘	<0.1	天然气,清洁煤技术,净化装置,低含硫燃料
CO	<0.1	低NO_x燃烧方式及污控活性物质
SO_2	0到<5	
NO_x	5到<10	
柴油发动机		
粉尘	<10	清洁燃料,粉尘过滤装置,低含硫燃料
SO_2	5	
汽油发动机		
铅	0	无铅汽油,催化转换装置
CO	5	
NO_x	20	
所有化石燃料		
CO_2	≤0**	可更新能源

* 现行的污染方式为100,比较的基础为单位产出排放量。

** 生物能源可能使排放量小于零,因为生物量的生产需要消耗CO_2。

资料来源:Anderson and Cavendish,"Efficiency and Substitution in Pollution Abatement: Three Case Studies",World Bank Discussion Paper no.186,Washington DC,1992,pp.3-4。

有的分析表明,许多污染物的排放量会因利用污染控制技术和提高资源利用率而得到有效控制。例如交通污染物的排放量,将因价格政策的调整和环境污染控制技术的采用,会逐步呈下降趋势;铅的排放量将在30年内减少到零。① 这种环境改善乃至极限消除的原因,除资源利用效率的提高外,主要因之于污染控制技术(图6-1)。

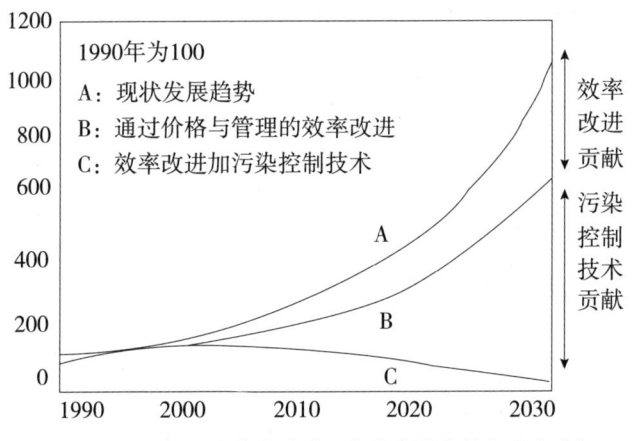

图6-1　大气粉尘指数变化(发展中国家的电力产业)

图中:1990年为100
A:现状发展趋势
B:通过价格与管理的效率改进
C:效率改进加污染控制技术

温室效应作为一个典型的全球环境问题,已引起了全世界的广为关注。但它究竟是否构成增长的极限,尚存有许多争议。上面我们已经讨论了节能效率及污染控制技术对大气污染的有效控制,而且有些污染物本身是否会引起严重的环境问题,也存有疑虑。据有关测定资料,20世纪中叶大气 CO_2 含量约为290ppm;目前已增至340ppm。在短短的一个半世纪内,增加了20%②。美国世界观察研究所的弗莱文称在今后几十年里,全球平均气温将比上一个冰期结束

---

① 参见 Anderson and Cavendish,"Efficiency and Substitution in Pollution Abatement: Three Case Studies", World Bank Discussion Paper no.186, Washington DC, 1992, p.107。

② 参见 Leggett, *The Green Peace Report*, Oxford University Press, Oxford, p.64, 1990。

时的增长速度高出10倍。到21世纪中叶,气温将增加华氏10度。①似此,极限迫在眉睫。

然而,也有一些科学家对这一可怕的趋势持怀疑和否定态度。安德森和利尔根据有关科学分析,从三个方面对温室效应提出质疑:(1)如果说气温有所增加,其原因也并非为CO_2浓度增加。这是因为,CO_2浓度升高会引起海洋蒸发而形成深厚的大气云层,降低太阳入射量,引致全球变凉而非变热。气温升高的真正原因,应该是粉尘和烟雾。(2)气温在过去一个世纪里,并没有真正升高。所谓升高的测量数据,源于靠近城市的气象观察站。城市建筑吸热后,气温往往要比周围大气高出1—2度。1979—1988年的气象卫星数据并无气温升高的迹象。(3)全球气温变化的机理也不十分明确。如果全球变暖,海洋可能升温,释放更多的CO_2。但同时,海水温度升高也会刺激藻类,通过光合作用而消耗CO_2。其结果也会抵消温室效应。②

不仅大气污染的极限问题存有争议,不可更新资源的替代也有十分乐观的结论。

资源替代问题

与梅多斯等人的资源极限论相反,美国橡树岭国家实验室的戈勒等学者认为③,从技术上讲,不可更新资源在将来可以被完全替代。即社会的物质需求在未来,将几乎完全由无限量的不可更新资源,可更新

---

① 参见 Flavin, "Plan Now for Climate Change", *Worldwatch* 2, March-April, 1989, p.6.

② 参见 Anderson and Leal, *Free Market Environmentalism*, Westview Press, Boulder, USA, 1991, pp.159 - 161。

③ 参见 Goeller, *The Age of Substitutability: A Scientific Appraisal of Natural Resource Adequacy*。V.Kerry Smith(ed), *Scarcity and Growth Reconsldered*, The Johns Hopkins University Press, Baltimore & London. pp.143 - 159, 1979; Goeller and Weinberg, "The Age of Substitutability", *Science*, 191:683 - 689, 1976。

资源以及回收较为稀少的非散失性利用的物质来保障供给。

抵达完全替代时代,需要经历三个时期:(1)初始过渡阶段,所跨越时期不是很长,可能30—50年。在这一阶段,现存的工业投资将得到回收;同时,将出现一系列新的技术变化,保护有限的能源。在此期间,石油和天然气将消耗殆尽,社会需要作出决策开发和部署过渡性的(煤炭、油页岩、核燃料)和最终使用的能源系统。(2)最终过渡阶段,大约一个世纪。在此期间煤炭和有经济开采价值的油页岩将用完枯竭;将会建立起大的非散失性的元素(主要为金属)库以降低对成本高、品位低的原始矿物质的依赖;将会有大规模的寻找替代尤其是那些供给有限而不易散失的资源。(3)完成最终过渡期后,便进入完全替代阶段。这是一个近于封闭的有限物质的体系。

资源存量与回收 上述从现实状态到完全替代时代的过渡只能是推测性的。但有关资源无限供给的基本事实是存在的。例如,至少在大气、海洋和岩石圈中的20种化学元素,包括铁、铝、镁,可能也有钛等,基本上认为是可以无限供给的。这些无限量的元素随着技术进步,在未来还会增多。如镍可能会从橄榄岩、锰或海底金属岩中获取。这一设想在近期看起来可能性不大,但随着技术进步,这种选择最终将变为经济合理。

在全世界不可更新资源的消费总量中,化石能占45.5%;沙、石及其制品占49.5%;铁、铝和镁占2.3%,氮、磷、钾、钠、氢、氧、硫、氯等占2.4%;剩余的60多种可枯竭稀有资源只占0.3%左右。但从价值上看,这些稀有资源大约占总值的10%。

就资源存量对需求比来说,化石能源或碳氢化合物总存量对平均消费的比值约为2500年,而目前技术下可经济开采的只有100年左右。如果考虑世界经济膨胀对化石能需求的增长,这一比值会更低些。而对于其他资源,这一比值为400万年以上,几乎可以看做是无限。

在当前所消费的化石能中,大约90%是用以供能所需。由于石油和天然气的量更为有限,煤作为一种临时替代品可以直接用以燃烧或作为合成油气的原料。加起来,我们大约有100年时间来开发和完成替代化石能的任务。由于地热和潮汐能只能供给非常有限的能源,所以太阳能、核裂变及可能的地壳岩石热系统更为合适。

世界上消费化石能中的另外10%,是用于原材料生产,包括各种石油化工产品及钢铁冶炼中的焦炭。在完全替代时代,由于化石能已消耗殆尽,因此必须要从含钙石灰石中获取碳氧化物,然后转换为甲烷(CH_4),最后合成更为复杂的有机复合物,从而用以替代生产石油化工产品。届时,水电解所获取的氢将会替代焦炭作为铁矿石冶炼的还原剂。这些最终完全替代品的生产,需大量的靠非化石能所生产的廉价电能。

除化石能外还可称得上有限的可枯竭资源便是磷。由于它是农业生产所必需的重要化肥原料,其总存量十分重要。按目前的资源存量与需求比来看,估计可用1300年。不过,据推测,磷矿石资源可能贮量非常大,磷肥稀缺可能会在非常遥远的未来才出现。即使如此,我们也可以将所有的骨头都归还于土壤。

此外,有些于农业生产有关的微量元素(钴、锌、铜等)可能出现稀缺。由于农业生产将这些稀有金属散失于农作物中,这些金属便不能与工业用金属一样可以回收。而农业生产又是人类赖以生存的基本条件,这一稀缺尤其值得进一步的研究。

按上述分析,在完全替代时代,化石能被完全取代,磷的供量问题不会太大,真正有限的是微量元素。这样算来,完全替代时代真正有限的资源占不可更新资源的0.5%左右。这一百分数便是完全替代时代有限资源总量的上限。考虑到新的替代可能和回收,这一限量还会降低。

功能替代　替代通常是利用一种原料来取代另一种更为昂贵和更为稀缺的物质。但是也要看到，替代也有表现在功能上的。如果一种原料比另一种的功能更好些(如石油和煤气相对于煤)，在经济上合算，而不论该原料是否更稀有。一般说来，替代通常是一种原料功能上的取代，而不一定是物质上的替换。因为在许多情况下，用不同的方式完成同一项功能会极大地减少乃至完全消除对某一原料的利用。例如，用大规模的公共交通取代私人汽车，会大量地节省原料和能源。同样，用无线电和微波通讯代替有线通讯，会节省大量的铜和铝。同时，还要看到，替代也从属于社会的主观选择。例如颜料生产中，大约90%的钛是用于钛颜料。但从实际效果上看，红色铁氧化合物与钛颜料并无什么区别。

对于需求来说，只要资源库存量大，社会也会容忍一些对资源微不足道的利用甚至浪费。但随着供需矛盾的突出，琐碎利用与实际需要就会在市场上竞争。在多数情况下，市场价格将决定资源作何种用途。

社会决不会从物质上耗尽任何不可更新资源。而问题在于社会所需的矿物元素都混迹于岩石和海水中。等我们从富矿开采到低品位的矿藏时，单位成本就会上升。这些成本包括货币成本，能源消费及环境上的恶化。当然，技术进步偶尔也会减缓乃至逆转这一上升趋势。一般说来，有限的原料会越来越昂贵，只要有可能，都将会被便宜原料所替代。不过在少数几种情况下，例如农业用微量元素，没有替代品，需要投入大量的资金发现合适的替代品。开发合适的替代品，其价格无论多大，社会都必须支付。

评价有限资源的未来需求，需要进一步分析。首先，必须将某一元素和原料的种种用途按需求量排队，然后根据需要确定各自对社会的重要性：是微不足道或是装饰考虑或是重要的基本用途？然后需要决定某一用途是散失性的还是可以回收利用的。最后，需要确定是否有足够的代用品或有可能开发出替代品。这样,满足基本需要的不锈钢制品就可用来替代更具美学价值的纯银制品,从而使银可用以更为需要的摄影业中。同样,汞作为一种相对稀缺的金属,有许多用途。从长远来看,目前大约95%的用途可用替代的或其他方式省下来。例如,美国1/3汞的消费是用于腐蚀性氯生产电池。只要采用隔膜电池,这部分汞就可得以节省。大约1/4的汞是用在特殊电池中。在这些用途中,95%的汞可以省下来,这并不意味着现在的工业生产只能用5%的汞。相反,它表明我们可以推延却不推延对汞的消耗,不符合社会长远的利益。

但是,这些不可更新的元素的减少,并不等于其价值的减少。相反,如果不可或难以被替代,这种元素的相对价值就会越来越大。其结果便是阻止对稀有元素不必要的消费。鼓励合适替代品开发,减缓资源绝对货币价值的上升。在通常情况下,价格机制会完成这一过程。

能源技术　对于采矿及将矿石提炼成对社会有用的原料来说,能源需要将会不断增加。在这里我们只用金属的数据来比较,而不是用所有的原料。因为金属生产比其他原料需要更多的能源。在现今和未来,铁是用途最多的金属。20世纪铝的应用增长很快,现已跃居第二位。镁在盐水和海水中几乎是无限的,但对于生产商说来,镁和钛的生产自从50年代以来一直境况不佳。但是,这两种金属有较高的增长潜力,因为随着稀有金属变得越来越稀少,也会越来越贵重。

表6-3说明当社会从富矿转向低品位矿时能量需要增加的情况。对于镁来说,将不会有什么变化,因为其原矿——海水,基本上是无限的,而且是均质的。对于接近于无限的陆地铁矿和铝矿,能耗是要增加的。从黏土中提取铝比铁矾土中提取能耗增加28%。从铁红土中炼铁比含镁铁燧石中提炼能耗增加17%。而对于相对稀缺的铜,能耗增加将达95%。

表 6-3　生产几种主要金属的能耗

金属	原料	能耗 kWh/吨	能耗比低品位/高品位
镁锭	海水	10 0000	1
铝锭	铁钒土	56 000	1
	黏土	72 600	1.28
原钢	镁铁燧石	10 100	1
	铁红土	11 900	1.17—2.00
钛锭	金红石	138 900	1
	钛铁矿	164 700	1.18
	钛富集土	227 000	1.63
精炼铜	斑岩矿石(含铜1%)	14 000	1
	斑磡矿石(含铜0.3%)	27 300	1.95

资料来源：Goeller,"The Age of Substitutability：A Scientific Appraisal of Natural Resource Adequacy",V.Kerry Smith(ed),*Scarcity and Growth Reconsidered*,The Johns Hopkins University Press,Baltimore & London.pp.143-159,1979。

对于上述估测是基于用焦炭作为矿石还原剂的。在所有的化石能消耗完后,只能用氢而不是焦炭来作还原剂。

从技术上看,资源完全替代是可行的;只是能源耗费可能要翻番。由于铁和铝是主要金属材料,一些更为稀缺的金属如铜、锌、铅等将会为其他更丰富的原料所替代,所有金属生产的能耗可能不会超出当前能耗的两倍。

在完全替代时代,人口大约可持平在 100 亿,各种规划也会更为合理。那时,世界上人们可以得到不可更新资源的必要数量而过上舒适的生活。达到这一目标所需要的能源和物质数量将远比现在所消费的量大。但是,由于有几百年的过渡时间,这一目标并不是不可能的。平均说来,每个人需要增加 3 千瓦的发电装机容量来满足生活需要和农业生产用水的海水淡化。此外还需要能量来做其他的事。这样人均发电装机容量要达到 7.5 千瓦。对于 100 亿人口之众的世界,装机容量将达 $75×10^9$ 千瓦。尽管这一大额增加需要付出巨大的努力,但由于有一百多年时间来完成这一过渡,是有现实可能的。这一数字只是地球所接受太阳辐射能的0.1%,因而在环境上也是可行的。这就要求人类在经济化石能耗尽以前,开发和利用基本上是无限的非化石能源系统。至少我们已知道4种无限量的能源资源:太阳能、合成能、核增殖能及可能的地壳岩石热能。有可能其中一种最为经济可行;但在目前,所有的可能性都要加以探索,以确定哪种能源资源最为安全可行。

不可更新资源的未来供给,政治与经济上的问题是需要考虑的主要方面。贴现率是不是很高,自由市场体系是否延续,对于合理制定执行长期的资源政策影响极大。如果采用高贴现率,决策总是偏重于近期收益。这就要求企业在资源管理中自我约束,从长计议,并考虑子孙后代的利益。如果企业不这样做,政府必须进行干预。然而,政策同样也会目光短浅,而且反应迟缓。只有卓越的领导、远见及规划才能及时而充分地迎面解决这些问题。

合理规划是十分必要的。规划包括技术、开发和研究,涉及经济、环境、社会和政治等诸多方面。技术努力包括高产出的开发过程和环境保护、更长的产品寿命、能源效率和容易回收。这些技术开发内容不属企业的近期开发目标,因而也不会作大的投入来开发。经济研究需要深入考察自由市场体系和高贴现率对资源利用的影响。经济应与能源结合起来研究,探索未来省钱或省能是否重要,尤其是对最近的25—30年时间。这种探索一直要持续到几乎近于无限资源的能源体系可以运行。同时,也要展开许多社会研究,例如,公众教育及广告改进等。

鉴于以上分析,戈勒等人对不可更新资源的未来稀缺和管理,得出以下几点结论。

(1)到目前为止,最为迫切的资源问题是化石能源和碳氢化合物(CH_x)的日渐稀缺和最终枯竭。由于这些能源是当前能源生产的主要基础和石油化工产品和冶炼还原剂的主要原料,需要花巨大的努力来迅速开发和使用一种或多种更为无限的非化石能源系统。二氧化碳将最终成为石油化工产品的来源,水电解所获取的氢将作为冶炼的主要还原剂。这两种原料都要消耗大量的能源。由此而得到的一个推论为,除非核增殖反应堆的开发,核燃料时代将比石油和天然气时代更为短暂。

(2) 应该大力提倡利用 20 种左右的近于无限资源的元素作为有限资源的替代品;尽早用铁、铝、镁、水泥、玻璃及有可能包括钛来替代稀有金属。

(3) 就长期来说,最为重要的问题可能是保证当代农业生产所必需的元素的供应。我们将会看到由某些微量元素的短缺所带来的危机。在非常长远的未来,也可能有磷的短缺,但就磷来说,骨头回收利用是可能的。

(4) 相对于其他不可更新资源,金属生产是高耗能的。然而,由于铁和铝占全世界金属消耗总量的 94%,用铁、铝、镁和钛替代其他金属应可以保证所有金属生产单位能耗不会比目前所需高出 1 倍。

(5) 回收只能用于非散失性的元素。尽管是一个可取的目标,但作为原料保护措施也不应过分强调。原因在于,除非是非常有效(如高于 90% 的回收率)的技术,相对说来多次回收是低效的。不过对金属说来,回收是节能的有效措施。

6.4 极限与持续社会

极限增长论有其积极意义,因为它提醒人类社会,自然资源与环境不能支撑现有技术条件下用现有生产方式的无限经济增长。但在另一面,极限论所展示的暗淡前景及倡导的零增长,又难以为现实社会所接受。人们所企盼和努力的,是社会的持续和生活的改善。许多对物理极限的质疑,也使绝对极限论点难以自圆其说。在建设可持续社会这一点上,极限增长论的倡导者和反对者均在原则上持积极认可的态度。这就使得极限论让位于持续论,为持续论所取代。

极限论的局限

极限论的提出,引发了许多批评、讨论及研究。不可否认,这是对极限论价值承认的体现;但另一方面,其自身的缺陷也就暴露出来了。梅多斯等人的"极限逾越"论,在相当程度上只是简单地重复他们早年提出的极限论,其局限更显露无余了。主要表现在:

(1) 观点上无新意,老调重弹。要说明这一点,我们只要将作者两本书的结论作一下对比。

1972 年的结论为①:

1) 如果世界人口、工业化、污染、食物生产以及资源枯竭按照目前的增长态势不加改变,地球上的增长极限将在未来 100 年内的某个时候被突破。最可能的后果将是人口和工业生产能力突然而失控的下降。

2) 这些增长态势是可以改变的,可持续到长远之未来。生态与经济稳定性的条件也是可能建立起来的,我们能够设计一种全球均衡状态,使得地球上每一个人的基本物质需要得以满足,并使人人在实现其个人潜力上机会均等。

3) 如果世界上的人们决定争取第二个选择而不是第一个,那么,行动愈早则成功的可能性愈大。

---

① 参见 Meadows et al., "The Limits to Growth: A Report for the Club of Rome's Project on the Predicament of Mankind", *A Potamac Associates Book*, Earth Island Ltd, London, 1972, pp.23-24。

1992年重写的结论为①：

1) 人类对许多基本资源的利用和许多种污染物的排放已经超出了环境可持续的速率。如果不大量降低物质与能流消耗，在未来的数十年后，在人均食物产量，能源以及工业生产等方面的产出下降将是不可控制的。

2) 这一下降不是不可避免的。为防止其出现，必须要有两个方面的变化。一方面要对维护物质消费和人口增长的政策与实践进行广泛的修正。另一方面物质与能量利用效率必须有迅速而显著的提高。

3) 在技术与经济上，持续社会的建立仍然是可能的，一个可持续的社会会比靠不断增长来解决矛盾的社会更为理想些。向持续社会的过渡要求对长远与近期目标进行小心谨慎的平衡；要求强调充足、平等和生活质量而不是生产数量。仅有技术和生产力是不够的；它还要求成熟、同情和智慧。

可见两者在观点上，逻辑结构上乃至表述方式上都是一致的，这点无可非议。这表明作者相信自己的观点，在思维方法上及结论上具有连续性。

要说有所不同，可能表现在两个方面：第一，作者1972年所强调的是增长的总量物理极限，而在1992年的结论中给出的是经济系统中物质和能源流通量的极限。这一修正，表明作者对极限的定义从总量变为速率。其重要含义在于，降低资源流通速率并不一定表明要降低经济增长速率。因而，通量极限似乎要比增长的极限要显得宽松些。第二，在1992年的结论中，作者明确地提到了技术与市场的效用。无疑这是作者对经济学家尖锐批评意见的接纳；但同时，作者强调技术与市

---

① 参见 Meadows et al., *Beyond the Limits: Global Collapse or a Sustainable Future*, Earthscan, London, 1992, pp.15-16。

场作用的局限。

总之,作者所要宣扬的,仍然是极限观。"极限已被逾越",看起来有些"创新",但深入一看,被逾越的极限只是通量极限,而不是总量极限,难怪人们见惊不惊了。

(2)方法上穿老鞋,原地踏步。梅多斯等人所用的模型,仍为"世界动态模型"。这一模型应用系统论方法,考虑系统各组分的动态联系及反馈过程,只要有初始态的输入,便可有精确的模拟输出。这一模型固然有其特色,但其方法论并非完美。科尔等人在1973年即指出了这一模型的局限①。例如,一组指数模型的机械衔接,在分析及方法上一旦有误,则分析结果与实际往往相去甚远。科尔等人运用同一模型,改变有关参数及基期,不仅不能验证增长之极限,反而证明其方法论上的谬误性。作者在其新著中,仍照搬原套模型,不用其他方法进行比较论证,当然旧模难出新产品。

(3)理论上存争议,辩解乏力。

任何理论,都是建立在一些符合现实假设的基础上的,梅多斯等人的极限论也不例外。在进行动态模拟中,梅多斯等人所作的假定条件主要有②:

1)增长是人类价值体系所固有的,人口和经济的增长,只要出现,便是呈指数形式的;

2)对于维系人口和经济所需的物质和能源,存在有物理极限,对吸收人类活动废弃物的沉库,也存在有极限;

3)增长中的人口和经济所表现的是不真实的而且是滞延的物理

---

① Cole et al., *Thinking About the Future: A Critique of the Limits to Growth*, Sussex University Press, London, 1973. Anderson and Leal (1992), p.5.

② 参见 Meadows et al., *Beyond the Limits: Global Collapse or a Sustainable Future*, Earthscan, London, 1992, pp.23-24。

极限信号。人类对这些信号的反应也是迟缓的;

4) 系统的极限不仅是有限的,而且在过度重压或过度利用时会侵蚀。

只从这几条假设,便可知,超越极限是不可避免的,不论资源库存量多大,只要它是一个常数。这是无疑的,因为地球是不能被扩张的。人口和资源利用量的指数增长,总是要抵达这一常数的。而且,这些资源常数(极限)在系统压力(即经济过度利用)下,还会被侵蚀缩小。就人类主观能动性来说,对信号的辨识力不强,反应是迟缓的。如果这些假定条件成立,系统的崩毁只是一个迟早问题。

关于资源存库的衡定性问题,经济学家(包括古典经济学家马尔萨斯、穆勒和新古典经济学家马歇尔、索洛等)都明确认可。但人口是会趋于稳定的,不会无限指数增长。经济学家对极限论的批驳主要是市场和技术进步方面的。梅多斯等人在1992年新著中,特意考虑了市场和技术的作用。但在其模型中,市场的作用是迟缓的,市场信息是被干扰的;技术开发是需要成本的,开发成本是呈指数增长的,而且技术生效具有20年的时滞。以这样简单化的态度来看待市场和技术进步,其作用肯定会受到限制,甚至会走向反面。这样,也就不难理解为什么在梅多斯的模拟中市场与技术的作用不明显的原因。综合考虑极限论者的辩解和极限质疑,无论在经济上还是在技术上,极限论缺乏说服力。

(4) 实践上阻力大,操作性差。梅多斯等人在1992年新著中,所推荐的解决途径仍然是零增长。在这一点上,有两个问题他们没有回答。第一,零增长是否就可以保证极限不被逾越。在有的发展中国家,经济和人口甚至在出现负增长的情况下,环境恶化仍呈加重之势。可见零增长并不一定是充分条件。第二,一旦出现零增长,人们的生活质量(指物质生活质量)就难以提高。这不仅发展中国家难以接受,即使在发达国家,让人们放弃小车来坐公共交通工具,现实中也是难以想象的。零增长途径如何在实践中应用,也缺乏具体的描述。① 因此,即使零增长从原则上说可以用以实践,但如何具体操作的问题没有得到明确的回答。

持续社会的内涵

持续社会可以从不同角度来定义。极限论者强调物理或社会支撑系统。② 与此相反,世界环境与发展委员会强调社会的主体是人,从人类生存需求的角度来定义。持续社会指:"满足当代人的需求而不损及子孙后代满足他们自己需求的能力"③。

从系统观点来说,持续社会应是这样一个社会,它在系统中具有信息的、社会的,以及组织的机制来控制引起人口和资本指数增长的正反馈。这便意味着出生率应该大致与死亡率相抵,投资率必须大略与折旧率相同,除非是技术变化和社会决策支持一个经过深思熟虑和受到控制的人口或资本变化。无论以哪种角度定义,持续社会都应具有三个主要特征:(1)时间尺度上的无限延续性。它不是一个昙花一现的社会。(2)物理环境的衡定性。这是持续社会的物质基础。(3)保障人类生活需求。这是持续社会的目的。

要使人类社会得以持续,稳定的物质基础是必要条件。这一点已得到了许多经济学家的认可。④ 为了使社会可持续,一个社会的人

---

① 作者中的一位(米多斯)一边教学,一边在自己的农场里搞有机农业试验,实践其持续资源管理的理想。
② 参见 Meadows et al., *Beyond the Limits: Global Collapse or a Sustainable Future*, Earthscan, London, 1992, p.209。
③ WCED, *Our Common Future*, Oxford University Press, Oxford, 1987, p.43.
④ 参见 Daly, "Towards Some Operational Principles of Sustainable Development", *Ecological Economics*, 2:1-6,1990。

口、资本和技术必须配合构成,以使每一个社会成员的物质生活充裕、安全。

在现代人的印象中,深深地印有贫困、快速物质增长和不惜代价努力维系增长等意念。所以许多人的脑子总是为增长所占据,而难以想象一个持续社会的实际状况。因而,许多人难免将持续社会想象成一个呆板僵化,安于现状的死沉社会,造成对持续社会的曲解。在阐述持续社会是什么之前,我们需要说明它不必是什么。

(1)持续并不意味着不增长。一个持续社会会感兴趣于质量上的发展,而不是物质上的扩张。它可以利用物质增长作为一个手段,而不是一个必须长期执行的政令。它既不反对也不支持增长,但是它区分不同类别的增长及增长的目的。在社会决定增长方案之前,需要了解增长是为了什么,谁将受益,有什么成本,要持续多长时间,地球的资源和沉库可否承受。持续社会将应用其价值观和对地球极限的所有知识来选择一种增长模式,使之服务于社会目标和促进环境持续。例如,1970—1989年20年间,日本的经济增长了122%,而SO_x和NO_x的排放量分别下降了82%和21%[1]。可见,经济增长并不必然迫近物理极限。

(2)持续社会将不会使当前非平均的分配格局持久。它肯定不允许贫困长存。其原因有二。第一,穷人不会也不应该忍受贫困。第二,除了采用强制措施外,使一部分人口保持贫困不会使人口稳定。因此从道义上及实际上考虑,持续社会必须给每个人提供充足的物质及安全保障。为了社会持续,目前所剩余的可能物质增长潜力——可以利用的资源和排污空间加上技术进步和富裕国家减少消费所让出的那一部分物质,从逻辑上讲应该分配给最需要这些物质的人们。

(3)持续社会并不是像现行市场体系在增长中断时那样,表现出

---

[1] *The Economist*,9th April 1994,p.118.

沮丧、停滞、高失业率和破产率。持续社会和当前经济衰退的区别有如开车时有目的的刹车停车与撞墙停车的差异。在当前经济越限时,其回转太快,太出乎意料,使企业和人们在职业训练、就业选择等方面难以重新调整。向持续社会的过渡只能缓慢发生,使企业和个人有足够的时间在新社会中寻找其适当的位置。

(4)并没有原因认为持续社会需要在技术上和文化上处于原始状态。一旦丢掉了物质上的担忧和对物质的贪心,人类社会将在创新方面扩展人类创造力。在没有对人类社会和环境带来高的成本的情况下,技术和文化都将繁荣发展。

(5)一个持续世界将不会是也不可能是一个僵化的社会:保持人口、生产或任何事情呈病态的衡性。一个持续世界当然必须有规章、法律、标准、边界和社会契约,这与任何人类文化并无区别。但是,持续世界中有的规章,例如国际保护臭氧层协议,与我们现在所习惯的可能不一致。与所有的可以起作用的社会规则一样,持续规章将剥夺一些重要的自由权力。这些规章将创造自由权力或保护它们不受侵犯。禁止抢银行剥夺了强制行偷的权力,但却保护了银行客户安全存取现金的自由。禁止过度利用资源或排污具有同样的目的。

(6)有些人认为,一个持续社会将停止使用不可更新资源,因为其利用在概念上是不可持续的。这一论点是对持续含义过分僵化的理解。持续社会当然要利用地壳给人类的礼品,但必须比现实世界的利用考虑得更周到些,用得更有效些。但是这并不等于不利用它们,只要有可更新的替代资源,就可开采之,这样会使得未来社会有同等的机会利用这些资源。

(7)持续社会并非是均一化。多样化既是持续的原因又是持续的结果,对人类社会也一样。多数人看持续社会为非集权的世界,各地区拥有互不威胁生存或将地球作为一个整体的明确边界。文化变异和地方自治在持续社会会更具特色。

（8）没有理由认为持续社会是一个非民主的、枯燥的或平庸的社会。有些使现今人们感兴趣的游戏如军备竞赛和财富的无限积累将不再重演了。但是，仍然会有挑战，有问题需要解决，有人们自我实现的方式，有相互服务的机会，有过上好生活，甚至比现在更令人满意的生活的可能。

走向持续社会

上面说明了持续社会不应该是什么。相应的，也就明确了持续社会应该是什么，但概念上的明确并不等于我们在着手创建一个持续社会。向持续社会的过渡和实践，需要付出艰巨的努力。然而尽管我们不能一锹挖一个井，但我们可以从许多细微的方面改进系统和社会状态，一步一步迈向持续社会。

（1）我们需要改进系统状态信号。第二章中我们讨论了环境状态参数。作为系统信号，这些参数均有自己特点，需要加以改进和综合使用，通过这些信号了解和监测人口的福利状态以及地区和全球资源和沉库的状况，及时地通报给政府和公众。在价格中计入真实的环境成本。改算像 GNP 这样的经济指数，使之不将收益与成本相混，防止将资源通量与福利或自然资本的折旧与收入相混淆。

（2）我们可以加速反应时间，主动寻找环境受压的信号，提前明确如果问题出现时将做什么，将必要的技术和组织安排就位以便快速有效反应，进行适应性和创造性教育，培养批判性思维和重新进行环境与社会系统设计的能力。

（3）需要尽可能地减少对于不可更新资源的利用。化石能源、地下水和矿物应该尽可能地高效利用和回收，只应该消费可更新资源所能够替代的那一部分矿物资源。

(4) 要严防可更新资源的侵蚀。土壤、地表水及包括森林、鱼类和野生生物在内的所有生物的生产力都应该加以保护。只要有可能,应加以恢复和改善。这些资源的收获率只能至多与其更新率相等同。这需要了解其更新率,采用有效的社会管理或经济手段防止过度利用。

(5) 应以最大效率利用资源。比较小的通量获取人类福利越多,则在不越限的前提下所能具有的生活质量就越好。高效在技术上是可行的,经济上是有利的。如果要支撑当前和未来世界人口不致崩溃,更高的效率是必需的。

(6) 减缓直至最终停止人口和物质资本在量上的指数增长。关于人口增长,包括经济学家在内的绝大多数人已形成共识,即要稳定人口。对于物质资本的增长,分歧就较大了。客观上人均物质消费的指数增长,即使人口为常数,对环境的压力尽管会受到技术进步的减缓,但还是会不断增大。这在原则上有悖于持续。需要看到,上述五项内容的作用是有限的,这样本项内容就更显其必要了。它包括有组织上的及哲学思维上的变化,也包括社会创新。它要求确定人们所希望的、可持续的人口和工业产出水平。它呼吁根据发展而不是增长的观念来确定目标,人类生存的目的不应盯在不断的物质扩张上。①

人类在心理和文化上对经济高速增长的追求,因之于许多迫在眉睫的问题:贫困、失业及未能满足的非物质需求。表面上看,这些都应通过经济增长来解决。然而,经济高速膨胀能否从根本上解决问题,显然值得怀疑。

贫困。世界环境与发展委员会把贫困看做生态和其他灾难的根源,并认为分配不均是造成贫困的重要原因。② 1992年召开的里约联

---

① 参见 Meadows et al., *Beyond the Limits: Global Collapse or a Sustainable Future*, Earthscan, London, 1992, p.215。

② 参见 WCED, *Our Common Future*, Oxford University Press, Oxford, 1987, pp.8, 50。

合国环境与发展大会(UNCED)也把资源和财富再分配,尤其是发达国家对发展中国家的技术和经费援助看作是发展中国家解脱贫困,改善环境的推动和保证力量。① 然而,要终止贫困,我们需要"充裕"和"团结"的新概念。所谓充裕,是指基本生活的满足,而不是无休止的特殊享受的恶性膨胀。因为即使是少数人以某种占有的方式追求无限物质享受,其结果必然导致许多人脱贫的困难。所谓团结,是指人们认识上的一致,行动上的一致,共建持续社会。每个人也需要懂得世界在生态上和经济上是捆在一起的。一旦越限,大家都在其中。如果我们处理得好,便有足够的回旋余地;如果我们处理不好,谁也不能逃避后果。

失业。人需要工作,需要有个人自我实现的满足,需要被认可为社会上负责任的一员。这一需要应该被满足,但又不应用低级和有害的工作来满足。同时,就业不应该是一种生存能力的要求。在此,必须有相当的创造力来建造经济系统,使之利用和支持所有能够和愿意工作人们的奉献,使之平均分享工作和休息机会,使之不要遗弃由于种种原因暂时和永远不能工作的人们。

未满足的非物质需求,亦即人们的精神需求。这是环境主义者和自然保护主义者经常批评经济增长的一个主要方面。他们认为,人们并不需要大量的汽车,他们需要尊重。人们并不需要电器娱乐品,他们需要的是生活中值得做的一些事情。诸如此类,不胜枚举。人们需要个性、群体、挑战、爱和幸福。试图以物质来满足这些需求,只是对现实绝不可满足的问题的错误回答,造成无尽的物质欲望。由此而导致心理上的空虚,反过来又成为追求物质增长的动力。如果一个社会能够承认并表述其非物质需求,并可找到满足这一非物质需求的方式,那么这个社会就只需要低的物质和能流通量而提供高的物质水平。

---

① 参见 UNCED:《地球首脑大会新闻》,1992(2)。

在实践中,怎样解决这些问题需要我们进行认真审慎的思考。环境与发展的和谐及持续社会的概念是这些再思考的基础。否则,只考虑经济发展或只注重环境保护的传统概念上的思考将无助于持续社会的建立。但是也要看到,环境与发展的和谐并不意味着极限不存在或无影响。持续社会并不是否认极限的存在,而是承认极限,尊重极限,在极限的范围内确保社会持续。诺贝尔经济学奖获得者丁伯根在梅多斯等人《极限已被逾越》一书的前言中表示,经济学家要感谢极限论的作者,因为它向我们指示了人类当前的经济发展路径会超越极限,同时阐明了经济学及其他学科所应做的努力以避免战争、饥荒、污染及疾病,建设一个持续发展的社会。这一点梅多斯等在其新著中也明确地提了出来。他们认为,其关于极限的结论是"在一定条件下的警报,而不是恐怖的预报",作为一个警报,极限论的价值是不言而喻的。

然而走向持续,建立一个持续社会,在概念上容易理解,容易被接受。但是其实践会遇到许多困难。按国际自然保护同盟的持续社会体系,困难之一是指标的量化问题。尤其是生态持续的量化标准。如果在具体标准上缺乏客观依据,那么其实践操作就难免出现差错。困难之二表现在生活质量与生态持续的关系上。原则上说,在持续社会里,两者是和谐的,或者说环境与发展是协调的。但是,在向持续社会过渡的过程中,这种状态不会出现。这就需要调整。即需进行"取舍":暂时牺牲生活质量的提高来维持生态持续,或者反之。怎样取舍,取舍到什么程度,在实际操作中也难以掌握。困难之三是现实社会经济发展的不平衡,必将导致走向持续社会步调上的不一致。而许多环境问题是全球性的,需要同步行动。尽管有困难,但持续社会作为一个目标,不是不可行的。相反,这些困难,也正是人类社会新的机遇与挑战。

第七章 能力建设论

与经济学理论和伦理观念的提出不一样,能力建设(capacity building)论是在"可持续发展"的口号下,环境保护与经济发展相妥协的产物。其形成与发展具有一定的国际经济与政治背景,相应地便衍生出一些各具特色的观点。最具代表性的有能力建设、容量与发展、财富持衡等。

7.1 历史背景

在分析各种具体观点前,我们先来考察一下"可持续发展"这一口号的历史背景。

第二次世界大战以后,发达国家的经济得以迅速恢复和发展。工业的扩张和经济的快速增长,造成了严重的污染和对自然资源及环境的巨大压力。另一方面,发展中国家人口和自然资源的恶化,也日益引起人们的关注。20世纪60年代末期,罗马俱乐部的成立及其工作使人类世界对人类环境问题的严重性更为警觉。在这种背景下,瑞典政府于1968年提议,召开一个联合国关于人类环境问题的大会,并提议斯德哥尔摩作为大会会址。

1970年联合国正式筹办这一大会。要求每一个与会国家在会前准备一份关于其环境状态的报告,概述其森林、水、农田和其他自然资源的状况。大会于1972年6月5日在斯德哥尔摩歌剧院正式开幕,共有113个国家及地区和有关群众团体的代表参加了会议。这次会议是历史上第一次将人类环境问题摆上国际政治的议事日程,由世界各国政府的代表坐在一起,共同考虑和协商日益加剧的环境恶化对我们的脆弱地球之未来的影响。

尽管经过大会筹委会和各国政府两年多的准备,各国对人类环境问题的认识和解决途径没能达成共识。在第一轮大会发言中,与会各国对一些最为重要问题的深刻分歧便暴露无遗。大会简报将这一情况简明地概括在其标题中,即"只有一百一十三个地球"。分歧大体可分为两大阵营:发达国家和发展中国家。前者担心的主要是污染、人口过剩和自然保护;而后者认为污染和自然资源恶化等环境问题是次要的,它们所面临的是更为迫切的贫困问题:饥荒、疾病、文盲和失业。以巴西为代表的发展中国家坚持认为,其环境问题的首要原因是贫困和欠发达。他们宣称,决不能因为对环境的担忧,转移其发展优先的目标。正如印度前总理英迪拉·甘地所说的那样,"贫困是最大的污染者"。

然而,尽管争议仍存,通过与会者长期而艰苦的努力,在大会接近尾声时,形成了一定的共识,认为即使经济发展要持续下去,人类环境也必须加以保护,从而建立了国际环境保护新纪元的基础。具体表现在:

(1)环境问题被正式纳入世界的议事日程。全球新闻报道覆盖广泛。会后,在有影响的学术刊物上发表了许多文章,也出版了许多专著。由于选定了第一个全球环境行动规划,斯德哥尔摩大会确立了在当代历史上的位置。大会所接受的原则宣言,提供了70年代和80年代间国际环境与发展的基础。

(2)斯德哥尔摩大会促成了联合国环境规划署(UNEP)的创立。它作为一个全球性的机构,负责执行大会上所达成的协议。该署相应地选用大会的主题"只有一个地球"作为其徽标。

(3)斯德哥尔摩大会推动了全球环境保护工作的展开。各国政府建立了环境部或环境署,进行了环境立法和管制。政府间机构也将环境问题纳入其规划中。无数新的非政府机构和市民团体在世界各地萌生出来。企业开始正视环境问题,公众环境意识在广度和深度上都向前迈进了一步。

然而,尽管许多国家为保护环境采取了必要的措施,但全球环境仍在继续恶化。工业化国家的经济增长和财富积累加重了经济和社会总的不平衡。这与发展中国家的高速人口增长和贫困形成鲜明的对照,困扰着全球社会。全球环境的恶化对富人和穷人都意味着倒退。大气与水污染问题,城市贫困与瘟疫的恶性扩散,使得许多发展中国家的城市成为世界上污染最为严重的城市环境。水污染、供水短缺和有毒物质含量上升势头更加剧了可更新资源的恶化;水土流失及森林和重要动植物种类的消失也呈恶化态势。

对环境与发展基本联系的认识,是 1972 年联合国斯德哥尔摩大会的主题。随后,在较长时间里,在使环境与发展在政策上融为一体的问题上,没有什么实质性进展。而且人类环境在继续恶化。1983 年,环境问题再次摆上联合国大会的议事日程。大会通过决议,决定成立世界环境与发展委员会,负责如下事项:(1)提出在 2000 年及其以后取得持续发展的长期环境战略;(2)推动发展中国家之间和处于不同社会经济发展阶段的国家以相互合作的方式,获取共同和相互支撑性的目标,以协调人、资源、环境和发展的相互关系;(3)考虑国际社会更为有效地对付环境担忧的方式和手段;(4)明确长期环境问题的概念及协同工作,以成功地应付保护和改善环境的各种问题。

1983 年 12 月,联合国秘书长召见挪威首相格罗·哈勒姆·布伦特兰夫人,请她主持一个独立的特别委员会,探讨人类社会如何面临环境与发展问题的挑战。通过 4 年广泛细致而艰苦的努力,该委员会于1987年提交了《我们共同之未来》报告,国际社会称之为《布伦特兰德报告》。

该报告以大量充分的调查分析,阐述了可持续发展的基本概念、主要问题及行动方略。它强调,环境与发展的完全一体化是确保未来环境与发展的唯一合适和可行的途径。它明确指出,向持续发展的过渡,对发展中国家与工业化程度较高的国家一样,都是绝对必要的。所不同的是,实现这一过渡的条件对穷国来说有特殊困难,对富国来说有着特殊责任。

联合国大会对《布伦特兰德报告》高度重视。1989年12月作出决定,在斯德哥尔摩大会召开20周年之际,即1992年6月,召开专题大会,讨论环境与发展问题。联合国大会接受了巴西政府的邀请,会址定在巴西的里约热内卢。为督助1992年里约大会的准备工作,联合国大会设立了筹委会,负责推荐有关决议中的目标方案和措施。

1990年12月,联合国大会决定,各国的国家或政府首脑代表各自的国家出席大会。各国非政府机构和民间团体作为地球上民众的代表,也将与会。这样,由于首脑及其所服务民众代表的参与,便会产生所需要的政治意愿来作出关于人类未来的战略决策。

布伦特兰德委员会的建议提供了联合国环境与发展大会议事日程的基本内容。但是,会议的重点在于发展和经济变化。原因在于,人类通过发展过程施影响于环境。只有通过在经济行为、生活方式和发展过程的管理等方面作出根本性改变,我们才会取得综合环境与发展的积极效果,产生经济与环境上可持续的生活方式。

此次大会的主要议案有两项,即《地球宪章》和《21世纪议程》。前者又称为国家和人民关于环境与发展行为基本准则的宣言,旨在确保未来地球的活力与完整性,使之成为适合于人类和其他生命形式的家园。后者是一个行动方案,旨在建立起一个国际社会认可的工作规划,明确1992年到进入21世纪工作的重心、目标、成本、形式及各自的责任。此外,大会还就经费筹措,技术转让及机构组织建设等方面做了大量工作,取得了相应进展。

尤其需要指出的是,基于斯德哥尔摩大会的分歧和《布伦特兰德报告》的建议,里约大会关于环境与发展关系的基本认识,倾向于发展和经济变化,并带有浓厚国际政治经济色彩。

在持续发展概念的讨论与普及中,世界自然保护同盟①的工作有着重要影响。这主要是因为:(1)该组织广泛联系政府机构与民间团体,具有相当程度上的半官方身份。例如,由该同盟推出的世界保护战略文本,其合作与支持者包括联合国环境规划署、粮农组织、教科文组织、世界野生动物基金及许多国家的政府部门和研究机构;(2)该机构拥有多学科、高水平的专家队伍。因而其工作具有科学上的可信赖性和学术上的严谨性。该组织下设六个委员会,包括有濒危物种保护区、生态、环境规划、环境政策、法律及环境教育等多方面的专家700多名;(3)由于该机构强调自然保护及环境容量,它代表了国际上相当一部分关注环境持续人们的观念和意愿。因此,它又具有比较强的民众基础。

国际自然保护同盟对持续发展概念形成与演化的主要贡献,体现在其1980年和1991年的世界保护战略中。在1980年的战略文本中,它所强调的主要是生物体系的自然保护和持续利用;在1991年新的战略文本中,将自然保护的概念有所扩展,注重环境容量这一综合概念,要求人们对资源的开发、利用不要超出这一容量范围。不管怎样,该同盟的持续发展途径与联合国的有关组织所倡导的倾斜与经济发展的途

---

① 该同盟成立于1948年,总部设在瑞士格兰德。其成员包括政府机构与民间组织、科学家及其他有关自然保护的专家,目的在于促进生命资源的保护和持续利用。

径形成鲜明对照。

1992年世界银行的《世界发展报告》，以环境与发展为论题，阐述了其持续发展的立场。在这一报告中，世界银行将环境保护当作是发展的一个必要组成部分。没有充分的环境保护，发展将受影响；没有发展，将没有足够的投资，环境保护也不能实现。因而世界银行将持续发展定义为自然资本与人造资本总和的非负数增长。这样，自然资源的减少并不必然与持续发展相矛盾，因为它可以转化为机器、设备、技术等人造资本，关键在于总资本量的变化。从原则上讲，世界银行的途径与联合国环境与发展大会所倡导的能力建设途径是一致的。

世界银行在相当程度上比联合国和世界自然保护同盟对持续发展的实践起着更为重要的作用。这主要是因为世界银行是一个国际金融部门，其投资方针及贷款去向直接影响到自然资源的开发利用。事实上，世界银行自20世纪70年代以来一直是国际环境保护组织的批评目标。最著名的便是与世界银行有联系的被环境主义者指责为"灾难性"的几大工程：巴西龙多尼亚州亚马逊区域原始森林的毁林开荒、博茨瓦纳的大规模牧场工程、印度纳玛达河谷的水坝及灌溉工程，以及印度尼西亚的数以百万计的人口迁移工程。可见，世界银行不仅在概念上，而且在实践上对全球尤其是第三世界的持续发展有着重要影响。

7.2 能力建设

能力建设途径考虑了发展中国家困境与愿望，是近20年来国际政治经济关于环境与发展论争妥协的产物。这里的能力涉及科学、技术、管理和专业技能等方面。这一途径的提出，在伦理、实践及其应用上都有其自身的特点。揭示这些特点,有助于我们认识并利用能力建设途径来实现持续发展。

平等、能力与持续

能力建设中所用的平等的概念,不是一个纯伦理上的考虑。其中掺有相当的社会经济方面的实践意义,与持续密不可分。平等在这里有三层含义:(1)当代人与子孙后代不同代人之间的平等;(2)同一代人社会成员间的平等;(3)实现持续发展各社会成员或集团间责任与义务方面的平等。

(1)代际平等在很大程度上属于伦理学范畴,表明当代人从道义上讲,不应该"吃祖宗饭,砸子孙锅"。当代人没有权利过度消耗和破坏子孙后代赖以生存的自然环境资源。这一点在世界环境与发展委员会的报告中十分明确。在其给持续发展的定义中,把不损害子孙后代满足其自身需求的能力作为一个约束条件。尽管当代人的能力建设有助于代际平等,但这一平等不是能力建设最需要解决的问题。

(2)当代人各社会成员间的平等与持续联系更为密切。一方面,从社会公正的角度上,社会需要兼顾穷人的利益,减小贫富悬殊。这一点在布伦特兰德报告中得到了强调,要求世界上穷人的基本需要应放在绝对优先的位置。这是出于伦理上的考虑。另一方面,代内各社会成员间的平等也是持续发展的条件。乍看起来平等与持续联系不大或不直接。但稍加分析,就可见,社会成员对资源占有的不平等是造成对持续担忧的一个主要原因。这是因为,即使在社会总体上以人均水平而论资源充裕,但资源占有的贫富悬殊会迫使资源匮乏的社会成员过度利用或滥用有限的资源以求生存。由于环境问题是相互联系和影响的,社会上的部分不持续很可能导致整体的不持续。因此,平等也是持续发展实践的需要。

(3)环境持续、社会责任与义务的平等,一直是发达国家和发展中国家争论的一个问题,是谁污染了环境?是谁在造成环境的恶化?这是一个责任和义务问题,尽管它属于当代社会各成员或集团间的平等问题,但实际上是一个国际政治经济的实际问题。责任上的平等便意味着义务上的平等。但现实世界中每个社会成员或集团,即使其愿意承担义务,是不是有能力实现这个义务?可见在这里平等、能力与持续密切联系。

总之,平等的上述三层含义,尤其是后两层含义与持续不仅有着道义上的联系,而且在政治经济上存在着一定程度上的因果关系。而能力正是这种因果关系的中介因子。这样,通过能力建设来实现持续发展,从道义与实践上,都存在着逻辑上的必然。

能力、阻力与动力

之所以要能力建设,是因为缺乏能力会阻碍持续发展,充裕的能力会促进和保证持续发展。缺乏科学、技术和管理的能力,对环境与发展的后果是综合性的,其主要表现为:(1)贫困;(2)资源浪费与滥用;(3)难以逆转的环境恶化。

(1)贫困。贫困是指基本生存的需要难以满足。人类生存需要衣、食、住和工作机会。为了生存,人们处于一种被迫和无奈的状态,只好顾及眼前利益,采用高贴现率的方法,去利用资源。这样势必加剧资源的退化以至枯竭。第三世界国家一直把贫困看作是环境问题的根源,认为它是人类社会最为严重的污染源。由于许多发展中国家的人口出生率高,贫困仍呈加重和扩展之势。在《布伦特兰德》报告中,将贫困看作是生态和其他灾难的根源。显然,贫困与持续是矛盾的,互不相容的。贫困阻碍着持续的实践与实现。不消除贫困,持续将只是一句空话。

(2)浪费与滥用。在一些不是很贫困的地区,自然资源又不是十分匮乏,应该说持续是可能的。但事实并不完全是这样。由于技术、资金和管理能力的缺乏,自然资源难以得到最优或最合理的利用。这种利用一方面是经济上的,消耗了资源,但得到的产出十分有限,经济收益低,造成资源利用上的浪费。另一方面是环境生态上的。有时资源利用的经济收益很可观,但在利用过程中忽略了生态环境上的考虑,破坏了自然资源系统的平衡关系,导致资源的退化。而且,这两方面是相互联系的。由于经济收益低,为了达到某一产出指标,如满足人们的基本物质生活需求或维系生计,必然要消耗更多的资源,从而破坏资源的再生能力和系统的稳定性。不顾自然系统特点的滥用,就是一种浪费和缺乏效率。由于资源是有限的,而浪费和滥用在缺乏能力的情况下会呈不断加剧之势。在这样一种状况下,即使初始资源存量十分可观,持续也是不可能实现的,尤其是在自然资源匮乏的条件下,浪费和滥用可能导致眼前的不持续。

(3)难以逆转的环境恶化。在缺乏能力的情况下,环境恶化的不可逆转性很可能出现。主要原因在于:1)对环境恶化的趋势及其后果缺乏足够的认识;2)生态系统有一个阈值,如果突破这一阈值,生态系统的稳定性和系统结构便出现不可逆转的退化,导致整个系统的毁灭。对这一阈值的认识和判别,也需要科学与技术能力。因此,缺乏能力,很可能会不自觉地突破这一阈值,而导致不可逆;3)即使人们对不可逆有足够的认识,在主观上愿意防止并逆转不可逆趋势,但由于没有技术和管理能力,对不可逆的防止也是无力的。不可逆一旦出现,至少在局部范围内,持续就成为不可能的了。

而且我们还要看到,这三种特征有一种互为强化的恶性循环关系。如图7-1所示。

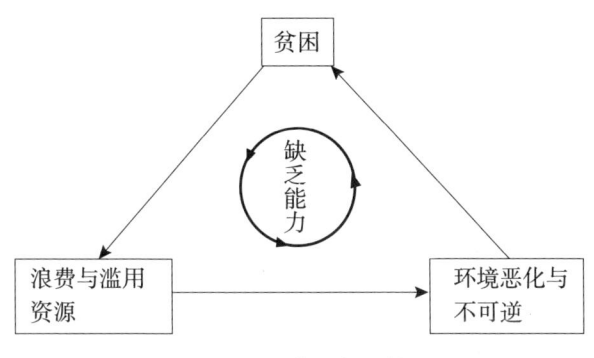

图7-1　贫困与环境

这种恶性循环关系的介质便是能力的缺乏。由于贫困,浪费和滥用资源便不可避免,其结果便是环境恶化乃至不可逆。环境恶化更加剧了贫困。每一个环节都阻碍着可持续发展,而每个环节的互为强化,更加剧了环境的不可持续。

相反,能力的提高,不仅可以减缓阻力,还可以成为促进可持续发展的动力。这是因为,技术与管理方面的能力可以科学地组织农业生产,从而提高农业产出,满足人们的基本生存需要而脱贫。脱贫以后,人们对知识的掌握和更新便成为可能。这样,技术和管理能力进一步增强,从而提高资源利用率,防止资源浪费,避免滥用现象。效率的提高增加了产出,这便使资本积累成为可能。这一部分资本,一方面可继续用于能力建设;另一方面又可用于环境改善投资,增大环境容量。这样可进一步缓解和避免贫困的出现。可见在每一个环节,由于能力的提高,都可能促进经济发展和环境持续。在这里,能力显然是持续的动力。人们的物质生活,经济发展和环境持续形成一种良性循环。能力的提高,便是这一良性循环的催化和保证(图7-2)。

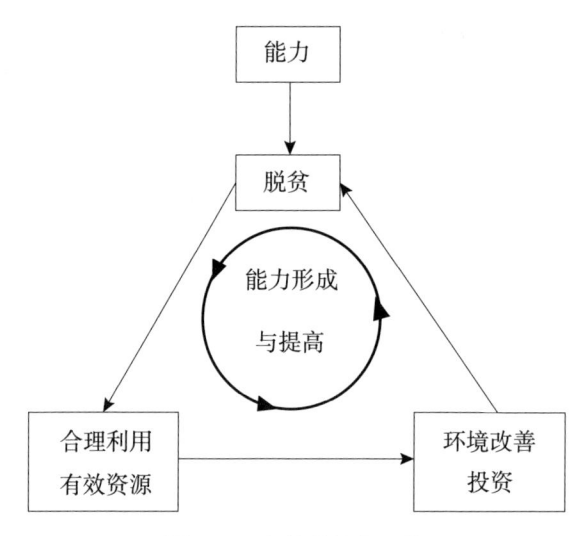

图 7-2　经济发展与环境

图 7-2 中所描述的能力,有两种来源:外部注入和自身形成。在许多情况下,因贫困或其他原因所困扰,社会经济体系内部难于生成相应的能力,促成良性循环。此时,系统外部的能量注入,便成为良性循环的启动因子。

经济发展与能力建设

既然缺乏能力阻碍持续而能力提高促进持续,那么能力建设便成为持续发展的唯一有效途径了。这一道理看起来很简单,一些国际机构和组织寄希望于此,发展中国家倾心致力于此,发达国家也在相应赞助之。由于能力建设需要以经济发展为基础,那么经济增长便在一定程度上表现了能力建设的速度与水平。因此,可以计算出与消除贫困所需要的能力水平相对应的经济增长率。世界环境与发展委员会在其报告中,对这一增长率进行了概算。

如果要把一个发展中国家的贫困率从 50% 降到 10%,人均收入增长率越高,则所需时限就越短。如果年增长率为 3%,需要 18—24 年;如果增长率只有 1%,则需要 51—70 年时间。低限时间实现的前提,是对社会中最富有的 20% 人群的 1/4 的收入增量进行社会再分配;如果没有收入再分配,则需要更长时间。表 7‑1 是对发展中地区降低绝对贫困所需要的国民收入增长率。

表 7‑1 减少绝对贫困所需要的增长率(%)

发展中地区	亚洲	拉丁美洲	非洲和西亚
所需年均国民收入增长率	5	5.5	6.0
1989/1991 实际年均增长率	6.5*	1.7	2.1

* 不包括西亚。

资料来源:WCED, *Our Common Future*, Oxford University Press, Oxford, 1987。世界银行:《1993 年世界发展报告》,北京,中国财政经济出版社,1993。

表 7‑1 的数字考虑了人口增长。如果是较低的人口增长率,则脱贫的效果会更好些;但世界环境与发展委员会认为,从发展中国家整体来看,3% 的人均收入增长率是脱贫所需的最低限。从 1989—1991 年发展中国家经济增长的实际来看,亚洲国家略高于减少绝对贫困所需的增长率,而拉丁美洲和非洲地区的实际年均增长率只有需要值的 1/3;甚至低于世界环境与发展委员会所估算的 3% 的低限。实际上,这些地区的许多国家的绝对贫困化也处于增加趋势。

经济增长可以作为能力建设的一个指标。但如何实现这一指标,也存在有不同方式。根据经济增长动力的来源及系统内部的吸收反应状况,可分为三种典型类型:输能型、控能型和造能型。

输能型 指某一发展中国家和地区能力缺乏,外部地区或社会只是将所需"能力"单向输入,输入后便告能力建设工作的完成。最为典型的例子是灾区或贫困地区救灾物质或救济物质和款项的发放。作为一种能力建设方式,这里输入的"能力"可能更广,除资金和物质外,还包括技术、管理技能、社会组织方式等。许多发展中国家或地区欢迎这种"能力"的输入,发达国家或地区出于国际区域政治经济的考虑,尤其是政府,也常以此种方式进行"能力"输出。这种输入为解燃眉之急,作为起动能量有着非常积极的作用。如果这种输入"能力"能够得以消化吸收,变为受援国家或地区的内部能力,那么这种能力建设便可以促进经济发展,导致该地区的持续发展。

但是,这种输入型,很有可能不能建设内部持续发展所需的能力。主要原因有:(1)救济性的输入,"能力"量有限,对于十分贫困的国家或地区,很可能初始驱动力不够,从而不能转化为内能,得不到持续。(2)输出的"能力"与实际需要的"能力"衔接不上,致使输入能不能够发挥应有的作用。这在技术方面表现特别突出。输入的单项技术,在发达国家或地区,足以形成内部可以持续的能力。但在发展中国家或地区,由于配套设施、技术、管理水平等原因,高新技术发挥不了作用。发达国家已明确认识到了这一点,承认以前的技术转让常是供给引导的,几乎没有考虑当地的技术和知识状况。(3)容易造成对外部"能力"输入的依赖,缺乏对内部"能力"的激励。这与前两个原因有关。(4)在许多情况下,这种输入与输出带有政治色彩,名义上为能力建设,实际上并不一定用于能力建设。尤其是以资金和物质输入的那部分"能力",很可能被挪用或浪费掉。

非洲的一些发展中国家的"能力"输入属于这一类型。每年西方慈善机构和发达国家政府以资金、技术、物质、管理技能等形式,对这些国家进行能力输入。但这些输入能并未转化为可以持续的内部能力。这种输入可以使有关地区的经济发展,暂时地产生局部高速增长。但由于不能转化为内能,而难于持续。一旦输入减少或终止,很有可能导致系统的崩毁。

控能型 指输入的"能力"仍然控制在输出一方。输入能力的来源主要是跨国公司和发达国家企业的资本输出。输入多为资源丰富的国家或地区,可以带来高额资本回报。输入的能力较为系统、配套,包括资金、技术、设备乃至管理。这种能力建设形式,输入的"能力"层次高,能量大,可以独立起作用,对发展中国家和地区的经济发展促动可能较大,带来高的经济增长。这种类型在两种情况下,有可能建设当地自身的能力,而导致持续发展。一种是在控制能力放松或放弃的情况,这种能力为当地所吸收、转化,形成内部持续发展的能力。另一种是在控制能力不变的情况下,由于这种输入能力的带动,使当地内在的能力不断提高,通过一段时间,成长为独立的可以持续的能力。

在控能条件下进行能力建设,困难是较多的。(1)这种控能的目的是为了牟取利润,而不在于能力建设自身。输能者所看重的,是发展中国家丰富的自然资源、廉价的劳动力和市场,是可能带来的高额利润。应该说,这些利润可投资于能力再建设。但在许多情况下,输能者在实际上将这些利润转移走了;(2)这种输能一般不考虑当地的社会、经济需要,输入的能力很有可能与当地需要衔接不上,影响不大。由于输入能力的系统配套,它可以独立于当地社会而存在;(3)当地社会不可以控能,因而这些"能力"难以为当地所吸收而转化为内能。因此,这种能力建设的效果也可能不十分理想。

拉丁美洲在过去几十年的经济发展历程,明显属于这一类型。20世纪六七十年代,西方国家企业和跨国公司的大量资本输入到拉美国家。与此同时,技术、设备、管理等也一同输入。但是,这些"能力"控制在西方国家财团或公司手里。产品、技术与当地社会联系不大,常依赖于西方市场。由于这些"能力"的大量涌入,这些国家的基础设施和工农业生产都得到了较快发展,经济增长率在20世纪六七十年代一直较高。但是这些发展并未使当地社会的能力有较大提高。贫困现象不仅未缓解,反而有加重之势。而且,由于控能方对投入回报的转出,造成80年代的债务问题,使拉美的经济蒙受较大的损失。环境主义者反对控能型的经济增长,因为它在一定程度上,带有对发展中国家资源破坏和掠夺的色彩。而许多国际机构、组织乃至发展中国家政府鼓励这一形式,因为它在客观上提高了当地的能力。但在实践中,它是否促进和维护持续发展,需要作具体分析。

造能型 指当地社会内部能力建设的一种类型。其初始能力可能来自于外部社会,也可能来自于内部"能力"的积累与提高。但其结果都是当地社会内部能力得以建设,从而带来经济增长和持续发展。如果初始能力来自于外部社会,使之成为造能类型,一方面要求这种输入能力与当地社会经济的实际相一致,当地可以吸收、转化之,用以形成自己的能力。另一方面,当地社会需要有承受和转换外来能力的机制。如果对输入能进行抵制或只是表面上的吸收,那么这个社会不可能进行能力的自我建设与更新。要说内部能力的积累与提高,只是一种相对的概念,发展中国家即使自己可以积累资金,为了较快地进行能力建设,也需要从外部吸收技术、管理等能力。这是因为有些发展中国家在资金上很富有,例如一些欧佩克国家,但自己还没有完全吸收外来技术和管理能力,其能力建设不能说是完善的。因为资金只是"能力"的一个并非最为关键的部分。为了尽快造能,外部能力输入可能比自身的能力积累所需时间短些。

亚洲"四小龙"可能是这一类型较好的例证。它们接受外部社会的能力输入,但同时也有自身的积累与提高。应该说,它们造能之初,"能力"之来源是混合型的。它们将这些能力消化、完善、提高,形成了自身的造能机制。尤其值得指出的是,它们对西方发达国家技术和社会组织管理能力同时吸收和转化。对技术的吸收没有社会组织管理的保证,即使是吸收了也难以充分利用,更谈不上完善发展了。而这种社会组织管理主要是民主与法制的建设。这需要否定许多传统的社会结构和组织管理方式。亚洲"四小龙"在过去几十年里社会经济的变革，十分明确地印证了这一点。

从以上的三种类型看，能力建设需要经济增长，但经济增长并不一定导致与持续发展相适应的能力建设类型。应该说，输能型和控能型均可导致经济增长，但这种增长并不等于持续发展，因为它没有形成当地社会的内部造能机制。然而我们也要看到，不论是输能还是控能，它毕竟提供了内部造能的条件与基础。如果吸收转换适当，有可能变为造能型。

增长与能力建设

前面我们已经说明经济增长是能力建设的主要途径。但我们必须明确，经济增长并不等于能力建设。在前面的讨论中，我们已作了一些解释。在这里，我们将进一步讨论，仅有增长是不够的，单纯强调增长甚至是危险的。

(1) 经济增长并不意味着平等。而不论从实际上还是从伦理上讲，平等是持续发展的一个重要条件和目的。如果不通过收入再分配实现人均收入上的相对平等，社会上一部分人的能力就不能得以提高，能力建设也就不会成为全社会的。许多发展中国家贫富差异，实际上阻碍了社会的能力建设，妨碍着持续发展。由于穷人在能力建设过程中处于一种不利的地位，他们需要帮助。穷人的概念可以伸延到穷国，即发展中国家，它们需要发达国家的援助。在这里，平等包含有三层意思。一是对自然资源的使用。脆弱的环境及匮乏的资源常常使发展中国家的能力建设受到自然的约束。二是对技术的分享。发展中国家要靠自己积累来发展技术，即使能够，也需要时间。与发达国家进行技术分享，可以加速能力建设，促使它们尽快走向持续。三是收入分配上的平等。一些发达国家利用发展中国家的资源，占有全部利润，而将环境成本留给当地。至少应将利润中的一部分归还当地,用以改善环境。

(2)能力建设需要相应的社会组织形式。庞大的官僚机构、决策的官僚化显然不利于能力建设。社会组织形式是能力中较为无形的内容,但绝不是可有可无的内容。民主、法制、决策的科学化,是能力建设的必要保证。

(3)纯粹以增长为目标,可能是危险的。我们可以计算在一定时间内,实现持续发展所需要的经济增长率。但是,这一目标的实现,是要受自然环境和社会经济等多方面制约的。如果为了满足某一经济增长速率而破坏环境资源,即使这样可以创造一些暂时的能力,但绝不可能形成持续发展的局面。如果增长目标不考虑当地社会的实际能力,再好的目标也只是一句空话。因此,强调通过经济增长进行能力建设,需要进行认真分析,防止进入各种误区,以使经济增长真正促进持续发展。

7.3 容量与发展

环境有其一定的承载容量。要持续发展,认识并使发展限于此容量允许范围内,无疑是一个客观的基础条件。然而,作为一种理论与实践上的途径,还需要回答这一方法的理性基础,确切定义环境容量,以及在实际应用中实现持续发展等问题。20 世纪 70 年代以前的自然保护运动,含有许多朴实的环境保护意识,但在系统性及概念的明确化等方面,则是在近 20 多年时间里逐步完善起来的。最具影响的代表便是世界自然保护同盟。[1]

---

[1] 参见 IUCN et al., *World Conservation Strategy: Living Resources Conservation for Sustainable Development*, IUCN, Gland, Switzerland, 1980; *Caring for the Earth: A Strategy for Sustainable Living*, IUCN, Gland, Switzerland, 1991。

尊重并爱护生命社会

能力建设途径的伦理主要是关于人类的：代内各成员之间的和代际的平等。显然这是一种以人类为宇宙中心的伦理观。它忽略了其他生命形式及其赖以生存的环境。20世纪70年代以来，环境伦理讨论已不局限于以人类为中心，而是包括人在内的所有生物种类。这一点在世界自然保护同盟的世界保护战略文本中，可以明确得到印证。1980年的战略文本中，没有明确提出持续发展的伦理基础；而在1991年新的战略文本中，强调持续生存的伦理观。世界自然保护同盟认为：(1)在道义上讲它是正确的；(2)没有这种伦理观，人类未来便处于危险状态，贫困、冲突和悲剧将增加；(3)人类个体的行为合在一起有着全球影响，伦理原则可使我们在全球水平进行协调，解决各种资源争端；(4)我们人类社会到目前为止，还没有形成爱护人类未来和地球上其他生命的价值体系。

作为一种持续生存伦理观①，除了人权因素外，在环境伦理上所包括的主要因素有：

(1)生命社会由所有生物组成。每一个人是这个生命社会的一个组成部分。这一社会不仅连接所有人类社会，包括当今和未来社会；而且还连接人类与自然。它包含文化和自然两种多样性。

(2)每种生命形式，不论其对人类的价值如何，都值得尊重。人类发展不应威胁自然的完整性或其他物种的生存。人们应该公平对待一切生物，使之避免残酷、不必要的痛苦和捕杀。

(3)每一个人都应对其造成环境影响的行为负责。人们应该保护

---

① 这里的伦理观吸收和运用了土地伦理、生物中心观的一些成分，但其理论色彩要淡些，多属于实际运用的范畴。参见第一章的讨论。

生态过程和生物多样性、节省资源、高效利用资源,确保可更新资源利用的可持续性。

简言之,人类不仅要尊重各人类社会、人类社会内各成员,还要尊重其他物种。不论这些物种是否对人类有用,它们都应具有生存的权利。比起生物中心观来说,生存持续观所强调的仍然是人,是为了人的生存才要求其他生命形式的生存。世界自然保护同盟承认这一点,认为持续生存观与人类生活是有矛盾的,而矛盾的解决是在人的支配下,使其他生命形式限量控制生存。

尊重并爱护生命社会,除了其生存伦理含义外,作为环境容量途径的理性基础,还有其实践上的效用。这是因为:(1)环境容量是一个量的概念,如果一个物种的种群和生物量低于某一界限,人类生存便失去了物质基础;(2)各个物种间存在有相互联系的生态过程。一个物种在量上的减少或消失会影响生态系统中其他物种的生长或生存,从而造成整个生态系统的失调;(3)有些物种对于当前来说,没有什么经济意义,甚至可能有害。但是,随着科学技术的发展,它们在将来很可能成为对人类有巨大经济效益的原料。因此,尊重并爱护生物社会中的每一个物种,不仅是一种伦理上的义务,而且是持续发展实践中的一个重要条件。缺少这一条件,不仅造成环境容量途径理性上的不完整性,而且很可能失去持续发展实践的基础。

环境承载容量

尊重、爱护生命社会,只是一种伦理基础。要将这种伦理规范付诸实践,仍要回到具体操作途径上来。认识并保护环境的承载容量,生命社会便不会受到威胁,其生存能够得以持续。可见,对环境承载容量的辨识十分重要。然而,由于出发点和侧重点不一样,对承载容量的理解也不尽相同,概括起来,可分为三个方面:总量、速率和经济联系。

总量 将环境作为一个自然系统的总体，来看待它所能够承受的压力和冲击。国际自然保护同盟便是从总量的角度来看待环境容量的。该同盟认为，任一特定生态系统或整个地球的承载容量为它所能承受的最大压力。在此量限以下，该系统或地球便可得以持续。由于系统是一个整体，对其一个子系统或成分的压力必然会反映到整个系统。要使整个系统不致崩毁，这个压力必须不能超出一定量的范围。人类技术和管理可以使系统所能承受的压力增大一些，而保证系统之持续。但是，自然系统受自然规律的约束，其承载容量作为一个物理度量，是不可能无限扩展的。

那么，具体地说，什么是这些总量承载容量呢？它主要包括两个方面：一是基本生态过程和生命支撑体系；二是遗传多样性。作为一个系统，它有其自身的相互联系和互为依存的各种生态过程。一旦这些过程因压力过度而中断，整个系统的维系也就会受到威胁。生命支撑体系尽管十分复杂，但其支撑联系也有较为明确的量的关系。植物需要空间、养分、水和阳光以生长，而草食动物又需要一定量的植物食料以生存；杂食和肉食动物需要足够的食物才能维系其生命。如果环境空间和养分受到过度的干扰，所能支撑的动物数量就必然会减少。因此，必须要保持生命支撑体系的量的关系。遗传多样性看起来是一个较为抽象的总量概念，但它是系统的一个重要特征，其意义在于多样性。它不仅有助于系统的稳定性，而且还有利于系统的演化。在自然界，某一种疾病或自然灾害可能对某一种类的植物或动物是灾难性的。但对其他类的植物或动物则影响不大。如果缺乏多样性，则系统表现十分脆弱；相反，系统则可以抵抗各种自然灾害，使系统得以稳定持续。多样性有助于生物种类的分化变异，使优良的遗传基因得以保留延续，也有利于各种不同基因优化组合。这样，不论是在物种还是群落水平上，生物演化都会朝着更为有利的方向进行。

速率 总体容量固然使我们得以认识整个系统的承载水平,但对于人类社会经济活动说来,其各个子系统或各组分所能承受的压力更具有实际意义。或者说,我们更感兴趣于总体系统所能提供的用以经济活动消耗的环境与资源速率量。这样,环境承载容量就不是一个总体量,而变为一个系统在可持续前提下可输出的速率限量。当然,同总体承载容量一样,这一速率限量也是在对系统总体认识基础之上才可以确定的。不过,这一限量水平可以分解为不同的系统组分,使之更为具体。

以速率定义的环境承载限量主要包括三个方面的内容:污染承受速率、可更新资源利用率和枯竭资源的消耗率。

污染主要指大气和水污染。然而,无论是大气还是水资源,它们在自然状态下,对各种污染物都具有吸收转化而使污染净化的能力。如果经济活动所排放的污染物在这一自净能力范围内,大气和水资源的总体状况将不致恶化。如果超出这一范围,就可能出现两种情况:一是超出的那部分污染物在大气和水体中累积,使环境质量下降;二是超量的净化要求可能使自净能力降低,使得环境容量减少。可见环境污染承载容量,即是环境对污染物的吸收转化自净能力。这一容量便可表现为某一特定系统,在单位时间空间所能排放污染物的速率。

可更新资源,尤其是生物资源,都有一个自然更新速率。其速率大小取决于资源总量和气候,肥力(食物)等因子。由于对新增长的资源量的收获不会使资源总量水平降低,因此,对于可更新资源,其更新速率即是以速率定义的承载容量。

许多不可更新资源,尤其是化石能源,其总量是一定的,其开发利用无疑要导致最终存量为零。但这只是这种资源自身,以物理度量而论的。如果以其功能而论,则存在一种速度,即减少的这部分可枯竭资源的功能可部分或完全为新增加的可更新资源所取代。以化石能源为例,新增加的太阳转换能、风能、电能等,可以在功能上替代石油、天然气。因此,这一部分替代的可枯竭资源的消耗在原则上说并不影响环境持续。但是这一限量难于在实际上定义;世界自然保护同盟的要求为"使可枯竭资源的消耗速率达到最低化"。

经济联系 环境总量和速率承载容量,都是自然资源物理量。它们表明的是,可用于人类经济活动的消耗而不影响环境持续的限量水平。但在另一方面,它没有表明资源利用与人口、技术的联系。同等量的资源,在不同的技术条件下,可支撑的最大人口数量相差甚远。即使是同等的技术条件,因消费水平不同,所支撑的人口数量也不会相同。因此,人们通常所理解的,并不是环境与资源物理量,而是它们所能支撑的人口数量。

可见承载容量不是一个简单的量的概念。它是一个变化的量,受着自然的、人类社会经济等诸多因子的影响。因此,确切地说,环境容量不是一个确定的量点,而是一个范围区间。不论是总量速率还是人口承载量,它们都因自然因子如气候和人类利用方式与因子的影响而在一定范围内变动。但是也要看到,在一特定的时间和空间,对于给定的环境及经济条件,如气候状况和技术水平,其环境容量则不是一个区间,而是区间中一个固定的点。

在形式上,环境容量与极限有许多相似的地方。它们都有明显的限量的含义和资源利用的状态。但它们在概念上有着本质的区别。与梅多斯等人的极限论相比,环境容量并不表示一种绝对的极限状态。它所表述的,是自然界环境可以提供给人类社会经济消费的环境与资源数量或所能支撑的人口数量。它并不要求或倡导零增长,而是给人们以一个数量指示,要求人们在此数量范围内发展经济,提高生活水平。它与社会、极限相联系,但环境容量本身不直接包含因社会和技术制约而产生的极限状态。

强调自然保护，实施持续发展

如何在环境容量范围内实施经济发展，是环境容量途径的中心内容。与能力建设途径相反，环境容量途径强调的是环境保护。通过自然保护，来维系环境容量，促进经济发展的持续。

持续发展最初为世界自然保护同盟在其战略文本中所倡导。而持续发展的实施，则强调自然保护。在1980年的战略文本中，其自然保护的目标明确定为：

(1) 维系基本生态过程和生命支撑系统。包括土壤更新与保护、养分循环以及水体净化。因为人类生存与发展依赖于它们。

(2) 保护遗传多样性。人类需要依靠世界有机体中的遗传物质，来使上述许多生态过程和生命支撑系统发挥正常功能。而且，遗传多样性在经济系统中有着直接的应用，如良种培育、科学和医学研究、技术革新、保护利用生物资源的产业。

(3) 确保物种和生态系统的持续利用，尤其是鱼类和其他野生动物、森林和牧场。因为它们支撑着无数的乡村社区和许多工业产业。

从上述三个目标中可见，保护是为了持续发展。同时，保护也是实施持续发展的途径。基本生态过程、生命支撑系统和遗传多样性都是总体量的环境承载容量，所强调的无疑是自然保护、物种与生态系统的持续利用。初看起来是强调经济持续发展，但其前提仍然是物种与生态系统的保护。

然而，这里对自然保护的强调，并不意味着要求所有的生态系统均处于自然状态。相反，它要求根据现有的生态系统状况，使现有系统得以持续。图7-3表明了各种生态系统状态、功能及演变。

天然系统：指自工业革命(1750年)以来人类的影响并不比系统中其他土生土长的物种的影响大，因而并未能改变系统结构。

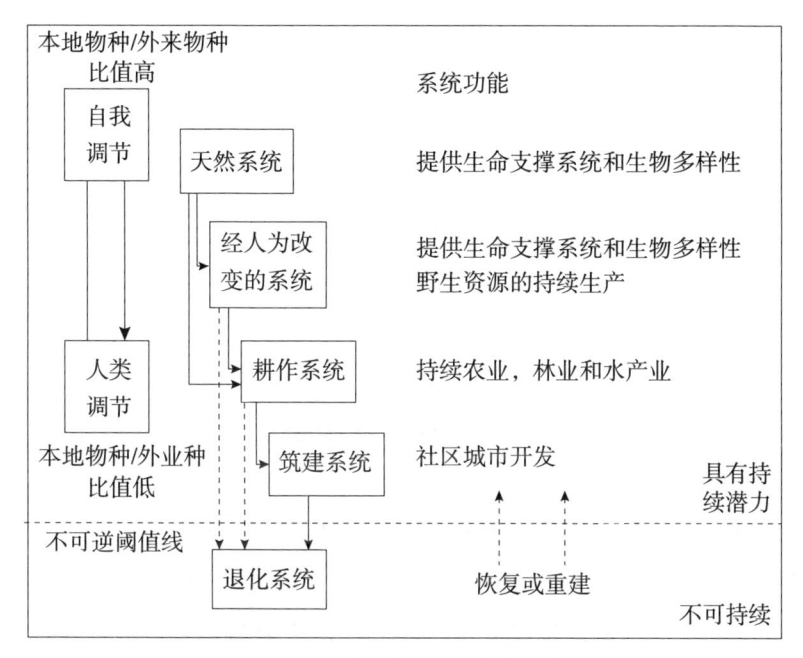

图 7-3 生态系统状态、功能及演变

人为改观的系统:指人类对系统的影响大于系统中任何其他物种,但系统的结构性成分并非为耕作繁育物种。地球上的绝大多数系统现都已经过人类改变,即使是许多人们认为是"天然"的土地和海域,如用于木材生产的天然更新林,用于畜牧业生产的天然更新草场等。

耕作系统:指人类影响大于系统中所有其他物种,其大多数结构性成分为耕作物种,如农田、耕作草场、种植园、水产养殖场等。

筑建系统:指主要为建筑物、道路、机场、大坝、矿山及其他人类结构所占据的系统。

退化系统:指多样性、生产力和生境性能已大为衰减的生态系统。陆地退化系统的特征为植被和土壤的消失。水生退化系统的特征则为不适于任何生物生存的水污染。

从图 7-3 可见,由于人类经济活动,一个天然系统可转化为人类干预系统,并可退化为不可持续的系统。与各系统状态相对应的右边,所描述的是系统的容量(或功能)和持续利用方式。任何不适当的利用,都有可能使原有系统的环境容量遭到破坏,形成一种新的容量水平,直至系统退化为不可持续。

这样,通过对生态系统的保护性利用,所有具有可持续潜力的生态系统都可以持续;对于不可持续的退化系统,则需要进行恢复或重建,以使之得以能够持续。

7.4 财富持衡论

对持续发展还可以从财富的角度来理解。发展是为了财富的增加。如果社会总财富不致降低,那么这种发展也可以认为是持续的。这一持续发展方略的伦理出发点是代际平等,强调的是包括人造资本和自然资本在内的社会总财富。

代际财富均等

社会财富作为一个总量指数,所考虑的是人类社会的福利状况,并不直接涉及生态和其他生物种的利益。但是,它所强调的是长时间尺度的代际平等,并不注重同一代人内各社会群体和成员间的平等。

当代人对子孙后代有义务,使他们在财富上至少不比我们穷。如果我们能够留给他们的财富,不比当代人从上代人所继承的财富少的话,那么,从财富拥有量的角度上讲,我们的后代在当今的社会经济事务中,尽管没有发言权,但他们的利益并没有被忽略,当代人在道义上无愧于他们。如果每一代人都按此伦理规范要求自己,那么,一代传一代,直到无穷的未来,各代人所拥有的财富不会随时间而递减。

但在实际上,这种均等可能要打折扣。这是因为:(1)现代人与未来人在财富的理解与定义上可能不尽相同。现代人认为是财富,子孙后代可能认为是社会负担。(2)由于信息和知识上的差异,许多当代人并未引起足够认识的环境成本如核废料和生物多样性的减少,其影响将不限于一代人。因此,作为代际均等,各代人只是拥有等量财富是不够的,必须在实际上,账面财富数额后一代人要高于前一代人,才有可能抵消这些折扣的影响。

资本替代与弱可持续性

这里的财富,实际上就是总量资本,包括人造资本与自然资产。似此,对财富持衡的理解就包括两种:(1)两者之总和的恒定;(2)两种成分中每种成分数额的恒定。前一种理解强调两种成分之间的相互替代性;后一种则强调两者的互补性,即一种成分的存量取决于另一种成分的存量水平,或者说,不允许一种存量降低,让另一种成分来替代。西方学者将前一种理解称为"弱可持续性"(weak sustainability)。后者为"强可持续性"(strong sustainability)。[1] 在此,我们先讨论弱可持续性。

一提到财富,人们便想到房产、地产、机器、厂房、山林、渔场等。稍加分析,便可见它们分属于两类资本:人造资本和自然资本(见图7-4)。人造资本是通过投资经由人类创造的财富;自然资本是存在于自然界可用于人类社会经济活动的资产,如土地、矿产资源。有些资产,很难明确它们是自然资产还是人造财富。例如,一片人工经营的森林,它是人造的,因为它经过资金和劳动力的投入;但它也有自然色彩。因此,只能看作是人造自然资本,没有必要将它明确划分到哪一类。这种

---

[1] 参见 Pearce et al, *World Without End: Economics, Environment and Sustainable Development*, Published for the World Bank, Oxford University Press, 1993; Daly, "Operationalizing Sustainable Development by Investing in Natural Capital", In R.Goodland(ed), *Environmental Assessment and Development*, IAIA-World Bank, pp.152-159, 1994, pp.154-159。

情况,正好印证了总量财富概念的合理性:人造资本与自然资产之间是可以互为替代转化的。

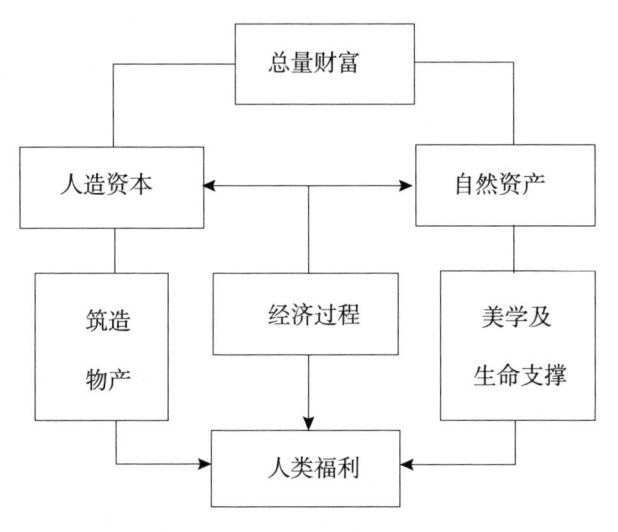

图 7-4　财富构成及社会福利

经济过程要利用自然资源。这样,自然资产,尤其是枯竭性的资源存量就会减少。即使是可更新资源如森林,当经济过程所消耗的量大于更新量时,森林资源总量也会降低。就自然资产单项而言,子孙后代的占有量可能会一代比一代低。在这种情况下,就无代际均等可言。但是,这些资源的减少可能并没有全部为人类所消耗。所消耗资源的一部分可能以利润或投资转化为资本积累起来了。这种积累包括用以职工培训、技术革新、科学研究等方面的人力、智力资本,用以提高资源利用效率的机器设备等方面的人造资产资本,以及用以替代石油、森林等的人造自然资本如水能、风能开发和人工森林营造等。人造自然资产显然可以直接替代自然资产,甚至还可以使自然资产量如森林存量增加。尽管人类技术还不能够合成石油、天然气,但其化石能源的功能则可以全部或部分为可更新的水能、风能、生物能所替代。人力资本和人造资产一方面可以扩大生产能力或规模的形式,加速自然资源的开发利用;另一方面,也可以促使资源的高效利用和回收利用,减少资源浪费。这几种情况都可以促进福利的改善。因此,尽管自然资产减少了,但人造资本增加了。在这种情况下,只要新增加的人造资产多于自然资产的减少量,则总财富是增加的。这样,即使是自然资产总量有所降低,但财富总量是增加的。这种理论可追溯至20世纪30年代的"霍特林法则",索洛等经济学家将其进一步发展之,认为自然资源利用的收益进行投资,转换为人造资本,便可使总量资本持衡或增加。①

资产互补与强可持续性

从根本上讲,人造资本与自然资产为互补品;只是在边际水平上可互作替代品。这一点并不难理解。(1)两者不可能为完全替代品。如果自然资产是人造资产的完全替代品,我们便没有必要消耗自然资产来积累人造资本了。(2)人造资本来源于自然资产,用前者制造后者,当然需要更多的后者,两者的互补性非常简单明确。(3)人造资产只是将自然资源原料变为最终产品的转换因子,建同一类型的木结构房屋,锤子和锯子是替代不了木材的;它们作为人造资本,只是建房的工具而已。因而我们不能说,人造资本和自然资产往往是替代品。在这种情况下,只有两种成分成比例变化或分别持衡,才能称为严格意义上的可持续性,或强可持续性。

从上面分析可见,财富总量在替代意义上的持衡或增加并不等于持续发展,或者更确切地说,并不能确保持续发展。这是因为,许多自

---

① 参见 Solow,"An Almost Practical Step toward Sustainability", An Invited Lecture on the Occasion of the 40th Anniversary of Resources for the Future, Washington DC, 1992, Hartwick, "Intergenerational Equity and the Investing of Rents from Exhaustible Resources", *The American Economic Review*, 67:972 – 982, 1977; Dasgupta and Heal, *Economic Theory and Exhaustible Resources*, Cambridge University Press, Cambridge, 1979。

然资产的利用都具有不可逆性。如物种消失、湿地开发对原有生态系统的破坏等。这一不可逆特征表明,人造资产在目前技术条件下,尚不能完全替代某些自然资产的功能。这样,即使财富总量有所增加,这种自然资产的不可逆特性很可能使发展难以持续。这就要求,在总量资本不致降低的同时,还要避免许多自然资产的不可逆损失。至少,这部分不可逆损失应为其他自然资产所能补偿。

弱可持续性的另一个弱点在于,急功近利的政府和政客可以对其故意曲解以达某种政治目的。任何政府都说它致力于财富创造。这就有这样一种可能,即忽略或低估自然资产,而强调、宣扬人造资产,使得人造资产的增值在实际上可能不抵自然资产的减少。这一现象在发展中国家和地区尤为明显。政府和领导为了增加工业、农业产出,而忽略资源的破坏,使得污染、土壤退化、生物多样性减少等情况时有发生。可见,对自然资产的评估及补偿,一定要科学合理,必须纳入财富的统计之中。

因此,如果说财富持衡是持续发展的必要条件,但它并不充分。自然资产的不可逆性和出于政治目的的曲解都可能妨碍持续发展。而且在实际操作中,自然资产核算体系尚有待建立。

第八章 绿色发展论

绿色发展较之于持续发展,在概念上更显得抽象,尽管它们都有环境保护和持续的含义,但绿色发展并非源于环境问题,而是源于对发展概念的再思考,对现代科学技术和现代化的批判性认识,进而提出了绿色发展的内涵与对策。绿色发展作为一种对现代化的批判性反思,似乎与现实有一定距离。事实上也是这样。绿色发展在相当程度上仍处于概念形成的阶段,或者说仍然是一种意识。但这种逆现代化的意识,也有一些实践的雏形,尤其是可再生生物资源的利用。在这一章里,我们就上述内容加以分析讨论。

8.1 绿色发展

尽管绿色发展这一词语有时被用来描述一般意义上的可持续发展或生态发展,但其特定含义是通过对发展概念的反思,相对于当前的各种现代化模式,尤其是资本主义和社会主义而言的。也就是说,绿色发展是相对于蓝色(资本主义)和红色(社会主义)的一种思维方式和发展模式;或者说是一种社会体制的转型。就这一点看,它有些超出了狭义的环境保护的范畴,含有许多政治色彩的意识形态内容。但是,此处的讨论,系纯学术性质的。

发展的概念：批判性反思

发展是个单向的积累性的演化过程。早期资产阶级思想家所强调的，是人性与社会方面的发展内容。马克思所看重的是生产力和生产关系。现在对发展的理解更为具体些，所强调的内容包括经济增长、技术进步、能源和信息的输送能力、工业化或经济现代化。但是，无论所强调的是哪一方面，对发展概念的基本内涵，都包括以下四个方面。

(1)方向性：历史的变化是有方向的。这种变化一般都是不断积累的。它可以描述为一线性的增长、扩张或进化过程。

(2)确定性：演化过程是确定的，不可逆的。除了一些微小细节外，人类是不可能改变历史进程的。

(3)进展性：演化意味着进展。我们所迈向的世界更为美好。

(4)内在性：演化过程存在于各个社会内部，实际上是国家内部。

按上述特征，发展可被理解为一种社会进展或社会体制的改进转型。事实上，绿色新思维的倡导者所鼓吹的"绿遍世界"[1]，便是针对当前的社会发展模式而加以探讨的。在他们看来，当前所实践的资本主义和社会主义路径可被概括为相对于绿色的蓝色和红色发展模式。所谓蓝色路径，以西方资本主义国家的实践为代表。主要特征为市场经济、自由放任和资本主义。与之相对的红色路径，以前社会主义国家的实践为代表。主要特征为国家管制、社会主义和规划。

不论是红色，还是蓝色路径，都是通过科学和技术进步，社会组织管理和经济扩张来实现现代化的。现代化提高了生产力，增大了生产规模，扩张了物质财富。资本积累的逻辑路线，概言之，是主导—扩

---

[1] Friberg and Hettne, "The Greening of the World-towards A Non-deterministic Model of Global Processes", In H. Addo(ed), *Development as Social Trans Formation: Reflections on the Global Problematique*, Hodder & Stoughton, London, pp.204-270, 1985.

张—增长—效率。然而由于现代化,人类社会也在发生变化。人类自从 10 万年以前在地球上出现人种基因以来,并没有大的变化,而人类社会发展却出现了天翻地覆的变化。1 万年以前的农业革命,5 000 年前的城市革命,200 年前的工业革命,近半个世纪的电子、信息及原子革命。这些变化使人类环境越来越远离人类进化过程中的环境。伴随这些发展历程,许多弊端明显地展现出来(见表 8-1),例如奴役,家长式专制,独裁政府,有组织的暴力行为,帝国主义战争,环境灾难等。在这些绿色新思维的学者看来,其更为深层的原因,应是传统发展概念所追求的现代化使人类个性的丧失。在现代社会,不论是资本主义还是社会主义,自我个性均被人为去掉。个性特征为大型社会机器所取代。例如按功能合理和效率原则组织起来的公司、政府部门、大学、工会和政党。与之相对应,自然社会便随着现代化而解体、消失。

表 8-1 现代化所带来的危机与西方绿色运动

危机	绿色运动	选择对象
1.环境危机	环境保护运动	可更新资源,回收利用,与自然合作
2.对穷国的掠夺	团结运动	自力更生
3.军事化与战争	和平运动	市民防卫
4.压迫	人权运动	个人对个人的相互支持
5.消费主义	消费者运动	自愿生活简化
6.边际生活状态	青年运动、女权运动、劳工运动等	有意义的生产,日常经济,技术
7.权力剥夺	分权运动	参与性民主、自我管理、合作社
8.社区危机	社区运动	公社
9.精神危机	新世纪运动	新规则,自创知识
10.精神、生理病症	人类关系运动,健康运动	自我实现,非物质需求,生活方式变换

资料来源:Friberg and Hettne,"The Greening of the World-towards A Non-deterministic Model of Global Processes",in H.Addo(ed),*Development as Social Trans Formation: Reflections on the Global Problematique*,Hodder & Stoughton,London,p.258,1985。

技术进步被认为是现代化的一个重要手段。但是,现代技术并不是用以解决生态和社会问题,而是用以发展战争机器,用以控制数据和信息,用以能源生产,以及为那些有购买力的小部分人发明新的消费品。而且复杂新技术要求技术人才和集中化的社会组织。因而实际上,现代技术是现代化病症的促成因子。

逆现代化:绿色新思维

对于现代化有其弊端的批判性思维及有关观点,早在19世纪就已明确提出。最具代表性的是俄罗斯民粹主义。它明确反对亚当·斯密的劳动分工论,认为进步是逐步趋向完整个体和尽可能少的劳动分工。绿色新思维在民粹主义观念的基础上,又增加了反工业文明、生态觉悟和全球意识等内容。

这样,按绿色新思维,发展是为了自我展现,明确排除了一些与现代化有关的目标,如经济增长、技术进步、科学增长、社会革命以及为某一阶级、民族利益、国家或上帝服务等。要接受这一新思维,需要更新一些新的价值观念。

(1)文化特征:发展的社会单元是按文化确定的社区。该社区的发展,植根于该社区文化的特殊价值和社会结构;

(2)自力更生:各社区主要依赖于自身的力量和资源。它反对外向型的经济,认可自给自足;

(3)社会公正:在发展中,最需要的社会成员应优先考虑①;

(4)生态平衡:应充分考虑生物圈资源的利用,生态系统的潜力以及它对当前和未来人们在全球和当地范围的局限。

---

① 这与罗尔斯的公正论的思想是一致的。

前三个价值观念,在对资本主义的批判中常有提及。而生态平衡是资本主义和社会主义在发展中都有所忽略的问题。绿色发展思想家认为,生态平衡原则集中体现了有别于社会主义和资本主义发展的绿色发展的核心内容:多样性、自我调控、共生现象、分散化和自治。这些同样适应于社会系统。这样,按绿色发展目标和价值观念,逆现代化才是我们应该选取的发展路径(如图8-1)。

A:现代化道路

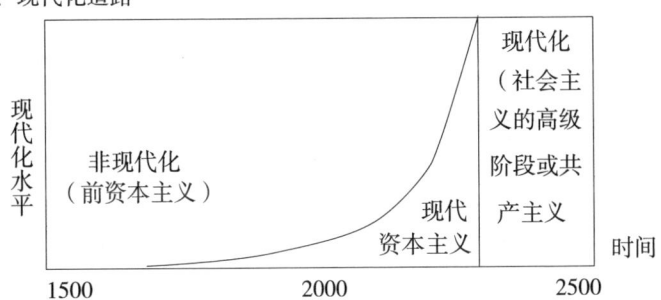

B:逆现代化道路

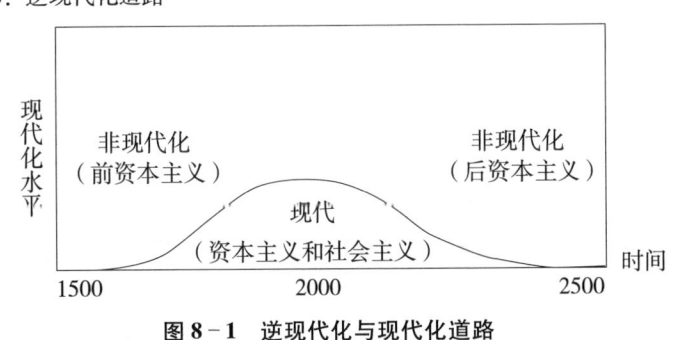

图8-1 逆现代化与现代化道路

在现代资本主义的基础上,我们面临两种选择:完成现代化和逆向现代化道路。

绿色发展论者所理解的现代化的完成,是在当前资本主义的基础上进一步现代化,直到整个世界形成一个社会主义世界秩序,由一个世界政府来管理。在资本主义世界经济扩展至其极限,即世界上每一个角落均已现代化的时候,这一社会主义世界秩序将由无产阶级来实施。这便是西方绿色发展思想家对现代化发展趋向的结论(图8-1A)。他们所倡导的逆现代化道路,要求逐步退出现代资本主义世界经济,基于前资本主义社会秩序的进步因子和后来的发明,建设一个新的、非现代化的、非资本主义的社会。如图8-1B所示,在现代化水平上,500年后的状态应与500年前相一致。

绿色对策

绿色发展所倡导的,是逆向现代化;其目的为非现代化。这与现实社会中的现代化努力,尤其是第三世界的现代化热潮大相径庭。要实现逆向现代化途径,没有社会基础只能是一句空话。那么,绿色发展有没有其赖于付诸实践的社会基础呢?尽管力量不甚强,但还是有,否则绿色运动便不可能形成了。概括起来,这股力量主要来自三部分:传统主义者、勉强度日的生计维持者以及后物质享乐主义者。

(1)传统主义者。这一部分人有着非现代化的生活方式,而且不希望失去这一方式。因而他们反对现代化。他们站出来反对的主要原因是现代方式对生活的渗透,如商业化、工业化、国家机构和职业化。他们吸收一些反西方现代文明的因子来抵抗现代化,包括非西方文明和宗教、古老民族和部落、本地社区、宗族群体、农民和独立的生产商、非正式经济、女性文化等。

(2)勉强度日的生计维系者。这一部分人由于种种原因,不能够进入现代产业部门。他们既没有被排出现代社会之外,也没有被接纳于现代社会。这样,他们不得不以各种形式重返非现代产业部门。这一部分人包括失业者、临时工、妇女、青年人、文盲、低能儿、残疾人等。

(3)后物质享乐主义者(post-materialist)。这一部分在寻求自我认识时,对现代化产生怀疑。由于他们有较好的物质和技术条件,他们有能力追求自己所向往的生活及组织方式。从某种角度上讲,这是一个自我解放过程。但它与现代富裕社会所提供的各种机会有关。这一群人中,有许多现代上流社会的子女。这些人年轻,受过良好教育,接受并实践非物质享乐主义的价值观念,他们在选择工作时,倾向于个性发展。

我们当今的世界,是一个球形结构:权力和当权者(包括产业界的主宰——富有的大亨)位居核心,外围是那些处于从属、受支配地位的分子。其间为中间层。在这一中心—外围圈层结构体系中,绿色运动的这三股力量处于不同的位置。传统主义者不论是在当地还是在全球水平,多数均处于外围地区。后物质享乐主义者则多见于结构体系的中心部分。而勉强度日的生计维持者所处的位置,正好介于两者之间。这样,尽管他们人数不是很多,但他们散居于社会的各个阶层,有助于推动绿色发展。

更为重要的,是这些绿色发展的同情者和支持者如何在现代资本主义的基础上,实践逆向现代化。社会主义是资本主义的一大竞争对手,形成两大阵营。绿色发展既然有别于社会主义的现代化,那么也就应该有别于社会主义的对策。根据西方绿色思维体系,这些对策概括在表8-2中。

我们应该看到,所谓绿色发展对策,在相当程度上只是一种脱离现实,不切实际的空洞理性思维。其中很多观点不一定正确。例如技术统治。如果技术或专家意见有利于绿色发展,那么技术统治就不一定是绿色发展的敌人了。但是也要看到,绿色发展鼓吹者也明确知道他们所设计的逆现代化道路同样存在问题。对现有社会结构的否定,必然存在结构破碎的问题。接纳绿色发展实践者,并不是那么轻而易举。人们难于在观念及行动上,一下子从现代社会转向非现代生活。表8-2

表 8-2　红色与绿色对策

	红色	绿色
压迫体系	资本主义经济	技术文化
敌人	资本家	技术统治
社会观	社会主义社会	社区社会
方式	组织工人阶级征服国家权力，自上而下引进社会主义（大革命）	许多小群体从现有体系中迈出，引进或捍卫自治生活方式（微型革命）
地域特征	社会主义革命胜利的地区	本土试验、解放的区块
时间特征	适当的历史时刻	所有时期、常年革命
首要问题	物质利益，集体特征，所有制	生存需要、个人特征、自治
人的新生	个人新生先于社会新生	个人与社会同时获得新生
领导	知识分子	后物质享乐主义者中的精英
社会基础	工人阶级	勉强度日的生计维持者等
结构基础	大型工业车间	本地小型社区（邻里，朋友圈子等）
组织	中央集权的正规组织	分散的、非正规网络
意识形态	抽象的理性教条式的	具体、直观、公开
基本问题	工人阶级组织将再造压迫体制	系统破碎、增加新成员并让其融入绿色体系

中所列的多数对策似乎是可以接受的，但仅仅是一些概念而已。即使在西方物质高度发达的社会，人们也可能接受其理性的一面，不会将它们推荐给社会并付诸实践。发展中国家吃尽了而且还在吃着非现代化的苦头。要想让他们接受，这便意味着他们要继续吃苦头。而发达资本主义国家就是采纳逆向现代化道路，其经济和物资的主导地位，也会在相当长的时间内不会有任何改变。在现代人的思维和价值观中，大多数还不会接受非现代化是一种优势或进步。

8.2 持续农业

如果说绿色发展是一句空泛的或意识形态的理论的话,那么,可持续农业的实践则在一定程度上体现了绿色发展所要求的逆工业化或逆现代化生产与消费方式的转变。

常规的现代农业以高资本投入、低劳动力投入和高单位面积产出为特征。由于技术进步和资本密集的作用,工业化国家在20世纪中期已先后步入现代农业阶段。许多发展中国家,由于粮食短缺和农业生产力低下,20世纪60年代在国际社会的帮助下,通过改良品种和增加农业化肥农药的投入,成功地进行了"绿色革命",提高了粮食产量。南亚、东南亚及拉美许多国家和地区受益匪浅。

但是,农业的"现代化"和"绿色革命"的成功没有回答农业的可持续性问题,这种对自然系统的大规模人工干预,使得农业环境污染日渐严重,农业资源呈现退化之势。因此,进入80年代以来,随着有关持续发展讨论的深入,国内外提出了一些持续农业的途径,如有机农业、生态农业和持续农业。在此,我们首先分析这些持续农业途径的生态利用原理,然后讨论三种主要途径。最后将探讨在中国特定情况下,这些途径对持续农业实践的政策含义。

生态利用原理

现代化农业之所以引起一系列环境问题,主要是因为它超越和背离了农业生态系统运行的一些基本规律。传统的非现代农业之所以能够延续数千年,主要原因可能就在于人们注重农业生产系统的生态管理与利用。这也是为什么人们在发现"现代化"农业的弊端后,探索并利用生态学原理,并以此为依据,提出各种持续农业的途径。因此,持续农业的原理与实践，必须考虑生态系统的主要特征。只有在认识这些特征的基础上，才能进行生态利用。这些特征主要包括：多样性、稳定性、生产率及自给性。

任何一个稳定、高产的自然生态系统，都具有多样性特征，即包含有多种多样的动植物和微生物成分，使得系统能够充分利用空间和能源，创造相互利用和共存的小环境，增加对不利环境的抵抗能力。稳定性是建立在多样性的基础之上的。单一种群的系统如果出现大量的天敌和病毒，该系统很可能被毁灭。但如果系统拥有多种生物成分，其他物种既可以阻隔和抵制天敌、病害，使受害种群免于毁灭，又可以支撑整个系统减缓对系统的冲击。一个具有多样性和稳定性的系统，其生产力也必然是高的。这是因为：(1)各物种充分占据生态位空间，对太阳能的转换利用率高，总产出也高；(2)一个稳定的系统，对外来不利冲击的抵抗力强，因而其产生波动范围小。严格说来，自然生态系统应是一个开放系统，它接受太阳能，从土壤中吸收矿物养分，与其他系统也存在物质和能量的交流。但相对说来，它可以看作是一个封闭的、自我循环的系统，它不依赖于外来的化石能源、劳动力和资本投入进行养分循环和能量流动。

基于对上述生态系统特征的理解，一些强调生态保护的学者提出了生态利用的基本原则。美国学者康芒纳所提出的 4 条生态规律，就是一例。他将系统特征用物理和经济学概念表现出来，提出了一些有关生态利用的原则。[①] 他的第一规律称任何事物都是相互联系的，所强调的是生态圈中的各生命有机体之间、种群、物种、个体与它们的理化环境之间，存在有密切的联系。他的第二规律认为任何事物都必须

---

① 参见 Commoner, "The Ecosphere", in M.I.Glassner(ed), *Global Resources*, Praeger Publishers, New York, pp.24–34, 1983。

有去处。这是用物质不灭定律来表述生态系统中的物质与养分循环关系。第三定律则称"自然的是最完美的",它反对任何技术进步对自然系统的改进,声称任何对自然生态系统的人为变化都可能是有害的。第四定律警告人们,对生态系统的任何收获都不是没有生态系统成本的。这便是经济学中常说的"没有免费午餐的美事"的生态学翻版。康芒纳不是生态学家,他的生态学规律并不是纯生态学的,但他所表述的生态利用原则对经济发展是有参考价值的。

然而,自然生态系统的特征并非可能完全表述在人工生态系统中。对这些特征的认识和生态利用原则的提出,目的是为了应用于人工和天然生态系统,实现合理有效的管理和利用。

有机农业

在西方发达的工业化国家里,农业高度集约经营,利用大量的化石能源和资本投入,使人均产品产量保持在很高水平。然而,这些高投入高产出的人工农业生态系统,破坏了原有的生态联系,出现了令人担忧的环境问题。这些问题主要表现在三个方面:(1)高能源消耗的农业生态系统难以持续。化肥、农药、农用机械等农用生产资料和柴油、汽油都需要消耗化石能源。而石油天然气等化石燃料是不可更新的枯竭性能源,一旦这部分能源出现危机,建立在高化石能源投入基础上的现代农业就有可能崩溃;(2)严重的农业化学污染和土地资源的退化。最早引起人们警觉的农业化学污染是农药滴滴涕(DDT)对鸟类的毒害。这一事件在卡尔森1962年出版的《寂静的春天》一书中有详细的论述,引起了全世界的关注。不仅是农药,化肥污染也是欧美污染治理的一大难题。农田流失的氮和磷等化学养分元素进入水体,引起富营养化,使水质下降,破坏生态系统的养分平衡。更有甚者,氮污染能引发人的胃癌和婴儿青紫综合征。所以在美国,严格规定饮用水硝态氮浓度不得高于每公升45毫克,欧共体也定有50毫克的标准。而氮污染的主要来源是农业化肥。化肥又属面源污染;较之工厂和居民生活区的点源污染,殊难治理。① 许多西方国家政府采取鼓励农田休闲等措施,以减少农业补贴开支和农业化学污染;一些学者则建议对化肥使用施征污染税和排污许可制度。但农业化学污染仍是西方污染治理的一大难题;(3)农产品的品质受到影响。使用化肥农药的农产品产量高,所施用的化学元素含量也高,有些可能还有毒。这些产品天然微量元素含量少,味道差。消费者对农产品质量要求有所提高。因此,许多消费者愿意花更多的钱购买不使用化肥、农药的农产品。例如,在西方市场上野生放养的肉鸡和鸡蛋就比用饲料笼养的价格要高出50%以上。现代常规农业所带来的这三方面的问题,都引起了环境上的各种担忧;而第三方面问题还创造了一种市场需求。环境意识和市场促进共同作用的结果,便是要求对常规农业进行部分或全面的否定,代之于低投入或排除人工化学投入的符合自然生态系统法则的农业生产系统。这种系统还没有形成规范,要求不尽一样,所用的名称也不尽相同。例如有机农业、再生农业、可替代农业、低投入农业和持续农业。其共同特点是减少或停用农药和无机肥料。在此,为简化起见,我们用有机农业概述之。

　　较为严格的有机农业要求尽量减少农场范围以外所获物质的投入,以使农场得以生产投入自给,并完全停用各种化学合成物质,包括农作物生产中的杀虫剂、无机肥料和家禽家畜生产中的生长调节剂和其他化学物质,通过轮作、间作和各种生物防治方法来控制杂草和病虫害。养分则主要来自于轮作中的豆科植物、秸秆还田、粪肥、垃圾及其

---

① 参见 Pan,"Economic efficiency and environmental sustainability",包含关于英格兰硝酸盐污染的案例研究的博士论文 University of Cambridge, Department of Land Economy, 1992;Pan and Hodge,"Environmental standards Versus Structural Changes as Sustainability Alternatives:An Empirical Evaluation of Nitrate Pollution Control",*Environment and Planning A*,Vol 25(12):1759,1993,Pan(1994)。

他有机物。有的定义对有机农业要求不甚严格,并不强调农场自身的自给,在有机养分数量有限的地方允许限量使用无机肥。而且在病虫害和杂草成灾的紧急情况下,农药也可以限量使用。

有机农业尽管有别于常规农业,但它与自然生态系统仍有本质的区别。它是由单一种群构成的人工农业生态系统。这样,它缺乏多样性,需要劳动力与资金投入的消耗以人为维系其稳定性。农场内部的养分和物质循环与自给,有助于系统自身的稳定,但作为商业生产,劳动力成本高。尽管有机农产品的价格较高,但其较低的产量和较高的成本常使农民获利甚微。

生态农业

生态农业具有中国特色,它既不同于传统的有机农业,又有别于常规的现代农业。作为一种农业生产体系,它遵循生态学原理,利用各种生态联系和生态过程,进行生产收获而实现经济效益和生态效益高度统一。这一概念显然有别于西方国家的有机农业概念与实践,与20世纪六七十年代部分发展中国家的"绿色革命"也有质的区别。"绿色革命"是以改良农作物品种、提高农作物产量的一项农业生产促进计划,以解决欠发达国家和地区的粮食短缺和饥荒等严峻的人口和粮食问题。按我国关于生态农业理论讨论与实践,其内容、手段、目的远远超过"绿色革命"的范畴,有着其显著特点。

(1)生态农业强调经济效益,追求高的农业生产收入。为了达到高产出,它不排除资本和农业生产资料的大量投入,尤其是化肥农药。在我国的有关讨论与实践中,很少严格要求排除使用化肥农药,多注重产出与效益。要提高经济效益,生态农业还考虑市场需要。在目前收入和消费水平仍很低下的中国,市场几乎没有对有机农产品的需求,因而有机农产品在价格上不具有优势,而农业化学物品的使用可以明显提高产量,增加收入。

(2)生态农业包含有较为完整的生态过程。一个完整的生态过程,包括的生命有机物有:初级生产者(绿色植物),第二性生产者(各种动物)和分解还原者(微生物)。我国的生态农业实践,一般都包括这些成分。图8-2所描述的南方生态农业模式,便是一例。初级生产者为水稻、饲料,用以人类和家禽、家畜的消费。稻田肥水、藻类和水生昆虫又可用来养鱼,第二性生产者的排泄物通过微生物分解作为肥料返还农田。这样便形成一个完整的物质循环过程。需要说明的是,这里的生态过程是指由人类利用环节组成的过程,并不是自然的生产、腐烂过程。在这一过程中,人类从各个环节获得产品。即使是粪肥中所含有的能源,也通过微生物分解释放,加以利用。这可能是生态农业与有机农业和绿色革命的一个重要差异所在。

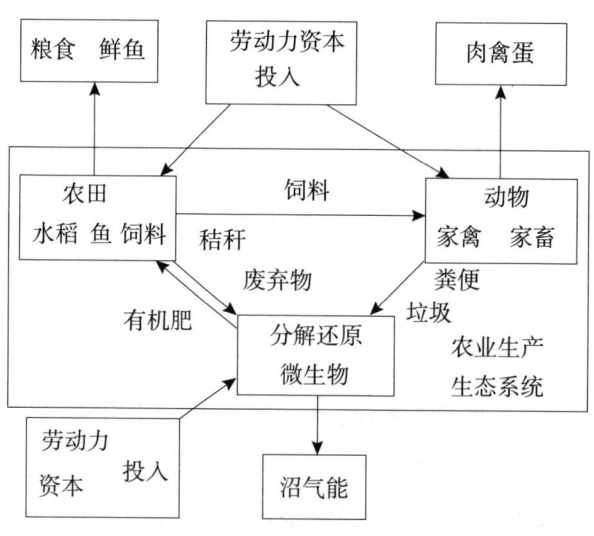

图8-2 中国南方水稻生产区生态农业模式

(3)生态效益不是通过人为的各种限制,而是通过对生态过程的驾驭来实现的。例如稻田养鱼,是利用稻田的水生生物饲料的生态空间来进行生产,这样即增加了产出,又没有造成生态破坏。又如我国北方的小流域治理,主要就是通过理顺第一性和第二性生产者的关系来进行的。

(4)生态农业的经营单元一般都较小,劳动力密集度较大。中国的生态农业大多是以农户为单元经营,规模普遍较小。农业生态过程中的所有环节的管理均是以体力为主,机械化水平十分低下。因而,不论是单位面积还是单位农产品产量,劳动力密集度都较高。

正是由于上述特征,使得生态农业的探索和实践与中国的农业生产实际较为吻合,发展较快。因而,它在西方发达国家和许多其他第三世界国家鲜为人知,也就不足为怪了。中国农业生产力较为低下,农业化学物质的使用在许多地方数量有限,农业环境污染还尚待引起国人的关切。农民收入低,有的甚至尚未解决温饱;我们所期待的生态农业是为了温饱,为了发家致富,农业环境污染是次要的,甚至还未列入考虑之列。中国传统的精耕细作方式又使复杂而微妙的农业生态过程的管理成为可能。而这种管理,在西方国家是难以想象甚至是没有必要的。例如沼气,西方国家的农民都有充裕的天然气和电能,连木材都不烧,花费大量的劳动来搞沼气,被认为是得不偿失。我国的耕地有限,农业劳动力大量过剩,而又没有适当的其他出路。生态农业这样一种可以容纳大量体力劳动,带有传统的自然经济特色的农业经营,非常适于农村承包后的家庭经营。

如果我们提倡并致力于农业现代化,那么中国生态农业的实践将会受到威胁,带有中国特色的生态农业要走向世界,也有自身的局限。

持久农业(permaculture)

持久农业的概念于20世纪70年代由澳大利亚学者莫里森提出[1]。

---

[1] 参见 Mollison, *Permaculture: A Designer's Handbook*, Tagari, Talgrum, New South Walse,1988。

它由英文持久(permanent)和农业(agriculture)两词组合而成。据莫里森的定义,持久农业是对农业生产生态系统有意识的设计和维持。因而这一系统具有自然生态系统所具有的多样性、稳定性和恢复力等特征。它是人们在以可持续的方式生产食物、住宅、能源、其他物质和非物质需求的过程中,地域景观和人类社会的和谐统一。

持久农业出现的背景,是许多澳大利亚人在澳大利亚中部的塔什玛尼亚等地置地,通常以一种兼业方式,来发展一种持续农业。他们所买的土地,大都价格低廉,以前都曾过度放牧、农耕或砍伐过。而且这些地产按面积论,大都较小,在5—10公顷之间。如何开发利用这些土地,便成为当时的一个现实问题。常规农业由于高投入,破坏自然地力和引起一系列环境问题,显然不适于这些地区。生态学知识、环境灾难和环境伦理使人们对这一问题进行了较为深入的思考。人们认为,要想持续高效地开发利用这些地产,必须与自然合作而不能对着干;需要长远、审慎的观察而不是无休止、无顾忌的行动,应该了解系统的所有功能而不是仅仅生产这一单一功能,充分允许系统按自身规律进化。

基于上述思考,莫里森提出了持久农业的伦理学基础,包括:(1)爱护地球,让持久农业提供一个地球上可以继续和繁衍的生命支持系统;(2)爱护人类,让持久农业提供人类生存所必需的资源;(3)设立人口和消费的限额,通过控制人们自己的需求,留下一部分资源以满足前两项伦理要求。

作为一个农业生产系统,在这些地产上进行持续农业,有着一些特殊的要求。包括:(1)土地利用规模应较小;(2)集约而不是粗放经营;(3)物种多样化、良好的微气候小环境;(4)长期利用;(5)野生动植物要纳入系统的有机成分;(6)农林牧综合经营;(7)适应于荒坡、洼地、砾石地等边际土地。

要满足上述要求,必须进行精细的农业生态设计。莫里森等人通过对当地物种、自然环境的考虑,提出了包括乔木、灌木、草场、农作物、散养家禽家畜等成分的一个完整的生态系统。它具有物种多样性,有群落和系统自我演化的潜力。各系统成分充分利用各自的系统位置,使物质循环和能源流动畅通,系统物质自给,不需要各种化学物质来消除病虫和补充肥力。对系统中某一物种的单位产量说来,可能较常规农业方式为低。但系统中有多种动植物,它们一起在单位面积上的总产量很可能优于单一作物种植。这样,现代常规农业方式所带来的环境污染、高物质、高能源消耗以及自然肥力衰退等生态危机问题都可以有效地得到避免。

尽管这一生态系统的生物量比较大,但是许多生物量如树枝、野草等产出是没有市场价值的。因而具有商品属性的农产品率较低。莫里森承认这一点,但他认为,够人类生存就足矣。这便是他的所谓聪明利用资源的"够用原则"。经营这一系统,带有一种原始的野趣,体力投入较多,劳动强度较大,与常规农业形成鲜明的对照,根本谈不上大规模的商品化生产。然而这一回归大自然的模式,实际上就是逆向现代化绿色发展模式的实践。自从提出以后,在西方自然保护主义者中引起重视。目前已在美国、西欧、新西兰等十多个国家由自然保护主义者付诸实践。例如在英国就成立有持久农业协调网、举办讲座、出版通讯、交流经验。莫里森还在他所在的大学开设了持久农业课程,招收有来自世界各地的研究生。

政策含义

上述各种持续农业的途径,在生态学原理及环境持续的目标上是相近的,但在具体操作上,各种途径又有着自身的特征。这些特征的比较见表8-3。

各种途径所以表现出各种差异,其原因主要在于各自所产生的背景差异及人们观念上的不同。有机农业是在高投入的无机现代农业的环境下提出的,缺乏或没有无机投入的农业生产环境不可能也没有意义讨论从"无机"到"有机"农业的途径转换。而且发达国家已具有很高的农业生产力,不存在粮食短缺问题;相反,由于人们收入较高,消费层次也较高。这样,从社会意识及管理上对环境质量有较高的要求,对消费品的质量也有相应的要求。从另一方面看,这些要求实际是一种市场需求,能够在经济上刺激相应的生产。可见,有机农业的概念及从无机到有机的转化只能出现在欧美发达国家。即便如此,有机农业在北美及西欧也只是小规模探索生产,政府只是从减少农业补贴出发,对农田休闲进行补偿;对有机农业生产没有政策性优惠措施。

表8-3 持续农业途径比较

	农业化学物质化石能源	物种多样性	农产品产量和劳动力投入	系统稳定性
有机农业	停用,少量限用	少,单一种植为主	较低,劳动力投入较大	需要人工维持
生态农业	无特别限定	较多,以经济物种为主	高,劳动力投入量较大	需要人工维持劳动力投入较高
持久农业	不用	多,包含经济物种和非经济物种	低	可以不要人工维持

所谓"持久农业"的原理与实践,在很大程度上带有理想化色彩,离社会现实尚有一定距离。它所产生的背景,是西方环境意识较浓的一部分中产阶级,在工作之余,作为一种部分时间的有意义的消遣性劳动,在自己的花园或购置的小块土地上进行的实践。其目的不在于农产品收获或经济收益。中国所实践的生态农业则不然。它不仅是为了获取各种产品和经济收益,而且还是创造和维持数亿农民就业机

会的主要手段。这些显然与我国人多地少的实际、精耕细作的传统、生产力水平相对较低及农业劳动力过剩、缺乏其他就业机会的现状密切相联的。

上述分析对我国持续农业发展的实践,不仅具有参照借鉴作用,而且还有着明确的政策含义。主要表现在:(1)生态农业源于我国,与中国的社会经济发展水平及自然资源状况相适应,应作为我国当前持续农业实践的主要途径。(2)从长远看,由于中国尚未完成农业现代化进程,有机农业的实践还不宜在我国提倡。一方面,中国农业有着制造和使用有机肥的传统,需要支持和鼓励;另一方面,我国农业生产的资本与技术密集度低,还需要较高的投入,来提高农业生产力。从战略上考虑,中国的持续农业应该是传统的"有机"生产与现代的"无机"投入的有机结合,既保证农业环境的持续,又要实现农业生产力的提高。(3)所谓生态设计的持久农业并非无可取之处。实际上,我国许多边远地区的农业生产实际,可以说是这种生态设计的典型例证。尽管它不宜也不可能在中国持续农业的实践中起主导作用,但它至少在两个方面有着积极的实践意义:自然保护区内的生态恢复与管理;边远山区及环境退化地区生态恢复与重建。

总之,作为持续发展基础的农业,其持续生产途径不仅需要从长远的战略意义上来考虑,还要进行实地分析,以寻求合适的途径,实践农业的持续发展。

第三篇　持续发展的市场调控与多目标协同

第九章 市场控制论

在前面几章里,我们分析讨论了当前国际上可持续发展理论与实践领域的几种典型途径。不论是以效率为基础的新古典经济学方法,还是强调平等的经济发展的体制或制度途径,或是聚焦于环境保护的极限或绿色意识,都从不同侧面作了较为深入的探讨,具有一定的理论与实践意义。如果将持续发展理解为环境上可持续的经济发展的话,我们不仅有必要依从非经济效率意义上的环境可持续要求,还要考察分析符合经济效率要求的环境改善投资及资源存量状态变化的效率含义。这样,我们便有可能以市场途径来实现可持续发展。在这一章里,通过对经济效率与环境可持续的函数关系的辨识,应用控制论方法,探讨环境可持续发展的市场调控原理;然后,我们根据一些环境资源参数的历史演化态势,讨论市场控制途径的实际意义及政策含义。

9.1 经济效率与环境持续的函数关系

在一个环境—经济相互作用体系中,资源稀缺既是一个环境问题,又是一个经济问题。就环境问题而论,应该存在有一些独立于经济学稀缺范畴之外的资源总存量水平,比如说 $S_{\min}$,低于这一水平,将难以维系各种生态联系与功能,资源基库将会逐渐减少而至枯竭。这些总存量水平的确定主要考虑生态学和环境保护的需要,为环境持续所必需。这一水平在实际上决定着经济过程中的资源通量。但要说明的是,环境持续状态是由资源总存量水平而不是由资源通量来决定的,因为通量只表示现实经济活动中的资源允许利用量或实际利用量。这样,环境持续准则便可由资源总存量水平来给定。用符号表示,便可写为:

$$S(t) \geqslant S_{\min}, t \leqslant \infty$$

式中,$S(t)$为在时间t时资源总存量[1],本分析中所用的符号及函数均列在表9-1中。

这一要求体现了环境持续性优先于经济收益的理解。如果没有这一准则,整个资源基库均在开发之列,因而可能导致资源枯竭。这一准则便有效地制约着资源流通速率、经济生产中可利用部分或全部允许流量,而环境持续不受任何影响。

表9-1 变量、参数与函数

变量	
S	状态变量,为代表资源总存量的一向量
R	控制变量,为用以资源利用的经济(劳动力和资本)资源量
ω	与S相联系的协状态变量,或影子价格
参数	
θ	可用以资源开发利用保护的经济资源(劳动力和资本)总量
r	市场利率或贴现率
α	常数,用以将货币收益(Y)转化为实物资本,可以理解为资源价格的倒数
P	资源市场价格,即:$P=1/\alpha$
函数	
$Y(R,S)$	净收益函数
$h(\theta-R)$	资源改善函数
$g(s)$	资源自我更新函数

关于$S_{\min}$,有两点需要说明:(1)尽管人们相信在自然过程中存在

---

[1] 为简化起见,t在后续讨论中省略了。

$S_{\min}$,但其准确值则难以确定。因而本分析中 $S_{\min}$ 为一概念值,没有给定具体值。(2)资源总存量 S 用一向量来表述可能比标量更合适些,因为环境生态系统组分众多,难以用实物量形式叠加①,即

$$S(t) = [S_1(t), S_2(t), \cdots, S_i(t), \cdots, S_n(t)]$$

就经济系统而言,开发利用自然资源需要经济资源(R)②。以净收益最大化而定义的效率准则含义明确。但是,净收益函数取决于 S 和 R。由于资源优化配置只能通过市场来实现,资源价格(P),市场利率或贴现率 r,以及可用于资源开发的经济资源总量(θ)也必须加以考虑。θ 是一个重要参数,因为 $\theta-R$ 的差额便是可用以改善自然资源状况的经济资源,通过环境改善函数($h(\theta-R)$)转换为实物资源量。

与 S 不一样,R 和 Y 可以加总并用一个标量来表示。不过,由于 R 作用于 S 而获取 Y,而 Y 又取决于 S,因而 R 和 Y 也可表述为向量与 S_i 相对应,而包括向量元素 R_i 和 Y_i。同样,资源改善投资额($\theta-R$)也可分解为($\theta-R_i$)。这一投资对环境资源改善的实物量便为 $h_i[=h(\theta-R_i)]$,其中 h_i 可以实物量加到 S_i。

效率准则不要求和保证 $S(t) \geqslant S_{\min}$。不过这一准则也可能导致为净收益最大化而通过资源改善增加实物资本存量。这样,市场资源配置和资源改善投入便构成了效率准则的主要互补特征。如果这些互补特征成为环境—经济综合系统管理的必要条件时,我们便得到了一综合效率—持续模型:环境持续经济学分析的基本关系。

这一综合途径强调并充分利用效率与持续准则互补的特征。前者提供市场手段而后者解释并评价环境持续条件。但是也应看到,这种

---

① 考虑到本研究主要讨论方法论及政策含义问题,不同类型的资源没有在资源总存量中数集表述。可更新资源、不可更新资源、污染总量、土壤状态等便是元素 $S_i(t)$ 的例子。

② 为简化分析,劳动力和货币资本被统称为相对于自然资源的经济资源。

互补关系并不是一种相互替代关系,环境持续准则不能为效率准则所替代。反之亦然。

9.2 最优控制模型

根据上述综合互补原理,我们将用一最优控制系统来正式讨论效率与持续的实现,从而揭示控制过程中的必要条件和系统行为,理解自然资源管理的一些理论与实践问题。从表9-1中可见,效率—持续互补联系中有三个函数关系,资源利用的净收益函数 $Y(R,S)$ 为严格凸函数,而且 Y 随 R 和 S 的增加而增大,但增大速率呈递减趋势[①]。资源改善函数 h 与 Y 一样,也是一个凸函数,资源改善投资量越大,资源改善的增量便越大,但这一增量呈递减态势,即

$$h' = \frac{\partial h}{\partial(\theta - R)} \geq 0 ; h'' = \frac{\partial^2 h}{\partial(\theta - R)^2} \leq 0$$

同时也假定 $\lim_{R \to \infty} h(\theta - R) =$ 有限; $h(0) = 0$。

自然补充函数或增长函数 $g(S)$ 具有两个关键值。[②] 一是 $\underline{S}$,出现

---

① 以数学术语表示,假定 Y 为二次可导, $Y_R \geq 0, Y_{RR} \leq 0, Y_S \geq 0, Y_{SS} \leq 0, Y_{RS} \geq 0$,以及 $Y_{RR}Y_{SS} \cdot (Y_{RS})^2 \geq 0$。其中 $\frac{\partial Y}{\partial R}$ 简写为 Y_R , $\frac{\partial^2 Y}{\partial R^2}$ 简写为 Y_{RR}。如此类推。这些简写式也适用于 $g(S)$ 函数。至于环境改善函数 $h(\theta \cdot R)$,则分别用 h' 和 h'' 表述,以防混淆。根据上述假定,下列极限条件成立: $Y(0,S) = 0; \lim_{S \to 0} Y(R,S) = 0; \lim_{R \to 0} \frac{\partial Y}{\partial R} = \infty ; \lim_{S \to 0} \frac{\partial Y}{\partial S} = \infty$; $\lim_{S \to \infty} \frac{\partial Y}{\partial S} = 0$。在资源总存量阈值水平 $\underline{S}$,即资源恢复不可逆出现的水平,任何 S 的边际增量均可使资源恢复成为可能,但其短期对净收益的影响应是有限的,尽管在长期可能为无限,即 $\lim_{S \to \underline{S}} \frac{\partial Y}{\partial S} > 0$(有限)。

② 参见 Conrad and Clark, *Natural Resource Economics*, Cambridge University Press, Cambridge, 1987, p.63。

不可逆的最低阈值水平；另一个是 $\tilde{S}$ ，资源存量的最高水平，自然增长与自然死亡均衡。在区间 $(\underline{S},\tilde{S})$ ，$g(S) \geq 0$。如果 $S<\underline{S}$ 和 $S>\tilde{S}$ ，$g(S) \leq 0$，在 $g'=0$ 时，$g(S)$ 在资源总存量水平 S^0 达到最大可持续产量水平。设 $g(S)$ 是连续的，对于 $S \leq s^0$ ，$g_S \geq 0$，对于 $S \geq s^0$ ，$g_S \leq 0$；$g_{SS} \leq 0$。

按具有经济效率的环境持续要求，资源总存量终态 $S_{\min}$ 应用生物和实物量形式来求得并给出作为优化控制体系的系统制约因子。这样，资源开发与管理问题便可正式表述为：

$$\max_{R} \int_0^{\infty} Y(R,S)\, e^{rt} dt \tag{9.1}$$

约束条件为：

$$\dot{S} = -\alpha Y(R,S) + h(\theta - R) + g(S) \tag{9.2}$$

$$\theta - R \geq 0; R, S \geq 0 \tag{9.3}$$

$$S(0) = S_0; S(\infty) \geq S_{\min} \tag{9.4}$$

式中，$\dot{S}\left(=\dfrac{dS}{dt}\right)$ 是资源总存量随时间的变化率；S_0 是给定的初始态，$S_{\min}$ 为终态制约量。

由于 Y 代表自然资源利用的收益，α 可被解释为资源单位价格（P）的倒数。简言之，给定资源总存量初始和终态限制条件，问题便简化为在从属于资源总存量变化率的条件下，使资源利用的净效益达最大化。

由式（9.1）—（9.4）所描述的问题是一个固定时间（无限量）和终态的控制系统，终止时间定为无穷量，即长远之未来，资源总存量的初始和终止状态明确。应用庞特里亚金最大化原则（Pontryagin Maximum Principle），我们有以下哈米尔顿（Hamiltonian）控制系统[①]：

---

① 参见 Pontryagin et al, *The Mathematical Theory of Optimal Processes*, Wiley, New York, 1962; Takayama, *Mathematical Economics*, Cambridge University Press, Cambridge, 1985。

$$H = Y(R,S) + \omega(-\alpha Y(R,S) + h(\theta - R) + g(S)) \quad (9.5)$$

其最优化的必要条件包括：

$$Y_R - \omega(aY_R + h') = 0 \quad (9.6)$$

$$\dot{\omega} = \omega(r - g_S + \alpha Y_S) - Y_S \quad (9.7)$$

$$\dot{S} = -\alpha Y(R,S) + h(\theta - R) + g(S) \quad (9.2')$$

式中，$\dot{\omega}$（$=d\omega/dt$）是影子价格随时间的变化率。

这些条件规定影子价格，ω 和 S 随时间的变化率，使得对于给定的 $S(t)$ 和 $\omega(t)$，可求解一最优路径。这一路径使受约束的哈米尔顿系统达到最大化。

对于给定 S_0，在控制体系的初始阶段，$\dot{\omega}$ 和 $\dot{S}$ 可能不为零。上述条件便给出了最优路径抵达均衡（最优态）的必要调整。关于 S 和 ω 的调整在实践中有着十分重要的政策含义，这些将在下一部分进一步讨论。此处的任务在于考察控制系统的行为，以便知道这一系统是如何实现具有效率的持续的。

式(9.6)可重新写为：

$$Y_R(1 - \omega\alpha) = \omega h' \quad (9.8)$$

式(9.8)表明对于任何内部解$(0, \theta)$，$(1-\omega\alpha)$必须为正数。同时我们还可推导 R, ω 和 S 之间的关系。在推导以前，我们视 R 为一隐函数，即：$R = R(\omega, S)$，然后得

$$\frac{\partial R}{\partial \omega} = \frac{h' + \alpha Y_R}{\omega h'' + Y_{RR}(1 - \omega\alpha)} \leqslant 0 \quad (9.9)$$

$$\frac{\partial R}{\partial S} = \frac{-Y_{RS}(1 - \omega\alpha)}{\omega h'' + Y_{RR}(1 - \omega\alpha)} \geqslant 0 \quad (9.10)$$

可见用以资源开发的经济资源量 R 随资源影子价格的增加而降低，但随 S 增大而增加。现在我们可分析在(ω, S)相位平面内的系统行为。将 R 表述为 ω 和 S 的隐函数，式(9.2')和(9.7)在均衡状态下可

被重写为：

$$\dot{S} = -\alpha Y(R(\omega,S),S) + h(\theta - R(\omega,S)) + g(S) = 0 \qquad (9.11)$$

$$\dot{\omega} = \omega(r - g_S + \alpha Y_S(R(\omega,S),S)) - Y_S(R(\omega,S),S) = 0 \qquad (9.12)$$

我们先来看影子价格的行为,从式(9.12),我们得曲线 $\dot{\omega}=0$ 的斜率：

$$\left.\frac{\partial \omega}{\partial S}\right|_{\dot{\omega}=0} = \frac{Y_{SS} - \omega(\alpha Y_{SS} - g_S)}{(r - g_S + \alpha Y_S) + (\omega\alpha - 1)Y_S R_\omega}$$

$$= \frac{Y_{SS}(1 - \omega\alpha) + \omega g_S}{(r - g_S + \alpha Y_S) + (\omega\alpha - 1)Y_S R_\omega} < 0 \qquad (9.13)$$

可见在 (ω,S) 相位平面中,$\omega(=0)$ 曲线向右下倾斜。该曲线的左侧的相面符号为负,左侧的相面符号为正。根据式(9.7),边界条件可定义为：

$$\lim_{S \to 0} \omega = \lim_{S \to 0} \frac{Y_S}{r - g_S + \alpha Y_S} = \frac{1}{\alpha} \qquad (9.14)$$

$$\lim_{S \to \infty} \omega = \lim_{S \to \infty} \frac{Y_S}{r - g_S + \alpha Y_S} = 0 \qquad (9.15)$$

显然,$\dot{\omega}=0$ 曲线存在的条件为 $r - g_S + \alpha Y_S > 0$。根据假定条件在 $S = \underline{S}$ 处,$Y_g > 0$。同时,g_S 也可能表现出与 Y_S 类似的特征。因而一种可能是,在 $\underline{S}$ 处,$g_S = r + \alpha Y_S$。在 $\underline{S}$ 被趋近时,ω 趋向于无穷大。对于 $S < \underline{S}$,总资源基库不能恢复,在这种情况下,资源存量与有限的可枯竭资源情形类同,所寻求的是一个最优枯竭路径问题。此时的影子价格便成为 $1/\alpha$,即市场价格式(9.14)。在 S 从 0 趋近于 $\underline{S}$ 时,$\dot{\omega}=0$ 曲线又趋向于无限。这是因为对于 $S < \underline{S}$,资源基库的恢复已不太可能,而且任何恢复的努力将是十分昂贵的,因而 $\dot{\omega}=0$ 曲线在 $\underline{S}$ 处是非连续的。

同样,我们来考察 $\dot{S}=0$ 曲线的静态轨迹。由式(9.11)

$$\left.\frac{\partial \omega}{\partial S}\right|_{\dot{S}=0} = \frac{-\alpha Y_S + g_S}{\alpha Y_R R_\omega + h' R_\omega}$$

$$= \frac{-\alpha Y_S + g_S}{R_\omega(\alpha Y_R + h')} \gtreqless 0$$

如果 $\alpha Y_S \gtreqless g_S$ (9.16)

从式(9.16)可见，$\dot{S}=0$ 曲线形态更为复杂些。对于 $S>S^0$，该曲线向右上角上升。这是因为 $g_S(S)<0$，表明维系一个大于 S^0 的资源存量需要更高的社会成本。正值 g_S 将会抵止这种上升状态。在 $g_S = \alpha Y_S$ 时，$\dot{S}=0$ 曲线的斜率为零，由于 $\alpha Y_S > 0$，而 $g_S(S^0)=0$，零斜率不会出现在 S^0。因而可以断定，$\dot{S}=0$ 曲线的斜率为零时的资源存量应低于最大可持续产量水平 S^0。① 在图 9-1 中，这一点标在 S_h。

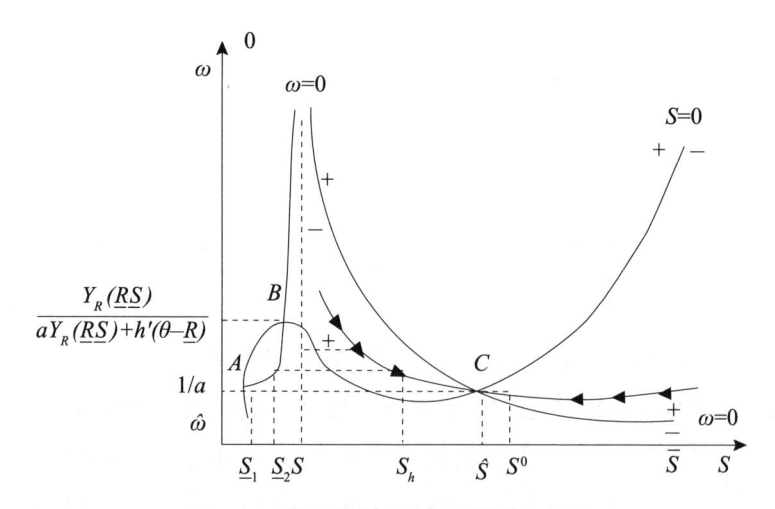

图 9-1　影子价格与资源存量的相位图

---

① 参见 Fisher, *Environmental and Natural Resource Economics*, Cambridge University Press, Cambridge, 1981 和 Conrad and Clark, *Natural Resource Economics*, Cambridge University Press, Cambridge, 1987。他们从效率和生物特征方面的分析也得有类似的结论。

然后，在 $g_S < \alpha Y_S$ 时，较低的总资源存量也会导致较高的影子价格来保持一个稳态的 S。这样在 (ω, S) 的相位平面中，$\dot{S} = 0$ 曲线的斜率又会变负。不过 $\dot{S} = 0$ 曲线在 $\underline{S}$ 处不会趋向无穷大：

$$\dot{S}(\underline{S}) = -\alpha Y(\underline{R}(\omega, \underline{S}), \underline{S}) + h(\theta - \underline{R}(\omega, \underline{S})) + g(\underline{S}) \quad (9.17)$$

由于 $g(\underline{S}) = 0$，而且 h' 是有限的，由式(9.6)

$$\omega(\underline{R}, \underline{S}) = \frac{Y_R(\underline{R}, \underline{S})}{\alpha Y_R(\underline{R}, \underline{S}) + h'(\theta - \underline{R})} \quad (9.18)$$

$\omega(\underline{R}, \underline{S})$ 的值应该较低。对于 $S < \underline{S}$，$g_S(S) < 0$，而 Y_S 在 S 趋于零时趋于无穷大，所以 $\alpha Y_S > g_S$。在这种情况下，在区间 $(0, \underline{S})$ 曲线的斜率又可能为正。

从图 9-1 可见，$\dot{S} = 0$ 和 $\dot{\omega} = 0$ 两条曲线的轨迹有多处相交，$(A, B, C$ 三点$)$，即多均衡点状况。B 是一个非稳定点，而 A 代表着资源完全枯竭下的均衡，因为尽管 $\underline{S}_1 > 0$，但已无商业利用价值。由于环境持续制约条件 $S_{\min}$ 的存在，$\underline{S}_1$ 和 $\underline{S}_2$ 会被自动地排除作为可能的均衡解。只有 C 点满足环境持续准则，最优解路径导向最优均衡解 $\hat{S} \geqslant S_{\min}$。

在均衡态，$\dot{S}$ 和 $\dot{\omega}$ 都为零，下述条件成立：

$$\alpha Y(\hat{R}, \hat{S}) = h(\theta - \hat{R}) + g(\hat{S}) \quad (9.19)$$

$$\omega = \frac{Y_S(\hat{R}, \hat{S})}{r - g_S(\hat{S}) + \alpha Y_S(\hat{R}, \hat{S})} \quad (9.20)$$

式(9.19)表明，在均衡态，自然资源总存量为一常量，国民经济中对自然资源的消费或为天然生产所补充，或为投资改善所增加，或两者兼之。均衡资源存量水平 $\hat{S}$ 是持衡的，高于 $S_{\min}$，因而满足环境持续准则。式(9.20)为效率条件，表明影子价格与资源存量增量在社会贴现率后的净收益相等。这一结论与可更新资源经济学中的基本原则是一致的。[①] 注

---

① 参见 Dasgupta, *The Control of Resources*, Basil Biackwell, Oxford, 1982, p.132。

意,此处的社会贴现率为 $r-g_S+\alpha Y_S$,其中 αY_S 为相对于资源存量变化的边际实物资本量。由于社会贴现率大于零,对于所有 $r \geqslant 0$ 的值,$g_S < \alpha Y_S$ 必然成立。这便意味着,实物资本量的边际增量必然大于自然生长的增量。否则对资源总存量的任何增加将显得不值得了。可见,增加或维护资源存量的直接边际收益 Y_S 应高于资源存量的租赁价格 ($r\omega$)。

总而言之,效率和持续准则都体现在控制模型的优化解中。终态制约条件会自动地将 A 点和 B 点排除在可能解外。因而环境持续得以保证。这种方法看起来与环境标准与价格途径相仿。但是,S_{min} 作为一个向量,比单一环境质量标准更广义些。而且,S_{min} 是一个终态指标,含有时序要求,而环境标准不含时序概念。优化路径源于效率准则的应用。对于给定的 S_0,由资源存量变化所引起的边际实物资本量和货币资本增量均根据市场价格、影子价格、市场利率、资源改善投资等在市场上衡量,使得用以资源利用的经济资源量得以优化控制从而使净社会收益达最大化。由于控制系统具有凸性特点,因而在 (ω, S) 相位平面中,均衡解是一个鞍点。所以优化路径是唯一的。

以上分析表明,环境持续的效率实现是与价格、利率等市场指数密切相联的。而且,引入资源改善函数将实物资本与货币资本(资源利用的货币收益)在控制过程中联系起来。这样,考察资源改善函数的作用及其与市场参数的联系便有着十分明确的实践意义。

9.3 市场参数与实物资本量

上述的环境—经济控制模型中,市场参数价格、利率等与环境资源的实物存量及其变化均有着直接的联系,有助于我们了解环境资源存量的市场控制条件与效果。

市场价格、影子价格与资源改善投资

式(9.6)是市场均衡条件,包含有市场价格($1/\alpha = P$)和影子价格(ω)间的联系。如果将 R 看作 α 的函数,$R(\alpha)$,式(9.6)可写为:

$$\alpha = \frac{1}{\omega} - \frac{h'(\theta - R(\alpha))}{Y_R(R(\alpha), S)} \quad (9.21)$$

将 α 对 ω 求偏导,得

$$\frac{\partial \alpha}{\partial \omega} = -\left\{ \frac{\alpha}{\omega} - \frac{h'' + Y_{RR}(1 - \alpha\omega)}{\omega Y_R} \right\} < 0 \quad (9.22)$$

因为 $h''<0, T_{RR}<0, 1-\alpha\omega>0$,将 $\alpha = 1/P$ 代入式(9.22)

$$\frac{\partial P}{\partial \omega} = P^2 \left\{ \frac{1}{P\omega} - \frac{h'' + Y_{RR}(1 - \omega/P)}{\omega Y_R} \right\} > 0 \quad (9.23)$$

式(9.21—9.23)中可见两个重要特征。第一,在均衡态,影子价格与市场价格有一个差额。这一现象早已被认定[1],但通常认为它是与市场失效联系在一起的。而在本分析中,对于给定的 $h'>0$,这一差额是市场优化控制的一个条件,而并不是市场失效的结果。即在均衡态,市场价格应高于影子价格,这一特征与现有研究结论是一致的。[2] 第二,市场价格与影子价格间呈明显正相关。即市场价格随影子价格的变化而升降。这一关系表明,市场价格是可以指示资源利用的社会成本的。自然资源的市场价格波动[3]可能与在资源总存量变化时影子价格的必要调整是相吻合的。

市场价格变化也可能因之于资源改善活动。由于改善投资可以增

---

[1] 参见 Pigou, *Economics of Welfare*(4th edition), Macmillan, London, 1932。
[2] 参见 Kitabatake, "Optimal Exploitation and Enhancement of Environmental Resources", Journal of Environmental Economics and Management, 16:224 - 241, 1989。
[3] 参见 Simon, *The Ultimate Resource*, Princeton University Press, New Jersey, 1981。他曾考察了资源价格的历史系列,表明这一关系是成立的。

加资源存量，多投入便意味着资源存量的增大，即 $\partial S/\partial h > 0$。从(9.2)式，在均衡态我们有

$$h(\theta - R) + g(S(h)) - \alpha Y(R, S(h)) = 0 \qquad (9.24)$$

h 对 S 的影响已由式(9.24)表现了出来，对市场价格的影响则为：

$$\frac{\partial \alpha}{\partial h} = \frac{1 + \partial S/\partial h(g_S - \alpha Y_S)}{Y} \qquad (9.25)$$

如果用 P 表示为：

$$\frac{\partial P}{\partial h} = -P^2 \frac{1 + \partial S/\partial h(g_S - (1/P) Y_S)}{Y} \qquad (9.26)$$

式(9.26)的右边显得更为复杂些。为将其简化，我们先考虑资源改善的效果主要是提高资源利用率和资源替代，而不是用以增加实物资源存量，即 $\partial S/\partial h = 0$，这样，等式右边便成为 $-P^2/Y<0$。也就是说，如果资源改善投资是用以增加资源利用率和开发替代品，资源的市场价格便会降低。

但是，如果 S 在市场上被认为太低，需要投资以增加实物资本量，这就难以断定市场价格是升还是降了。如果实物资本的边际增量产生高收益（Y_S），而且实物资本容易生产（$\partial S/\partial h$ 值较大），很可能 $(\partial S/\partial h)(g_S - Y_S/P > 1)$。在这种情况下，$\partial P/\partial h$，即投资使实物资产增大（资源存量增大）会引起价格上涨。但是，如果 $(\partial S/\partial h)(g_S - Y_S/P) < 1$，投资将会主要用以开发资源替代品和提高资源利用率。其结果是导致资源价格的下降。

实物资本调整

从式(9.6)和式(9.7)在均衡态，我们有

$$h' = \frac{Y_R}{Y_S}(r - g_S) \qquad (9.27)$$

这一关系式(9.27)描述了资源改善的市场调整。将式(9.27)两边同乘以 P,等式左边便成为净投资的边际变化,因为 h' 是实物资本的变化增量:

$$\Delta I = \frac{Y_R}{Y_S} P(r - g_S) \tag{9.28}$$

由于 $r - g_S > 0$(式 9.7),ΔI 必然大于零。这表明用以改善自然资源的投资增加是必要的。其政策含义在于,用于一个控制系统中的资源改善投资需要不断提高。对于给定的市场价格,ΔI 由两个因子所决定,$\frac{Y_R}{Y_S}$ 和 $(r - g_S)$。前者为边际收益比,可以看作一个转换率,表明所需资本的边际增长水平 Y_R/P 用以转换为实物资本存量 Y_S/P 的比例关系。该转换比值越高,投资增量也就要越大。

$r - g_S$ 被称为是净社会贴现率。[①] 由于 g_S 并不随市场波动,r 便成为 h' 的一个决定性影响因子。静态看,高市场利率刺激更快的资源利用从而加速资源枯竭。[②] 而在一个动态控制系统中,实物资本的增量变化(h')直接与 r 相联系。从式(9.28)可以明确看出,高 r 值也会导致高 h' 值。这便意味着高市场利率对资源总存量的影响可以被较高的 h' 所抵消,而不致造成很大的副作用。也就是说,贴现率大于零甚至很高并不必然加速资源枯竭,只要它在决定资源改善投资变化率中有适当反映。

实物资本、投资与资源账目

优化条件式(9.2′)将环境改善投资,实物资本存量变化与收益联

[①] 参见 Dasgupta,*The Control of Resources*,Basil Blackwell,Oxford,1982。
[②] 参见 Forster,(1973),Barbier,*Economics,Natural Resources,Scarcity and Development:Conventional and Alternative Views*,Earthscan Publications Ltd,London,1989。

系起来,表现了实物资本与货币投资的关系。在 S 未达衡态以前,$\dot{S} \neq 0$。如果初始态 $S<S_0<\hat{S}$,优化控制要求 $\dot{S}>0$,从而使 S 趋近于 $\hat{S}$。在这种情况下,货币投资用以改善环境,增加实物资本存量的数额为:

$$h(\theta - R) = \dot{S} - g(S) + \alpha Y(R,S) \qquad (9.29)$$

式中,$g(S)$ 为自然更新量;$\alpha Y(R,S)$ 为国民经济中的实物消费量;这两者的差额,$\alpha Y(R,S) - g(S)$ 与 $\triangle S$ 的和便是需要通过投资将货币资本转化为实物资本量。

在 $h(\theta-R)$ 为已知时,任一给定时间的环境改善投资量为:

$$(P_1, P_2, \cdots, P_i, \cdots, P_n)(h_1, h_2, \cdots, h_i, \cdots, h_n)'$$

或 $\quad \sum P_i h_i$

如果 $S_0 > \hat{S}$,除革新降低成本而提高资源利用率所进行的投资外,则不一定有必要进行环境改善投资了。在这种情况下,$h(\theta - R)$ 可以忽略,则

$$\Delta S = \int_0^\infty (\dot{S} + g(S) - \alpha Y(R,S))\, dt$$

若 $g(S) = \alpha Y(R,S)$,那么

$$\Delta S = \int_0^\infty \dot{S}\, dt = S_0 - \hat{S} > 0$$

此时的 ΔS 可以看作是一种自然资产不加以开发,也可以开发而转化为货币资产。不论是自然资产还是货币资产,均可估算其市场资本量:

$$(P_1, P_2, \cdots, P_i, \cdots, P_n)(\Delta S_1, \Delta S_2, \cdots, \Delta S_i, \cdots, \Delta S_n)'$$

或 $\quad \sum P_i \Delta S_i$

由于 S 是一个向量,有可能有些元素高于均衡值而有些低于均衡值。即

$S_i > \dot{S}_i$,而 $S_j > \dot{S}_j$,其中 $i \neq j$。

在这种情况下,有一些资源种类需要改善投资,而有一些仍有自然资源资产。评价其资源状态可用下式计算:

$$(P_1, P_2, \cdots, P_i, \cdots, P_n)(\Delta S_1 - h_1, \Delta S_2 - h_2, \cdots, \Delta S_i - h_i, \cdots, \Delta S_n - h_n)'$$

或 $\sum P_i(\Delta S_i - h_i)$

令 $K_n = \sum P_i(\Delta S_i - h_i)$。$K_n$ 的符号和值将表明一个国家或地区自然资源资本的一般状况。如果 $K_n > 0$,该区域拥有净自然资本,尽管有些资源种类可能需要投资改善。如果 $K_n < 0$,说明该区域自然资源已被过度开发利用,需要净货币投资以改善资源状况。这样便可能知道一个区域自然资源资产的一般状况,并使之反映在国民经济核算体系中。

在资源与环境的实践中,效率与环境持续两种途径并存。但各自的假定条件,强调的内容及特点要求各不相同。在此我们试图将效率与持续性准则综合考虑,以寻求具有效率的持续。控制模型的结果表明,效率条件与通常的最大化原则相一致,持续条件满足资源存量持衡要求。这说明环境持续可以通过效率手段来实现。

本分析的一个重要政策含义在于,市场能够反映资源总量变化的影响,并通过价格、利率等市场参数作出相应调整。其实践意义在于,在资源管理中,市场信号不应该弃之不顾。相反,这些信号应用于资源的优化管理。例如在市场利率较高时,环境资本的边际变化率必须相应增加,以抵消高利率对资源存量的不利影响。

控制模型中的另一个重要特征是引入了实物资本和货币收益的函数关系。应用这一关系,资源存量状况可以适当地反映在国民经济核算体系中。这样便可以知道一个国家或区域内,需要多少投入改善环境以使环境持续,或是有多少资源在不影响环境持续的条件下可以转化为货币收益。

在优化控制过程中,资源改善函数是一个重要组分。但也要看到,它没有区别用以提高资源利用率和资源替代的革新投资和用以增加实物资本的投资。前者并不直接增加实物资本而扩充资源总存量,而后者目的在于增加实物资本,扩展资源总存量。这一问题需要进一步研究。

上述分析将资源总存量看做是一个向量。这样可以较好地反映资源多样性,但问题在于实际分析中有许多的困难。一是其元素的定义。它们可以为大资源类别,如可更新资源,也可以为非常细的种别,如树种和天然气等。二是如何确定元素的选入,因为在实际上资源存量数集可以无限大。我们可以只考虑重要元素[①],但需要一个标准。第三个难处在于确定持续准则 S_{min},尽管有许多环境标准,但对于 S_{min},难以形成共识。不管怎样,实例分析都将会帮助我们了解更多的效率与持续信息。

9.4 经验印证

环境持续的市场控制模型表明,在市场经济条件下环境资源的利用、维护与改善有一种自行调节机理,使环境持续与经济效率保持相应的和谐。经济学理论的推论,究竟能否在实践中成立,还需要对现实世界的市场运作效果进行分析。

环境资源的价格变化

资源的市场价格,不仅是市场调控因子,而且还具有环境资源状况

---

① 参见 Page, *Conservation and Economic Efficiency*, The Johns Hopkins University Press, Baltimore & London, 1977。

的指示作用。如果一种资源的存量减少,或接近枯竭了,在需求不变或增加的情况下,市场机制作用的结果便是资源价格上涨,以抑制需求,促进资源的维护与改善。因此,自然资源产品的市场价格变化,可以在一定程度上反映现实世界中市场调控的效果。

图9-2显示了几类主要的资源初级产品的价格变化情况。为便于历史系列动态比较,我们采用加权平均价格指数,将国际市场价格换算为美元不变价。以1990年的价格为基础数(100),进行比较。图9-2中有三类可更新资源产品,即粮食,非粮食产品及木材。另两类为不可更新资源产品,即石油和金属与矿产品。

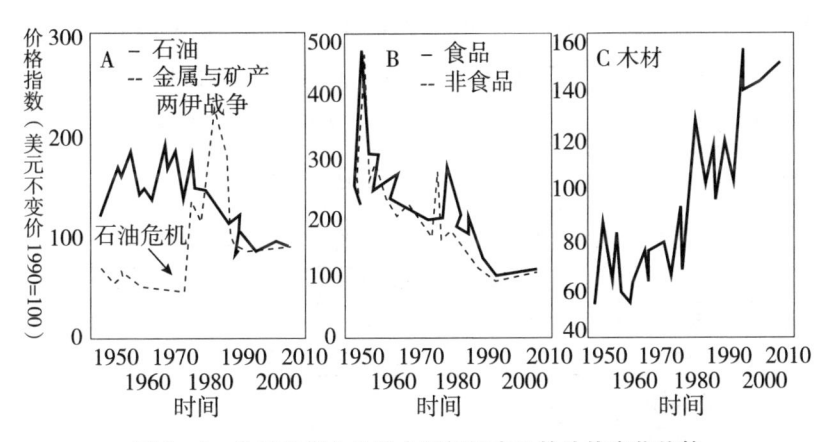

图9-2 世界市场上几种主要初级产品的价格变化趋势

粮食与非粮食产品的价格呈稳定下降态势,波动不大(图9-2B)。由于欧美日发达国家实行农业保护政策,市场的作用没有能充分发挥。因此,实际上市场开放条件下的农产品价格可能还会低些,木材价格趋势正好相反(图9-2C)。尽管有些波动,但总体上是在不断上升。两类不可更新资源产品的价格变化亦呈下降态势,只是石油的变化更为突然、剧烈些(图9-2A)。如果除去石油垄断组织欧佩克和中东战争的影响,石油价格变化就不会那么离奇了。

如果说来自于环境与自然资源的初级产品的不变价格保持恒定或下降便意味着资源存量或质量没有下降或恶化的话,我们便可以说,除森林以外的所有资源状况都得到了维系或改善。

资源存量变化

市场价格是资源利用的货币体现,不能表明资源存量的变化。如果资源总存量增加,则可以说在实物形式上环境资源状况是好的。资源利用可能导致资源量的减少,但并没有引起资源枯竭。

石油是可枯竭性资源。其资源存量会因开采利用而不断减少而致枯竭。但有趣的是,尽管连年开采,原油保有储量却在不断增长(见表9-2)。欧佩克国家1971—1990年20年间共开采原油1 842.9亿桶,但同期探明的新增储量达4 073.0亿桶。全世界原油与液态天然气的探明储量,20世纪80年代一直呈上升趋势(表9-2)。

表9-2 几种化石能源已探明蕴藏量的变化状况

名称	单位	1981年	1984年	1987年
原油及液态天然气	亿吨	840	940	1228.48
煤炭(烟煤)	亿吨	14 350	17 440	20 336.38

资料来源:联合国统计局(1992)。

由于地球是有限的,化石能源的储量也应该是相对恒定的。尽管这一数量需要经过不断发现而逼近。由于化石能源不可更新,实际上会开采1吨就少1吨。这里的储量的增加,并不表明地球化石能源存量的增加,而是已知的可经济开采数量的增加。这一增加也具有环境持续的意义,表明在可预见的未来,能源的可持续供给。从而给出更多的时间,通过市场机理,寻求新的能源资源。图9-3所描述的是自1950年以来世界各种能源的生产情况。尽管固态能源(煤、泥炭、油页岩)和液态能源的生产都在不断增加,但自80年代初以来,产量基本趋于稳定(图9-

3A)。而可更新性初级电能(水力、核能、地热能)的生产则呈稳步上升趋势(图9-3B),后者在世界商业能源的总产量中的比重,从1950年的1.65%上升到80年代末的4.73%;而同期固态能源所占比重则从57.04%下降到30.50%。尽管液态能源的比重上升较多,但自70年代中后期起,产量基本持衡。利用可更新资源所生产的电能的增量,如果看成是能源储量的人工增加时,则可以说,这部分能源储量是在不断增加。

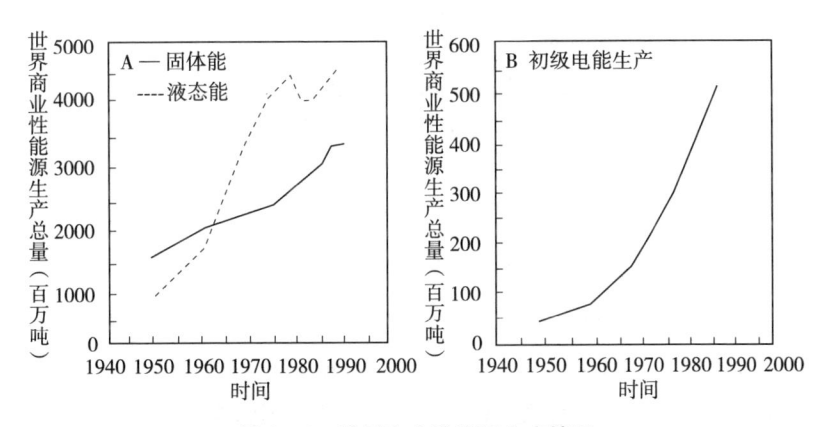

图9-3 世界商业性能源生产情况

资料来源:联合国统计局(1992)。

生产率变化

对于可更新资源的状态,生产率水平是一个较好的指示因子。自1965年以来的农业生产指数变化显示在图9-4中。如果以1979—1981年的农业产出为基数(100),全世界20世纪80年代末的产量提高了20%以上(图9-4A)。发达国家人均农业产出变化不大,发展中国家进步明显。而同期全世界农业用地面积并没有增加。不论是总量还是人均水平,农业生产力均有提高。因而可以说,农业生产力水平的动态变化表明,可更新资源的更新生产能力得到了改善。

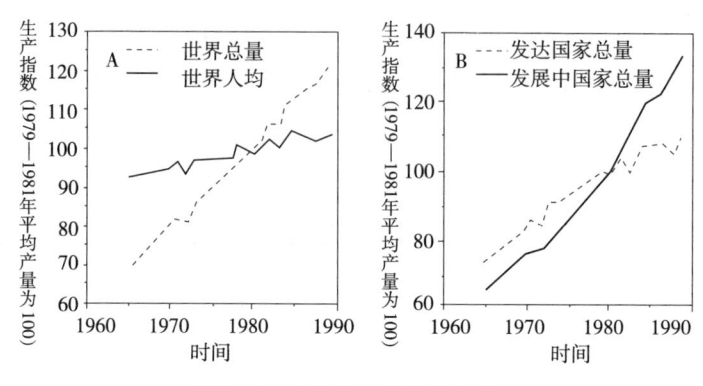

图 9-4 农产品产量的变化状况

资料来源:联合国环境规划署(1991)。

大气污染浓度

大气污染引起外部成本,一般说来市场自身是不会对其进行校正的。但有关环境标准的制定及政府的干预,市场机制对污染防治也会有较为明显的结果。图 9-5 所显示的是世界一些主要城市 SO_2 年均浓度的变化情况。20 世纪 70 年代初期,发达国家的污染较为严重,SO_2 浓度超出世界卫生组织标准。80 年代初期及中期,一些发展中国家城市的 SO_2 浓度更高,但在 80 年代后期均有不同程度的降低。

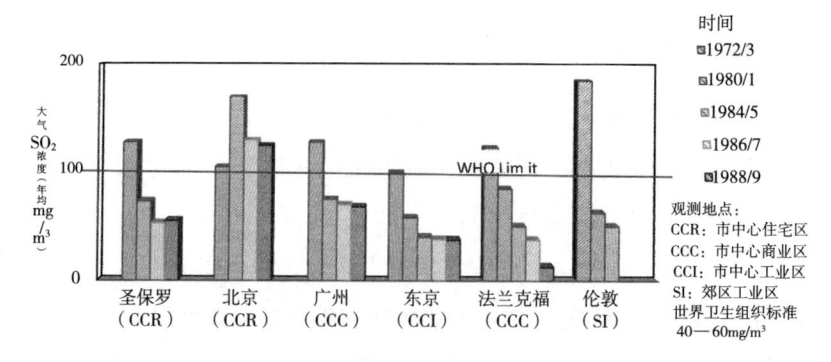

图 9-5 世界上一些大城市 SO_2 浓度的变化状况

资料来源:联合国环境规划署(1991)。

经验数据中的市场效用

通过对上述经济和环境资源状况参数的动态变化分析,可见市场调控机理在现实世界中,对环境持续是具有积极作用的。由于缺乏具体的经验数据进行模型验证,我们不能准确定量价格与资源存量、改善投资等因子的联系,但是,这些经验事实在一定程度上可以印证模型中环境持续市场调控的效用。关于这一点,我们可以从下述几个方面来理解。

(1)国际市场是一个开放市场。尤其是初级产品市场,其运行在许多情况下不是由一个公司或一个国家来控制的。上面分析的经验数据,除污染浓度外,均是世界加权平均或总量情况,受市场供需变化的影响较多。

(2)从上述经验数据系列中可以明显观察到市场机理的效用。20世纪70年代初期有石油危机和80年代初期有中东战争,使石油价格陡涨(图9-2A)。高的价格抑制了对原油的需求,减少了对石油储量的开采(图9-3)。这样便直接有利于资源储量的持续。价格的提高,市场可供量的减少又促使或诱发了资源改善投资。这些投资的效用主要体现在三个方面。一是节能技术开发,提高能源利用效率,减少单位产品能耗。二是替代品的开发。可更新初级能源产品(电力)的开发(图9-3)直接替代了化石能源。三是开发低品位的边际油田。英国北海油田的开采,也正是由于油价上涨,才使之经济上能够合理开采。四是寻找新储量。这些投资的结果,使石油资源的持续利用水平不断得到了改善。

上面所讨论的能源替代为功能替代。还有一种替代为要素替代。例如农业生产力的维系和提高。除了品种和先进的管理技术外,最主要原因可能在于化肥替代了土壤肥力因子,使之不断增强,从而保证了生产力的提高。表 9-3 所列数据,可清楚说明这一点。因此,用以农业生产资料的投资,在这里也等同于环境改善投资。

(3) 上述经验数据中,明显含有市场干预的印迹。70 年代初的石油危机,其直接原因就是主要石油输出国形成卡特尔,在认识到可枯竭资源的有限性后,对石油进行配额限产的结果。这一干预使得原油的市场价格突然翻了 3 倍。这也可以理解为对资源市场价格过低的宏观干预,使之更接近于其社会价值或影子价格。环境污染控制是更为明显的一个例子。政府通过税收,收费和环境标准等经济手段,通过市场来改善环境质量。

表 9-3　农耕地化肥施用量　　　　　　　单位:kg/公顷

年份	1961	1970	1980	1989	1991
世界平均	9	23	49	80	96
发达国家平均	41	82	116	120	116
发展中国家平均	5	19	58	78	87

资料来源:Curtis and Zarka,"Trend Analysis of Fertilizer Applications", *FAO Statistical Monthly*,1993;世界银行:《1993 年世界发展报告》,北京,中国财政经济出版社,1993。

从上述经验数据的分析中也要看到,市场机理对环境持续的调控也有有限的一面。从价格的时间系列看,木材的价格一直呈上升趋势。巴尼特和莫斯①对美国自 19 世纪中叶以来的木材价格的分析也呈这一态势。应该说金属和塑料材料在功能上已大量替代了木材,对木材的需求应该趋缓,价格不会在总体上不断上涨。我们可以认为,市场机理可能已起作用,但强度不够。原因可能是多方面的,主要的可能是,木材的自然生产周期长和木材功能的不可完全替代性。如果木材价格足够高时,市场调控强度增大,可能通过对需求的进一步压抑和对回收

---

① 参见 Barnett and Morse, *Scarcity and Growth: the Economics of Natural Resource Scarcity*, The Johns Hopkins University Press, Baltimore & London, 1963。

利用的加强,使木材价格和木材贮量相对趋稳。另一个经验例证是污染浓度控制的时滞效应。要将污染的外部效应内部化,需要有一个反馈及市场反应时间。因此,对于具有外部性的资源利用问题,市场机理效用有一个时滞问题。此外,由于上述经验数据均为加权平均或总量数值,可能忽略现实世界某一局部地区或某一种资源的环境持续。

9.5 政策含义

我们已经分析了环境持续不仅在理论上有市场调控的内在机制,而且在实践中有实际经验数据的支持。中国在20世纪90年代一直奉行计划经济体制,自然资源的价格不能反映市场需求状况,资源的配置不受市场机理的作用,环境持续不受市场调控。由于农产品、煤炭、原油、木材等初级产品都是计划物质,其价格变化的经验数据不能用以说明价格与环境持续之间的关系。因此,我们需要首先明确市场调控的实践可操作性,然后分析其政策含义。

实践可操作性

环境持续的市场调控有两个基本条件:一是有个相对独立完善的市场体系;二是人们的生存和基本温饱问题得到了解决。市场体制的建立是市场调控的必要条件。改革开放以前的计划体制,价格由行政命令规定,不能刺激供需双方的积极性,以提高资源利用效率,开发替代产品,维护资源数量与质量。环境资源改善投资的数量、形式、投向也都不受市场机理的制约。近年来,随着改革开放的进一步深入,市场经济体系已逐步在中国形成。这就为市场机制的运行提供了体制保证。

生存和基本温饱问题是市场运行的充分条件。在生计仍成问题的地方,人们对基本生活品的需求没有价格弹性,对环境改善的投资没有来源。这也是发达国家和发展中国家一直争论的问题。发达国家认为市场可以使环境资源持续利用。必要时辅以市场干预,经济持续发展便可以实现。而发展中国家强调生计问题。由于饥饿和贫困,人们很可能饮鸩止渴,而不考虑环境后果。要想使生计困难的地方应用市场机制实现环境持续,必须要有外部力量的推动。中国通过过去几十年的经济发展,已有较好的基础。尤其是在东南沿海地区和中部部分内陆地区,人们不仅有较强的环境意识,而且也具有环境改善的投入能力,具备了通过市场机制实现环境持续的物质条件。

政策意义

既然中国具备了通过市场途径实现环境持续的可操作性条件,市场调控原理及国际市场的经验数据对中国持续发展的实践的政策含义就显而易见了。

开放市场价格。环境与自然资源初级产品的价格需要由市场供需状况来决定。市场价格变化不仅可以调节短期的关系,而且还可促进替代品和提高资源利用效率的新技术开发。例如初级资源产品的价格开发可以有效地防止资源浪费和低效率利用,提高资源收益,促进资源保护和替代品开发。从中国各地区的能源消费收益看,这种潜力就十分可观。全国1991年每亿元工业产值能耗为2.71万吨标准煤,产煤大省山西高达6.03,而缺煤的上海只有1.36,浙江1.26。除了产业结构外,东南沿海地区在提高能源利用率方面,技术开发卓有成效。市场价格的开放,会使低效率的资源利用转向高效率的利用。这样不仅有利于煤炭资源的持续利用,而且较高的资源利润或租金可用以替代资源的开发投入。因此,市场竞争与价格放开,有利于持续发展,是一项积极的政策措施。

增加环境改善投资。一个国家的自然资源基数是确定的,但其经济资源量却可以随着经济发展而得到提高。这里的环境改善投资,不是指狭义的污染治理投入,而是包括改善环境质量和容量的一切投资。主要包括有三类:一是环境治理投资,包括污染治理和生态保护如自然保护区建设的投资。二是技术开发投资,这种技术开发包括提高资源利用效率,资源回收利用,经济开采边际资源以及寻找新资源如地质勘探、生物资源开发等技术。三是鼓励资源替代的资金投入。这里的资源替代不仅是直接的功能替代,而且包括生产要素替代。功能替代比较容易理解,如化纤代替植物纤维,塑料代替钢材、木材。生产要素替代是指初级产品生产过程中的要素补充或扩展,以提高初级产品产量。这些生产要素包括劳动力、资本、技术及土地等因子。土地是自然因子,但劳动力、资本、技术的投入,可以提高土地的产出,等同于替代了土地资源。例如化肥的投入实际上是替代了土壤肥力。中国的化肥施用量已从1952年的7.8万吨上升到1992年的2 930.2万吨。中国农业生产力的提高,有相当一部分应归功于化肥的施用。但中国的这种投资仍显不足。1992年全国的化肥产量只有20 479万吨,缺口近900万吨。

合理进行市场干预。市场机制在维护环境持续时,作用强度可能不够或作用时间滞后(如木材价格),有时起反向作用(如具有外部负效应的环境污染)。因此,市场的力量是有限的,需要政府的干预。干预的形式可以有多种,主要包括两大类。一是环境标准,带有法律效用的指令特征。但如何具体实现环境标准,市场机制仍有作用的必要。如排污许可的市场配置。排污许可为法定性的,但如何分配则可以采用市场途径。二是经济手段,包括补贴、投资优惠等方法。

干预要防止两种倾向。一是不利于环境持续的干预。由于初级产品如煤炭及农产品都是关系到国计民生的物质,政府为了实现自己的意图或国家安定,进行直接干预。发达国家对农产品实现保护价格,保证了生产要素与农产品价格的比例关系(图9-6),使农业生产能力得以持续。中国在过去几十年里,一直对主要农产品实行价格管制,尽管它有助于社会的暂时安定和资本的初始积累,但明显有碍于农业生产力的持续。从图9-6的价格变化可见,由于农业生产资料价格市场化而农产品价格仍实行指令管制,农产品价格相对于生产资料价格不断降低。这样,消耗的土壤肥力就不能得到相应补偿,农业生产能力的持续就得不到相应保证。因此农产品价格的指令管制很可能不利于农业生产的持续。

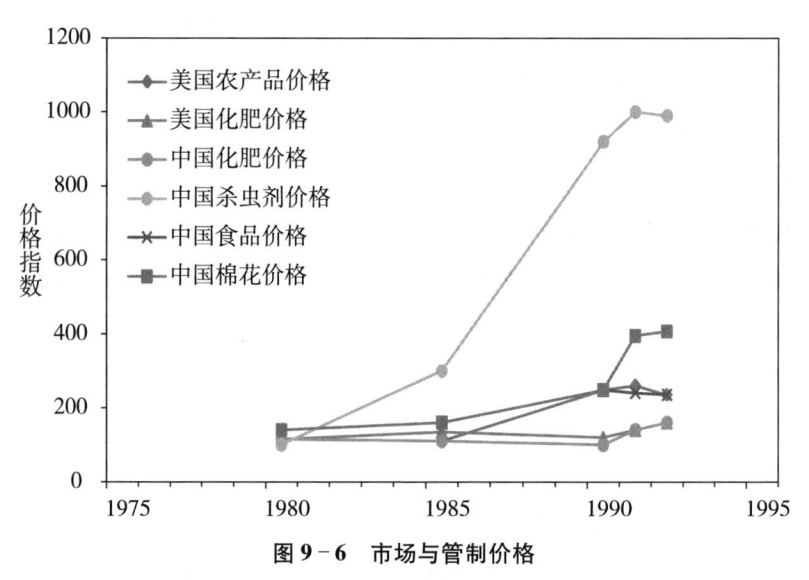

图9-6 市场与管制价格

注:美国的基期1979年,时间区段为1979—1989年,资料来源于FAO(1991);中国的基期为1978年,时间区段为1980—1992年,资料来源于国家统计局(1993)。

另一种倾向是变市场干预为市场参与。政府制定计划,确定价格,组织实施,在实际上又变为指令与控制经济了,市场机制便没有运行的余地了。这一点在中国由计划经济向社会主义市场经济体制过渡的进程中,应该注意。

第十章 多目标协同论

可持续发展是一个多目标、多层次体系。通过经济手段的市场调控具有实现环境可持续的效率潜力,但这些调控也需要与其他目标协同,或者说通过社会、环境等目标的实现使市场控制得以平稳运行。

10.1 社会经济与环境系统分析

环境与经济、环境与社会均有着密切的联系。孤立地寻求单一解决环境问题的途径,往往受到经济和社会因子的制约。因此,需要将环境融入社会经济系统,进行综合分析。就当今社会的决策体系来看,都有一个从宏观到微观,从总体到元素的等级结构。就社会经济系统看,有国际、国家、地区、项目水平上的层次联系,因而就有世界经济、全国宏观经济、部门或区域经济,而环境问题则有全球、自然生境、土地、水源、城市工业与大气等层次体系。

就社会经济结构看,在全球、国家层次上,涉及国家与主权的总体完整特性。而在一个国家内部,多个产业部门构成宏观国民经济体系。这些产业部门包括工业、能源、农业、运输、服务业等,每一个行业内部包含有众多的组成因子,如企业、项目等。与这一社会经济结构体系相对应,普通的决策程序取决于项目或企业的工程技术、财务和经济分析。常规的分析方法包括项目成本收益分析、部门及区域分析、多部门宏观经济分析,以及国际经济(金融、贸易等)分析。

环境分析与此不同,难以划定明确的社会经济层次序列。在现行的环境分析中,多以明确的环境问题来界定分析内容。这些问题可大体分为五类①:(1)全球性及跨越国境的环境问题,如气候变化、臭氧层耗减等;(2)自然生境如森林、湿地生态系统等;(3)土地问题如农耕地退化、荒漠化、水土流失等;(4)水资源问题包括地表水(河流、湖泊)、地下水;(5)城市工业环境问题,如城市环境、大气污染、工业废水治理等。尽管上述环境问题所涉及的地理区域有大有小,但并不形成一个互为包含的关系,而且各个问题之间也不一定有明确的边界。例如亚马逊地区的森林生态系统,不仅仅涉及区域的自然生境,而且关系到生物多样性保护,全球气候变化,区域水环境等问题;它波及几个国家与每个国家内的众多经济产业交互作用。

在此我们来进一步考察环境与社会经济之间的联系。如果排除非人为因子的自然灾害和自然现象,人类社会经济活动与环境退化有着明确的因果关系。一项社会经济决策对环境的影响是多方面的。例如产业政策或具体的资源开发利用项目,均对土地、水资源、大气污染等环境问题有影响;同样,某一个环境问题,也可能是由多个社会经济决策所引起的。例如热带雨林的毁坏,其原因可能包括:筑建水电大坝(能源部门政策)、农业的刀耕火种与粗放经营(农业产业政策)、开矿(工业产业政策)以及土地税收补贴(财政政策)等。可见,社会经济与环境的分析需要综合考虑,环境问题的社会经济评价不能用简单的经济或环境分析来进行。

---

① 参见 Munasinghe, "Environmental Economics and Sustainable Development", *Environment paper* No.3, World Bank, Washington DC, 1993。

常规经济分析方法忽略资源利用的环境与社会影响,而环境社会影响评价通常不包括经济分析内容。环境经济分析方法将经济分析与社会环境影响评价结合起来,使两者在方法与内容上相重叠,有助于认识环境与社会经济系统之间的相互作用与联系,促使环境与经济政策的和谐,如表10-1所示。对各种环境问题,在不同的经济层次上,均可把环境与社会影响纳入经济分析或将经济分析融入环境与社会影响评价。例如在国家水平上,可以通过环境核算的方法,将环境影响纳入宏观国民经济分析。这样,环境和经济政策既可以考虑减少环境影响,又有利于长远经济发展。当然这些政策并非轻而易举就能决策并付诸实施,它们需要多个部门、国家的共识与协调。例如毁林问题,其合理的、经济可行的解决涉及国际责任与义务,因而需要国际合作;在一个国家内部,涉及相互独立的政府职能部门,如能源、交通、农业、财政、工业、林业等,任何环境经济政策的制定与贯彻实施,均要求这些部门协同一致。

表10-1 环境系统、社会经济结构与分析方法

环境系统	分析手段			社会经济结构
	环境评价	环境经济分析	常规经济分析	
全球或跨国界环境问题	全球环境与社会影响	全球环境经济影响	国际经济分析	国际经济体系
区域环境	区域环境与社会影响	宏观环境经济分析、环境核算	宏观国民经济分析	宏观国民经济系统
自然生境、土地、水资源	自然生境、生物与社会影响	资源综合管理	部门与地区经济分析	部门与地区经济
城市工业与大气	城市环境、生物与社会影响	环境影响的经济评价	财务评价,成本收益分析	企业/项目

10.2 经济、社会与环境目标

持续经济发展的概念有着丰富的内涵。它所强调的核心内容非为增长,非为平等,也非为环境保护,但却又包含着增长、平等与环境保护。这便意味着,持续经济发展非为单目标,而为多目标。

环境管理多目标的认识与确立,经历了一个漫长的探索与实践过程。第二次世界大战以后,恢复经济、发展生产成为当时社会经济体系的当务之急。因而在20世纪五六十年代,发展的核心便是经济增长和提高产量。经济效率便成为发展的目标和标准。以效率和增长为目标的发展增加了社会物质总财富;但同时,到70年代初,发展中国家的穷人不仅队伍庞大而且在不断增加,表明经济增长的收益并未惠及发展中国家的绝大多数穷人,需要采取行动,改善收入分配问题。经济增长仍然是一个重要目标,但收入分配的社会目标也被认可为发展的重要目标。因为收入水平差距的拉大不仅仅是一个社会问题,而且直接影响经济效率的实现和经济的进一步增长。到了80年代,环境保护被逐步得到认可,成为发展的第三个目标。这是因为环境污染、资源退化已经成为发展的一个主要障碍。任凭环境破坏,不仅经济目标,而且社会目标也难以持续实现。

如果将经济、社会和环境目标孤立地看,可以找到相应的途径,在较短的时期内满足某一个目标。例如经济增长,可以通过大量消耗自然资源,如砍伐森林、挖取矿藏、减少公共福利保障来实现。因为,自然资源尽管被耗减,自然资产量减少了,但经济统计的货币数量增加了;减少环境保护和社会保障的投入量可用以扩大生产,消耗更多的自然资产,获取更多的货币增长。社会问题似乎也可以在不考虑其他目标的情况下来寻求解决途径。例如贫困,可以通过救济而暂时缓解,收入差距拉大可以通过最高和最低工资限额而缩小。但这种限额显然不符合经济效率的原则,因为最低工资意味着劳动力成本非为市场调节,有可能减少劳动力需求而增加失业,最高限额或高比例的累进税压抑人们劳动和创造潜力,使劳动者的潜能未能得到最大发挥而影响劳动效率。同样,环境目标也可以通过行政指令手段,例如禁止或严格限量排污、封山育林、禁止围湖造田以保护湿地生态系统等,由此而带来的经济损失必然影响和制约经济增长,也会导致失业等社会问题。

由此可见,单目标决策相对简单,而且能迅速见效。但其代价也不可低估:短期影响其他目标的顺利实现,长期危及所选择目标的未来可行性:如经济增长难以持续,环境保护也就得不到保障。因而各个目标之间的联系不可忽略,需要在经济决策时考虑社会和环境问题,在解决环境问题时考虑经济和社会的实际要求,甚至可以用经济和社会的手段来实现环境保护。

环境与社会目标之间有着强烈的相互作用。社会平等包括当代社会成员之间和当代人与未来人们之间的平等,以及公众的积极参与,对于明确环境目标、实施环境保护无疑是有益的。而一个比较好的生态环境和丰富的自然资源,对于解脱贫困和资源公平享用也有着十分积极的意义。

但我们也要看到,尽管持续经济发展不宜定义为单目标,但它也不是多目标的简单相加。如果将环境政策和经济政策割裂开来,然后再叠加到一块儿,这样,不仅各处的问题得不到解决,而且还会相互牵制,影响所有政策的实施效果。例如,经济部门与环境部门互不沟通,缺乏协调,势必造成政策上的矛盾。经济部门要求大力发展乡镇企业,上产值、上速度,而环境部门强调环境质量,很可能使企业无所适从,速度上不去,环境质量也保证不了。这便说明持续经济发展不等于将各个目标拼凑在一起,而是注重各个目标之间的交互作用。如果用一个简单的图形来表示,持续经济发展应是社会、经济和环境系统相互交织、重叠在一起的部分,既不是单个的系统,又不是多个系统的叠加,也不是多个系统的全部(见图 10-1)。目前对持续经济发展有一种误解,认为它包罗万象,所有的社会、经济、环境问题均是必要内容,使得持续经济发展失去明确的含义。

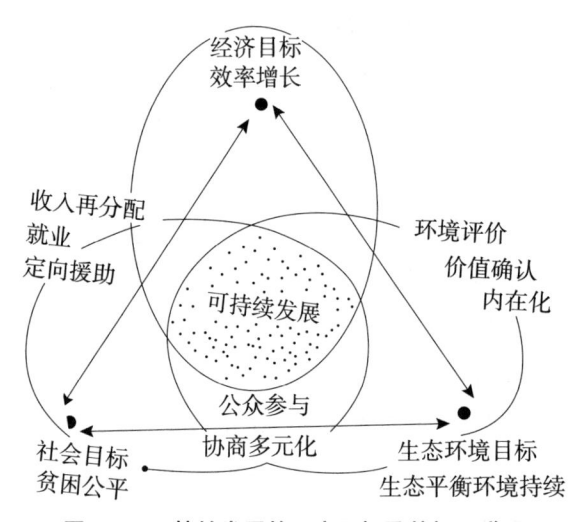

图 10-1 持续发展的三大目标及其相互联系

10.3 多目标决策

由于持续发展政策和投资项目的综合评价涉及社会、经济及环境的多个方面,而社会与环境影响又不能够轻易地以货币数量定量化,构成一个多目标决策问题,需要应用多目标决策方法对投资选择或经济与环境政策进行评价与优化选择。

多目标决策与成本收益方法不同,主要表现在三个方面。(1)成本收益分析强调经济效率,以经济参数值的大小作为唯一决策标准。多目标决策则不然,它并未规定决定取舍的经济效率标准,允许考虑社会、环境等多种目标。(2)成本效益分析要求一种政策或投资项目的效果及影响应用价格作定量化测度,而多目标决策的效果及影响评价,既可应用定量化数据,又可只应用定性数据,还可定量定性数据同时兼用。因而其数据要求更符合实际,较容易取得。(3)多目标决策不要求使用价格来获取经济效率参数。成本效益方法在使用价格时,可能根据平等要求作权重调整,但多目标决策更进一步,根据不同社会团体或环境保护的相对优先程度,而不是通过价格,来作加权处理。由此可见,成本效益分析只适宜以经济效益为标准的决策,要求所有的效率属性均可用价格来度量。但在持续发展的实践中,许多效率属性指标也缺乏数据来作估算,而且社会、环境影响并非为效率所能描述,因而多目标决策分析更具现实可行特征。

多目标决策分析首先要明确目标。这些目标通常处在不同的层次上。最高层次的目标为总体目标,如改善生活质量,通常含义较为模糊,因而可操作性不强。但这一层次的目标可以分解为更具可操作性的较低层次的目标,如增加收入或改善环境质量,使得目标的实现情况可以进行实际评价。有时目标的评价只能用一些参数,如提高游乐机会的目标,可以用游乐天数作为属性参数对目标进行评价。尽管在属性选择尤其是选用替代参数时涉及到价值判断问题,但所选择的测度并不必为货币量。

简单的多目标决策可以用图形来直观说明。图 10-2 所描述的为一二维情况,具有两个不同量纲而且相互冲突的目标,Z_1 和 Z_2。例如 Z_1 为保护生物多样性所需的投入成本,Z_2 为生物多样性损失量的指数,两个目标量纲不同,而且两者之间存在有一种权衡取舍关系,即生物多样性损失越少,则所需投入成本越多。现在,我们进一步假定,有 A、B、C 三种可供选择的方案,各自的投入成本量及生物多样性损失量分别为 A、B、C 三点。显然方案 B 在 Z_1 和 Z_2 两个目标上均优于方案 A,因为前者相对于后者成本较低,而且生物多样性损失量也较少,因而方案 A 可以被排除。但方案 B 与方案 C 之间的选择就不这么简单了:在一个目标上,一个方案优于另一个方案,但在另一个目标上,方案优劣顺序正好颠倒过来。这就涉及到权衡取舍问题。通常情况下,很少有一种方案绝对优于其他方案,而是在某一目标上优于其他方案。在二维平面空间,可能有一系列的方案,形成可行解数集,将它们连接起来,便成为最优选择曲线如 CDB 曲线,曲线上的任何一点,均非绝对优于其他点,即在两个目标上同时优于其他方案。

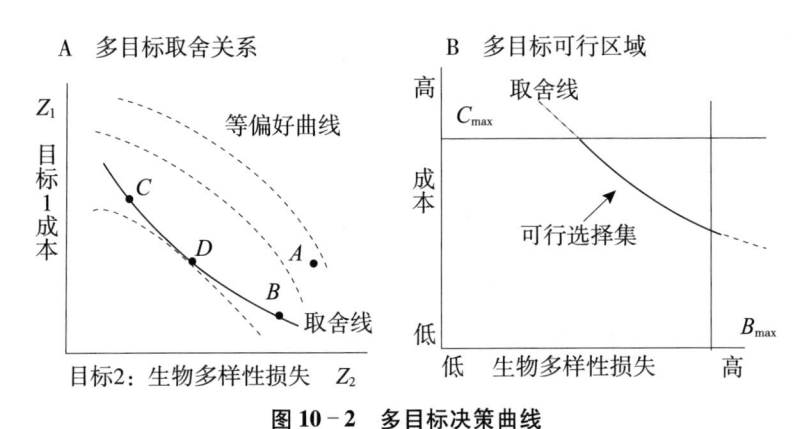

图 10-2　多目标决策曲线

对于无约束问题,方案选择需要引入价值判断。决策者需要根据一些特定的信息,决定何种方案系最为偏好的选择。根据价值判断信息,我们可以得到一组等偏好曲线,表明决策者或社会就两个目标之间的权衡取舍关系。典型的等偏好曲线如图 10-2A 所示。此时,多目标决策的最优方案选择即为等偏好曲线与最优选择曲线的切点,如图中的 D 点。此点为决策者或社会所能获得最大效用的唯一的解。

由于在实践中我们通常不知道等偏好曲线,需要其他更为实用的方法来缩小最优选择曲线的入选范围。目标极值法便是一种途径。例如在图 10-2B 中,决策者可能面临一个成本上限制约点

C_{max}，即预算制约点。同样，生态专家可以确定一个生物多样性损失的最大允许点 B_{max}，即损失量高于此点会使生态系统蒙受灾难性破坏。这两个极限制约点便规定了最优选择曲线的可选范围，从而缩小和简化了选择。

但在可行区间内的方案选择要视具体情况而定。有的要求直接进行最优化处理，有的则要求满足一定的环境标准。因而执行方法不尽一致。一般说来，多目标的决策评价方法可分为四类[1]：积分汇总法、序列法、图解法及共识最大化法。

积分汇总法将各个目标或标准的得分加总，然后根据总分的多少确定最优方案，例如环境评价对生态、污染、环境美学价值和人文效用四个关键因子进行得分评价。各个因子的权重采用专家咨询方法求得。序列法将各个目标或标准依其重要性序列给予编排，最重要的目标排在最前，依此类推。各个目标在决策中的重要性程度非为均等的，因此不允许各个目标之间的取舍交易，只有最重要目标满足之后才考虑次重要目标。这种方法适宜优先序列十分明确的情况，例如有害物质的处理，首要目标是考虑消除或避免其危害。图解法将各方案与基准参照值（此值将是任何特定选择的最佳得分数）相对比较，作散点于图中。这种方法要求数据为比率值或间隔形式。共识最大化方法将个人的单个偏好值进行加总，得到群体共识值。这种方法可以容纳各种不同利益集团的偏好，选择总体偏好最大的方案。

多目标决策的优点在于它可以考虑持续经济发展的多个目标，避免为实现某单一目标而忽略其他目标。由于多目标决策涉及一个偏好问题，因此，一个至关重要的问题便是：应该考虑谁的偏好？多目标决

---

[1] 参见 Pearce and Turner, *Economics of Natural Resources and the Environment*, Harvester Wheatsheaf, Hertfordshire, England, 1990。

策方法对于单个的决策或均质(即具有同样偏好)的群体来说,可以寻求到一个最佳选择。然而,不同的利益集团对各个目标的重要性赋值很可能相差甚大,因而难以得到一个单一最优解。但无论如何,由于多个目标进入决策体系,所选择方案应能在一定程度上满足持续发展所涉及的各个方面的实际需要。

10.4 经济政策

经济政策对自然资源耗减速率和环境退化水平起有十分重要的作用。例如财政与货币政策,产业部门政策对自然环境利用与保护均有相应的影响。然而,经济政策与环境之间的相互作用较为复杂,对其认识还有待深入。

在许多情况下,污染和资源过分利用因之于市场失效和政策失误,并且为失业、失去土地和贫困所加重。因而,为促进效率或减少贫困的经济政策的改革也应该有益于环境。当然,有些改革也会对环境带来负效应。问题在于理顺这些复杂的关系,使政策变化能够在厂商和消费者水平间形成高效利用资源的动因。

宏观经济政策

20世纪80年代初期,许多发展中国家出现巨额预算赤字和贸易逆差,举外债以补内需。这些国家政府被迫采用宏观财政和货币政策,以稳定国内经济、缓解债务问题。但始料不及的是,这些宏观经济政策带来了一系列环境后果。这场债务危机的一个重要环境影响与贫困和失业相关。经济稳定政策采用了货币贬值、资本管制和提高利率等手段。这就必然导致收入水平下降,税收也会相应减少。

由于失业率增加,政府又采用扩张型金融政策,导致消费品物价上涨。这些政策手段对最贫困人群的影响是驱使他们开垦边际土地,引起土壤流失和荒漠化。燃料价格上涨和收入水平下降又促使毁林和土壤肥力降低,因为穷人被迫使用薪材和动物粪便来取暖、煮饭和照明。

可见,尽管宏观经济政策的初衷可能与资源利用与环境保护无关,但产生的间接影响却不可低估。这种影响是有害还是有益,不可一概而论,取决于特定情况。例如货币贬值政策,其预期经济效应是提高产品的国际竞争力,增加国际贸易品产量(如森林和农产品)。如果农业生产的反应是作物替代,那么,其环境影响将取决于扩大种植面积的作物是有利于环境(如茶叶、可可、橡胶)还是不利于环境(如烟叶、甜菜、玉米)。环境影响还取决于新增产量是源于开垦新鲜土地(意味着增加毁林和水土流失)还是源于对现有土地更为有效的利用。如果汇率过高而不贬值,其经济影响便是出口量降低,产品竞争力下降,农产品价格下跌。为了消化价格变化的影响,农民很可能被迫开垦环境更为脆弱的边际土地,这将产生不利的环境影响。巴西和菲律宾的一些实例研究表明①,宏观经济政策是造成毁林的一个重要原因。巴西亚马逊热带雨林的破坏,一半应归于政府的农业补贴政策。菲律宾的情况也较为类似。因外汇收支原因而引起的汇率变化会导致林产品需求变化,从而影响森林采伐速率。能源市场的变化和能源价格的调整,无疑会对许多发展中国家的森林产生巨大影响,因为薪材可以作为替代能源。

我们可以从两个方面来考察宏观经济政策与环境之间的联系:经济和环境。对这种联系的认识有助于政策制定者将直接和间接影

---

① 参见 Pearce and Warford, *World Without End: Economics, Environment and Sustainable Development*, Published for the World Bank, Oxford University Press, 1993, pp.116 - 118, 122 - 123, 186。

响统一考虑,促进经济增长和环境保护。我们先从经济方面来看。典型的宏观经济政策包括货币贬值、价格放开、减少政府补贴或能源价格改革等。每一项政策对各种环境问题都将产生不同的影响。例如货币贬值将对木材和农产品价格产生巨大影响,继而波及毁林状况。这种宏观经济问题—政策调整—环境影响的联系,见表 10-2 中的描述。

表中第一栏为一些决策者所面临的宏观经济问题。第二栏为针对具体问题所采用的宏观经济政策手段,相应的经济目的和对经济发展的影响列在第三栏。最后一栏为环境影响。这些影响为间接的,非针对性的。因而是不曾预期的。当然这些影响不仅是负向的,还有正向的。因此,制定宏观经济政策,我们需要明确其直接和间接影响,评价经济发展与环境保护之间取舍关系。

表 10-2 经济政策的直接与间接(环境)影响

经济问题	政策手段	直接目标/效果	间接(环境)影响
贸易逆差	浮动汇率	促进产业竞争力,增加出口,抑制进口	不利影响:出口促进(导致)毁林 有利影响:增加工业就业,而减少对土地资源的压力
粮食保障与失业	增加农业生产强度在新区域开垦土地定居生产	增加作物产量和耕地面积,安排更多的农业劳动力	不利影响:过分利用农药化肥引起土壤退化和污染 有利影响:可能减少向生态脆弱地区的自发移民
工业保护,低效率生产	降低关税,特殊投资激励政策	促进竞争和生产效率	不利影响:开放可能导致污染产业移入 有利影响:促使企业采用节能或降低排污的技术

现在我们从环境方面来考察:环境问题—经济特征—宏观经济政策改革。例如,水的供给数量和质量是一个环境管理问题,具有相应的

部门经济特点,主要依靠国内价格政策予以调节。而能源利用与污染常常对国际市场的燃料价格极为敏感。因而,合理的水费及补贴政策对促进水资源的可持续利用将至关重要;影响燃料价格的贸易和汇率政策调整对提高能源利用效率将起到积极作用。

无论从经济方面,还是从环境方面分析,经济政策与环境的联系均十分明确。在制定宏观经济政策时,如果能够将环境问题或影响一同考虑,则可以在实现经济增长目标的同时,促进环境保护。

行业经济政策

行业经济政策包括行业投资与定价政策、行业管制与体制。这些政策与宏观经济政策一样对环境也有影响。

近年来的一些研究表明,巴西亚马逊地区的毁林,在相当程度上是政府经济政策的副产品。政府出资修建通向雨林深处的高速公路,政府划拨土地,投资新建公共基础设施,以及现金补贴等有关经济政策,使得没有土地的穷困农民得以深入雨林腹地毁林。大型牧场和炼铁引起了土地退化。减少农业补贴和降低信贷数额,有利于土地资源的可持续利用。

有关环境问题,经济特征及经济政策的概览见表10-3。

表 10-3 环境问题、特征及经济政策

资源与环境管理问题	经济特征	有关经济政策
农业扩张与毁林	1.涉及许多竞争性的小规模经营决策者 2.投入与产出主要在国际市场上交易 3.政府给有大量的生产补贴和贸易干预	1.减少税收和补贴 2.调整汇率与贸易政策 3.扶贫与收入分配政策 4.产权改革

(续表)

资源与环境管理问题	经济特征	有关经济政策
水资源耗减与水质下降	1.供方为政府或垄断者所控制,水主要供向大型商业企业和农田灌溉 2.非为国际贸易,但主要用户群的使用量与生产力相差较大 3.价格管制十分严格	1.部门间定价 2.减少补贴,征收污染费
能源利用与大气污染	1.供方为政府和垄断者所控制 2.石油等投入一般为贸易品,产出与所有生产活动相关 3.行业投资与定价为高度集权	1.汇率调整 2.减少交叉补贴 3.私有化

10.5 绿色国民账户

如果要在宏观经济分析中准确认识和体现环境问题,现有的国民收入核算方法必须作相应调整。国内生产总值是基于市场交易量的常用经济增长测度,是许多宏观经济政策分析与决策的基础。然而,它却存在有明显的缺陷,如忽略收入分配状况、忽略非市场活动及不能体现环境退化情况。

就环境而论,当前的国民核算体系存在三个方面的问题。

(1)国民账户未能准确反映社会福利状况,因为资产负债表中没有完全包括环境和自然资源,因而这些资源状态的变化被忽略了。

(2)人类活动所使用自然资源的真实成本没有计入常规的国民账户。在生产活动中所耗减或退化的自然资源如水、大气、土壤、矿产及野生生物资源均未以现实成本或自然财富折旧的形式加以统计。因此,自然资源及其产品在市场上定价过低。附加值越低,最终产品价格偏离价值量也就越大。考虑到这一点,初级产品的出口国家存在实际上的价格补贴,而社会中的最贫困的成员如自耕农、无土地者由于缺乏自我保护的能力,所付出的代价也就最大。目前,这种隐性代价或补贴尚没有估计值。

(3)污染防治和环境改善的活动通常需要耗费投入,但在国民账户中却为国民收入,而且环境损失却未计入。对于私营公司来说,用于减少或避免环境损害的开支在最终附加值中做了扣除,但如果这种支出要是政府或消费者行为,便计入了国内生产总值。这样得到的 GDP 值也就不会正确。因为它忽略了有害产品的污染;和低估了有关环境改善的有益投入的价值。

要克服上述缺陷,有必要建立一种新的国民账户体系(System of National Accounting, SNA),使之成为经过环境调整的国内生产净值(EDP)和经过环境调整的净国内收入(EDI)。由于国民经济决策者和宏观经济规划者依国民账户体系和相应的指标,因此,他们将在进行经济管理、宏观经济政策评价中考虑环境因子,发现并利用经济政策与自然资源管理之间的联系。

近十年来,世界银行与联合国统计局合作,试图将环境问题纳入当前正在修订的国民账户体系框架中。目前,已有一个试用性的 UNSO(联合国统计局)框架问世,称为"环境经济综合核并体系(SEEA)"。其目的在于,在尽可能保持现有国民账户体系的概念和原则的情况下,将环境数据结合进现存的国民账户信息系统中。环境成本、环境收益、自然资产以及环境保护支出均与以国民账户体系相一致的形式,作为附属账户内容列出。

简单说来,SEEA 寻求在保护现有国民账户体系完整性的基础上,通过增加附属账户内容,鼓励收集和汇入有关自然资源与环境的信息。SEEA 的一个重要特点在于,它能够利用其他测度的信息,比如在区域或部门水平上的实物资源账目。因此,附属账户是实现最终计算 EDP

和 EDI 的一个重大进展。

一般说来,国内生产净值的计算多采用下式:

$$NDP = C + I + (X - M) \tag{10.1}$$

式中,NDP 为国内生产净值;C 为最终消费品;I 为净资本形成;X 为出口;M 为进口。

这一计算方法的主要问题在于净资本形成:它忽略了环境与自然资产的耗减。如果将这一部分加以环境调整,我们便可以得到经过环境调整的国内生产净值。

$$EDP = C + (A_{p.ec} + A_{np.ec} - A_{np.env}) + (X - M) \tag{10.2}$$

式中,$A_{p.ec}$ 为产品资产的净资本积累;$A_{np.ec}$ 为非产品资产的净资本积累;$A_{np.env}$ 为环境资产的耗减和退化。①

所谓产品资产和非产品资产,是经济过程中生产的有形和无形资产,在 NDP 中通常都有所体现。$A_{np.env}$ 可以转换为 $A_{p.ec}$ 或 $A_{np.ec}$,但自身的耗减往往在国民账目中没有表现出来。

在明确了环境资产成分后,问题便在于如何对自然资源存量和存量变化进行市场评估。通常采用的方法有以下几种。

(1)现值方法。自然资源的净现值 V_0 是在资产生命期或生产期内按名义或实际利率 r 贴现计算后的预期净收益流 $N_t Q_t$ 的总和,即

$$V_0 = \sum \frac{N_t Q_t}{(1+r)^t} \tag{10.3}$$

式中,N_t 为资源的单位总价值减去开采成本;Q_t 为在 t 时的开采总量。

(2)净价格法。这一方法是霍特林法则的应用;资源净值是资源价格与边际开采成本之差,它能够反应自然资源存量的单位价值。其计算公式为:

---

① 有的学者将这一成分称为生态价值。生态价值似乎不尽确切,因为矿产资源并不能称为严格意义上的生态价值,环境资产更具普遍意义。

$$V_t = (p_t - c_t)R_t = N_t R_t \tag{10.4}$$

式中,V_t 为在时间 t 始期的资源价值;R_t 为已探明资源储量(或生命期内的资源量);$N_t = (p_t - c_t)$ 为平均市场价格 p_t 和单位(边际)开采成本 c_t 之差。

(3)置换成本法。这种方法的基本思路是将可枯竭资源的开采和勘探矿看作为一更新过程,从而估算总储量中新探明储量的年度成本增量。然后将新增储量的勘探单位成本乘于尚存的已探明总储量,从而获得资源总储量的经济价值。这种估算带有一定的推断色彩,因为新增储量的勘探成本受到预期储量变化的影响。

(4)自然资源存量的耗损/枯竭。自然资源储量的价值量为核算初期与终期价值差额。另一种方法不对资源存量或储量进行估价,而是强调开采资源的潜在收益流。这一方法的原理与索洛的资源收益投资—代际均等理论是相一致的。[①] 如果 R 是每年资源销售的净收益,假定这一收益值在其有效期或生命周期内(n 年)为一常数,那么,资源的实际收益 X 的计算方法为:

$$X - R[I - (1 + r)^{-n+1}] \tag{10.5}$$

式(10.5)意味着,$R-X$ 体现了所开采销售的资源在 n 年期间的资本量,它是每年所获取收益 X 经过市场利率贴现计算以后的累计投资量;或者说是使用者成本(user cost),即经过贴现计算的净收益 $(R - X) = R/(1 + r)^{n+1}$。

自然资源账户的测定和评价步骤较为简单:在弄清实物账目的基

[①] 参见 Solow,"On the Intergenerational Allocation of Natural Resources", *Scandinavian Journal of Economics*,88:141-149,1986;*An Almost Practical Step toward Sustainability*;*An Invited Lecture on the Occasion of the 40th Anniversary of Resources for the Future*,Washington DC,1992。Hartwick,"Intergenerational Equity and the Investing of Rents from Exhaustible Resources",*The American Economic Review*,67:972-982,1977。参见第七章的讨论。

础上,乘以单位价值,便可得到自然资源的货币账①。表10-4列出了计算步骤和具体例子。

表10-4 自然资源账户的测定和评价

	森林	矿藏	土壤	渔业
A 实物账目				
1 初始存量	林分的活立木积量;实际销售量	探明储量		入选种类的估算生物量
2 增量	生长;造林	新勘探量	土壤侵蚀所引起的土壤损失和生产力衰减,土壤养分流失	估算的可持续收获量,入选物种的实际收获量
3 耗减量	收获、毁林、集材损失、森林火灾,立木死亡	耗减		
4 净变化值	变化净值	变化净值		
5 终期存量				
B 单位价值	立木价值(出口离岸价格减去生产和资本成本)	单位开采量的净值/租金(出矿平均价/离岸价减去生产和资本成本),单位开采量的置换成本勘探和开发成本	因生产力损失而造成的收益损失,替代养分损失的化肥成本	
C 货币账	净值/租金估价	生产的未来净收益流的净现值;置换成本值;使用者成本估算	土壤损失净收益的资本化价值;土壤养分置换成本	渔业资产资本化价值年度变化的耗减值

资料来源:Serageldin and Steer(1994),pp.171-174。

世界银行和联合国统计局以墨西哥和巴布亚新几内亚为例,作了如何进行准备这种附属账目的实例研究(表10-5)。巴布亚新几内亚的例子说明,在一个制度相对薄弱、数据较为有限的国家应用 SEEA 框架具有可行性。该研究对农业、林业、矿业及能源部门的环境影响均作

---

① Serageldin and Steer, *Valuing the Environment: Proceedings of the 1st Annual International Conference on Environmentally Sustainable Development*, the World Bank, Washington DC, September 30-October, 1994.

了评价。就 1986—1990 年时段来看,上述产业环境影响平均起来占国内生产净值的 2.1%。首先,计算出了第一类经过环境调整的国内生产净值(EDP1)。在 EDP1 中融入了自然资源利用的经济耗减成本,但未包括因环境质量退化和相应的非市场化的环境服务的损失量。因此,需要在 EDP1 中减去环境质量退化成本,从而得到第二类经过调整的国内生产净值(EDP2)估计值。EDP2 的估计值介于国内生产净值的 90%—97%。最终结果表明,多数年间的消费总量超出了经过环境调整的国内生产净值。然而,由于缺乏环境资源数据,EDP 的准确值很难估计。商品价格的巨幅波动也增加了政府制定政策的难度。

表 10-5 常规和环境账户指标的比较

	墨西哥(1985,比索)			巴布亚新几内亚(1986—1990(a),克朗)		
	常规账户	环境调整(绿色)账户		常规账户	环境调整(绿色)账户	
		EPD1(b)	EPD2(c)		EPD1(d)	EPD2(e)
NDP(亿)	421	397	364	27.6	25.8	25.8
EDP/NDP		94%	87%		92%—99%	90%—97%
C/NDP	83%	88%	96%	89%—100%	93%—106%	95%—109%
ΔCAP(亿)	46	24	-7	4.63	2.82	2.28

说明:NDP:国内生产净值; EDP:经过调整的国内生产净值;
C:最终消费; ΔCAP:资本形成/积累。

注:(a)产值为净现值,即分别为 1985 年和 1990 年现值,% 为当年值或区间最小—最大值。

(b)所调整的账户内容包括石油耗减、毁林(包括森林火灾)和土地利用(不包括渔业和物种损失):均为净价格估算;

(c)增加的调整内容包括大气和水污染、土壤侵蚀、地下水利用、固体废物处置等;均为趋避成本估算;

(d)矿产资源耗减的净价格估算;

(e)采矿废水的潜在破坏重建或趋避成本估算;毁林和建坝的耗减影响补偿成本。

资料来源:Serageldin and Steer, *Valuing the Environment: Proceedings of the 1st Annual International Conference on Environmentally Sustainable Development*, the World Bank, Washington DC, September 30 October, 1993, 1994, p.182。

第四篇 环境资源配置案例解析

第十一章 土地资源价值论

土地作为一种自然资源,对其价值的认识,主要是基于其效用。而效用的大小及其实现,又取决于土地的资源属性特征及人类的利用。因此,讨论土地的经济价值,除了需要考虑其生产要素价值外,还要考虑其资源属性价值。在这一章里,我们将分别讨论这些内容。

11.1 土地与土地利用

土地的价值内涵,取决于土地的定义及其经济利用。在一般意义上理解,土地一词常泛指地球表面陆域部分。从社会政治意义上看,它又与国家、民族和政治势力范围相联系,与国土、疆域的含义相近。上述理解,尽管从侧面反映了土地的特征,但与土地利用的关系不甚密切,未能体现与效用相关的土地资源特征。

土地内涵

较为广义的土地概念包括疆域内所有的土地资源、地表附着物及人工建筑物、地下矿藏及地上大气。这一概念实际上与法律上的土地含义较为接近,只是后者的限定更为具体。因此,在西方的一些土地经济学著作中,常将土地与不动产视为同义词混用。[①] 然而在实践中,人

---

① 参见 Barlowe, *Land Resource Economics*, Prentice-Hall, New Jersey, 1978, p.12。

们对土地这一词语的理解,通常都有较为明确的界定。

土地资产 土地作为一种资产,与法律上的不动产的概念较为接近。所不同的是,经济学意义上的土地资产,所注重的是其价值;而法律意义上的不动产,强调的是对资产的所有权。欧美的一些经济学家常将经济意义上的土地的概念定义为"所拥有的地球表面上的自然及人造资源的总和"①。显然,这是一个非常广义的概念,它不仅包括与所涉及地表的所有的自然资源,而且还包括附着于地表的全部人为投资的实物资本品,如道路、桥梁、房屋、厂房等明显独立于但不可分离于自然资源的人造资本,以及土壤肥力、地貌景观(如土地平整)等融于自然资源的投资。尽管这些是人造资本,但它们与所依附的土地密不可分,与机器、设备、人力资本等不同,具有不动产的特征。因而,在讨论土地的经济内涵时,完全可以将这一部分资本考虑为土地的资本成分。

但从另一方面看,这部分人造资本毕竟不是自然资源,可以通过其资本及劳动力的投入量来计算其相应的价值,而且,附着于地表的这些人造资本会随时间而老化贬值。而作为自然资源的土地,不仅与劳动力和资本的投入无关,而且不存在资产折旧的问题。相反,随着经济的发展,还会升值②。可见,将人造资本包括在土地资产的定义内,也有不合适的一面。有的经济学家主张将土地与资本分开,将土地定义为"一种自然的、未经改变的资源的生产力"③。简言之,土地应是一种自

---

① 参见 Barlowe, *Land Resource Economics*, Prentice-Hall, New Jersey, 1978, p.9。

② 关于自然资产的增值,最早的理论分析见哈罗德·霍特林(Hotelling, "The Economics of Exhaustible Resources", *Journal of Political Economy*, 39:137–175, 1931) 30 年代初关于自然资源存量优化利用的分析。其结果表明,自然资源的增值速率,在市场经济条件下,对于寻求资源收益最大化的资源所有者来说,应与市场利率相等同。见第五章。

③ 查尔斯·史密森:《土地:一种生产要素》,载美国道·格林奥尔德主编,《经济学百科全书》,32—33 页,中国社会科学出版社,1992。

然资源。这种自然的、未经改变的资源仍然是对土地的一种广义的理解,它包括所有的人造资本以外的自然资源成分。具体地说,这些成分可以分为四类。

(1) 地表,即地面、地表水、冰雪等。这实际上是一个空间概念。

(2) 地表自然附着物,如原始森林、草原及野生动植物。这一部分为可更新的生物资源,它们附着于地表,但不是劳动力和资本投入的结果。

(3) 地下矿物,即地表下面的矿产资源,如石油、煤炭、天然气等化石能源,铁、铜、金等金属矿藏及磷、硫、盐等非金属矿藏。地下的这部分自然资源具有不可更新的,或更新速率十分缓慢的枯竭性特征。严格地说,地下水也应属于这一类。

(4) 与地表相联系的自然现象,即涉及地表所能接受的太阳、降雨、气温及风等大气资源。这一部分资源严格地看,不是地表的固体部分,但它们对地表和地表自然附着物有着巨大的或决定性的影响。因此,这些地表上的自然现象是土地资源不可忽略的重要成分。

可见,按自然资源定义的土地,从经济学上讲,实际上是一种自然资产。尽管它比按总量资产定义的土地范围要狭小些,但仍为一种广义的理解。对于具体的土地拥有者,由于受国家有关资源法规的限制,不可能享有按上述自然资产定义的土地的全部权限。[①] 因而,实际运用中的土地,定义常常更为狭窄一些。

土地群落　土地群落是一个生态学意义上的概念,带有一定的自然保护主义的色彩。对土地的生态学认识不仅有助于对其经济学含义的理解,而且在强调资源保护与持续利用的今天,土地群落的概念实际

---

① 按我国有关资源法律规定,矿产资源和水资源均属国家所有,少部分属集体所有。这就意味着,地表的占有与使用与地下资源是分离的。参见陈传道:《自然资源与法》,第41—53页,中国经济出版社,1993。

上已成为认识土地经济价值的基础。

利奥波德将土壤、自然环境与野生动植物之间相互适应、相互依存的生态学联系定义为土地群落。[①] 它所包含的内容为地表土壤、地表自然附着物及与之相关的自然现象,比广义的土地资产和土地资源的概念要狭窄些。土地群落概念的另一个显著特征是,它注重各成分之间的相互关系。土壤、植物、昆虫、鸟类和啮齿类动物、杂食性动物、肉食类动物,构成一个完整的食物链。动植物死亡以后的物质和能量又返回到土壤。破坏或中断这种相互依存关系,会使土地群落成为一种混乱状态。土地可以恢复,但其复杂程度降低了,对人及动物的承载容量降低了。这一土地概念的第三个特点,是对土地群落成分中那些没有市场价值成分的重视。一般说来,不论资产或资源,都是经济意义上的。而群落中的大多数成分,缺乏这种价值。但这些成分是生物群落稳定所必不可少的。因此,人类应该允许并维护这些成分的生存。这一特点表明,那些没有市场经济价值的动植物种类,在维护土地群落的完整性和稳定性方面有着不可忽略的价值。

土壤资源 在这里,土壤不仅指土壤自然肥力状况,而且包括土地的区位特征。李嘉图所讨论的土壤肥力,实际上是这两者的总称。[②] 人为的土壤改良,包括土壤结构的人为改善,道路、通讯等基础设施投资对土地区位状况的影响,可以包括在广义的土壤肥力的概念之内。但狭义的理解不应包括这些人为的投入。不仅如此,按狭义的土壤肥力定义的土地,不包括地表附着物,不论是人为建筑还是自然生物。地

[①] 参见 Leopold, *A Sand County Almanac and Sketches Here and There* (first Published in 1949), illustrated by Charles W. Scharwartz, Introduction by Robert Finch, Oxford University Press, Oxford, 1987。

[②] 参见 Ricardo, *The Principles of Political Economy and Taxation* (3rd ed), Everyman's Library, with Introduction by D. Winch, Dent, London, 1973。

下矿产资源对土壤肥力有重要影响,但并不属于土壤肥力的内在因子。

将土地的定义简化为土壤肥力,不仅成分上简单了,而且成分间的相互关系也忽略了。尽管这种简化所能体现的信息量有限,但留下了土地资源的基本内核。由于生物资源和矿产资源都可以独立于土地而讨论其价值,因而土地的价值尽管与这些地表附着物和地下资源有联系,也可以而且应该单独考虑。所要单独考虑的对象,也只能是按土壤肥力所定义的土地。

表11-1概括列出了几种土地定义的内涵。一般说来,较为狭义的定义只是更为广义定义内涵的一部分。广义的定义将人类的社会经济活动与较为狭义的土地资源特性相联系,使土地在生产过程中作为投入要素的经济学属性更为明确。

土地利用

广义的土地定义隐含有土地的自然的或经济的利用状况。只有将土地与利用联系在一起,土地的经济含义才能得到充分体现。土地利用的分类体系很多,而且不同国家或地区或不同统计目的土地利用类型也各有异。一般说来,土地利用类型的分类①既要考虑自然因素,又要注重经济目的。但是,不论是哪一种分类体系,都可能存在着相互交叉或重叠的问题。例如,林地,可以包括商业性用材林、灌木丛、农场的小块林地及采伐迹地。用于木材生产目的的林地自然是森林用地,用于其他目的的有林区域也可视为森林用地,但疏林草地,究竟是属于草地还是林地,其类型确定就需要一些附加的分类标准了。

---

① 例如中国的分类体系含有更多的自然类型特点,而美国采用的体系更强调经济目的。

表 11-1 土地资源内涵

土地定义		内涵	资料来源
土地资产	总量资源	自然资源,人造资源(附着于地表的固定资产如道路、厂房,以及融于地表或土壤的改良投资)	巴洛维(Barlowe,1978)
	自然资源	自然资源(地下资源,土壤肥力,微气候资源,地表自然附着物,即动、植物)	史密森(1982)
土地群落		微气候资源(降雨、气温、风、雪)地表自然附着物及土壤肥力	利奥波德(Leopold,1987)
土壤肥力		自然生产力,区位	李嘉图(1973)

土地利用转换 土地利用是地表形态和自然附着物与劳动力和资本投入于地表的综合表现。而且,土地利用只是一种静态的描述,不能表现长期的动态变化。

一方面,自然力的作用可改变地表自然附着物形态,如沧海桑田的自然演变、喜马拉雅山体的自然增高。森林火灾、火山喷发、冰川活动等自然力,都足以改变一定区域内的地表形态。这一转换通常需要较长的时间,与人类的社会经济活动无关。

另一方面,土地的经济利用主要源于劳动力和资本对土地的投入。其结果是地表自然形态和土壤肥力的变化。这便意味着,对于自然形态的土地,根据不同的目的,进行相应的劳动力和资本的投入,便可以形成不同的经济利用。图 11-1 便是这样一个例子:同一片自然的森林,按照规划的土地利用目的,进行相应的经济投入,森林便可以人为地被转换成为不同的土地利用类型。经济投入量越少,则土地自然形态的变化也就越小,逆转为起始自然形态的可能性就越大,实现逆转所需时间就越短。实际上,三种非消耗性的森林利用几乎不需改观森林外貌,也无需什么大的投资。自然保护和用以保持水土的流域管理,是森林自身所特有的功能。即使是用于娱乐目的的森林公园,也只是在保留原森林外观的前提下,用一些投资建一些管理和服务性质的设施。如果目的在于获取木材,林业用地的类型仍保持未变,但在生产过程中必然涉及经济投入、改良土壤自然肥力和交通条件。而且很可能是根据需要选择树种,改变原有森林的树种成分。如果是为了获取土地作他用,则需要砍伐和土地清理,原有的森林景观荡然无存。农耕地和采矿地均可恢复为森林,但经过大量经济投入的城市,地表已附着和融入相当数量的人造资本,如道路、房屋、地下管线等,已不能逆转为林地。

土地利用极限 土地利用类型的转换,并非是随意的,无限的。前面我们已经讨论过,城市用地由于人造资本附着量太大,已不可逆转为林地。这是由于土地利用不可逆转所引起的。由于城市用地只占土地面积很少的一部分,它所造成的不可逆的数量是较为有限的。土地利用局限的最主要原因是,大量按自然肥力定义的土地对许多经济用途的不适宜性。我们仍以图11-1所示的土地利用来说明。假设此处的森林为坡度较陡、海拔较高的山林。它适于非消耗性的使用,对于获取木材的消耗性使用,如果采伐措施适当,不造成植被破坏,那么,山林仍可适宜这一用途。但是,由于坡度较陡和海拔较高,显然不适于农作物种植。至于城市和矿山用地,需要考虑经济投入的收益。如果矿产的经济价值较高,如黄金、铀,作为矿山用地的可能性无疑是存在的。而用作城市建设,在环境与经济上显然都不很适宜。这就说明,某一特定的土地并非可用于多种经济目的,或者说适于某一经济目的的土地存在有极限。图11-2表明了用于耕作的土地的潜力和极限。尽管目前大约只有10%的土地用于农业生产,但余下的土地面积中,只有20%的地表有被用于耕作目的的潜力。余下的大量土地,或是太冷,或是太干旱,或是太高太陡的山坡地,或者是没有土壤的裸岩,而不适宜用作农业耕作。

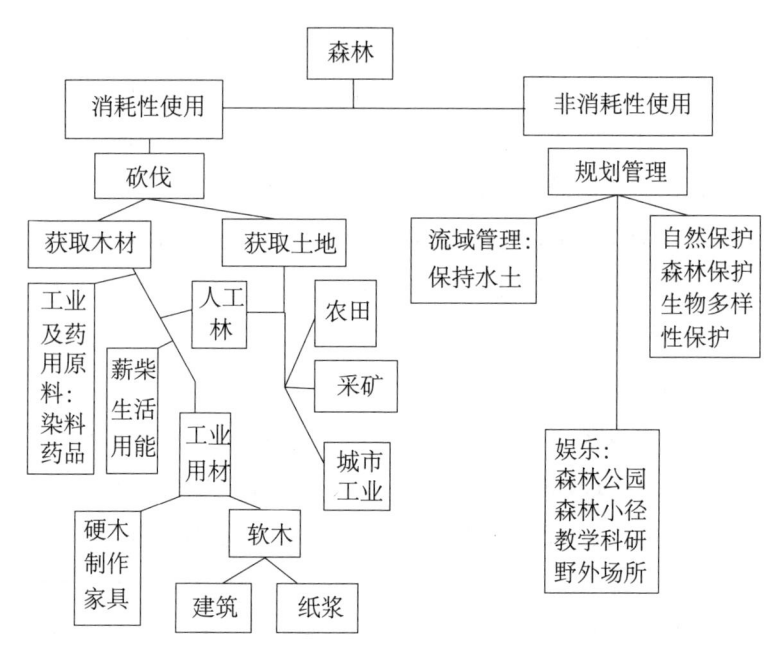

图 11-1　土地利用类型转换

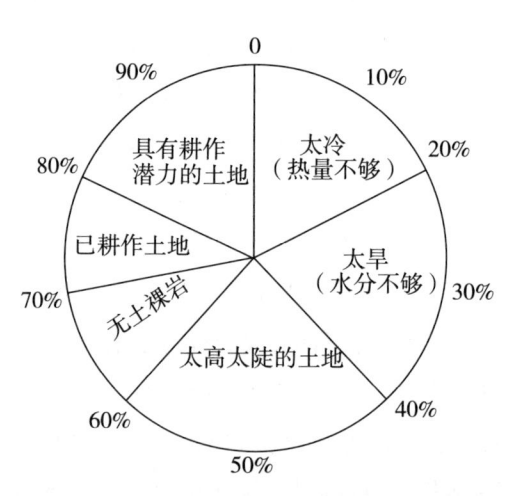

图 11-2　全世界土地与农业耕作用地适宜性

资料来源：Duddin & Hendrie, *World Land and Water Resources*, Hoddles, London, 1988, p.6。

当然,土地利用适宜性的极限随不同的国家和地区而异。尽管20世纪90年代我国在耕土地只占土地面积的10%左右,但几乎已没有可用以农业耕作的适宜土地了。美国的耕地面积目前占其土地总面积的20%,但其相当比例的草原和森林面积均适宜农业耕作用途。而且,土地利用的适宜性在一定程度上因经济投入而得到改善。例如,许多半干旱地区严重缺水,不具用作耕地的自然潜力。但大量的经济投入可以进行远距离、跨流域调水改善供水状况。当然,人类这种土地利用潜力的改善也并非是无限的。

11.2 土地的资源属性价值

所谓土地利用,实际上是对土地资源的利用。然而,土地资源也是一个集合名词。尽管我们可以多目标利用,但通常以利用土地的某一资源类别为主要目的。例如草场放牧,利用的主要是生物资源。这些资源都有着其特定的资源属性,规定着自然生产和经济利用的价值基础。

土地资源类别

土地资源类别的划分,需要考虑资源的存量与经济利用之间的关系。这种关系通常表现为在经济利用的情况下资源的更新情况,可消耗(枯竭)与否等,以及随时间、空间而变化的数量特征。根据这一关系,可以将土地资源类别划分为:

(1)耗减性基库资源。土地的这一资源成分具有总存量相对固定和不可自然更新的特点,因而其实物总供给数量便为一定量的资源库,随着人类的经济开采利用不断耗减而至枯竭。这类资源主要是各种金属、非金属和化石能源矿藏。其形成要经过漫长的地质年代,不可能在短期有明显的自然增量产生。这类矿物资源,有的可以重复利用,例如金属矿藏和石料,加工利用后,销蚀速度缓慢,因而可以重复利用;有的则是一次性的,如石油和煤炭,在使用中或是变为热能耗散了,或是形成新的化合物而改变了其化学成分与性质,不可重复利用。

(2)恒量性流动资源。这类资源在许多讨论中称为大气或气象资源,包括降水、阳光、风、潮汐等。作为一种流动资源,其流量、流速都是恒定的、可以预见的。尽管有可能局部微气候因人类活动而有所改变,但从总体上看,这种流动资源是恒定的,不因人类的利用与改善而发生变化。这类资源可以直接利用,如太阳能电池、太阳能热水器;也可以间接利用,如利用绿色植物固定太阳能。其价值只有在利用时才能实现。与可耗减的基库资源不同,不能存放到将来使用。

(3)生物与土壤资源。它们可以视为两类不同的资源。生物资源由生命有机体组成,包括各种动植物,有的已被人类经济利用,如农作物、用材林、牧草、家禽家畜;许多野生动植物尚未为人类利用。其特点是可以通过自我繁殖而更新。人们一般视土壤资源为非生命物质,不可自我更新。但土壤中的无机养分和生命有机体相互联系与依存的结果,使土壤具有更新与增加肥力的能力。生物在自然利用土壤的同时也改良土壤。人类在利用时,有可能改善,也有可能耗减土壤。将这两者归在一起讨论,并非是因为生物与土壤肥力的密切联系,而是两者在人类经济利用时所表现的更新与耗减特性。它们与耗减性资源不同,可以更新而不致耗减而枯竭,而且可以经过人类的经济投入而改善更新能力,提高生产力和增加资源存量。但在另一方面,如果人类利用不当或过度开发利用,则可能减少其更新能力,以至不能更新而至枯竭。

(4)地表空间资源。地表空间资源不同于前几类资源,它不存在更新与耗减的问题,也没流量变化特征。它有两个特征:面积不变和区位固定。前者表明无论如何利用,具体地域的面积不会发生任何变化,保持不变,既不会扩张,也不会变小。后者意味着任意具体地块,其位置相对于其他地块或在整个地域中的位置是固定的、不动的。其他类别的资源均不具上述特征。生物资源可以生长在这儿,也可以生长在其他地方;同等量的生物资源,可以占据较小的地表空间,也可以占据较大的地表空间。这一类资源的经济意义在于,它提供了利用其他类别资源的平面空间场所和确定位置。这就使得土地不同于其他类别的资源,不可运输搬动,成为不动产。地表空间资源不论是在经济利用还是在自然资源保护方面,都有重要意义。

(5)人为附加资源。这一类资源严格地说不属于自然资源,但它已附加于或融于土地资源,与土地具有不可分性。人为附加资源有两种形式。一是实物资本附加,如房屋、街道、道路、拦水坝等。它们附着于地表,已成为土地资源的一部分。尽管它们明显有别于自然资源,但在考虑利用它们所附着的土地时,这些实物资本状况也必须包括在内。二是融于土地资源的资本。通过土壤结构的改善而对土壤肥力的增加,良种的培育而使生物生产力的提高,都表明经济投入已融于自然资源之中了。但不论是实物资本还是融入资本,都具有一定的经济利用寿命。不仅房屋会变得陈旧腐坏,优良品种也会蜕化变质。从另一方面看,它们与自然资源一样,有一个保护与利用问题。如果不加以保护和合理利用,其生产力或收益率也会降低,资本存量也会减少而至消失。

这里需要指出的是,土地资源类别不同于土地利用类型。(1)土地利用是某一时点对土地的经济利用,因而它是一个静态的概念,不反映被利用土地上的资源的数量变化特征。(2)土地利用通常是对几种类别资源的同时利用。例如,农业耕作土地,尽管收获的是可更新的生物资源,但其利用涉及恒量性流动资源如太阳能、水、土壤资源、地表空间资源以及人为附加资源(土壤及作物品种改良)。(3)土地利用通常是出于纯经济目的的考虑,而资源类别涉及资源的维系、保护和利用等多种目的。前者所注重的是现时的经济价值,而后者还包括未来的或资源保护的价值。当然,两者的联系也是不言而喻的。土地资源类别是土地利用的基础。也就是说,特定的资源才能有特定的土地利用。如采矿地只能在有地下矿藏的地方。同时,我们还应注意到,上述资源类别并非是绝然可分的,各种类别之间存在着一定的联系或重叠。这种联系主要表现在三个方面。从特性上看,土壤资源和人为附加资源在利用不当和缺乏维护时,也具有耗减性特征。从形式上看,一种资源常常需要依附于另一资源。最典型的是人为附加资源,它必须附着于生物资源或地表空间。实际上,阳光、生物和土壤也需要地表空间来表现。从内容上看,各种类别的资源可以相互转换。植物资源所固定的太阳能在一定的地质时期以后可以转换为耗减性的化石能源。尽管存在上述联系,但对土地资源类别的分辨,有助于我们对土地资源特征的认识,理解土地的资源属性价值。

土地资源特征

对土地资源的利用,存在有多种选择,同时也有多种制约。这些都是与土地的资源特征分不开的。如果说对土地资源类别的辨识,有助于了解土地利用的物理基础的话,那么,对土地资源特征的认识,不仅可以明确土地利用形式与规模的制约,而且还有助于我们理解作为自然资源的土地的价值。这些特征主要包括:稀缺性、生产力、多样性、稳定性以及动态变异。

稀缺性。土地资源的稀缺或有限,在这里主要是指物理数量的限制,大略反映在四个层次上。一是限定时间和空间内某种资源类别的稀缺。二是在不限定时间与空间情况下某一资源类别总量的稀缺。三是土地资源总体的有限性。例如在干旱或洪涝年份,某些特定区域内适宜农作物生长的具有较高肥力的土壤资源出现短缺。当然这种短缺是暂时的,个别的;但适宜农业耕作的土壤资源总量也不是无限的。也就是说,土壤资源的总量具有稀缺性。土地资源总体是有限的,因为我们只有一个地球。上述理解均是土地资源绝对量的稀缺,即自然资源物理量的确定性。不可更新的矿物资源是这样,可更新的生物资源也是这样。因为其更新繁殖与增长受到了气候、土壤、地表空间等资源的限制,其增长速率和增长总量都只能在一定的范围内。四是因土壤肥力差异而得出的肥力高的土地资源数量的相对稀缺;但这一有限并不形成对生产的制约,因为还可以找到肥力较低的土地资源用以生产。因此,土地资源的稀缺只是相对的,即优质土地的稀缺,而非土地资源总量的绝对稀缺。土地资源的相对稀缺,意味着劳动力和资本投入量及投入收益的不同;或者说是土地资源价值的差异。不论是何种稀缺,土地资源均表现有稀缺性[①]。

自然生产力。土地生产力是土地资源的自然属性,是土壤资源、生物资源及气象资源相互作用的综合体现。一般说来,土地的自然生产力以单位面积的生物产量来表示。从产出量高的热带雨林到几乎没有生物生长的戈壁沙漠,土地的生产力提供了人类生存和经济利用的基础。但对土地的经济利用,在大多数情况下并非是直接的自然生产力,而是土地的生产潜力。狩猎和采集是对自然生产力的直接利用,但农业耕作所利用的就是土地的生产潜力。城市与商业用地几乎与土地自然生产力没有联系。经济学意义上的生产量,是产出与一种或多种相关投入之间的关系。土地作为一种生产要素投入,可以得到相应的经济产出。但这里的产出,实际上已成为与土地利用相联系的生产能力,不同于狭义的以生物量定义的生产力。这是因为:(1)用于非农业生

[①] 关于资源稀缺论的经济讨论,见本书第四章。

产的土地投入，目的不在于生物量生产，几乎不直接利用土壤生产潜力。(2)经济利用的土地，均有一定数量的劳动力与资本的投入，其产出并非完全源于土地因子。

多样性。土地资源的多样性表现在两个层次上。同一类别的资源具有多种不同的成分，最为典型的是生物种类的多样性。生物资源中有多种动物、植物，各自占据相应的生态位空间，充分利用阳光、水分及土壤养分；而且许多物种之间相互联系，相互依存，形成互为有利的共生关系。生物多样性不仅是生产力的基础，而且还是生物群落稳定性的条件。生物多样性特征具有十分重要的土地资源利用与保护意义。经济活动所利用的物种只是极少数，而绝大多数物种并没有市场价值。那些有市场价值的物种如果没有生物多样性的环境，其经济价值的维持和实现就要受到影响。在另一个层次上是资源类别的多样性。不同的资源类别，不仅有利于相互之间的作用，而且为土地资源的多目标利用提供了基础。在同一块土地上，各种不同资源(生物、土壤、微气候等)相互联系与作用形成相应的土地生产力；在土地利用中，可以根据生产的需要，人为地改善某一种资源，或形成一定的资源组合，以根据多样性特征，实现多目标利用。

稳定性。前面我们谈到，多样性导致稳定性。因为在具有多样性的前提下，某一种成分的突然变化的影响，会因其他成分的存在和作用而减缓。例如，一个生物群落，害虫的大暴发很可能毁灭群落内的一个物种。但其他物种的存在，一方面起到阻隔害虫的作用；另一方面，有的物种如鸟类是害虫的天敌。结果使得害虫危害的影响限定在一定范围内，使整个生物群落的特征不致发生变化。这一稳定性源于生物种之间的相互联系。在有的情况下，自然灾害如火灾、洪水及人为破坏如森林砍伐，可以导致土地资源外观的明显变化。但生物资源与土壤资源长期作用的结果，使得土层增厚、肥力增加、土壤水分条件改善。在遇有外来因子的不利影响时,土地资源的原有外观能够迅速得以恢复,还原到破坏前的水平。

土地资源的稳定性与土地的不动产特性有密切联系。各种资源均附着在一定的地表空间。植物植根于土壤,动物依附于食物源植物,其活动空间也限于一定的范围。因此,土地资源的稳定性,是指特定空间范围某一资源类别或资源组合关系或形式的稳定。不动产是一个法律和经济概念,不属于土地的资源属性范畴。但这一概念只是对土地空间位置固定性的法律和经济学表达。

动态变化。在认识土地资源的稳定性和区位固定性的同时,还要看到其动态变异特征。前面谈到,人为活动可以改观土地资源外貌。如果把人为活动的强度和持续时间控制在一定范围内,那么,土地资源的内在稳定性特征,可以弱化并逐步消除人为活动的不利影响。但如果人为破坏的强度过大,持续时间过长,则土地资源的稳定性就会遭到破坏,发生退化。例如毁林开荒造成水土流失殆尽,则在裸岩上不可能恢复森林。城镇及工业用地对原有土地资源的自然稳定性的破坏,从经济收益上看并非是退化,但与水土流失的极端恶果一样,出现土地资源利用的不可逆转。这种不可逆转的出现,便意味着原有稳定性的消失,多样性的减少,自然生产力的降低以至消失。许多人为活动会带来有利影响,如通过投资改良土地资源,使其稳定性加强、多样性增加、生产力提高。当然这种影响是可逆的,而且是渐进的,非突发性的。① 土地资源的动态变化及可逆转状况,是土地资源利用与保护的基本信息。

---

① 此处没有考虑自然力的作用,如历史上河流的自然改道、气候的变化、冰期与冰川的形成与出现等。出现这些变化所需时间较长,有的甚至为较长的地质时期,影响范围也较大。有的变化甚至改变土地的区位固定特征。在多数情况下,这种变化具有不可逆特征。

11.3 土地资源价值

土地既是自然资源,也是经济资源。自然资源涉及利用与保护,有明确的价值内涵;经济资源涉及效率配置与收益,意味着资源价值的市场实现。前面对土地内涵、土地利用类别及土地资源特性的分析,已在一定程度上从非经济学的角度揭示了土地资源的价值基础。在这一节里,我们应用资源经济学方法,对土地资源的价值内涵、成分及土地利用价值进行讨论。

土地经济价值来源

古典经济学中价值的内涵,是指凝集在商品中的一般的、无差异的劳动;马克思沿用古典经济学中的劳动价值论,对自然资源属性的价值讨论不多。因为按劳动价值论的定义,价值不是物的自然属性。土地对人类来说,"体现着自然的、未经转换的服务"[①],显然没有融入人类的一般劳动,不具劳动价值。但是,土地的这种服务具有经济效用,作为经济活动必不可少的生产要素,可以进行经济利用。由于土地资源的稀缺性,土地资源的生产力具有直接的市场价值。因此,土地作为一种自然资源,其经济价值不是来源于人类的一般劳动,而是来源于稀缺的土地资源的经济效用。当然,获取土地的经济效用,需要劳动和资本投入。但这部分经济投入,可以分离于作为自然资源的土地,计算其一般劳动,来进行劳动价值和收益的讨论。

土地资源的效用属性,意味着它有经济价值,至少是潜在的价值。有的土地资源,其效用并未在市场上体现出来,但它具有自然生产力的

---

① 参见史密森,《土地:一种生产要素》,32—33 页。

属性,隐含有效用,也含有经济价值。当然这种价值是以效用的市场价值为基础的。上面所讨论的效用,都是直接效用。如地表作为人类居住和生活空间的效用;土壤肥力进行粮食生产的效用。有的效用并非直接的。许多生物种类乃至生态系统并不提供人类直接消费的食品或其他消费品,但它们对于消费品的生产有不可分割的联系。例如土壤微生物,并不具直接效用。但它们对土壤肥力的改善及农产品的生产,具有十分重要的作用。有的生物种类,限于人类目前的知识水平,还未揭示其现实的效用。但我们不能说,它们将来也没有效用。这些间接效用和可能的未来效用,也应有相应的经济价值。

资源价值不仅包括以效用定义的经济考虑,而且还包括一些非经济的成分。这些成分与效用无关,因而不能在市场中实现其价值。广义的价值指相对于个人的爱好、欲望、利益或志趣。[1] 进入 20 世纪 80 年代以来,自然保护主义者在讨论自然资源的价值时,将这一价值理解延伸到其他动物乃至植物种类。[2] 但这一价值并非属于经济价值的范畴,不能在市场上得到实现。因此,即使我们承认土地资源具有这种价值,也是独立于土地的经济价值的。但是,并非所有的与效用无关的土地资源价值,都不能由人类来评估。对于特定的土地资源或资源类别,人们并非看重其现实的、潜在的或未来的效用,但赞赏这些资源的存在,也就是说,人们可能承认其存在的价值。人们可能认为,它们应该存在,而且愿意支付一定的货币数额,维护其存在。如果以这一愿意支付额作为存在价值的估计值,那么它就具有经济价值了。

从上面分析可见,土地资源的经济价值,来源于其效用和资源自身。

---

[1] 参见《辞海》,504 页,上海辞书出版社,1979。

[2] 参见 Taylor, *Respect for Nature: A Theory of Environmental Ethics*, Princeton University Press, New Jersey, 1986。

土地资源价值成分

土地资源的价值来源表明,土地资源的价值成分不应是单一的。鉴于土地资源(生物资源)的固有价值属于伦理学范畴,不应作为一种经济价值成分加以考虑。因此,土地资源的价值成分主要包括:(1)直接使用价值;(2)间接使用价值;(3)选择价值;(4)存在价值。前三种价值成分都与效用有关,所有的价值成分均可以经济价值来反映。尽管有的成分不能在市场上得以自动实现。

(1)直接使用价值。土地资源的效用是通过使用价值来获取或实现的。直接使用价值便是对效用的一部分或全部的直接消费所体现的经济价值。土地资源既是一种资本品,又是一种消费品。说它是资本品,因它是一种固定资产投入,用于生产过程;说它是消费品,是指其一部分或全部直接用于最终消费。农田、厂区、商业用地,均是将土地作为资本品,进行有关产品的生产,在生产过程中并未被消耗。可见土地作为资产品投入,其使用价值便是其不动产价值。土地作为资本品的使用,也并非完全是非消耗性的。用于农业生产的土壤肥力,如果使用不当或不注意维护,很可能在生产中被消耗掉。

土地资源作为消费品的使用,有两种形式:消耗性的和非消耗性的。消耗性的使用,实际上只是对土地资源的一部分,通常是生物资源的消费。生物资源作为土地资源的一个类别,尽管不是全部,可以直接用于最终消费。将土地作为资本品,投入劳动及资本所获得的制成品或农产品,并非为此处所考虑的消费品。此处作为最终消费品的土地,是其自然生产力,没有劳动力与资本的直接介入。这种最终消费的典型例子即原始采集和狩猎。如果采集和狩猎在土地资源的自然更新能力以内,则这种消耗性消费不构成土地资源的耗减;否则构成土地资源的衰退或耗减,如滥捕、滥猎造成的部分动物种类的灭绝。非消耗性的最终消费,包括娱乐景观和居住空间。人们对森林或自然土地景观的消费满足,并不消耗所涉及的资源。但这种消费无疑是对土地资源的直接使用。居住空间通常与房产联系在一起,所使用的也是土地的不动产价值。但它不是用于生产的资本品,而是用于居民的最终消费。当然,住宅地要清理掉土壤与生物资源,应该说构成了对土地资源的部分消耗。这属于选择价值的范畴,我们将在后面进行具体讨论。

在这里需要指出的是,对土地资源的使用,既可以作为资本品,又可以同时作为消费品。例如上面提到的作为最终消费品的娱乐景观资源。对于消费者来说,它是消费品,有相应的直接使用价值。但如果这一娱乐景观资源已被开发利用,对于开发商来说,这一资源就成为资本品了。因此,在考虑资源的直接使用价值时,需要明确它究竟是资本品还是消费品。这样,才可以防止资源使用价值的重复计算。不论是资本品还是消费品,都是对土地资源效用的直接获取,形成直接使用价值。尽管这种价值只是土地资源经济价值中的一部分,但它却是土地市场价值中的主要乃至全部内容。

(2)间接使用价值。对资源的使用,许多都是间接的,即不是直接用作资本品或消费品。但这些非直接的使用,是与资源直接效用的实现密切联系甚至是必不可少的。也就是说,它们是使用价值的重要组成部分。这些价值的表现形式,通常有三类:1)对具有直接使用价值的资本品和消费品的直接维护;2)作为资源成分对土地资源环境的改善;3)对自然的和人为废弃物的净化。

土地资源的许多不具经济价值的成分,对具有经济价值的成分具有维护效用。例如生物群落中的鸟类,我们并不直接使用它们,即并不获取它们用以消费。我们直接消费的农产品却常遭到害虫、鼠类的破坏。这样,土地资源的直接使用价值受到影响。鸟类啄食害虫,有的并捕食老鼠。这实际上是对农作物的保护,保证农作物直接使用价值的实现。因而，这些鸟类也具有使用价值，只不过是间接的，不为人们直接消费。这种间接使用价值，进而可以延伸到鸟类所栖息的森林、森林群落中的有关成分及森林土壤。可见，我们对这些土地资源成分的使用，是间接的，因而其经济价值也是间接的。

环境改善效应体现了另一类型的间接使用价值。例如森林和湿地资源，均系完整的生态系统。在许多情况下，我们并不去砍伐森林直接使用木材的经济价值。但它具有一系列的间接效用。这种效用并非前面所说的直接维护效用，而是对作为资本品和消费品的那部分土地资源的环境的改善。具体表现在水土保持和生态系统的维护，森林涵养水源、保持水土、调节局部微气候，使山下或附近的农田和城市减少洪涝旱灾的威胁，改善生态环境。而且，森林系统中的各种成员，均是生态系统的有机成分，具有维护生态系统功能的效用，如生物多样性、生态系统生产力和稳定性。尽管这些不为我们所直接消费，但对土地资源总体环境乃至我们生活质量的改善，均有积极效用。当然，如果我们直接消费生态系统的功能，如森林景观，那便成为直接使用价值了。

土地资源对污染废弃物的净化效应，有直接与间接使用价值之分。如果是人为地建设污染物处理场，利用土地资源净化污染，便属于对土地价值的直接使用了。例如在地广人稀的荒漠土地存放放射性的核废料，利用自然水体稀释污染物。这些都属于人为的有目的的利用。在自然过程中，有机废物及死亡有机体等通过土壤微生物得以分解，变为土壤有机质；人类经济活动排放的工业及生活污染物质，也为土地资源所接纳、净化。这些使用价值之所以是间接的，是因为它们不是直接用于生产或用于最终消费。但这种净化是有效用的。它产生间接的使用价值。

对于任一具体的土地资源，可以具有上述一种或多种间接使用价值。例如森林资源，很可能同时具有维护、改善和净化的效用。但这种价值的大小，并非取决于所涉及的土地资源自身。在许多情况下，从属于直接使用价值量的变化。如果这些间接效用能够维护或保证实现的直接使用价值额大，或所能替代的劳动力与资本投入量大，则间接使用价值也大。自然保护主义者倡导资源保护的经济理由，便是强调这种间接使用价值测度。例如鸟类的间接使用价值便有两种测度。

1) 消灭害虫所保护的农产品数量，属于实物量，虫口夺粮，保证人们不致挨饿；这种实物量可以通过市场转化为货币量，是鸟类消灭害虫而间接带来的经济价值。

2) 如果没有鸟类消灭害虫，人们将不得不投入劳动力和资本，以控制害虫。由于鸟类的存在，人们节省了这一部分经济投入。这一节省量便是鸟类间接使用价值的另一种测度。

这里所讨论的鸟类的间接使用价值，有两点需要注意：1) 这里的鸟所体现的是森林，包括动植物及森林土壤。因为没有森林，也就没有鸟类的栖息环境。所以实际上，鸟控制害虫的间接使用价值，应该是森林效用的一部分。2) 如果生产商投入劳动力和资本养鸟来控制害虫，所实现的价值是直接的，因为涉及对鸟控制害虫价值的直接利用。这就表明，一旦人们认识到间接使用价值，就有可能通过经济投入，转化为直接使用价值。例如人为投资营造水源涵养林；应用人为措施，恢复自然生态系统和保护野生动物的生存环境。这从一方面看是保护了土地资源；从另一方面看，则是为了实现所涉及资源的使用价值，将间接使用价值转换为直接使用价值。

(3) 选择价值。选择价值实质上也是一种使用价值，但它不同于直接使用和间接使用价值，不是现实的用于既定目的的使用价值，而是土地资源用于其他选择的潜在收益的价值。产生这一价值的原因主要有三个。

1) 偏好的差异及其在时间上的不连续。由于资源使用者的宗教、知识、信息占有及资本水平上的差异，导致不同使用者对同一土地资源消费或利用偏好的差异。在这里，宗教文化对偏好的影响最大。从时间序列上看，一个人的消费偏好很可能发生变异。除宗教、文化、生活习性等因素外，造成这种偏好不连续的主要原因在于信息占有及经济发展水平。同一个人随时间的偏好变化可能不会很大。但在不同代人之间，由于时间跨度大，这种偏好的不连续会更为明显。

2）技术进步和信息占有量的增加。技术进步拓宽了土地资源利用的选择范围，或明确了资源使用的经济价值。原来使用价值极低的资源，由于新技术的发明或引进，使之能够经济利用。这里所说的信息，主要是指对土地资源使用价值的认识深化。例如鸟类捕杀害虫的间接使用价值，起初人们并未意识到；森林及湿地生态系统改善环境的效用；野生花卉的观赏价值；许多野生动植物的药用价值等。这些直接或间接使用价值原本就存在，只是人们没有认识到罢了。随着信息量的增加，这些价值就会逐渐得到揭示，新的选择也就出现了。

3）土地资源开发利用的不可逆及未来土地需求的非确定性。由于土地资源的稀缺，任何不可逆的土地开发利用，都将减少土地资源利用选择。假定偏好和信息占有量为一定，即它们不影响资源使用的潜在收益，土地使用者也要考虑其他使用选择的消失。即使在其他选择的潜在收益没有现时的直接使用价值高，但土地拥有者很可能有一定的支付意愿，避免这种不可逆的使用。这一点在自然保护和国家宏观决策时，具有重要意义。

那么，具体地说，这些选择价值又包括些什么成分呢？由于使用价值是相对于具体的使用人①来说的，因而这种价值可以从三个方面来看。对当前的土地使用人来说，其现实使用价值是最大的，否则他不会

---

① 这里我们假定所有权者和使用者的利益为一致，否则两者很可能有价值差异。

如此实际使用。他所放弃的其他选择似乎有机会成本的意思。但并不尽然如此,因为机会成本只是其他多种选择中,价值最大的一种选择的潜在收益的损失。一般说来,理智的经济人即收益最大化的追求者的决策,直接使用价值必然高于机会成本。而选择却有多种,如一片原始森林,可以作消耗性的使用选择,以获取木材或土地(用于农耕或工商业)的使用价值;也可以是非消耗性的使用选择,如水源涵养,景观娱乐。而且这些潜在效用的价值,含有不确定因素。因为它要受到消费偏好变化、信息增加等因子的影响。对于当前其他人来说,其选择有可能不同于使用者的实际利用。不同的人可能具有不同的土地价值观和消费偏好,因而土地使用选择的潜在收益也会存在差异。对于子孙后代的选择我们不得而知,但他们的选择不会是我们现实选择的简单继承或复制。几十年以前,人们向往的只是城市文明和对土地的征服;今天越来越多的人崇尚并保护土地的自然景观,注重土地的自然资源价值。几十年后,子孙后代对土地使用的选择,很可能具有与我们不同的价值观和偏好。如果当前的实际土地使用可以逆转,即在较短的时间内以较少的资本投入或不投入,便可转换为其他使用,其他选择仍是可能的,选择值不会很高;但如果出现不可逆,那么这种选择潜在收益值就会较大了。主要原因是两个方面的。一方面,因为选择价值涉及偏好、信息等因素,其市场价值体现受到制约。西方近年来的一些土地资源经济研究[1]应用显性偏好的原理与方法,对一些资源进行了"支付意愿"的分析研究。如果并不是不可逆的,则不需要在时间及资本上花巨大代价来实现其他选择,人们的支付意愿也就不会太高。如果将这一支付意愿值作为选择价值的估值时,显然是有限的。但如果出现不

---

[1] 参见 Brookshire, et al., *Estimating Option Prices and Existence Values for Wildlife Resources and Economtics*, 59:1-15,1983。

可逆,这种估值便会大幅增加。从另一方面看,如果出现不可逆,土地使用的潜在收益相对于当前的实际利用便出现较大的差距。例如砍伐森林获取木材和土地的使用价值,造成水土流失,以至成为裸岩荒地。此时的实际使用价值几乎为零。但其应具有的选择包括森林、农田等使用的潜在收益。这一潜在收益与现实实际使用价值的差异,便构成选择值的基本内容。因而,选择价值在出现不可逆时,相对于现实可行的实际使用价值,其值不仅为正,而且可能较大。

(4) 存在价值。土地的存在价值属纯资源价值范畴。它与资源利用与效用,无论是直接的、间接的,还是现在的或将来的,均无关。因此它不同于前面所讨论的使用价值或选择价值。按皮尔斯等人的定义①,它是人们对某一自然资源的"存在而愿意支付的货币数额"。也就是说,为了让某一特定的自然资源存在与延续,愿意付出收入中的一部分。在自然保护的实践中,可以找到许多这样的例子。例如,许多人对野生动植物或湿地生态系统保护的捐赠,其目的是为了维系这些资源的生存延续,而并不一定是为了获得其使用价值,包括未来的、非消耗性的使用,如旅游、欣赏等。西方已有一些有关的实例研究,通常采用问卷调查方法,询问人们愿意支付多大数额来维护某一特定资源的存在。结果表明,资源的存在价是资源经济总值中的一个重要组成部分。

土地资源价值变异

由于土地资源的非均质性,土地资源价值也必然存在差异。而且土地资源效用的实现,与人们的实际土地利用不可分割。此外,不同的

---

① 参见 Pearce and Turner, "Economics of Natural Resources and the Environment", *Harvester Heatsheaf*, Hertfordshire, England, 1990。

评价方法及不同的人,也可能导致资源价值估计量的差异。这便意味着土地的资源价值很可能表现出相当程度的变异。

在这里,我们仍以未融入劳动力和资本的土地来进行讨论。自然状态的土地,各种资源成分,在其组合及资源特征上具有多样性。有的地块土壤资源、生物资源及微气候资源状况较好,且资源组合有利于土地生产力的形成和维系,那么,该地区的自然生产力就会较高,土地资源状况也就较稳定。而且这些地块在多数情况下,具有较好的位置特征。如靠近河边或湖边,有充裕的水源,或在河川冲击平原地区,因而具有较高的自然生产力的价值,土地资源的效用潜力较大,而且其动植物区系成分的存在价值也较高①。

土地的资源价值不仅受自然的物理状况的影响,而且还因人的主观认识而异。一方面,人们对土地资源价值在认识上不尽一致。有的人认为,土地只是一种生产要素,在经济意义上,与劳动力和资本没有质的差别。那么其价值只能是源于效用的市场实现值,即土地资源的直接使用价值。有的人认为,由于市场的不完善和市场失效,市场价格不能体现土地资源的使用价值,而必须应用影子价格或社会价格,来分析其使用价值。因此,间接使用价值,乃至于选择价值也在考虑之列。还有一部分自然保护意识浓的人,很可能在使用价值之外,强调土地资源的存在价值。如果说上述差异只是由于人们对资源价值成分在认识上的差异,那么,因文化传统、宗教意识等而导致的消费偏好的差异,则引起各种成分的价值差异,尤其是那些不能在市场上实现的价值,如选择值和存在值,这种差异很可能相差甚远。

此外,土地的资源价值还可能含有未知的或非确定的价值因素。

---

① 这种价值差异只有在与土地利用联系起来时,才能得到相应体现。这就要取决于人们对该特定地块利用的选择。

存在价值固然因人和时间而有所不同,但对于一个具体的人在一个确定的时点,以愿意支付额形式所表现的显性偏好值,不论大或小,应是一定的。而选择值中所包括的一些因素,尤其是那些现在没有实际使用价值的资源,其未来选择的价值,相对于今天的人们来说,并不肯定知道,即使假定有直接使用价值,但其值的大小也难以明确。

总之,土地资源的价值,因自然的和人为主观意识的差异,往往存在一定程度的变异。这一变异不仅表现在不同肥力和区位的地块之间,而且也能表现在对同一地块的价值评估上。

11.4 土地资源价值的影响因子

从经济学意义上讲,土地价值比土地资源价值所反映的内容要狭窄些。土地价值通常反映土地实际利用中所体现的使用价值。同一块土地,用于不同的目的,其价值会有不同;而同一类型的土地利用,在不同的地块,土地价值也可能相去甚远。土地利用既可以使土地增值,也可以使土地贬值。由此可见,土地的资源经济价值通常是与土地利用联系在一起的。或者说,土地利用决定或改变着土地的资源经济价值。

土地利用类型

同一土地资源可以进行不同的利用。而不同的土地利用,常常导致该资源的经济价值的分化。对于任一地块,它所能适宜的土地利用类型,受土地资源潜力和土地利用规划或分区的影响。即并非所有的土地都适宜所有的土地利用。很可能所涉及的土地,不具相应的土地利用潜力,或不允许作某种利用。但在许多情况下,同一土地可以有多种利用选择的可能性,是存在的。一般说来,商业、工业和宅基地的经济价值,要高于农业林业用地,而裸岩、废弃地的经济价值最低。这种一般态势见图 11-3 所示。

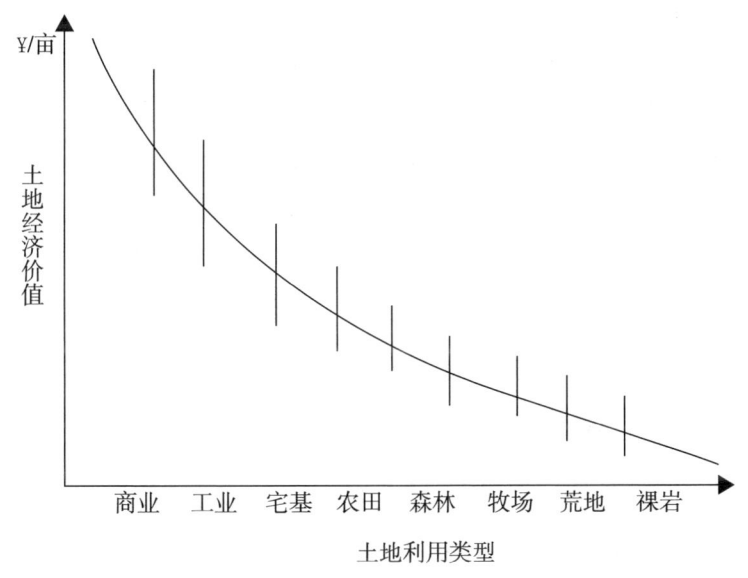

图 11-3 土地利用类型与土地经济价值

为什么不同的土地利用，造成同一土地资源经济价值的分化呢？从图 11-3 的横轴上所示的土地利用类型看，单位土地面积的经济收益高，相应的，土地经济价值也就高。那么，为什么不同的利用造成这种收益差异呢？显然，这种收益分化并非源于土地资源自身。例如一片自然肥力状况较好的森林，不论是用于农业耕作还是用于商业开发，其自然生产力基础都是一致的。从另一方面看，收益越高的土地，其融入或附着的劳动力与资本的数额也就越大。将林业用地改为农田，需要大量的劳动力与资本的投入。首先需要砍伐森林，清理地表自然附着物即原有的森林群落成，并平整和改良土壤，使之适宜农业耕作。在此基础上还需要一些固定的投入，包括房舍、道路、水利设施等，以维护基本的农业生产条件。此外，还必须有经常性的可变资本的投入，如化肥、种子等。所有这些经济投入均融于或附着于农田，成为农田或不动产的经济价值的一部分。也就是说,市场价值必然要反映这部分经济投入。如果是宅基地或工商业开发,经济投入量会更大,包括城市基础设施(道路、地下铁道、供排水体系等)、地表覆盖(生物或工程覆盖)以及地表建筑物。一般说来,商业区单位土地面积的资本附着量最高,工业用地次之,宅基地的资本投入密度相对要低些。

这样看来,土地利用类型是由单位面积的资本投入(或含量)来决定的,而土地的经济价值因土地利用类型而分化。由此而得出,对于任一给定的土地资源,其经济价值是资本投入量的函数。投入量越高,则土地的经济价值就越大。

土地利用容量

土地利用容量(land use capacity)指在给定的技术和生产条件下,对任一给定的土地利用,在给定的时间内,所利用的单位土地面积的生产潜力,通常用净收益量或所获取的满足状况来表示。用净收益作为土地利用容量,比较容易理解;用所获取的满足状况作为土地利用容量似乎有些奇怪。其实后一种情况并非是超越现实的,实践中有许多这类事例。例如私人花园,所有者和消费者均是一种满足的获取,而非收益。拥有自己的房产,如果不是为了租赁而是自己享用,那么拥有者在相当程度上已是为了获取某种满足。因为从效用上看,在西方租房住并不一定比买房贵。不过,私人花园和私人拥有的住房,可用以影子价格来估算相应土地利用的收益。这样,用土地的收益量表现土地利用容量,分析起来更为方便。

前面已经讨论过,同一地块,在出现土地利用类型的转换时,发生土地利用容量的变化;同一类型的土地利用,不同的地块之间也存在土地利用容量的差异。造成这种差异的主要因素为比较优势及土地区位特点,而这些因素除自然生产力外,受经济投入的影响较大。因此,通过土地利用容量的分析,有助于我们认识土地的经济价值,以充分发挥土地利用容量,实现最大的土地经济价值。

土地利用容量差异。同一类型的土地利用,在不同的地区所表现的土地生产能力和土地经济价值,很可能相去甚远。例如,同是商业用地,中心商业区、一般商业区及集镇商业地段之间,土地利用收益往往相差数倍乃至更高。例如据有关方面对北京市商业系统15个行业中2 960个企业进行级差收益测算的结果表明,北京市王府井大街、西单、前门等商业中心区(一级土地)企业的收益是城市边缘地段(二环路外与三环路内七级土地)的商业企业收益的近20倍。上海市同类土地之间的收益相差达26倍。① 正如图11-3所示,商业用地总的来说比其他类型的土地利用收益要高。但土地利用容量较低的商业地段或地区,土地收益或土地经济价值可能还要低于工业和住宅用地。不仅这种非农业的城镇用地类型内部存在较大的变化,农业用地同样表现土地利用容量的较大差异。同是粮食生产,单位面积产量在我国东部地区和传统的集约生产地区,通常远高于西部内陆地区。

许多地区经济林的土地收益高于种植业用地的收益。这种情况在土壤层较薄的坡地尤为明显。土地利用容量的差异,实际上构成土地经济价值的差异。那么,造成这种差异的主要影响因子又是什么呢?

土地利用容量的比较优势。比较优势在古典政治经济学著作中就已有明确的论述。亚当·斯密将此作为专业化生产的重要依据,以提高劳动生产力。李嘉图关于比较优势的分析,奠定了国际贸易和地区分工的理论基础。一般说来,比较优势所涉及的,不仅是土地的生产能力,还包括劳动力、技术、资金等因素。但用以进行比较优势分析的,通常是不同地区产品的单位生产成本或收益,比如电视机、汽车等。尽管

---

① 参见毕宝德:《土地经济学》(修订本),89页,中国人民大学出版社,1993。

工业制成品可以在一定程度上反映土地生产能力,但农产品生产更能显示土地利用能力状况。因此,我们以假设的一个例子来说明不同地区土地利用能力的比较优势差异。

一般说来,每一具体地区都倾向于生产相对于其他地区具有最大优势比率的产品或具有最小不利比率的产品。如果一个地区相对于另外一个地区,几种产品的生产都具有优势,则该地区将倾向于多生产优势比率高的某一种或几种产品;另一个地区在各种产品的生产收益均较低的情况下,则倾向于生产那些相对说来不利程度低些的产品。这便是所谓的比较优势原则。以表11-2中的数据为例。地区A相对于地区B,棉花和水稻生产均具有绝对优势。但其水稻的优势比(400/280)更大些,因此地区A会投入更多的农田用于水稻生产。地区B均不具绝对优势,但其旱生作物(棉花)生产的不利比率(250/300)更小些。按收益来看,地区B生产水稻比棉花收益高。但是,地区B的一亩棉花相当于地区A的0.83亩,而水稻的比仅为0.7。地区B少种一亩水稻只损失30元,而地区A多种一亩水稻则多收入100元。在水稻和棉花的播种面积为一定时,同一生产商在地区A和地区B进行生产经营,他肯定会愿意在地区B多种棉花,在地区A多种水稻。而对于水源较为缺乏的C地区,显然应以旱生作物为主。

表11-2 土地利用能力的地区差异　　　　　　单位:人民币元/亩

	地区A	地区B	地区C
棉花/小麦	300	250	100
水稻	400	280	40

在比较优势这一结论的背后,无疑有着一系列的原因。对农业生产来说,土地自然资源条件起着十分重要的作用。优越的自然气候条件、肥沃深厚的土壤肥力状况、有利的地形条件,是较高农业生产力的自然基础。以土地收益定义的土地生产能力,不只是看单位面积的实

物产量,而且还要看这些产品的市场价格。如果交通不便,要花许多时间和费用将产品运到市场的话,比较优势就表现不充分或消失,土地经济价值也要受到影响。因此,自然交通条件、地形地貌在此构成比较优势的重要成分。不仅农业生产的比较优势在相当程度上取决于土地的自然条件,矿山、旅游景观更是如此。即使商业和住宅用地,自然因子的比较优势也起有不可低估的作用。土地的比较优势如果没有社会经济因子的有利组合,也不能发挥出来。在生产和管理过程中,土地只是生产要素之一,还需要资本、劳动力和管理技能。劳动力和资本投入可以改善土壤生产力,提高产量。对于同样条件的土地,如果一个地区的资本和劳动力成本较之于另一个地区要低,那么该地区便比另一个地区具有比较成本优势,使得该地区的土地利用容量表现出绝对比较优势。社会政治因素也在相当程度上影响比较优势的实现。在国际贸易中,关税壁垒和贸易限制排除或减弱了外部竞争,给不具备比较优势的国内生产商以保护。社会政治稳定性是保障劳动和资本比较优势发挥效用的基本前提。这种影响在国内同样存在。地区封锁与地方保护主义,使得不同地区间的土地利用容量的比较优势,不能得到充分实现,影响土地的经济价值。

空间位置与土地利用容量分化。土地与其他生产要素如劳动力和资本不一样,不具备空间移动的特征。我们可以将劳动力和资本从一个地区转移和运用到另一个地区,但却不能改变土地的空间位置。这里的空间位置是一个物理量,包括两层含义:涉及土地的不动性和相对于其他土地物理关系的固定性。由于人们社会经济活动的聚集,土地相对于聚集点的空间位置便会导致土地利用容量的分化。这一空间位置或区位因素,实际上也是土地利用容量的比较优势因子。但它为土地资源所特有,不同于其他一般的比较优势因子。在其他因子为一定时,土地的空间位置对土地经济价值有决定性的作用,而且它对涉及土地利用容量的其他因子,也有直接影响。

土地的空间位置影响,始于 19 世纪 20 年代屠能关于市场距离对农业生产用地的影响的分析。屠能的区位理论所涉及的主要是与农业生产相联系的土地经济价值。但其运输距离与成本对土地经济价值影响的原理,在工业及城市区位分析中,同样得到了应用和体现。20 世纪初,韦伯关于工业布局区位选择的分析,表明运输成本和生产设施与条件的位置,在工业生产场地优化选择中起着决定性的作用。

农业区位、工业区位与城市区位,尽管是从经济地理学的角度与方法来分析、论述的,但它们都从不同侧面表明,土地的空间位置具有经济学内涵。在同等的土地资源条件下,同一类型的土地利用在不同的空间位置,便可以表现出不同的土地利用容量,因而在市场上所能实现的经济价值也相去甚远。

土地利用容量的动态变化

土地利用容量随土地利用类型和空间位置的不同而变化;但在同时,对于给定的土地类型和空间区位,土地利用容量也会出现随时间的动态变化,带动土地经济价值的增加或减少。引起这种动态变化的主要原因,在于人类对土地的经济利用,涉及土地资源的开发、利用、保护、经济扩展、贸易、社会文化等因素。有一些自然资源状况,对土地利用容量的动态变化也有重要影响。但这些自然演变,如沧海桑田、火山喷发等,人类无法控制。概括起来,土地利用容量动态变化的类型,大致可以归为三类:资源经济价值量、资源利用方式和经济投入量。贸易变化、技术进步、经济发展、社会文化演替等,都可以通过上述三种形式,影响土地利用容量的动态变化。

(1)资源经济价值量。土地的经济价值,不在于土地资源的物理量,而在于其经济价值量。物理概念的土地资源量是一种客观存在,而与其经济价值大小无关。只有其经济价值变化,才能引起经济意义上的土地利用容量的变化。发生这种变化主要有三种情况。

1)具有经济价值的资源的新发现。许多地下矿藏资源,如石油、金属原矿等,我们已知其经济价值,但不完全知道其具体位置。一旦经地质勘探发现,则所在地的资源经济价值量,从原来的土地利用容量的相应量,上升到开采利用所发现的资源相对应的土地利用容量所体现的价值量。

2)由于技术进步等原因,使经济价值量低的资源升值。在原有技术水平下,品位低的矿藏资源尽管已被发现,但不具经济开采价值,只能是原有的裸岩荒山,土地利用容量极为有限。新技术则使这些资源具有经济开采价值,或原有的丢弃的伴生矿物得以利用。其他的例子,如低洼地、盐碱地改造利用技术,使之适于进行农业耕作。

3)许多可更新或不可更新的资源,随着高品位、高经济价值含量的资源量的减少以至最终枯竭,原长期用作矿山或工业使用的土地,将被弃置或复垦后用于农、林、娱乐等产业。相应地,土地利用容量与经济价值随着发生变化。森林尽管可以自然更新,但砍伐后,一般需要数十年乃至上百年才可以成材。采伐迹地土地经济价值量无疑会因砍伐而变化。

(2)资源利用方式。土地生产能力在不同的生产利用方式下,随时间发生演化。这里的利用方式,主要是从可否持续利用的状况来定义的,大体上可归为三类:掠夺式、自然恢复和资源改善型。所谓掠夺式利用,强调近期收益,在开发利用投入中,采用高的贴现率,以期在较短的时间内获取尽可能多的资源利用收益。这种情况在资源产权不明确的情况下尤为突出。原因很简单:对于资源利用者来说,今天不利用,明天就可能不能再利用了,或被他人利用了。例如,对鲸和大象的捕杀,今天能捕杀的越多越好,明天可能被别人捕获或不让捕获。在土地租赁的终期,佃农很可能不愿意投入,而只利用土地现有肥力。因为留到来年的肥力于他无经济意义。掠夺式利用还会因贫困和政策不当而造成。为贫困所迫,人们只好只顾眼前,过分利用资源。如果政府鼓励毁林开荒,则水土流失、自然肥力下降等后果是必然的。自然恢复式的利用方式,为一周期性的土地生产能力变化。人类首先对资源开发利用,造成对资源的破坏和自然肥力的降低,然后停止开发利用,让其自然恢复;在土地的生产能力提高到原有水平后,再加以利用。农业耕作的休闲制,便是这种自然恢复的一个典型例子。资源改善型利用则是在人类对资源特性认识的基础上,有意识地顺从各种自然过程,并人为地加以投入,以提高土地利用容量。例如良种培育、土壤改良、基础设施改进等,都使得所利用的土地生产能力得以提高。

掠夺式利用显然易造成土地资源数量的减少或质量的降低,为不可持续的利用。土地利用容量会因此而不断下降,其经济价值也相应地减少。自然恢复式的利用,可以使资源的数量和质量维系原有水平,但土地的利用容量一般说来较为有限,其经济价值不会很高。资源改善型的利用,则是通过人对资源的维护与改善,而提高土地资源的经济价值量。这里的经济价值量,不仅源于资源物理量的维护和增加,还可能源于土地资源质量或状态的改进。

(3)经济投入量。在自然条件、空间位置为一定时,土地利用容量随着经济投入量的变化而变化;而且经济投入量还可以在一定程度上形成和改变区位状况,从而提高土地的经济价值。这里的经济投入量,指劳动力和资本,以直接和间接的形式融入土地,构成土地经济价值的一部分,使土地增值。

直接经济投入可以直接改变土地利用的容量。农业用地的投入一般都融入土地之中,例如平整土地、营造梯田、改善土壤结构和农田水利设施等。在这些投入融入土地之后,在区位条件不加改变的情况下,土地利用容量得到了提高。非农业用地的经济投入,数量比农业投入更大,地点更集中。最为典型的是各种建筑物。这样的实物资本多附着于地表,资金密集度高。它对土地经济价值量的变化,可以理解为资本与土地的叠加。例如,某厂商花500万元买下一亩土地,并在其上投资2 000万元营造写字楼一幢。此时,该厂商在这一亩土地上的投资总量已达2 500万元。由于房产与地产不可分,那么,在这一亩土地上的经济价值从投资成本上看,已达2 500万元。

间接经济投入通常已融入或附着于土地。之所以称为间接,是因为投入并非源于厂商,而且没有在厂商所直接使用的土地上。集体或公共投资的农田水利设施如堤防、大型排洪设施,它们提高受益农田的利用容量,但并没有融入或附着于所拥有或使用的农田地域内。然而,这些非直接投入的资本量,通常可以反映到受益范围内的农田经济价值之中。城市及工业用地的基础设施投入,包括道路、供水、排水体系、电力、通信设施等。它们在多数情况下,并非厂商直接投资。但它们提供厂商生产的基本条件,从而使得区域内的土地利用容量增强。这也部分说明,为什么厂商在开发区内购买的土地,在没有直接融入资本的情况下,经济价值远高于没有基础设施投入的土地。

间接经济投入通过形成城市的聚集效应,对土地利用容量也有着十分重要的影响。例如劳动力,在基础较好、工业较发达的城市,技术工人和管理人才较为密集,尽管通常假定劳动力是充分流动的,但在实践中,由于社会、文化方面的考虑,劳动力的自由移动并非易事。如果把劳动力看作是人力资本的话,那么,这种资本的存量或投入量,无疑与基础设施一类的投资没有质的差异。城市的聚集效应还表现在金融、信息、服务及配套或互补产业的存在等方面。

城市的聚集效应构成区位优势。但从单位面积的资本投入量来看,这种优势与大量的经济投入直接相关。福建的厦门、湖北的十堰均是由大量而集中的投资形成增长点,发育为具有一定优势的区位,从而增加了当地的土地利用容量。

综上所述,土地利用容量与经济投入量呈正比关系。投入量越大,利用容量就增加越多;土地经济增值量也就越高。但是也要看到,土地经济增值量的一部分,来源于非土地的实物资本;这部分资本会随时间而老化,价值量出现衰减。这表明土地经济投入或存有量的降低,与土地经济价值与经济投入量成正比的关系,并不矛盾。

11.5　土地经济价值评价与实现

在前面两节里,我们分别讨论了土地资源的经济价值成分及其影响因子。不论土地资源作何种经济利用,都应在理论上具有各种使用和非使用价值。野生动植物具有存在价值,非农业用地的贫民窟有没有存在价值?人们认为它可以忽略甚至为负值,社会不希望其存在。在另一方面,一些特色建筑和与重大历史事件、文化相关联的土地利用,不具生物资源的存在价值,但却具有文化遗产价值,社会也将致力于其维护。可见,对土地的经济总值,不仅要认识其价值成分及影响因子,还要对其进行相应的评价。明确土地利用的价值总量和各种价值成分的相对量,以有利于土地资源合理利用与保护的决策。有的价值成分可以在市场上得到反映并实现,有的则不能。为使土地资源利用的经济总值达最大,相应的价值成分都应以市场或非市场的方式实现之。

基于上述考虑,本节主要讨论土地经济价值的评价方法和土地经济总值的市场与非市场实现。

土地经济价值评估

土地经济价值的评价方法有很多,如市场比较、收入资本化、置换成本、级差地租法等。这些市场或成本估价方法，可以帮助交易各方了解所交易土地的市场价格，并用以决策。但由于这些方法所评估的只是土地的直接使用价值，往往难以揭示（而且通常忽略）土地资源的其他价值成分。我们需要土地交易的市场信息，但同时我们也应了解直接使用价值以外的价值成分。近年来，西方经济学研究中，已有一些这方面的研究，采用的方法除市场分析外，还有因果评价（contingent valuation method）、旅行成本、享乐定价法（hedonic pricing）等。[①] 所评价的内容为某一特定的土地利用、某一特定的资源或某一特定的价值成分。

热带雨林的价值，是近年来自然资源保护经济学中的一个中心内容。英国学者对喀麦隆南部的科鲁帕国家公园的森林用地的效益，进行了实例分析。[②] 该公园占地 126 000 公顷，有 1 000 多种植物，1 300 多种动物，其中 119 种为哺乳类动物，15 种为灵长类动物。在上述 2 300 多种物种中，有 60 种为该地所独有，170 种已列为濒危物种。如果不改变土地用途，即仍用作森林生长，则有 31.99 亿非洲法郎的收益。其中直接收益包括林产品利用（3.54 亿），旅游（6.80 亿），间接使用收益包括渔业保护（17.70 亿），洪水控制（2.65 亿）和土壤生产力保护（1.30 亿）。按 6% 的贴现率计算，这一公园森林保护的收益净现值达 3.19 亿非洲法郎。据估算，该公园的存在和选择价值大约为每平方公里 1 000 欧洲货币单位。有的研究，用西方国家对热带雨林所在国用于森林保护的援助额和债务减免，来匡算发达国家对热带雨林的存在价值和选择价值的愿意支付额（WTP，见表 11-3）。

---

① 关于这些评价方法的详细描述，参见 Freeman Ⅲ，"The Measurement of Environmental and Resource Values: Theory and Methods"，*Resources for the Future*，Washington DC，1995。

② 参见 Pearce，"Economic Valuation of Natural Resources"，World Development Report Background Paper，WPS988，World Bank，Washington DC，1992，pp.9-11。

表 11-3　热带雨林保护的非使用价值评估

地区单位	保护区域面积（km²）	发达国家的实际净现值支付额（1 000美元）*	受保护的面积（1 000km²）	非使用价值支付额（美元/km²/年）**
玻利维亚贝利保护区	15 420	267	15.42	17.3
厄瓜多尔亚马逊公园	10 000	378	10.00	37.8
菲律宾圣保罗公园	57	402	0.40	1 037.4
哥斯达黎加圣罗莎公园	160	302	0.69	436.2
哥斯达黎加弗得山森林	36	279	0.16	1 796.2
尼日利亚奥本公园	2 500	1 173	2.50	469.2

＊为发达国家针对特定森林保护所拨付的援助费和债务减免。

＊＊发达国家并没有从所保护森林获取直接和间接使用价值的目的,此处的愿意支付额实际上等同于选择价值和存在价值。

资料来源:皮尔斯(D.W.Pearce),《世界发展报告背景报告》,世界银行,第 3 项,1992年英文版。

美国环境保护署的一份研究①,对植物的药用价值进行了货币收益折算。其所估计的值,对直接使用价值,并且是以市场价值为依据的。但有些项目并非是完全可市场交易的,例如对人生命的统计价值(表 11-4)。除对药用植物外,对许多野生动物的使用价值(狩猎、观赏)和存在价值也有研究。例如对于野生动植物生境,人们可以去休息游乐,而获直接使用价值。采用因果评价方法,直接问卷调查人们对这些生境的选择价值和存在价值的评估,从而了解其经济总值。美国

---

① 参见 Principe, *Quantitative Analysis of Monetary Benefits from Pharmaceutical Plants*, Unites States Environmental Protection Agency, Washington DC, 1991。

的一份研究对野生生物生境的评价结果为,平均每年每户人家使用价值为 76 美元,选择价值 9 美元,存在价值 11 美元①可见,这些没有用于工业、农业或城市商业的土地,其使用和非使用价值量,均不可忽略。

表 11-4　药用植物的价值　　　　　单位:千亿美元(1990 年价)

	美国	经济合作与发展组织	世界
药用植物贸易的市场价值	5.7	17.2	24.4
处方中所用植物药物的市场或固定价值	11.7	35.1	49.8
植物药物的处方和零售价值	19.8	59.4	84.3
使用植物药物减少死亡的价值*			
抗癌药	120	360	
所有药	240	720	

* 生命的统计价值为:400 万美元,美国每年因药物拯救的生命大约为 22 500—37 500,取中值 30 000。

土地经济价值的市场与非市场实现

从以上分析可见,土地经济价值的众多成分中,有的可以通过市场来实现,有的则不可以。市场所不能体现的土地价值成分,也需要一定的方式来实现,或一定的形式来维护。

土地的市场转让与交易,通常以货币形式的价格来体现其经济价值。这种价格在没有政府宏观干预的情况下,卖方所出让的、买方所获取的均涉及土地的直接使用价值。政府对土地市场的干预,可以通过各种经济手段,将其他类型的价值强行反映到市场价格中。可见,土地价值的市场实现,可分为自由市场价值和受干预市场价值。

土地的自由市场价值,通常是买卖双方在市场竞争条件下所达成

---

① 参见 Walsh,"Estimating the Option and Existence Values of Wild Habitat", *Land Economics*,60:14-29,1984。

的均衡状态下的价格。这种价格的基础是土地的直接使用价值。对于使用或拥有土地资产的人来说,所考虑的是从该土地中所获取的收益或得到的满足。至于土地使用的间接收益或成本,具体的土地利用者通常是不在市场上交易的。例如一庄园主自己的私人花园,自己从中得到享受满足,过往行人也赏心悦目。庄园主难以向过往行人收费,来获取这一外在收益。即使能够这样,其实施成本可能远高于这一收益。庄园主可以垒高墙挡住行人视线,但同样涉及成本。可见,私人花园有外在收益,但园主不能通过市场获取。如果存在未来土地市场,那么土地在不同时间的经济价值,均可能通过市场价格得以体现。因而选择价值可以通过市场反映出来,并且在未来市场里得以中性化或消除。由于消费偏好的不连续和不确定性因素,土地的未来市场在实践中几乎不存在。尽管我们可以采用一定方法,大略知道人们对土地资源的存在所赋予的价值,而且不少人以捐赠或劳动参与方式,作了实际支付。但它并非是市场价值,不能在市场上进行交易。因此,土地市场在没有政府干预的情况下,地产价格所体现的土地经济价值,只是直接使用价值,而不能反映土地的其他经济价值成分。

对于市场所不能反映的土地价值,可以通过税收、补贴等政府市场干预方式体现到土地的市场价格上。土地的间接使用收益,未来选择收益乃至存在价值,均可以通过相应的估价方法,得到一定的价值量。然后,将这一价值量加到自由市场价格上。例如森林,如果市场价值只考虑木材的经济价值,显然其收益低于农田或非农业用地。森林涵养水源、保持水土、调节气候以及景观娱乐等效用,均具有相应的经济价值。政府可以将这一部分价值,以补贴的形式,补偿给土地使用者,或加到木材价格上,通过市场来实现这部分收益。选择价值和存在价值的估算难度要大些,但同样可以加到土地资源的市场价格上,使之能够反映较为全面的经济价值成分。

土地的经济价值,并非一定要通过市场来实现。如同美学价值、社会价值那样,土地的经济价值可以通过法规、政令、伦理规范等非市场方式来实现。例如自然保护区,在相当程度上,要现实直接使用价值几乎不可能;相反还要投入大量的人力、物力来维护和管理。如果不划为保护区,那么该区域内的土地可用于农田开发、旅游开发或其他具有更大经济收益的目的。一旦划定为自然保护区,则在法规或政令上明文规定,所有的直接经济利用均不得进行;而且所涉及的土地,不能在市场上交易。实际上,这种非市场干预,维护和体现了保护区土地的间接经济价值、选择价值及存在价值。又如基本农田保护的有关规定,以政令形式排除了任何经济价值更高的使用,即不论农田的所有者或使用者进行农业生产的土地利用经济价值大小,均不得作他用。

土地价值的非市场实现,并不意味着这种实现没有经济价值。实际上,其经济价值,应等量于除直接使用价值以外的所有价值成分的总和。它可能不是那么精确,或者根本就没有从经济价值量的大小来考虑。它所维系和保护的,无疑包括间接使用价值、选择值及存在值。另一方面,我们也可以从其代价上来认识其价值。行政命令不允许保护区内的土地作其他经济利用。但从土地的生产潜力上,可以用于农业开发、旅游乃至工业新区选址。不论作何种经济利用,都有直接的使用价值。在市场竞争条件下,只有出价最高的厂商才能获得这一土地。尽管这一市场价格为直接使用土地的经济价值,但它所反映的价值量,有助于我们认识保护区内土地的直接使用价值。可见,非市场途径也可以使土地的经济价值通过维护而得以实现。

第十二章　环境成本控制论
——以三峡投资为例

三峡投资的经济收益和环境效益在三峡工程的论证中已作了充分揭示和肯定,对其不利环境影响也作了相应研究与分析。对于三峡所涉及的经济与环境问题,从结论上看,是利弊兼存,损益俱在。但权衡的结果,往往是或重利或恐弊,各执一词,观点大相径庭。有的从环境与社会经济角度考虑,将其视为灾难性工程;有的则看重其发电与防洪效益,认为它是中国经济稳定、持续发展的关键性保障工程。应该说,三峡大坝经过长达数十年的研究、论证、争辩,所涉及的环境与社会经济的各个方面均得到较深入的考察和认识。但从另一方面看,三峡决策过程中的多次反复论证,足以说明所涉及因子的复杂性。而环境成本的辨识、不确定性及其动态特征,构成这种复杂性的核心内容。

环境成本亦即经济损失或负收益。在三峡工程的论证中,这种成本以某种形式在财务分析和国民经济分析中均有相应体现。本章的目的,并不在于环境评价或成本收益比较,而在于考察主要环境成本因子的动态特征,探讨控制环境成本的最优途径及其政策含义。进行这一选择的原因,主要有以下几点:(1)国内外有关专家和机构已在较深入的层次上进行了综合的三峡大坝的环境评价和投资评估。但这种评价或评估多注重直接的影响或损益,对环境成本的动态特性缺乏相应的认识。(2)三峡投资决策已于1992年作出。中国政府并于 1994 年 12 月正式宣布动工兴建。因此,对环境成本动态特征的认识并不能够影响三峡投资决策;相应地,环境成本损益比较也就缺乏实践意义。但环境成本控制途径的分析,不仅有理论上的意义,而且还有重要的政策含义。(3)三峡投资环境成本的动态趋势及其控制,关系到三峡投资效益的充分实现和区域性环境可持续发展。这不仅对于三峡工程的实施、运作与管理有积极作用,而且对具有不确定性和不可逆环境影响的大型水利建设项目的投资评估与决策,有着方法论意义。

鉴于上述考虑,本章的内容包括:(1)三峡投资的主要环境成本因子;(2)三峡投资环境成本的动态变化特征;(3)三峡投资环境成本变化态势分析;(4)三峡投资环境成本的控制途径及政策含义。

12.1 环境成本因子

根据弗里曼关于环境成本的定义[①],环境成本因子是环境状态变异的一个经济测度,并不必然反映或包括在企业的生产成本中。任何环境问题都有着经济含义;不论环境成本或收益,都必然与环境变化相联系。环境状况的改善,有着积极的经济含义,其量化的货币体现,便是环境收益;而环境状况的恶化,往往带来经济损失或破坏,这种经济损失或破坏数量,即为环境成本。可见环境收益与环境成本是互为逆向的,环境成本即负向的环境收益。其区别在于环境状态参照点的选择。

环境状态可以用单一环境因子,也可以用一组环境因子来描述。

---

① 参见 Freeman Ⅲ,"The Measurement of Environmental and Resource Values:Theory and Methods", *Resources for the Future*, Washington DC,1993,p.9。

例如大气 SO_2 浓度,便是单一因子。对于大型投资项目,所涉及的不仅是单一环境因子,而且很可能是一组因子或区域总体环境。在这种情况下,环境状态参照点,实际上是全部相关环境因子的集合。显然,三峡大坝的兴建,所涉及的环境影响,从地域上看,不仅包括淹没区、移民安置区、大坝下游区,而且还涉及三峡电力覆盖区域。从因子上看,包括生物、植被、微气候、水文、土壤、农田等诸多方面。尽管各个受影响区域的环境状态的变化方向和数量存在较大差距,但每个区域均包括所有的环境因子。

三峡建坝所引起的环境状态变化,初看起来,应该是现状水平与建坝后的状况的比较。在许多情况下,这一比较或差异反映了三峡大坝的环境影响。例如大坝下游的生态环境变化,库区的微气候环境变化。但在有些情况下,这一简化的建坝前后的比较忽略了不建坝时环境状态的变化。例如,在没有建坝时,库区的环境因子也因人为社会经济活动而在不断发生变化。移民安置区的环境,因接受淹没区移民而发生变化;但我们也要看到,如果不接受移民,安置区的环境也会因人口增长和经济发展而变化。

在分析环境状态变化时,只能包括因建坝而引起或加剧的那一部分环境影响,减去所涉及影响区域内与大坝建设无关的那一部分环境变化。也就是说,用于计算环境成本的环境状态,必须是与大坝建设相关的净变化。或者说,三峡建坝环境影响的参照点,不是简单的建坝前状态,而应是建坝后的与大坝无关的社会经济发展的相对应状态。

在明确了三峡大坝的环境状态变化净值后,我们便可以考察这种变化的经济含义。如果这些环境状态或资源变化有市场价格,那么,环境状态变化的市场价值或环境成本便可以求得。但许多环境资源通常不在市场上交换,因而没有市场价值。自 20 世纪 80 年代以来,西方环境与资源经济学研究中,已逐步提出和运用资源核算和环境价值测量方法,分析并评估环境状态变化的经济价值量。① 因此,从原则上讲,三峡大坝环境状态变化的经济含义可以经济量化并评价之。

从以上讨论中可见,三峡投资的环境成本因子,应该满足三个条件:(1)表现环境影响;(2)导致环境状态负向变化;(3)具有经济含义。有些因子,如大坝建设所产生的就业需求,可能具有间接的环境影响,但并不通过就业本身表现出来,因而不能作为环境因子来考察。还有一些因子,如库区人口、生产技术、市场波动等,属于社会经济因素,其变化并不等同于环境状态变异,而只能作为环境状况的控制因子。对于一些经济因子,如发电、航运,环境成本分析强调其环境影响,而不是像经济评价那样,计量其经济收益。因此,严格地说,发电与航运改善不应考虑为三峡大坝的环境成本因子。由于其对环境资源的直接替代作用,我们仍将它们视为环境因子,但不作为成本分析的内容。但这些因子的环境效益量,受工程规模的制约,而只能相对衡量,不表现环境成本的动态变化特征。同样,库区文化遗产的损失属经济损失,相对独立于自然环境,因而没有包括在环境成本因子的范畴内。

表 12-1 列出了与三峡大坝相关的主要环境因子及其经济含义。由于本分析的目的不在于三峡投资的环境或经济评估,我们将不对这些因子进行详细的经济学考察。在下面的分析中,我们将通过对一些主要环境成本因子动态特征的考察,来认识三峡投资环境成本的变化趋势。

---

① 这些方法包括市场评价(经济损失、控制成本等)、替代性市场(旅行成本、影子工程)和非市场评价(人工市场,如因果评价、影子定价)。参见 Freeman "The Measurement of Environmental and Resource Values: Theory and Methods", *Resources for the Future*, Washington DC, 1993。

表 12-1　三峡大坝的主要环境因子及其经济含义

影响区域	主要环境因子	状态变化	经济含义	经济评价方法
水库淹没区	资源淹没损失泥沙淤积，地质变化，航道改善	变化过程迅速，表现明显，变幅大，不可逆	自然与环境资产损失，航运成本降低	资源核算，替代工程
移民安置区	自然资源存量，水土流失，微气候变化，污染	变化过程迅速，表现较为明显，变幅大，可逆或不可逆	直接或间接损失	环境损失评价，影子价格
大坝下游区	水生生物，河岸稳定性，湖区、低洼地生态系统，河口地区，洪涝	过渡期长，渐进性变化，不十分明显	消极影响，积极效应（防洪）	控制成本，影子工程
电能覆盖区	替代化石能源，减少污染	不甚明显	环境收益	替代工程，控制成本

12.2　动态变化特征

三峡投资的经济收益量，在建设规模和运行方式为一定时，并不随社会经济的变化而发生变化。因此，从经济上看，其年收益量是既定的，尽管其现值因贴现计算而随时间衰减。同样，在经济损失量为一定时，作为三峡投资一部分的补偿费用，在原则上也不具动态变化特性。例如移民补偿，陈国阶等[1]的评价值为 114.0 亿元，与三峡投资可行性报告估测值 110.6 亿元[2]，几乎没有什么差别。

表 12-2 有关三峡投资收益和损失（补偿）的估测值可见，不论是经济收益还是损失，都有着直接或间接的环境含义。尽管我们可以将防洪、发电和航运收益理解或转换为环境收益，但从定义及评价方法上

---

[1] 参见陈国阶等：《三峡工程对生态与环境影响的综合评价》，31—33 页，科学出版社，1993。

[2] 均为 1987 年现价。1990 年价格估算值为 185 亿元，1994 年价格约为 400 亿。

表 12-2　峡投资的经济收益与损失估算*

环境因子	状态变化	变化指标	收益(+)或损失(补偿,-)量(a)
防洪	减少淹没损失(b)	多年平均 35 万亩	+9.7
发电	增加年发电量 年节约煤炭量(c)	840 亿度 5 000 万吨	+75.2
航运	航运能力提高 单位成本降低	1—5 倍 35%—37%	+37.1(d)
自然资产	减少	耕作用土地资源产出损失值 矿产、渔业、森林资产损失值	-9.4 -10.6
自然环境	改善、保护	物种、环境保护补偿投入	-21.5
移民补偿	资产补偿	移民安置、文化景观补偿值	-114.0

*(a) 单位,亿元人民币,1987 年价格。
 (b) 包括 2.0 亿元城镇淹没损失减少量。
 (c) 发电量约相当节约 4 000 万吨煤,节省运输及其他消耗 1 000 万吨。
 (d) 同等航运条件所需的投资量。
 (e) 损失与补偿值均为按 1996 年开工的折现计算值;其中,自然环境补偿投入为中等目标值。
资料来源:《三峡工程百问》,140—142 页,光明日报出版社,1992;陈国阶等:《三峡工程对生态与环境影响的综合评价》。

看,并非为环境成本。因淹没引起的资源损失和自然环境保护补偿可以看成是环境成本,但这些环境成本的估算没有考虑动态变化。即使将这些环境成本纳入三峡工程的国民经济评价,用三峡论证的结果,三峡投资的经济净现值仍高达 90 亿元(1986 年价格)。如果这一数值反映了三峡投资的全部环境成本,显然不应该对环境问题有大的担心。但人们的担心似乎并未完全排除,这就说明我们对环境成本的认识尚不充分。而中国科学院陈国阶等人的生态环境评价,具有相对的独立性,对三峡论证结果并不完全接受[1],因而其环境成本估测带有一定的科学性。对环境成本动态特性认识的不充分,很可能是环境评价与环

---

[1] 参见陈国阶等:《三峡工程对生态与环境影响的综合评价》,1—2 页,书中对三峡工程基本特点的认识,与三峡整体工程项目论证不尽一致,对工程本身带有一定的批判性审视。

境担心出现差距的原因。

那么,如何动态地认识环境成本因子呢? 由于环境成本是环境状态恶化量的经济体现,因而,这种恶化量的一些规定性可以较好地描述环境成本因子的动态特性。这些规定性包括:

(1)确定性。如果环境成本量是确切可知或可预测的,小也好,大也罢,人们心中有数。人们对三峡环境成本的担心,一个主要原因可能在于未来不确定性,对未来变化结果放心不下。

(2)不可逆转性。可逆的环境变化,尽管涉及成本,但可以通过治理而恢复其原来状态。一旦出现不可逆,则原有环境状态便不可重现。如果人们赞赏并高度评价变化前的环境状态,那么不可逆的环境成本值可能是无穷大。而三峡大坝会导致一些因子的不可逆,这也正是人们的忧虑所在。

(3)变化动因。引起环境状况变化的动因有三种:自然过程、人为因素、自然与人为交互作用。自然过程变化,如库区泥石流、滑坡、地震,与人为活动及大坝建设无关,是人类经济活动应该考虑的因子,但并不是人类所能控制的。当然,人为活动可以加剧、减缓这些自然变化,构成环境成本的人为控制。

(4)变异区间。即环境状态的变动范围或幅度。环境因子的变动,一般都在一定的范围内。库区的微气候状态,不可能在降水量和温度等因子上发生剧烈变化,而只能是在区域气候格局下的微小变化。有的因子,变幅可能很大,但也有一个极限。如坝区下游低洼湖区生态系统,可能演变为人工生态系统,但不会成为不毛之地。

(5)变动速率。三峡库区淹没所造成的资产损失,尽管不是瞬间完成的,但也是在比较短的时间内突然变化的。而坝区下游河岸的冲刷、河口生态系统的变化,则是在一个较长的时期经逐步调整而实现的。速率特征可指示人们对环境变化调控的反映时间。速率慢,则生态环境可经过自身的调整适应,而不导致状态的恶化;同时,人类也有时间对这种变化施与必要的干预。

(6) 大坝阻拦。有些环境因子的变化与大坝的物理阻拦有关,如泥沙、洄游鱼类的生长繁殖;有的则并非直接因之于大坝阻隔。三峡大坝对一些环境因子的动态变化,还要具体分析。洄游鱼类的通道已由葛洲坝大坝阻隔,三峡大坝增加一道隔墙,对这些鱼类的资源存量变化几乎不具大的实际影响。有些环境状态的恶化,并不是因三峡建坝才出现的。例如,珍稀濒危动物白鳍豚和二级保护植物荷叶铁线蕨,并非是三峡建坝才榜上有名的。由于三峡建坝,这些环境问题被提了出来,受到重视。但要把这些环境状态变化的成本加于三峡,似乎有些勉强。当然,三峡大坝建设是三峡环境问题的重要根源,但不能将该坝在环境状态变化中的作用和地位简单化。

对于每一个环境因子,我们均可以用上述动态规定性加以分析、考察。有些因子具有一些共性特征。如大坝下游区的河岸冲刷和河口海岸地区环境变化较为确定,变幅较小,变化过程缓慢。根据环境因子的动态特性,我们将三峡环境成本因子归为五类,见表12-3。

自然保护性环境成本,主要涉及生物多样性和物种保护。三峡投资对生物资源有不利影响,但生物保护在相当程度上独立于三峡大坝。也就是说,不建三峡大坝,濒危、珍稀物种的保护同样存在,而且并不因三峡投资而产生突变。事实上,淹没区多为人口密集区,几乎难以找到珍稀物种。[①] 况且,中国科学院学者所概算的自然保护所需投资,为2 000万元—3 500万元,其中多数并不源于三峡大坝。所以这一类环境成本,尽管重要,但并不构成三峡环境成本的主要内容。

---

① 参见陈伟烈等:《三峡库区的植物与复合农业生态系统》,93页,北京,科学出版社,1994。

表 12-3　主要环境成本因子的动态特性

类别	主要环境成本因子	动态特性
Ⅰ 可能失控性环境成本	移民安置区内的自然资源存量，水土流失，环境污染	不确定，具有不可逆潜力；人为动因为主导；变幅大，突变或渐变
Ⅱ 确定性环境成本	库区自然资源淹没损失	确定，不可逆；人为动因；变幅大；突变
Ⅲ 衍生性环境成本	大坝下游区河岸冲刷，低洼地生态系统 河口海岸地区环境	较为确定，可逆；自然与人为动因；变幅小；渐变
Ⅳ 自然异动性环境成本	库区泥沙，地质稳定性，微气候	不确定，不可逆；自然与人为动因，自然为主；变幅小；突变或渐变
Ⅴ 自然保护性环境成本	陆生、水生生物资源	确定或不确定；可逆或不可逆；人为动因为主；变幅或大或小；渐变或突变

自然变动性环境成本，多源于自然过程。在缺乏科学论证的情况下，可能成为环境问题的核心内容。但三峡库区泥沙、地质稳定性的论证结论表明，这类环境成本因子的影响范围有限。人们的疑虑缺乏确实的科学证据支撑。

衍生性的环境成本在有的情况下，如干旱、径流水量少的尼罗河，大坝建设对下游地区产生灾难性环境后果。长江中下游的水文地质条件，使三峡大坝的衍生环境成本变动不大。而且因变化过程缓慢，这部分环境成本可以通过环境自身的适应性调整而减少。

库区淹没所造成的自然资源损失，根据陈国阶等人的概算①，所淹没的土地资源价值量按 1987 年价格计算，达 5.6 亿元人民币，所淹没的矿产资源的潜在价值也在 1.5 亿元左右。无疑，这部分损失构成巨额环境成本，而且是大坝建设所引起的突变性直接环境成本。但从另一方面看，不论这一数额多大，它是确定性的，人们知道其确切的成本。它不会在今后发生任何变化。既然这一成本为确定性的，人们对其担

---

① 参见陈国阶等：《三峡工程对生态与环境影响的综合评价》，122—123 页。

心也就不会有不确定的悬念。在大坝建设规模为一定时,这一成本是注定的,不可改变的。

移民安置区内的环境成本,具有不确定性,很可能演变为不可逆,而且变幅大,以人为动因为主导。土地垦殖和耕作强度的增加,很可能造成水土流失的加剧。工业发展亦可能导致环境污染的升级。移民安置是一个社会问题,而环境成本不仅是一个结果,而且还是一个原因。人们所真正担心的,主要集中于这一类具有可控性的而又具有强大失控压力的环境成本。

通过对表12-3中五类环境成本因子的动态特性分析,可见重点应该是可能失控性环境成本一类。在以后的分析里,我们将集中讨论之。

12.3 变化态势分析

根据前面的定义,环境成本是环境状态变化的经济体现,即

$$C = EP \tag{12.1}$$

式中,C为环境成本,E为环境状态净变化值,P为单位环境状态变化的市场价格或价值量。

因而,环境状态的变化及其经济含义或市场价格的变化便是环境成本演化态势的内在因子。以t表示时间,我们有:

$$dC/dt = dE/dt \cdot P + dP/dt \cdot E \tag{12.2}$$

由上式可见,环境成本的变化率dC/dt,随环境状态的变化率dE/dt和环境资源产品价格的变化率dP/dt而变化。如果价格为一定,即$dP/dt=0$,则环境成本之变化量等于环境状态变化的经济价值量。但从另一方面看,即使环境状态不发生变化($dE/dt=0$),环境资源产品的价格发生变化,环境成本也会发生相应变化。例如,某一地区的森林覆

盖率为15%时,每平方公里的水土流失量为1 500吨。如果氮、磷等营养元素的市场价格上涨,即使森林覆盖率不变,水土流失量依然,但每平方公里水土流失的环境成本必然增加。而技术改进使单位污染控制成本降低,也意味着环境成本的减少。

一般说来,环境价格的变化受约于宏观经济体系。对于一个特定地区的环境成本来说,为外在因子。而环境状态的变化,当然也受宏观经济背景影响;但更重要的是受控于特定地区内的人口、经济发展水平及自然环境资源的极限存量水平。资源的极限存量水平在给定的技术和社会组织条件下,为一自然约束因子。因而,区域内的环境状态变化的动因,主要在于人口及经济发展水平。

考虑到环境成本因子的动态特性,从演化趋势上看,可以分沉积型、动态平衡型和不确定型三类。库区淹没损失属于一次性沉积,不随时间而发生变化。衍生性及自然异动性环境成本变化为一动态趋衡过程。丹江口水库和我国其他一些水库实际变化及三峡工程的有关论证结论与独立研究分析均可说明这一点。自然保护性的环境成本,具有不确定性,但可以独立于三峡大坝来讨论。因而其态势预测与三峡环境成本分析联系不十分密切。在这里,我们主要分析移民安置区内的环境成本变化。

三峡移民安置区人口、环境与经济的基本情况

三峡地区人口稠密,资源尤其耕地资源相对匮乏,经济发展滞后于全国和湖北、四川的平均水平(表12-4),环境与经济系统较为脆弱。

淹没区城市化程度高;而按就地后靠原则所圈定的安置区,基本处于农业社会状态。但淹没区和安置区的垦殖率高,人口密度大。三峡地区内除重庆、涪陵、万县、宜昌等大中城市和部分县城外,工业均不甚

表 12-4　三峡地区人口、环境与经济状况*

	淹没区	安置区	三峡地区	湖北	四川	全国
面积(km^2)	632	12 292.6	54 000	180 000	560 000	9 600 000
人口密度(人/km^2)	1 406.0	381.82[b]	305.0[b]	314.05	198.29	123.45
耕地占土地总面积比(%)	30.4[a]	23.3[a]	17.22[a]	18.85	11.13	9.91
人均耕地面积(亩)	0.34	0.91	0.92	0.90	0.84	1.20
粮食单产(公斤/亩)	254	225[c]	345	348.5	308	304
非农业人口比例(%)	57.76	8.94[a]	9.54[a]	30.06	16.85	28.14

* a 为 1985 年统计数；b 为推算数据；c 为秭归县数据。
资料来源:《中国统计年鉴(1994)》《三峡工程移民论证报告(1992)》。

发达。但由于该地区经济技术及燃料使用(当地含硫量高的煤)等原因,城市环境质量欠佳。重庆在全国城市考评中,SO_2 年平均值达 0.351 mg/m^3,为全国之冠。1992 年,涪陵酸雨的酸度 PII 平均值低至 3.92,重庆 4.23;万县市降水的酸度最低值达 3.24,酸雨频率在 2/3 以上[①]。安置区内乡镇企业不发达,从业劳动力占农村劳动力总数的 10.9%,产值只占总产值的 11.3%。三峡地区因地形条件和伏旱,粮食生产不具优势。例如秭归县,农业气象灾害有低温冻害、干旱、暴雨、冰雹等,粮食平均亩产量只有 200—250 公斤。

移民安置

据 1991 年对淹没区移民人口的复测,较之 1985 年,人口增长 16.4%,年平均增长率高达 2.566%,几乎比同期全国平均水平高出一倍。动迁移民总人数也由 113.18 万增加到 120.86 万(表 12-5)。

---

① 参见黄时达等:《三峡工程与环境污染及人群健康》,87 页,科学出版社,1994。

表 12-5 淹没区人口变化　　　　　　　　单位:万人

	1985年调查数	1991年调查数	1985—1991年增长%	总迁移人口规划数	
				1988	1993
总人口	72.55	84.46	16.42	113.18	120.86
城镇	39.29	48.78	24.15	61.29	69.80
农村	33.26	35.68	7.28	51.89	51.06

按1985年实际数,安置区内总人口426.64万,其中非农业人口人占8.94%。到移民工程完成时(2010年),因人口自然增长(按1.2%计),原有居民总数将达574.88万。加上120.86万迁入移民,总人口将达695.74万,比1985年增加63.1%。

根据三峡移民论证报告,移民中的非农业人口仍作非农业安置。农村移民中的60%作农业安置,余40%作农转非处置。这样,到2010年,城镇安置总人口为90.23万,农业30.64万。按1990年移民规划,农业安置中,果粮安置22.47万,低产坡耕地改造安置5.03万,渔、牧、工程防护安排5.3万。在移民和迁建过程中,除需要增加12万工作岗位满足移民中非农业人口增长的工作,还要开辟11万个工作岗位满足农转非的安置。

三峡移民投资概算,从1986年110.6亿元,增加到1990年的185亿元;最新预算约在300亿—400亿元。这数百亿元资金,除资产补偿和恢复重建外,将主要用于开发性移民实践。限于安置区的地貌及气候条件,新增就业及产值将集中于第二、第三产业。

预测内容与方法

移民安置区内的环境成本因子包括资源存量(如耕地资源)、水土流失、生物多样性、大气污染、水污染等,而每一个因子下又可列出许多具体指标,如水污染指标有化学耗氧量、重金属含量、生物耗氧量、油脂等。在这里,为了简化分析,我们选取以下五项内容进行预测:(1)耕地资源量的变化;(2)水土流失;(3)薪炭;(4)柑橘价格的市场波动;(5)环境污染。

这里的预测,主要是考察社会经济变化对资源的需求或压力,导致环境资源的利用或消耗量所发生的变化,或社会经济波动对环境资源产生的冲击,进而导致环境成本的变化。考虑到这是一个态势分析,我们将着重看移民安置后安置区内的截面成本,而不强调环境总成本的净现值。这样有助于我们把握环境成本的变化趋向,认识环境成本的严重性,寻求适当的途径,对环境成本加以控制。

由于移民安置持续一段时间,那么,环境成本变化也有一个过程。根据移民规划,移民准备期 4 年,无动迁移民;蓄水初期 8 年,移民数量占总数的 1/3;蓄水期 8 年,余 2/3 的移民全部搬迁完毕。鉴于三峡工程已于 1994 年正式宣布兴建,分析中假定移民到 2010 年全部安置完毕。除人均土地资源变化量考察了资源占有的演变过程外,其他因子的环境状态以移民到安置区后的情况为基础分析。

预测结果

1.人口与土地资源。根据移民安置规划,全部移民要在第 20 年末迁入安置区。这样,120 万移民便分年度从 1995 年到 2010 年移入安置区,安置区内的人口按 1.2% 的增长率计,假定耕地面积持平,粮食产量按每亩 345 公斤计,粮食产量增长率按徐琪[①]的数据,2000 年前年增长率为 2%,2000 年以后为 1%,人口与人均资源占有的变化态势见图 12-1。

---

① 参见徐琪等:《三峡库区移民环境容量研究》,95 页,科学出版社,1993。

A 人口变化（万）

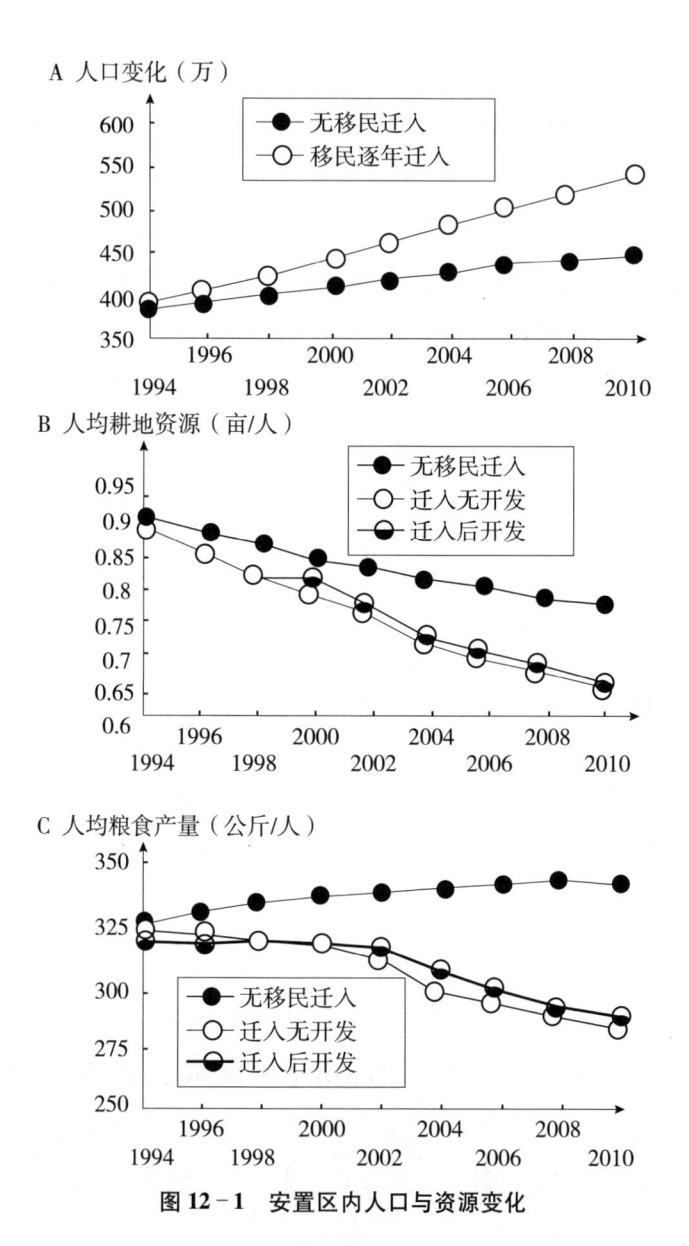

B 人均耕地资源（亩/人）

C 人均粮食产量（公斤/人）

图 12-1　安置区内人口与资源变化

由于工程保护（1.9 万亩）和开发改造（6.28 万亩）而新增了耕地，人均耕地和粮食占有略有提高（图 12-1B，图 12-1C）。如果我们定义耕地资产的减少量,为开发性移民后安置区内的人均耕地占有量减去安置区未接受移民的人均耕地量,那么,安置区内每个人的耕地资源占有因水库移民而减少,1995 年的减少量为 0.01 亩,2010 年高达 0.13 亩。这样,安置区内全体人群的耕地资源减少量,从 1995 年的 4.8 万亩上升到 2010 年的 88.3 万亩。如果按 1988 年官方的耕地每亩 2 700 元补偿额计,移民安置区内因移民而引起的人均耕地减少的自然资产损失值达 23.84 亿元。考虑通货膨胀等因素,1988 年所用的补偿额显然偏低。如果耕地补偿费与移民经费概算的增长同步,则人均耕地减少的资产损失 1994 年的净现值为 51.5 亿元。这一资产损失的直接结果是安置区内人均粮食占有量的逐年下降。尽管粮食单产逐年有所增加,但到 2010 年,人均只有 274.5 公斤,低于温饱水平(300—325 公斤)。① 移民过程中,农业开发投入后,使人均耕地与粮食产量略有增加,但效果十分有限。若要满足安置区人民的基本温饱,则需要区域外输入粮食 1.8 亿公斤。这一数字比移民专家组估算、徐琪等②认可的 1.2 亿—1.5 亿公斤要高 20%。输入粮食的零售价格,包括产地的收购价格及运输与交易成本,按现行价格估算,约为每公斤 2.2 元。这样,安置区内的温饱维持成本每年约为 3.96 亿元。此成本为年度额,每年均有。按此计算的总净现值③为 43.6 亿元,与耕地减少的资产损失较为接近。

2.水土流失。水土流失的环境成本表现在土壤侵蚀和河道淤积上。土壤侵蚀使土地资源丧失。据长江水源保护研究所调查,秭归县 1974—1988 年 15 年间,裸岩面积由 23.7 万亩增加到 40.53 万亩。但一

---

① 参见徐琪等:《三峡库区移民环境容量研究》,96 页。
② 同上书,100 页。
③ 计算公式为:$S_n = A_*(1-q^n)/(1-q)$。式中 S_n 为累计净现值,n 为时间,此处取值为无穷。A 为初始年即 1994 年成本值,q 为贴现率,本分析中取 10%。

般说来,土壤侵蚀殆尽所需时间较长。秭归县移民安置区年侵蚀土壤厚度达 4.4mm,属强度侵蚀。该地区 84 个土壤剖面统计,土壤平均厚度为 71cm,可供侵蚀的年限为 161 年。作这一环境成本的计算,需要考虑的时间较长。这种土地资源的丧失还导致河流泥沙淤积,阻塞航道。这些成本可以计量,但实际操作较为困难。而且,这一部分成本占水土流失总成本的比重较少。① 为简化分析,我们在此只考虑水土流失环境成本的一部分,土壤养分的损失。②

水土流失的土壤养分,往往要通过化肥来补充,以维持农业生产力。中国的化肥施用量从 1978 年每公顷 88.9 公斤上升到 1993 年 331.4 公斤③。1988 年,库区使用氮肥 75.8 万吨,折合氮素为 16.8 万吨,土壤中的氮素流失量达 5.86 万吨;使用磷肥 26.2 万吨,折合 P_2O_5 4 万吨,每年有 0.4 万吨磷进入水体。④ 这些流失的养分,不仅污染水体环境,而且增加农业生产的投入。

库区 10—15 度坡耕地较多,大于 25 度的坡耕地占旱地的 35%,而坡度每增加 5 度,水土流失量增加 0.41—1.34 吨/亩。移民安置区内因人口大量增加,不仅使原有坡耕地还林受到限制,而且还要开垦一部分坡地用于柑橘和农田生产。根据黄时达等人的研究⑤,三峡建坝前与建坝后总氮和总磷的流失模数要发生变化,2010 年比建坝

---

① 根据 Margreth and Arens("The Cost of Soil Erosion in Java:A Natural Resource Accounting Approach", *Working Paper* 18, World Bank, Environment Department, Washington DC, 1989)的经验分析,印度尼西亚水土流失的异地成本(off-site cost)只占总成本的 15.5%。

② 土壤养分损失的估算,有生产函数(production function)和置换成本(replacement cost)两种方法。前者通过土壤流失对产量的边际影响来估算;后者考虑补偿养分损失所需成本来测算("World Without End:Economics, Environment and Sustainable Development", *Pearce and Warford*, Published for the World Bank, Oxford University Press, 1993, pp.23-28),由于缺乏边际影响的数据,此处我们采用后一种方法。

③ 《中国统计年鉴(1994)》,95 页。

④ 参见黄时达:《三峡工程与环境污染及人群健康》,13—17 页。

⑤ 同上书,17 页。

前每年分别增加 4.96 吨/km² 和 0.188 吨/km²。安置区因建坝移民而净增氮素和磷素的损失量高达 5.20 万吨和 0.231 万吨。相当于 23 万吨氮肥和 1.51 万吨磷肥。1994 年湖北省农村化肥零售价为,氮肥每吨 1 350 元,磷肥每吨 420 元。由此测算出每年氮肥和磷肥的替换成本分别达 3.1 亿和 0.044 亿元。如果化肥价格波动不大①,按 10% 的贴现率计算,水土流失按养分替换所计算的净现值总成本达 34.6 亿元。

3.薪炭。三峡地区生活用能的一个主要来源为薪炭。不仅农业人口要有山柴补贴作物秸秆的不足或促使秸秆还田,而且由于电力和煤炭资源的缺乏,城镇居民,尤其是小城镇居民,也多以薪炭为生活用能。120 万移民中只有 30 万左右农业安置,而且几乎都不再从事种植业。这样,农作物秸秆作生活烧柴的来源就没有了。20 万转非的农村人口,再加上 1/3 的城镇人口,总共约有 70 万人的生活用能需要薪柴。根据徐琪等人②的估算,库区人口年均需要薪柴 240 公斤。以刺槐为主的薪炭林,亩均产薪量约为一吨。如果按徐琪等人较高的估算值③,每亩产薪约 2 300 公斤,产薪率 60% 计,每亩可产薪 1 380 公斤。这样,一亩薪柴只能供 5.75 人的生活烧柴。要满足 70 万人的生活用薪,需要 12.2 万亩荒坡地。由于移民对安置区内的坡地没有所有权和使用权,即使有地有薪,移民也必须付费购买。这样,原来免费采薪,现在付钱买柴,无疑要增加移民的生活费用支出。按 1988 年价格,折合人民币 1 008 万元。按前述的净现值计算方法,我们得到受移民影响而增加的薪柴支出的总现值将达 1.11 亿元。

---

① 1995 年春,中国农村化肥的零售价格比 1994 年增长 45%。而且这一高增长还是在中国政府的努力控制下的结果。载《人民日报》1995 年 04 月 23 日。
② 参见徐琪等:《三峡库区移民环境容量研究》,131 页。
③ 同上。

由于25度以下的荒坡地已规划开垦为果粮用地,用以薪柴的荒坡只有25度以上的坡地。这势必加剧安置区内的水土流失。这一衍生性的环境成本没有包括在薪柴的环境成本计算内。

4. 柑橘价格的市场波动。柑橘生产是安置农村移民最重要的一条途径。根据规划,将要在安置区内29.2万亩25度以下的荒坡地开垦为以柑橘为主的商品基地,安置22.42万移民。根据徐琪等人的研究①,安置区内的原居民,需要将35.5万亩大于25度的坡耕地改造为梯地式柑橘园。仅此两项,将新增柑橘园64.7万亩。每亩单产按800公斤计,年产量达51.76万吨。这一产量是1993年四川全省产量的39%,湖北全省产量的195%,全国产量的近8%。

按移民规划,移民橘园是面向市场的商品生产。由于缺乏柑橘需求的弹性资料及期货市场,柑橘价格变化对移民安置区经济与环境的影响具有不确定性。如此大量地增加柑橘市场供给量,会不会导致市场价格的下降呢?图12-2是1983—1993年全国柑橘产量和干鲜果价格指数变化。我们可见,柑橘产量与价格指数有一种负向关系。尽管近年来通货膨胀居高不下,库区柑橘的出园价格一直徘徊不前。与浙江、广东等超过100万吨的产橘大省比,三峡地区显然不具区位优势。由于柑橘的贮藏加工技术和能力尚有待开发,柑橘价格的市场波动必然导致橘农收入的锐减,影响20多万移民的生计。而任何价格下降对移民的影响都将是灾难性的打击。如果移民安置区柑橘产量的大量增加使价格下降10%,按1994年每公斤1.60元的收购价,安置区内橘农的年损失额将达8 300万元。如果这一增加供给导致价格降低的影响不能消除,则与移民直接相关的经济损失按10%的贴现率计算,总值达4.12亿元。

---

① 参见徐琪等:《三峡库区移民环境容量研究》,134—135页。

图 12-2　柑橘年产量与价格指数

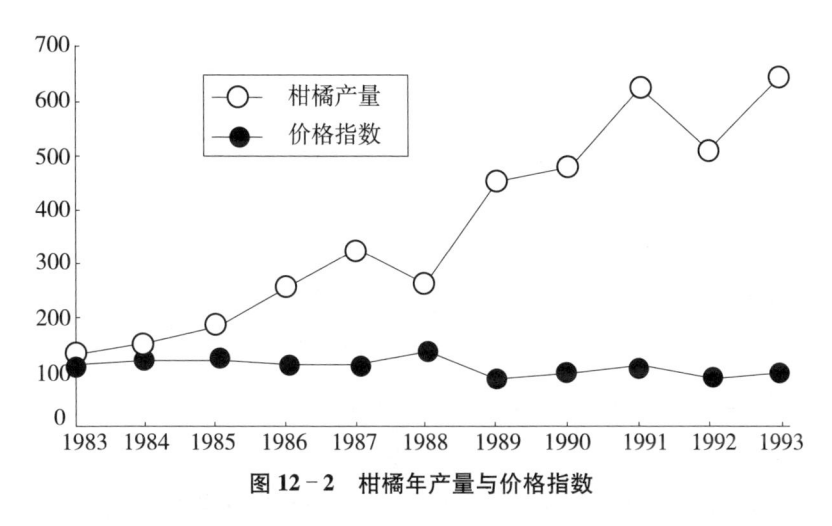

此外，库区的柑橘冻害，病虫害防治等，也可能使大规模的柑橘生产在经济与环境上表现出脆弱特性。

5. 环境污染。移民安置区的环境污染，在大量接受移民和开发投资的情况下，必然发生相应变化。在这里，我们将集中讨论因三峡移民而造成的环境污染的状态变化。这即是说，现有的污染损失和安置区内的环境污染在没有三峡移民情况下的污染状态变化，将不计入移民安置而造成的环境成本增量。

鉴于上述考虑，环境污染成本的主要来源，应是：(1)移民迁入后生活及就业所引起的排污增量；(2)工农业开发投资所带来的生产过程污染物的排放；(3)开发性移民使安置区内原有生产方式和生活习惯发生改变而产生的污染排放增量。第三个来源可能是环境污染成本增加最为重要的因子。如果移民仍按传统的低投入、低能耗的自给自足式的生产方式和传统农业社会的消费习惯，则人口密度的增加只是使生活排污量的机械增加。这一增加不仅数量有限，而且可以为传统的生产方法(有机农业、生态农业)所降解，而不导致污染成本的增加。由于大量的开发性投入，原有的手工作坊式的生产为机械化、高投入、高能耗、专业化、商品化生产方式所取代。不仅如此,人们的消费习惯也会随着生产方式的改变而增加物质与能源消费量。似此,如果移民中不考虑环境污染问题,污染成本将是安置区内经济持续发展的重大障碍。

考虑到移民安置规划尚未全部展开,污染控制的技术经济特征难于具体化,此处的预测,将以移民安置和经济发展的要求,参照库区县市的经济状况对 2010 年环境污染状态和成本进行概略计算。内容包括:(1)非点源径流污染;(2)生活与工业污水;(3)大气污染。

(1)非点源径流污染。非点源污染主要包括两部分:城市地表径流和农田径流。按地表径流年均污染载荷量(M)预报方程,污染负荷载量的决定因子主要有土地利用污染载荷 $\alpha(\text{kg/ha})$,年降雨量 $R(\text{cm}/\text{年})$,人口密度 $N(/\text{km}^2)$ 和土地利用特征参数(L),即①

$$M = \alpha RNL$$

一般说来,降雨量(R)和土地利用污染负荷(α)在三峡库区内是不会有大的变化的;土地利用特征参数也不会发生根本性变化。就人口密度而言,安置区内的人口密度增加了,但城区人口密度因新城规划建设,还会有所降低。况且城区地表径流只是从淹没区转向了安置区。因此,地表径流的污染载荷,不会因淹没而大量增加,相应的环境成本增量也将有限。

农田面源污染在中国日趋严重。但三峡移民多为非农业安置;20 多万从事农业生产的移民,也主要进行非种植业生产。安置区内的农业生产强度会有一定增大。根据黄时达等人的预测,②2010 年因建坝而增加的总氮流失量约为 5.2 万吨,总磷 0.231 万吨。而悬浮

---

① 参见黄时达等:《三峡工程与环境污染及人群健康》,17 页。
② 同上。

固体、生物耗氧量和化学耗氧量等污染物在库区的流失量不会有明显的变化。

从以上分析可见,地表径流污染物总量将有所增加,但因移民而引起的增量将不十分明显。因而这部分环境成本对库区经济的影响,将在较低的限度内。

(2)生活与工业污水。生活污水排放量由人口与消费水平所决定;而工业废水则是产值的函数(在给定的技术水平下),即①

$$Q = \alpha N + \sum D_i V_i (1 - f_i)$$

式中,Q 为污水排放总量;α 为人均年生活污水排放量;N 为人口数;D_i 为第 i 行业单位产值污水排放量;V_i 为第 i 行业产值;f_i 为污水治理率。

生活污水排放量,我们采用三峡库区典型移民安置区环境规划值,即 160 升/人/日。由于此值是基于 6 万人口规模的秭归新县城而规划的,对于涪陵、万县等中等城市说来,可能偏低;但对于乡镇,此值略高。因此,我们以此为平均值作大略分析。在 120.86 万动迁人口中,有农转非人口 21.5 万,纯系移民安置所产生。70 万非农业人口中,我们假定其中一半因生活方式的改变和消费水平的提高源于移民开发,即 35 万人因移民安置而从可忽略的小额分散排放到每人每天 160 升。剩余 35 万城镇人口生活污水排放因经济增长而增加,独立于移民工程。这样,我们用以计算排污增量的人口总数为 56.5 万。2010 年因移民安置所造成的生活污水排放增量为 3 254.4 万吨。

工业废水的排放量,与经济发展水平密切相关。经济发展水平较低的秭归县,1987—1990 年每万元工业产值污水排放量达 516.94 吨;万县市 1988 年工业总产值只有 6.17 亿元,而 99 家规模较大企业的排

---

① 根据黄时达等《三峡工程与环境污染及人群健康》,24—26 页的单因子评价模型简化。

污量就达1 147.6万吨。万县市有国有企业近300家,私营小企业(城镇个体和村办)2 100多家。① 因此,每万元产值的污水排放量也在300吨以上。据1992年的统计,每万元工业产值的废水排放量重庆为186吨。② 按库区移民典型规划,秭归2000年每万元工业产值的废水排放量为350吨,2015年为250吨。由于缺乏行业统计和总体规划数据,按安置区经济发展过程(不考虑大规模移民开发),每万元工业产值废水排放量应在300吨以上。考虑到移民开发、投资和新技术的引入,2010年安置区每万元工业产值的污水排放量估计为200吨。

移民安置区的工业产值,城镇人口现状年均只有4 000元左右。限于库区经济条件,作为贫困地区在扶贫资助下的经济增长,在不考虑移民开发的前提下,2010年城镇人口人均年产值应在1万元以内。根据秭归县规划,2015年城镇人口人均工业产值约为1.5万元。1993年上海非农业人口人均工业总产值为3.72万元;重庆1.76万元。到2010年,安置区内的人均工业产值,大略应与重庆的现状水平相当,即1.8万元。据此,2010年因移民投资开发每个非农业人口的工业产值平均增量为8 000元。所涉及的非农业人口仍参照生活废水分析中的数字,为56.5万人。注意,这部分城镇人口中,有相当部分是因移民投资开发放弃传统的手工作坊或小规模经营而转向工业化生产的。将城镇人口增量乘以人均工业产值增量,我们得到因移民而增加的工业产值增量,总值为42.5亿元人民币。按万元产值排污量200吨估算,2010年的工业废水排放增量达9 040万吨,平均每天25.1万吨。将生活污水与工业废水相加,得污水排放总量1.229亿吨,日均33.7万吨。考虑

---

① 参见黄时达等:《三峡工程与环境污染及人群健康》,81页。关于这一问题的讨论还有待深化。

② 比上海(84.5吨)高,但却低于武汉(229吨)。排污量受产业结构和技术水平的影响。

到估价边际污染和总体损失的具体困难,我们以污染治理成本来估算环境成本。1992年,四川省共处理废水9.1亿吨,累计投资10.48亿元,年运行费用1.22亿元。由于工艺设备的原因,单位处理量投资费用较低,运行费用偏高。按1990年现价,日处理废水10万吨,投资需6 000万元,年运行费用200万元。安置区内的污水总量和处理量均高于此处所考虑的污水增量。如果按日处理30万吨计,则需1.8亿元投资,600万元的年度运行费用。按10%的贴现率,因移民而导致的污水治理成本约为2.4亿元人民币。

(3)大气污染。三峡库区除大中城市外,大气污染尚不十分严重。因移民安置而加重大气污染的增量取决于生产和生活用能源。目前除部分城镇外,库区尚保留传统农业社会的特征,薪柴和农作物秸秆在生活用能中占有重要地位。随着库区的移民开发,安置区内的能源,尤其是城镇生产和生活用能,将为煤炭和电力所取代。

三峡地区的煤炭,煤层薄,煤质差,含硫量高达2%—5%[①]。在水库受淹的139座电站中,只有4座火电站,装机容量也只占总量的1/4。这不仅说明该地区煤炭资源存量有限;同时也表明,安置区内因燃煤而导致的大气污染增加数量也较为有限。但是,如果库区生活用能因薪柴减少而燃用当地煤,加上企业用煤,则局部大气污染,尤其是SO_2浓度必将大幅增加。尤其是万县和涪陵城市地区,SO_2及粉尘污染将因移民工程而严重。按万县市1988年城市居民平均燃煤水平,如果因移民而新增和改薪为煤的56.5万人全部烧煤,则生活用煤SO_2排放增量为3 600 000公斤。参照有关规划研究,推广采用型煤,投资2 500万元[②]便可消减这部分SO_2的排放增量。

---

① 参见黄时达等:《三峡工程与环境污染及人群健康》,84页。
② 参见鲍强主编:《2000年环境保护战略目标定量化》,126页,中国环境科学出版社,1993。

重庆市每万元工业产值排放 SO_2 量,1993 年为 657 公斤①。重庆与库区用煤较为接近,可以用作 SO_2 排放的参考数。根据前面得到的因移民开发而增加的工业总产值约为 42.5 亿元。据此,新增 SO_2 排放量预测值为 29 700 000 公斤。参照中国北方推广湿式筛网除尘脱硫装置及 SO_2 治理技术,消减 29 000 000 公斤 SO_2 排放量约需投资 1.5 亿元人民币。②

根据有关三峡库区环境规划与分析资料,大气污染的主要因子是 SO_2 和粉尘。如果移民安置所引起的 SO_2 增量按现有技术加以消除,需 1.75 亿元投资。因为前面已考虑了薪柴成本,为避免重复计算,我们在此不计入生活用煤所造成的大气污染损失,仍取值 1.5 亿元。这一数额为环境控制成本,我们以此作为因移民而引起的大气污染增量的环境成本值。

从以上分析可见,如果三峡移民的环境污染成本只考虑因移民开发自身所引致的部分,即安置区污染总成本减去安置区原居民和淹没区居民生活水平提高和经济自然增长所伴随的污染成本,并以污染物消减所需投资量为估算额,预测值约为 3.9 亿元人民币。如果生产用煤能由三峡电能部分或全部替代,则环境污染成本约为 2.65 亿元。

12.4　控制途径分析

根据三峡投资环境成本的动态特征,环境成本中有的是一次性的不可逆损失(淹没区),有的可以通过一个缓慢的时间过程形成一种动

---

① 工业总产值为 1993 年数,SO_2 排放数为 1992 年统计值。
② 参见鲍强主编:《2000 年环境保护战略目标定量化》,63 页。

态平衡(大坝下游区),而不构成大的环境威胁。从表 12-6 数据可见,淹没区的数额尽管较大,但几乎不存在调控的余地。而大坝下游区的环境成本数额有限。不论是中国过去的水库淹没还是三峡投资的环境经济分析,均表明这两类成本不构成大的失控性问题,或者可以理解为优化调控途径较为明确简单。

需要控制而控制潜在收益较大、难度较大,而又具有环境威胁的环境成本因子主要表现在移民安置区。区内的环境成本占环境成本总额的 40%(表 12-6)。而且,移民安置区内的环境,又具有经济与自然的脆弱性。从社会经济上看,库区科技、教育、文化发展水平低,劳动力素质差,经济区位条件差,因而经济发展所需的具有素养的劳动力资源、经济资源和自然资源均较为匮乏;区域经济发展的自我更新与增长能力弱。从自然特征上看,区域内地形起伏大,坡度陡,耕地资源少,水土流失严重,这就使得控制途径的选择变得复杂。

环境成本的临界值

安置区内的环境成本,在一定的环境状态范围内呈线性变化;超出一定程度,则表现非线性特征。由于安置区内的人口总数为一定,基本生存对自然资源的需求也有一个最低量。如果安置区内的生产和市场条件能够维系这一限量而不引起环境状态的急剧恶化,那么,边际环境成本不会导致不可持续发展。相反,如果环境状态的不可逆变化使边际环境成本趋于无穷大,那么,可持续发展将难于实现。移民安置区内的诸环境成本因子中,均表现有环境成本变化的阈值特性。在人均土地资源不能满足粮食需要而又没有外部输入时,为生存而破坏土地资源,使环境成本出现不可逆变化——裸岩荒地,而使系统崩溃则有可能出现。例如,20 世纪 50 年代移民到赞比亚卡里巴湖区的 35 000 人,由

表 12-6　三峡投资的环境成本估算值*　　　　单位:亿元人民币

	类别	环境成本值	评价方法
淹没区	耕地与柑橘园资产	32.98	产出净现值
	其他自然资产	29.12	矿藏、森林生态经济效益
	库区自然环境整治	64.56	治理土壤侵蚀、滑坡、砾石流及水环境的投入成本
小计		126.66	
移民安置区	自然资产	51.50	自然资产损失值
	人均耕地减少	43.60	粮食生产收益减少值
	水土流失	34.60	土壤养分损失补偿值
	产品的价格波动		
	薪材	1.11	市场支付价格
	大量增加柑橘种植	4.12	引发市场价格下降10%
	环境损失　水污染	2.40	控制成本
	大气污染(SO_2)	1.50	控制成本
小计		95.23	
大坝下游	渔业资源	8.10	中游、通江湖泊及河口损失
	动植物资源保护	1.45	陆生及水生生物资源保护投入
	生态环境	9.50	农业生态、湖区环境、河口土壤盐渍化及口岸侵蚀
小计		19.05	
总计		240.94	

＊估算数按三峡移民投资补偿值 1994/1986 的增长比调整为 1994 年现值;安置区自然资产按人均耕地减少损失计;合计成本未包括移民财产及生产补偿。

于过分垦殖而使原稀树草原已退化为撒哈拉沙漠景观①。柑橘的价格波动影响人们购买基本生活品的能力。一旦市场价格低于一定水平或因自然灾害(冻害、病虫害)而大量减产,以种柑橘为生的移民的生计就缺乏了保障,易引发系统的崩毁。粮食生产在耕地资源利用已在临界线徘徊的情况下,可持续发展时刻都受到威胁。因此,阈值不仅是一

---

① 参见 Scudder, "Recent Experiences with River Basin Development in the Tropics and Subtropics", *Natural Resources Forum*, Vol 18(2):101-113,1994。

个自然特征数,而且也是一个经济指数①。

调控手段

移民安置区的环境成本,有内源和外在两种调控机理(图12-3)。就内部调控来说,可以使经济作物和农业种植业的多样化,来防止单一作物受大规模非必需商品的生产的市场价格波动或自然灾害的冲击。例如,安置区内除柑橘外还有油桐、茶叶、药材等多种经济植物。科学的作物组合,不仅可以充分利用自然资源,而且对市场价格波动的抗性也大为增强。工业结构的调整,同样可以减少大量环境成本。

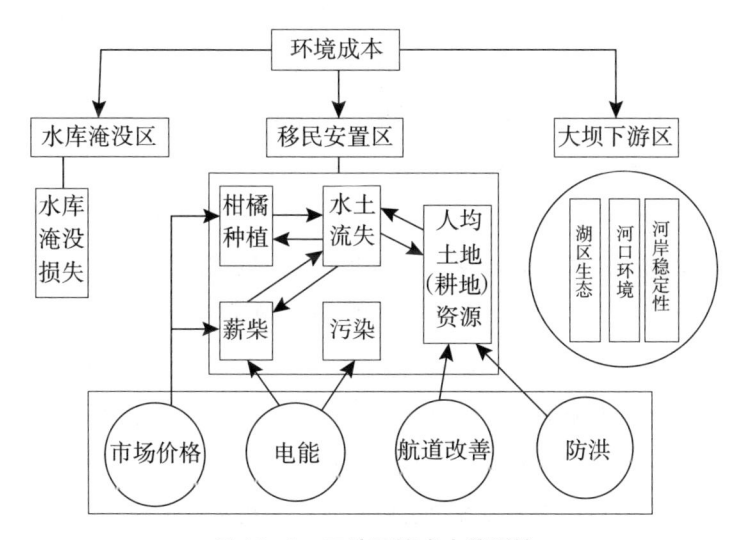

图12-3 三峡环境成本的调控

外部保障是环境成本调控的重要手段。在市场价格降低到阈值水平时,可以采用价格支持的办法,使价格确保在一个安全的水平上。市场价格不仅反映在柑橘生产上,对于薪柴、粮食生产均有重大影响。薪

---

① 参见 Dasgupta, *The Control of Resources*, Basil Blackwell, Oxford, 1982。

柴、污染等环境成本因子,均可因电能的输入而得到控制。耕地资源的稀少,并不意味着安置区内会必然缺粮而破坏资源。人们完全可以通过市场从其他地方获取,如航运改善了交通条件,防洪保障了大量良田。他们不仅对环境变化负有责任,而且可以直接用以调控。

成本归宿

实现环境保护和可持续发展,环境状况可以得到较好控制。但不论采用何种调控手段,环境成本损失必然为某一个人、某一群人或全社会所承担。三峡投资的环境成本,应由谁来承担?

市场价格是一种市场条件,并非行政命令,但却可加以控制。通过限价或实施价格保护,便是常用的价格调控手段。比如在柑橘出现市场过剩时,以一定的市场保护价格补偿给农民。如果是政府来实施,这部分成本就转嫁到了纳税人头上。

安置区内移民耕地资源的减少,在一定程度上是航道改善和防洪的代价。这一资源损失的成本全部由纳税人负担或全部为移民承受,似乎都不尽合理。公路集资修建可以收费,改善天然航道就不应该免费。洪涝灾害减轻的受益者——中游的江汉平原是富庶的粮棉商品基地,也是武汉、荆州等大中城市所在地。从原则上讲,库区并没有责任或义务来承担和帮助大坝下游洪涝灾害的防治。如果防洪受益区希望库区的土地资源作为淹没损失,那么,这一损失就应由受益区来支付。如果防洪受益区认为大坝对防洪可有可无,则受益区可明确表示,不愿承担部分或全部淹没损失。

同样,电力可以取代薪柴和煤,既可以改善库区环境,减少环境污染,也在实际上也改善了水库移民的生活水平(图 12-3)。如果安置区居民和企业不能支付电费或输变电设备,而电力供给商又不愿意免费或低价供电,供需双方的交易就难于实现。如果电能消费者愿意支付包括移民安置区环境成本在内的电价,那么,水电消费者以电价的形式承受安置区的环境成本。如果水电消费者不愿意出价,那么,这部分环境成本的归属就只有安置区的移民或纳税人了。但在市场经济条件下,这种情况一般都不会出现。因为水电消费者既然不愿意承担水电生产的全部费用,或者说电价水平高于市场供需均衡价格,那么,安置区内的居民因损失得不到补偿而会阻止水电大坝的修建。这样,也就没有移民安置的环境成本了。

政策含义

三峡投资所引起的环境成本,尤其是移民安置区内的环境成本,如果不采取适当措施加以控制和消除,会严重影响该地区的可持续发展。

内部调控措施可以在一定程度上化解部分环境成本,但不能够确保环境阈值不被突破。外在的市场价格干预和产品替代与输入,是移民安置区环境成本控制的有效措施,但涉及由谁承担成本的问题。考虑到三峡投资的社会公益性质以及扶贫需要,纳税人可能愿意政府以补贴形式支持库区部分商品的价格和替代品的价格。但在市场经济条件下,既然有明确的环境成本,又有明确的投资收益,利益分配应该使环境成本内在化。如果水电消费者、航道使用者或防洪受益者的边际消费(使用)收益大于包括环境成本在内的边际成本,那么三峡投资就称得上是一种帕累托改进。消费(使用)者会愿意支付相应的价格。

中央计划下的投资,受益者当然希望多获取少支付。因为成本不由自己考虑,而是由纳税人出资。这等同于将纳税人的钱纳入部门或企业的腰包。而成本承受者也只能找指令计划的制定者,让纳税人的公共财政来承受。既然公路、机场、电站可由企业在市场中承建,而且企业在支付包括至少部分环境成本在内的生产成本的情况下还可获利经营,那么三峡投资在原则上也不应有例外。

第十三章 水资源市场配置论
——水资源跨流域配置的资源经济问题：以南水北调中线工程为例[①]

中国规划的南水北调中线工程，将长江流域的汉水自湖北丹江口水库调到黄、淮、海流域的河南、河北和京津地区。设计年均调水量达 150 亿 m^3，总投资 226 亿元，工期 6 年。有关部门要求该工程跨流域不跨世纪[②]。对于这一涉及经济、社会、环境，关系到 5 个省市的重大工程，有必要就社会主义市场经济条件下对所调配水的一些资源经济问题进行探索。

水资源与其他资源一样，在市场上的效益配置可以使资源利用优化。只要供需双方可以获取边际效益，便具有资源跨区域配置的市场流动势能。然而，水与其他自然资源相比，有着自身的一些特点。其市场配置需要通过对这些特点的认识，来分析跨流域调水的成本与效益，并考虑资源配置的利益机制，使水资源跨流域远距离配置的收益最大化。本章以南水北调中线工程为例，分析所调水源的几个资源经济学问题。

---

① 本章内容源于"南水北调中线工程对汉江中下游社会经济影响评价"的专题研究；部分内容见《自然资源》1994 年第 4 期。

② 中央电视台、《长江开发报》、《湖北日报》等新闻媒体在 1993 年 11 月下旬至 12 月初，对南水北调中线工程的有关决策实施问题作了报道。本章所用的有关数据，除新闻报道外，还引自湖北省有关单位、长江流域规划办公室的有关资料和著者的调研数据。

13.1 市场原理

在计划经济条件下,资源配置是根据国家计划的需要和安排来实施的。计划配置当然也有一定的市场基础,但它是指令性的,不是经过市场供需的均衡过程确定的。在市场经济条件下,则是供需直接见面,通过价格机制来实现市场优化配置。但是,对于诸如国防、教育、基础设施等公共产品,它们不是在市场竞争条件下消费者或供给者所能单独决定的,而是需要代表多数人意愿的政府的协调和宏观干预。水资源作为一种生产和生活必需品,它不仅受市场均衡的微观经济学原理的支配,而且就水质、水利设施等方面的公共产品属性而论,需要国家的宏观干预。

从微观经济学关系看,水资源的跨流域配置与就近供求没有质的区别。比如一家临江或近湖的水厂,向附近地区的生产和生活供水。对于消费者来说,他们所支付的水价必须低于或等同于用水所带来的收益或效用。而水厂的供水,则要求水价高于供水成本,以有利可图。南水北调,实施水资源的跨流域配置,其内在的动因仍然是市场供需作用的结果。

从需水的华北地区看:(1)水资源的天然可供给量少。受自然气候条件影响,黄、淮、海流域的降水量偏低,而蒸发量较高。从人均占有水量来看,长江流域为 2 396m^3/人,而黄淮海流域人均分别只有 604m^3、423m^3 和 186m^3。(2)经济活动对水的需求量大。用水地区人口密集、耕地率高,煤炭、石油、盐业等资源丰富,开发条件优越,工业发达,城市用水量大。尽管已花巨资兴建了引滦入津工程,仍不能满足天津用水需要。据测算,到 2000 年,按 50% 的供水保证率计,天津年均缺水仍达 11.5 亿 m^3。20 世纪 80 年代初期的干旱,使北京、天津、邯郸、沧州、郑州、许昌等大中城市的部分工厂因缺水而停产,居民用水困难。(3)水资源利用的投入产出效益较高。没有收益的需求不能构成市场需求。南水北调中线供水区的工业及城镇生活用水都有着较高的经济效益。有关计算结果表明,每立方米调用水在北京的经济效益可达1.613元,天津1.293元,河北0.910元,河南0.631元。而测量的供水成本分别为0.21元、0.18元、0.10元和0.06元,水价分别为0.33元、0.29元、0.21元和0.17元。综合上述自然的和社会经济因素,必然形成跨流域远距离调水的市场需求。

就供水的汉江流域看:一是有水可调。汉江流域1956—1990年年均降水量为897.2mm;引水处的丹江口水库年均天然入库水量408.5亿m^3,而丹江口以上区域的年均经济生活总耗水量预计在2000年也不会超过20亿m^3。据1956—1985年的水文资料计算,发电及中下游年均用水量为199.1亿m^3,求得年均可调水量达147.3亿m^3。二是出让水的使用权可能有利可图。如果不调水,汉水注入长江,付之东流;当然注入长江途中可用于发电、航运等而获收益。如果需水方愿意支付的价格高于所影响的发电、航运等收益,汉江水的天然使用者便会因出让水的使用权而获利。美国西部地区的水权有偿交易,是一种自愿的市场行为,就是一个很好的例证①。很可能华北地区的消费者的出价高于天然使用者所放弃的收益。在考虑到当地的就业、生态等社会成本后,天然使用者甚至愿意放弃部分自己消费的水量而出让获益。在丹江口附近的湖北地段,每立方米水的经济效益为0.552元,约相当于北京的1/3。如果当地出让1m^3水的收益等同于0.552元并有就业

---

① 参见 Teerink and Nakashima, "Water Allocation, Rights and Pricing: Examples from United States and Japan", World Bank Technical Papers, No 198, Washington DC, 1993. 美国加州的一些跨流域调水与使用,都有明确的水权界定。不同的用水者之间通过水权交易来实现水资源的再配置。

等社会效益,究竟是出让还是自用,在经济上不存在什么差异。可见自然条件和经济利益构成了远距离跨流域供水的源泉。

然而,水资源又不同于其他商品,其市场配置受到空间位移的限制。包括调水工程在内的水利建设都具有公共设施的性质;它除了商品的市场属性外,还有公共产品的市场属性。这是因为:(1)从客观上讲,供需的市场力量不足于跨越空间障碍完成市场交割;普通运输的成本将远高于市场供需的潜力。而大型的引水工程,投资量大,涉及的区域广,令单个的供者和需者望而生畏。只有政府和公共财力才有可能满足工程建设要求。(2)调水工程如同交通、通讯等产业,属于国民经济的基础设施。从国家的生产力布局、资源分布和区域社会经济发展等方面考虑,调水于国民经济全局有利。对于这样的工程,通常采取影子价格和社会贴现率的方法来进行成本收益评估,需要政府在投资、贴现率等方面进行市场补贴,不能用简单的财务核算结果决策。因而,即使是在市场经济条件下的资源配置,也需要政府的宏观经济手段,来实现市场所不能实现的现代化配置,促进国民经济总体的向前发展。

13.2 水资源经济特点

尽管水资源的配置受到市场需求规律的制约,但其特有的经济属性又有着不同于其他资源的经济内涵,从而限制了水资源作为商品跨地区、跨流域的市场流通。

首先,水资源不同于再生资源,它通过降雨、降雪等方式可以自然循环补充。矿产资源如煤、石油、磷、铁等原矿的储量是一定的,其开采量会逐渐减少直至枯竭。水在自然蒸发、动植物吸收利用和人类开发利用等消耗后,只要该地区的水文、地质、大气状况不变,水资源的总存量尽管随时间有波动,但是不会枯竭的。作为一种经济资源,水与不可再生资源也有很大的不同。从开发利用上看,不可再生资源是一次性的。而水资源由于可以自然补充,可以重复利用。其经济收益可以随时间坐标无限延续。从市场流动状况上看,具有开采价值的化石能源或其他矿产资源都已经过自然浓缩过程,而且还可以人工加工浓缩,使其经济价值不断增大,使得其远距离市场配置的运输成本相对于其经过浓缩的产品价值来说较为低廉,而且也便于运输。例如石油,在产地开发后可以加工为各种石油化工产品,其价值远高于原油。铁矿、磷矿从矿石到钢铁磷化工产品,其资源的经济价值都可以经过人工提炼而浓缩。但水资源就不同了。其利用只能是其自然状态,不能经过人工提炼而在体积上或在经济价值上得到浓集。这样其运输成本就会较高。水作为一种自然赐予物,如同空气一样,尽管重要,但自然界中的水是不用付费利用的。其最初和最基本的利用,是为了水源区域生物与人类的生存,而不是为了经济利益。矿产资源则不同,尽管也是自然赐予的,但其最初利用是为了经济利益,所考虑的市场远大于矿区范围。因而其远距离运输,在经济上也必然可行,否则将无开采价值。

与可更新的生物资源相比,水资源也有其自身的特点。表现在:(1)生物资源作为生命有机体,是通过自然繁殖而更新的;因而更新率与生物种群数量及种群间的相互联系密切相关。人类可以通过对种群数量或种群关系的控制而得到所需要的更新水平和资源存量。人类对于水的自然循环尚不能实施有效的人工控制。(2)对生物资源的利用如同矿产资源一样,可人工选择和浓集。如农作物资源,人类只是利用生物生产的一部分,如粮食,而将其他人类不需的部分弃掉。而且人类还可以对粮食进行再加工,使其经济资源量和价值得到进一步浓缩和提高。因而生物资源产品的市场配置与其他工业品的空间位移成本无特别差异。

水资源还具有一些其他特有的经济属性。不论是矿产资源还是生物资源,它们都是经济生产的主体,即从生产资源到最终产品。水资源不仅是生产的主体,例如人类直接消费的饮用产品,而且还是生产的载体。以水为媒体,所获取的最终产品与水无关。这些最终产品包括水能、航运、水体旅游等。可见水资源是具有多种经济功能的。在认识水的多种经济效益的同时,还要看到资源负效应——洪涝灾害。由于水自然循环的不规则性,往往在一定时间和空间范围内形成过量的自然供给,造成洪涝灾害。这种水多为患的情况,显然是一种经济负效应,不仅其自身的主体与载体功能发挥不出来,而且对其他经济资源也带来破坏。一般说来,矿产和生物资源没有这种多至为患的负效应。

水资源的另一个重要特点是关系到人类生存和经济运行的战略属性。缺少水,矿产和生物资源的开发利用受到限制,人类的经济活动受阻。更为重要的是,人类生存离不开水,人类所食用的所有动植物都依赖于水而生存。所以水资源的开发利用不仅仅是一个经济效益问题,而且涉及人类生存。其自然供给是没有弹性的,需求弹性也十分有限。水资源的这一特性要求人口数量和经济规模必须考虑水的可供量,否则过大的无弹性需求会导致整个经济系统的崩溃。

13.3 成本与收益

鉴于上述资源经济特性,要实现水资源的跨流域市场配置,并非轻而易举。既然南水北调的目的是为了资源的效益配置,而获取这种效益又涉及各种可观的成本,那么,水资源调配的一个基本经济问题便是客观而全面地认识其成本与收益,并进行比较。

成本分析

我们主要从三个方面来认识成本:空间位移成本即调水工程及其

营运费用、机会成本和选择成本。

空间位移成本 跨流域配置最为起码的要求是将水提供给需求者就地消费,否则,远水解不了近渴,空间距离将使供水者望而却步。由于水是非浓缩状态,非密封的运输方式经蒸发、渗漏损失量大,对运送条件要求高。因此,完成水资源的空间位移便成了其跨流域配置的最大障碍。罐装运输的成本太高,显然经济上不可行,管道和小型渠道输送又受到自然地理条件和运输量的限制,运输距离不可能太远。这也是为什么大多数村落、城镇、工厂企业和农业开发都在区位上选择近水的原因。

可见实现南水北调,必须考虑距离长、运量大和运输要求高的特点。一般的小规模工程投入不可能满足南水北调的空间位移要求,而大规模工程的投入又会十分巨大,非市场供需双方力所能及。也就是说,这种位移需要大的工程手段,需要巨额投资。具体地看,实施南水北调的成本费用包括五个部分:(1)水源工程;(2)输水总干渠工程;(3)配套支渠供水体系;(4)运营成本;(5)间接成本。

水源工程。要使供水量相对稳定,必须要有一个大的调节水库。据长江流域规划办公室的设计,需要加高丹江口水库大坝,以抬高水位,拦蓄来水供使用。丹江口水利枢纽续建工程的静态投资估算约需 6.24 亿元,主要用于大坝建设及通航设施。水库水位抬高后又会造成大量的淹没损失,估算的补偿费用达 2.69 亿元。

总干渠工程。总干渠工程从丹江口水库到北京玉渊潭,全长 1 241.2km,其中跨河建筑物(包括穿越黄河工程)71.0km,隧洞总长 3.4km,北京市区及近郊暗渠 16.8km,明渠总长 1 150.0km。全线衬砌以防渗漏,其工程量和投资可想而知。测算的所需投资量(包括天津干渠)高达 184.73 亿元,其中穿黄河渡槽工程 26.13 亿元。

配套支渠体系。干渠工程只是完成了远距离位移,近距离与用户的衔接还需配套工程,所需投资约 7.37 亿元。在一定意义上讲,这种配套体系与就近取供水系统没有什么差别,在原则上可以不作为基本设施成本。

运营成本。庞大的工程体系一旦投入运营,需要经常性的管理与维护。这些费用不属于工程投资费用,也不同于工程投资,它不是一次性的,而是经常性的。

间接成本。调水还会有一些间接的附带成本,有的是减少收益的成本。资本成本主要包括大坝以下的河道改善工程和水源保护工程等。由于调水后汉江中下游河道的水文特征发生了变化,需要使这种变化的损失控制在一定范围内。这就需要适当的汉江中下游改善工程。长江水利委员会规划有多个梯级,但在工程概算中只考虑了一个梯级工程作为调水的附属投资,所需资金为 3.68 亿元。由于所调用的水为生产和生活用水,必须保证供水质量,所需水源保护工程投资约为 5.0 亿元。减少收益主要是发电收入。丹江口大坝加高和水量北调后,丹江口水电站的发电用水减少,导致年发电量减少 10.3 亿度,发电保证出力减少 3 万千瓦——这只是与未加高大坝的比较。如果考虑不调水,全部用来发电,其水电损失将更为严重。减少收益的其他方面还包括对汉江中下游航运业和水产业的不利影响。

机会成本 机会成本是指为获取某一事项而必须放弃的收益。据测算,南水北调中线工程的总静态投资,不包括支渠配套工程和减少收益的间接成本约为 226.53 亿元(1992 年价)。这 200 多亿元除了可用于调水工程的兴建以外,还可以用于其他工程的投资兴建,如用于水源区的工业开发等。其基金成本就是除用于调水工程以外的最优投资回报的工程项目而获取的最大收益。因南水北调工程带有基础设施的性质,其投资回报显然不应与商业性投资回报相比较,但也需要对其机会成本进行估算。很可能其机会成本小于南水北调工程的投资收益,但也不能排除相反情况出现的可能。通过对机会成本的认识，至少可以让我们了解这一投资是在放弃了其他用途之后而实现的，有助于工程的投资管理。

选择成本 选择成本是指水资源用于某一用途后使资源利用不可逆转，失去其他可能用途的价值。引水工程修建后，一定量的水资源北调，中下游地区的用水和城镇、产业布局必须作相应调整而适应之。也就是说，调水导致了水资源利用的不可逆性，中下游地区不再具有利用全部汉江水的选择了。按目前汉江中下游的用水量及生产布局，现时的选择成本不是很高。但随着该区域人口增长和生产发展，很有可能这种选择成本会增长。对这一选择成本的充分认识，有益于我们作长期规划考虑，防止短期效益，协调当前与长远、局部与全面的利益关系。除上述经济利用上的选择成本外，调水后对受影响地区的自然环境与生态系统也会产生不可逆的后果，形成间接及生态环境成本①。

收益分析

水资源空间再配置的收益，有些可以定量计算，有些则难以用货币单位来计算。这里我们主要考虑：经济效益、生态环境效益和社会效益。

经济效益 经济效益包括直接和间接收益两部分。水资源作为一种生产投入因子，具有投入产出的收益，包括工业及城镇生活用水，农业灌溉用水和其他供水收入。据有关方面的测算，中线工程工业及城镇生活供水的毛效益达 0.993 元/m^3，农业灌溉用水 0.58 元/m^3，用于园林苗圃、菜田和水产等的收益 0.624 元/m^3。调水工程实施后，上述直接经济效益达 86.10 亿元/年。大量的汉江水被拦截北调后，中下游

---

① 参见本书第二章、十一章关于生物及土地资源价值成分的讨论。

的洪水威胁减少了。根据水文资料分析,出现百年一遇的洪水,可以不用或减少分蓄洪区的使用。因而拥有多年平均防洪经济效益约为1.59亿元。尽管这一收益不属于供水直接收入,但源自于调水工程,属于间接经济效益。

生态环境效益　华北地区因大量抽取地下水而使地下水位下降,进而影响到动植物和土壤微生物的生态环境,使该地区的生存环境恶化。因地表水径流量和水域面积的减少,不利于小气候和生存系统。此外,天然水量的减少及生产、生活污水的增加,又使污染负荷加重,降低了环境质量。调水补充华北地区用水,可减少对地下水的抽取;而且,供水中的10.2亿 m^3 的净水量用于华北地区的充库以改善小气候,增大稀释净化污染物的容量。尽管充库后的水产收益和污染治理费用的减少可以用货币计量,但这些可计量的只是不可计量的生态环境效益中的一小部分。

社会效益　社会效益主要表现在三个方面。一是通过改善资源自然分配的空间格局,巩固和促进供水地区的生产力布局和发展。二是增加供水区的就业机会。尽管整个工程的运营管理只有2 000个职位,但水源的供给使生产得以发展,从而产生出各种就业机会。三是改善供水区尤其是京津地区的生活水源,有利于人们健康。这些社会效益可以通过适当方法用货币数量来统计,但在一般的成本收益分析中未计入经济效益。

成本收益评判

上面就水资源跨流域配置的成本收益进行了分析。长江水利委员会的国民经济评价中考虑的因子主要是空间位移成本(不包括部分间接成本),收益中的计量因子主要为间接和直接的经济效益。尽管生态和社会效益未直接进入,但由于计量收益采用影子价格核算,其收益大于可能的财务数目。因而生态和社会效益已部分体现在计量的收益额中了。按这一成本收益评价体系,南水北调中线工程的经济内部收益率高达21.6%,经济净现值182.76亿元,收益费用比为1.98。这些指标都高于投资的可行性标准(社会贴现率12%,净现值大于0,收益费用比大于1)。因而,从国民经济评价上看,这一资源配置工程在经济上是合理的、可行的。在上述指标的计算过程中,由于没有考虑机会成本、选择成本和部分间接成本,估计可能有些偏高。而且这些估值也可能受到风险和不确定性因素的影响。例如连续大旱年供水量减少,工程建设和运营中出现意外事故,都将导致收益的减少和成本的相应增加。

从财务分析结果看,投资回收期约需24年,财务内部回收率为4.57%,低于5.0%,投资利润率只有3.8%。从投资收益的角度考虑,这样长的投资回收期和低的收益率,以盈利为目的的企业和私人是不会投入的。因此,它只能作为一项基础设施,以公共投资为主来实践。

13.4 利益分配机理

基于上述成本收益分析,从总体上讲,尽管实现空间位移的成本高昂,但效益也是显著的。作为一项公共投资的基础设施建设,对供水区的社会经济乃至全国的国民经济发展都有着积极的作用。如果考虑一下成本收益的空间格局,我们可以发现,收益多发生在供水区,许多成本则发生在水源区。这就不难理解,同样是资源的开发利用,调水工程对于水源区来说,积极性可能没有其他资源区,如煤炭、石油、金属矿产资源区那样高涨,也可能不如水电开发那样热情。这在国际上有先例。尼泊尔境内可以建一个大型水电站,但国内市场容量有限,也无力承担巨额建设费用。而邻近的印度电能奇缺,市场潜力巨大。但两国在利益分配上出现分歧,尼泊尔要求按市场价售电,而印度作为独买垄断客户,要求按成本定价。因利益机制的原因,这一造福两国的水电工程就是兴建不起来。我国的跨流域调水,可以作为全国一盘棋考虑,但如果没有合理的利益分配,很可能得不到成本承受人和地区的主动配合。其结果一是影响工程效益的充分发挥;二是部分人和地区利益受到伤害。这两种情况都有悖于市场经济条件下资源配置的原则要求。

对供水区来说,工程所产生的社会经济效益是显而易见的,而对于水源区,除建大坝外,明显的收益不是很多。但在另一方面,水源区所承受的直接成本也不是很多。工程投资基本上不从水源区筹措;库区移民与水电建设移民没有什么差异。那么,为什么水源区可能对这一开发工程缺乏积极性呢?

根本原因是一个利益问题。无论是矿产还是生物资源,其开发利用都给资源区带来直接的收益。表现在:(1)就业收益。因为任何资源开发都需要劳动力。这在我国各地就业机会不充分,尤其是农业过剩劳动力难于吸收的情况下,就业对于社会安定、市场需求都有着十分重要的意义。而水资源远距离调配,对水源区就业几乎没有什么促进,反而还因水库淹没而失去许多就业机会。此外,从长远看水资源调用后,对水源区潜在的就业机会也会有不利影响。(2)直接经济收益。资源开发利用,还可以深加工。这样从原料到成品或半成品,都有附加值形成,产生直接的经济收益。而水资源只能是原态利用,不能经过加工增值形成附加值,因而调水对水源区几乎不带来直接的效率。(3)对区域经济环境的改进。例如大庆,由于石油开发,城镇、交通、通信等经济环境都相应地得到了长足发展。调水不仅没有这些改善,反而削弱了水源区的发电、航运、水产等经济条件。因此,从收益上看,调水这一资源利用方式对于水源区说来,缺乏矿产或生物资源开发对当地经济带来的积极影响。

从成本上看,水源区只是承担水资源空间位移成本中很小的一部分。机会成本也与水源区关系不大。因投资基本上不来自于水源区。对水源区最主要的成本,应该是选择成本了。实施调水以后,汉江水资源利用的格局就会发生不可逆的变化。水力发电、中下游航运都必须适应于调水的要求;库区的工业发展也必须满足调水用水质的要求;中下游的工农业生产力结构、城镇发展也必须在调水后所余水量的允许范围内来考虑。因此,这种选择成本不一定是一种现实的可计量比较的成本,而是对未来发展机会选择丧失所产生的不利影响。目前国外将选择成本作为资源保护的经济依据,并在开发项目中考虑这一成本项目。而且新的环境伦理观还将它与不同代人之间的平等联系了起来:当代人不可逆的开发剥夺了子孙后代作其他资源开发选择的机会。但在此处,我们觉得这种选择成本可理解为对水源区发展潜力的制约。这种潜力的充分发挥与调水后所余水源充分利用条件下的收益之差,便可理解为选择成本。这一成本基本上是由水源区承受的。

其他资源利用是否也有选择成本呢? 就不可更新的矿产资源来说,现在的利用和将来的利用可能有所不同,但不论是现在还是将来,这些资源都会因利用而减少,只是一个迟早问题。只要高效开发利用,资源的经济潜力便可以得到充分发挥,选择成本可以忽略或不会太大。就可更新的生物资源来说,只要开发利用不出现不可逆,即资源不致枯竭,那么选择成本也可以忽略不计。水电建坝可以带来选择成本,最明显的例子就是对洄游性鱼类的不利影响。但这种成本可以补偿,如长江中华鲟的人工放养,使这一外部成本内部化了,即发电收益补偿了这一选择成本。通过对不同资源利用选择成本的认识也可以说明,调水的选择成本是存在的,它没有或不能得到充分补偿。

通过上述分析,可见水源区与供水区存在利益上的差异。而且这种差异与其他资源的开发利用有着根本性的不同。从国民经济总体上看,从供水区的收益看,水资源的跨流域调配是符合效益原则的,是有益于经济发展的。但从水源区的利益出发,尽管调水对现时经济影响不是很大,但一些可计量的或不可计量的成本因不能随水源调出利用而得到充分补偿,存在着不利影响。这就需要一定的利益机制,保障水源区的利益,使之积极配合,以使水资源调配的宏观收益持久、优化。

按我国有关现行规定,有从用水中提取库区建设资金的要求。按 0.5—1.5 分/立方米的费率提取,水源区的建设基金每年约 1.22 亿元。应该说这是一种利益补偿。它在一定程度上等同于矿山使用费,资源租金等资源权益费。但是,这一基金用于库区及江汉中下游建设,可能不足以抵偿各种可计量成本的费用。而且它由调水管理部门掌握,水源区缺乏主动的支配权。考虑到就业、生产结构、选择成本等因素,水源区的人们可能认为这种补偿太有限,形式不尽合理。实际上,从资源利用的角度讲,只要单位资源量的收益一样,资源拥有者并不介意自己用或卖给别人。就供水区的收益来说,只要能带来边际收益,就愿意支付供水成本。作为调水工程的经营人,尽管是一个业主,但在一定意义上可以看作水资源的市场经纪人。当然经纪人也需要佣金。供水收益除去供水工程成本和"佣金",便为利润。按估测,除去 2.2 亿元的税金,供水年利润约 9 亿元。其中一部分可以视为工程投资的资本收益,另一部分便是资源租金。资源所有权属于国家,但其自然使用者也拥有使用权。因此,从理论上讲,这种资源租金的一部分应偿付给自然使用者。可见,不论是成本补偿还是资源租金分享,水源区的利益都应得到保障。

总之,水资源调配的利益分配机制,涉及中央和地方、水源区与供水区的实际利益。如果处理不好,会影响人民生活,影响部分地区的经济发展和国民经济总体效益的最优化。

第十四章 贸易协同论

贸易、环境与可持续发展的关系较为复杂,所涉及的政策问题及对贸易与环境的影响,也存在较多的争议。概括起来,问题可分为三类。

第一类问题是关于贸易自由化、环境保护与可持续发展的关系。重点在于寻求贸易自由化与环境保护的联系以及如何协调这两个政策目标,使之促进可持续发展。关于国际自由贸易对环境的影响,人们对此看法不一。一种观点认为,全球性与区域性的贸易自由化,是有利于环境保护的,需要进一步开放市场。另一种观点,与之相反,认为不加限制的贸易,可能导致环境破坏,尤其是在环境政策软弱无力的国家,对环境的危害更大。

第二类问题,涉及环境成本的内部化及其对贸易体系的含义。为环境保护与可持续发展,环境资源应该赋予合适的价值和价格,以体现其社会稀缺性,以市场力量来配置这些资源。成本的内部化便是协调贸易与环境政策的关键因子。内部化的主要影响在于国际贸易中产品竞争力的变化。由于发展中国家技术和财力的制约,成本内部化于发展中国家更为不利。

第三类问题,是关于国际合作。多边合作,可以最有效地实现国际性的环境成本内在化,它有助于将潜在的贸易摩擦减少到最小,有助于发现和执行操作性强的、能够有效解决区域和全球环境问题的方案。一般说来,多边环境协定将提供一个较好的机构框架,以必要的经济与技术激励,促进所涉及地区的可持续发展。

贸易自由化所引发的贸易与环境保护争论的问题，主要集中在上述三个方面。但隐藏在这些争论之后的还有一个复杂和敏感的南北关系问题。发达国家之间，技术力量、经济水平及环境意识等均较为接近，贸易关系多为对等的、相互制约的。相互之间难以以环境保护之名，行贸易保护之实；也不会让对方免费利用自己的生态与环境服务，或接受转移污染。类似地，发展中国家之间贸易与环境的利益冲突，也存在一定的对称关系，即相互之间难以用强制手段，迫使对方服从自己的利益或意愿。

但南北之间则不然，在环境破坏的责任、环境保护的能力上、经济与环境利益的分配、优先问题、国际贸易与环境事务中的地位与权力诸多方面，均表现有明显的不对称。这使得国际贸易与环境的争论更为复杂。在进行国际贸易与环境保护的决策实践中，不论是发达国家还是发展中国家，都不能忽略南北关系的不对称现实。应承诺相应的义务，参与国际合作，协同经济与贸易手段，促进环境保护。

14.1 贸易自由化的环境效应

贸易自由化通过在全球范围内的资源效率配置，必然增大货物的国际流通量。效率配置与增大流量，均对资源利用与环境保护产生相应的影响。因此，需要全面公正地分析与认识贸易自由化的环境效应，促进自由贸易，减少环境影响。

环境改善效用

从有利的方面看，它可以提高资源利用率，增大或改善环境容量，有助于发展中国家增强环境保护的能力。具体地看，表现在以下几个方面。

(1) 提高资源配置效率，减少资源浪费。实现环境与自然资源的效率配置，意味着单位资源利用或消耗的经济产出达最大，等同于单位经济产出的资源消费量为最小。换句话说，对于给定的经济产出量，消耗的资源量越少，或节省的资源量越大，则对环境与自然资源的保护越有利。而贸易自由化，正是实现效率配置的重要手段。1) 贸易可以促进规模经营和专业化生产。在自给自足的社会里，产品的商品率极低，资源的开发利用，不是为了产出或利润最大化；多为分散小规模经营，专业化程度低。贸易扩大了产品的供给范围，利益驱使生产者在有限的资源数量内，生产更多的产品。这有可能加剧当地或局部地区的资源利用强度，或引起资源退化。但从全球范围来讲，此处的效率生产，通过贸易满足了彼处的需求，减少或避免了彼处的资源消耗。2) 技术贸易比起产品贸易来，不是一次性消费品，可以在当地较长期地使用，因此节省资源，能够实现有效率地生产。3) 贸易还可以促进废物的综合利用。贸易可以将许多废物的生产与回收利用相沟通，既减少了废物处置成本，又增大或再生了资源的使用价值。

(2) 提高自然环境容量。地球除了能源外，基本上是一个封闭系统。因此，对于环境问题应在全球水平上加以考察。在全球体系内，资源分布不均，人口及其需求也存在地理差异。因而，许多地区的持续发展受到经济、社会和自然的制约。贸易通过商品和物质的有效沟通，是实现再分配的重要机制。通过对局部地区发展局限的补偿，消除物质交流的失衡，进而支持更为有效的全球系统。可见，贸易在理论上讲能够提高全世界的持续发展水平。

例如，全世界对林产品，尤其是木材和纸浆的需求，给世界各地的森林均形成巨大的压力。如果从全球的角度来看，不同地区的森林有着不同的潜力和价值。有的森林，纸浆生产效率高；有的适宜建筑，或家具用木材的生产；而有的则适宜生物多样性保护、水源涵养，或是旅游娱乐。但是,如果所考虑的价值只是原木的收益,则必然导致竞相砍伐其森林,以获取木材用于生产、消费或贸易。其他的价值,如生物多样性保护及水源涵养,都将被忽略。如果我们将森林当作是一个全球性的资源加以利用和管理,对于因保护未能实现的木材的商业价值,可以通过征收全球林产品贸易税的形式,来实施有效补偿。这样,既满足了全球木材的需要,又符合全球环境保护的利益。木材的经济收益和森林保护的成本,通过贸易与税收再分配,在全世界所有的森林区域得到了均等的分享。从这一意义上看,贸易对平衡环境与发展具有积极效用,防止了两者的失衡。

同样的,全球食品贸易不仅有利于提高人们的生活质量,增加食物的丰富度和多样性,而且也有利于不同气候和季节区域之间的环境保护。高产高效地区的农民,通过贸易可以向食物欠缺地区提供农产品,以补偿不同地区之间粮食生产的年际波动。这样既保障了歉收地区人民的生活,又可以减少歉收地区农民对当地自然资源的过度利用和破坏。似此,贸易促进了全球水平的食物供给保障和自然保护,尤其是环境脆弱地区和脆弱时期的环境保护。

(3)促进发展中国家的可持续发展。发展中国家的供水、住房、食物供给、教育以及资源替代与转向环境高效率技术的使用,都需要巨额资本。联合国环境与发展委员会秘书处,曾作过一个估算,每年约需5 620亿美元。

实现可持续发展与环境改善需要投入,那么资金从何而来?发达国家欣赏可持续发展,但几乎所有的发达国家的政府,在资助问题上都不愿当英雄。目前,主要捐赠国中,没有一个达到了捐赠国内生产总值0.5%的水平;而联合国的估算期望值,至少应为0.7%。鉴此,人们不能指望所需经费可源源来自于传统的外援渠道。如果情况适宜,国外直接投资会有所帮助,但投资是为了收益,有其局限。而且这些投资,也只集中于少数几个国家。

据估算,发达国家对发展中国家实行贸易保护主义政策导致的损失每年高达5 000亿美元。可见贸易自由化对发展中国家的可持续发展,有着十分积极的作用。自由贸易并不一定对发展中国家不利。最为明显的例子,是发达国家对发展中国家产品如纺织品、农产品等实行进口限额。许多发展中国家有比较优势的产品,不能通过自由的国际贸易得到实现。发达国家以保护环境为理由,对发展中国家实行贸易限制,也使后者蒙受损失。

环境负效应

认识贸易自由化的积极作用,并不意味着否认它对环境的不利影响。分析这些不利影响,更有助于我们利用贸易手段,促进环境保护。

(1)环境污染的扩散和生态系统的退化。不加限制的贸易自由化,意味着污染生产方式和污染产品可以在全球范围内自由转移、扩散。不同国家或不同地区存在环境标准的差异。污染企业为节省污染治理的投资,转移生产地点,逃离管制严格的国家或地区,造成污染的转移。这种情况在发达国家与发展中国家之间,发达地区与欠发达地区之间都存在。

贸易促进集约经营,但集约经营往往导致对环境的破坏。在依赖农产品出口的发展中国家,国际贸易的比较优势和专业化生产,驱使农民去种植世界市场销路好的少数几种农作物,例如可可、咖啡、香蕉。而且扩大经营规模,增加化肥农药投入。发达国家更是这样,传统的家庭农场,正在为大公司所取代。例如在美国,29家大公司拥有21%的农耕地,它们控制着51%的新鲜蔬菜生产,85%的柑橘,97%的肉鸡,40%的鸡蛋。其结果是,土地自然肥力衰减、水土流失加剧、农业化学污染加重。不仅如此,由于贸易只注重那些市场价值高的物种,而对不具商业价值的物种,或忽略或消除,使得生态系统的物种多样性趋于简化,生态调节功能衰退。①

(2)生产和消费的增加。自由贸易促进各种经济活动。为满足经济活动的扩张,经济体系中需要消耗更多的物质与能源,以实现经济活动投入产出的物质平衡。这便是贸易自由化的增长效应。经济增长取决于经济活动与投入之间的技术系数。尽管单位经济活动的能量投入可能因技术进步而递减,但总能耗量仍会有所增长。经济扩张也可能导致土地利用的变化,进而威胁自然环境。农田、森林、草地或其他绿地,很可能被转用于房屋、工厂、道路和其他开发。欧共体的一项研究表明②,欧洲联盟单一市场,将促进联盟内市场的进一步发育和自由化,但环境质量将趋于恶化。

(3)运输的大量增长。运输是贸易的前提条件。国际贸易的增长,必然带来运输的增长。据欧洲共同体的环境分析材料,随着欧洲单一市场内欧共体成员国边界的开放,货车运量将增加30%—50%。由于市场的开放及贸易的自由化,货物运输变得更为自由与便捷。很可能初级原料的开采或收获在一个地方,而其处理加工,则在另外一个地方,最终产品的消费在第三地,而生产或消费的废物处理与利用在第四地。这四个地方很可能相距甚远,必须靠交通运输将各地衔接起来。这样,与自由贸易相适应的交通运输的扩张,必然带来一系列不利的环境影响。新建或扩建道路、机场、码头、货场,都需要占据土地。森林、草地、农田等转用于交通设施,其原栖居生长的动植物资源将不复存在,减少了绿地面积。而且,道路将原本为整体的动植物区系人为分

---

① 参见 UNCTAD,*Environmental Management in Transnational Corporations*,UNCTAD,New York,1993.p.133.

② 参见 Schneider et al.,"Task Force:Evnironment and the Internal Market",*Commission of the European Communities*,Brussels,1989。

划,改变了自然环境,不利于生物多样性保护。交通运输需要消耗能源,而且主要是不可更新的化石能源。国际贸易运输所消耗的能源,估计占世界石油消费总量的 1/8。① 贸易量的增加,石油消耗量也会随着增加。交通量的上升还会加剧大气污染。机动车辆要排放大量的二氧化碳和其他污染物,污染大气,危害健康,造成环境破坏。此外,过境交通的困扰也不容忽视。国际贸易从 A 国到 B 国,途经 C 国或更多国家,过境国并没有直接卷入货物贸易,但却要承受交通运输增长所带来的外在成本,包括噪声、大气污染等。根据奥地利的统计,1975—1990 年间,过境交通每年增加 100 万吨。而且多数运输走公路,污染较轻的铁路运输却被冷落了,引发了一些中欧国家公众反对交通增长的意识。②

(4)忽视子孙后代的利益。市场的全球化与贸易自由化,注重资源的现时收益,压抑未来的收益与消费,忽略长远的环境利益与成本,引发了环境的进一步恶化。从本质上看,市场不可能考虑子孙后代的需求,也不会考虑现实社会中无权参与决策的人们的需要。市场价格是基于货币投资收益率来确定的。这些收益率的计算时期,最长也就 30 年时间。因为时间系列的延长,在较高的市场贴现率的情况下,对净现值收益并没有多大影响。

污染的转移与扩散、生态系统的退化和破坏,实际上都是环境成本,因为它们最终都导致经济损失。但这种损失,对于贸易双方来说是

---

① 参见 Madeley,"Trade and the poor",*Intermediate Technology Publications*,London,p.33,1992,p.33。
② 1994 年,瑞士举行全民公决,通过了争议达四年之久的《阿尔卑斯动议案》,大多数州和 50% 的民众均投了支持票。这一动议案的内容为:(1)阿尔卑斯的环境应该得到保护,不受过境交通的负影响;(2)过境货物应从走公路转向走铁路;(3)阿尔卑斯公路的过境运输能力,不应再增加(维持在 1994 年水平上)。见 Szwed,"Trade Liberalization:An Environmental Problem",in GATT,*Trade and the Environment*,TE 009,1994,pp.31-32。

外在的；即可以在生产和消费中忽略。污染对他人及社会有影响，但对排污者来说没有经济上的影响。但水土流失、生物多样性破坏，均是社会成本和长远利益的影响，并不构成现时生产者或消费者的代价。可见，贸易自由化对环境的不利影响，根源并不在于自由贸易。而在于贸易品生产与交换过程中，忽略了外在成本。

14.2 环境成本对贸易的影响

环境经济学理论认为，环境税（或称庇古税）可以消除环境成本，实现环境资源的优化配置。20世纪70年代初，经济合作与发展组织应用这一原理，提出了污染者付费原则。其依据在于，不论是生产者还是消费者，只要其生产或消费造成环境损失，就要担负这部分成本。这便意味着，国际贸易中的环境问题，可以通过成本内部化的途径来解决。

然而，理论上的处方很可能在实践中会反其道而行之。对环境成本的认识，不是用来消除贸易中的不利环境影响，而是用作实施贸易保护的借口。将环境成本体现在贸易中需要政府干预，因为市场不会自行将外在成本企业内部化。政府很有可能根据本国的经济需要，以环境成本为幌子，构筑起贸易壁垒，或实施贸易制裁。

消除环境成本的方法，一般可分为两类：行政管制与经济激励。最为常用且行之有效的方法是行政管制。政府通过制定具有法定效力的环境标准、排污限量或环境技术要求，强制厂商执行，如排污标准、汽车尾气排放标准、污染控制设备安装与使用要求等。经济激励方法，是通过市场途径来实现的。它不是以行政命令的方式进行强制，而是以经济手段，使厂商在利益的驱使下自觉地减少排污。

一般说来，经济手段较之于行政手段更具有效率特征。但经济手段并不能替代或取代行政管制手段。例如,许可总额是由政府制定的,环境监测、经济手段的确定和实施执行,都需要政府的宏观干预。由此可见,不论是经济激励还是行政管制,均是政府行为。这样,政府便可以根据国内就业及国际收支等情况,影响产品价格,对国内企业予以保护,筑起贸易壁垒。关于这一点,可以通过对企业运营影响的分析来说明。

成本内部化措施通过改变产品价格而影响企业运作和贸易实践。由于各国或地区的环境标准不尽相同,环境成本内部化程度存有差异,致使同类产品的成本与价格各异。对于厂商来说,产品贸易或因受未计环境成本产品的倾销冲击而丧失竞争能力,或难于冲破因环境成本而设立的贸易壁垒,或被迫遵守环保禁令而终止某些产品的生产和贸易。

环境成本内部化意味着产品供给成本的提高。产品的市场竞争力,将因此而削弱。关于这一点,厂商的担忧主要表现在两个方面。一方面,厂商担心,将内部化的环境成本加到其产品价格上,会影响其产品的国内市场占有额。这些厂商认为进口商品未计入环境成本,其产品价格就会低一些。国内厂商的产品,受到具有价格优势的进口品的挑战,必将失去市场份额。例如,东欧生产的化肥在德国市场上价格较低,而使德国的化肥厂商难于与之竞争。德国厂商将其产品竞争力受到侵蚀的原因,归结于东欧的环境标准较为宽松,因而节省和减少了用于环境治理和污染控制的费用,产品生产成本也就低一点。厂商担心的另一个方面,是出口竞争力的劣势。国内严格的环境规则,将使出口商竞争不过环境标准不甚严格国家的厂商。这种情况,尤使一些半成品如钢铁、铝锭、化工原料的生产商担心。因为对于买者说来,所关心的是产品的质量,而不是生产的环境及环境影响。

国内厂商担心产品竞争力下降的意识使得政府关于环境成本内部

化的各种努力受到牵制。就公司实际的生产成本结构看,用于执行环境标准的成本相对较低,大约只占 1%—3%①。尽管如此,厂商也时常以关闭或搬迁工厂相要挟,以反对或制止环境政策的实施。也有一些厂商,为了避免支付环境成本而搬迁厂址。这些多属夕阳工业,如钢铁、机械、造船等公司,或为有毒物品的生产厂家。

一个国家有关保护环境的要求和措施,也可能成为对国外厂商进入的障碍。尽管这种情况,并非是蓄意的市场封锁。这方面的担心有两种情况。

(1)有些成本内部化措施,在表面上并不区分国产和进口产品,但可能无意中,给外国厂商的成本压力更大一些。例如,美国许多地区对回收利用废纸所生产的新闻纸,有成分含量标准;而加拿大却没有这些要求,无意中加大了加拿大新闻纸供给商的负担。在有些情况下,国内外厂商所承受的环境成本压力的差别源于各国环境政策制定的特殊性。政府在制定环境政策或草拟环境标准时,国内对政治、经济有影响的势力都将施加压力。因为政府需要这些势力的支持。相应地,政府所制定的环境政策和要求,也将有利于国内主要行业的生产技术和方法。而外国厂商却只能被动地服从。

(2)市场开放障碍,并非源于环境政策施利于国内厂商,而在于国外厂商的实际困难。造成这种情况的主要原因是出口国的技术和财政能力有限,难于满足进口国家的环境要求。要攻克这一障碍,出口国需要进行工业的结构调整,采用更具效率、减少排污的生产工艺过程。在许多情况下,这种调整需要财力与技术的投入。

环境措施可以导致某些产品贸易的完全停止,或受到严重限制。当然,这是环境政策所需要的结果。实际上,一些与环境损害相关的产

---

① 参见 Repetto,*Trade and Sustainable Development*,UNEP,Geneva,1994。

品贸易,已受到限制或停止了。例如,环境措施使许多用濒危物种制造的野生动物产品得以终止;也有一些有害物质的贸易受到了限制。

因此,成本内部化的一个最重要的含义,可能在于它对比较优势格局的改变。成本内部化的累积效应,将带来的一个重大变化,即它将改变比较优势的定义。地理上相邻,会减少运输成本;而资源的有效利用与清洁生产,将成为决定一家公司或一个产业优势的关键因子。

在实践中,既要将环境成本在国家与全球经济中内部化,又要防止和避免将环境作为实施贸易保护的工具。这就需要国际协同,真正实现环境而非贸易保护。为此,必须采用相应的对策:(1)要甄别环境保护与绿色保护主义。后者只不过假借环境保护之名,对国内产品实施经济和(或)政治保护之实,在实际上并不能取得任何环境收益。[1] (2)合理使用单方贸易行动。一个或几个国家威胁或实际使用单方面的行动,作为一种最后手段,对国际社会严重的环境问题的解决起到积极的促进作用。在国际环境合作步入死胡同的情况下,单方面行动会给对方带来压力,促使其采取行动,减少环境成本。例如,美国单方面关于禁止进口墨西哥金枪鱼的禁令,尽管为关贸总协定专家小组所否定,但这一争议本身对海洋环境的保护,起到了巨大的推动作用。在捕捞活动比较集中的太平洋东部热带海域,不论是美国还是非美国船只,1990年捕鱼作业中所杀死的海豚数量比1989年减少了一半以上。但是,关于全球环境问题的单方面行动,一般是少数经济大国使用的一种选择。因为小国的经济实力,不足以施有实质性的有效影响。(3)对环境成本内部化的理解,不应仅限于经济手段。在经济手段不足以弱化或消除环境成本时,行政措施应作为主要手段。对有些环境问题,如物种消失,生态系统的永久性破坏,对子孙后代利益的

---

[1] 参见 Arden-Clarke, *Green Protectionism*, WWF, Gland, 1994, p.4。

侵害等,我们不知道外在成本,或外在成本为无穷大时,行政管制的方式,如划定自然保护区、颁布贸易禁令、实施进口配额等,均可成为成本内部化的政策手段。

14.3　贸易协定规则与环境保护

贸易协定条款一般都不允许各成员国采用影响国际贸易的手段来达到环境保护的目的。关贸总协定秘书处最近的一份报告声称,该协定条款并不限制一个国家为保护自己的环境免遭破坏而对进口产品施以控制。但它要求所采用的控制措施,对同类的本国产品和进口品一视同仁。但是,《关贸总协定》秘书处认为,该协定条款应该防止其成员国的国内市场依赖于出口国的环境政策或实践。对有关损害国内环境的进口品的限制,必须要有这种"伤害"的科学依据,以防止有的国家以控制有害品进口之名,行贸易保护之实。有些环境组织认为,这一条件是对国内政策的干预,不利于保护全球公有资源(例如臭氧层),有碍公平竞争。因为在有些国家,环境标准或是很松,或是根本不存在。在这种情况下,产品的"竞争性"当然较强。

环境主义者认为,有关协定中的贸易条款,应该允许对濒危物种的贸易及像氟氯烷烃这样的不利于全球环境的产品贸易实施限制。关贸总协定秘书处的报告中也确实指出了成员国可以限制濒危物种在国内的销售,而不论产品源于何处。在这里,国内的有关规定,可以解决环境保护行动与协定规则之间的冲突。例如,只要禁止销售和拥有象牙、犀牛角或熊猫,就可以有效地控制其进口。但这些方法也不可简单地泛而用之。例如限制热带森林木材在国内的交易,就会使所有的热带林木材的交易中止,而有些国家并没有滥伐或破坏热带森林。

自 20 世纪 80 年代中期以来,关贸总协定的争议裁决案里只有五例是关于违犯协定规则,不利环境保护的。其中三例所涉及的是水产品,最为著名的是美国禁止从墨西哥进口黄鳍金枪鱼。美国禁令的理由是,墨西哥渔民违犯了美国关于限制捕杀海豚的《海洋哺乳动物保护法案》。美国认为,实施这一贸易禁令符合《关贸总协定》规则的第三条,因为美国的法案适用于美国和外国捕杀海豚的渔业实践。然而,《关贸总协定》的特别调查小组的意见倾向于支持墨西哥,因为总协定规则并不允许其成员国,仅因出口国所奉行的环境政策不同于自己就禁止进口。总协定秘书处的报告认为,允许这样的行动,即使不摧毁总协定,也将极大地削弱总协定。一个成员国可能会试图将自己的标准,强加于其他成员国,这将导致广泛的报复行动,结果会使总协定条款运转失灵。

《关贸总协定》特别调查小组的决定,使得美国环境保护团体大肆发难,声称如果遵守总协定规则,各国对破坏全球共有资源的犯罪行为将束手无策。因此他们认为,一些国际目标比遵守总协定的基本规划更为重要,环境保护应优先于贸易规则。

能否通过制定或修改双边或多边贸易协定,允许其成员国应用贸易干预手段保护环境,而在同时提供一套可行的规则促进自由贸易?关贸总协定所基于的前提条件要求,政府不应该在国内或国际市场上进行干预,歧视外国生产者或消费者,以促进国内生产者或消费者的商业利益。这一意义上的政府干预不仅包括进口限制,而且也包括对国内生产商的补贴,为保护资源而制定的出口限额或禁令。

例如,一个成员国会以某些进口产品生产的环境标准远远低于国内为根据,限制这些产品的进口。实行这一限制的根据,非为环境保护,而在于该国的生产商面临与进口品的"不公平竞争",导致国内生产商移居海外,在"污染天堂"里经营生产。一些环境主义者据此提出,对在低环境标准下生产的进口品,施征抵消性关税。因为这些产品的价格没有体现污染成本。而《关贸总协定》规则的第 16 条也的确允许这样做,同意其成员国征收用以抵消国外出口产品补贴的进口关税。不过,《关贸总协定》秘书处认为,基于环境目的施征的抵消性关税,违背了总协定条款。因为没能将环境成本内部化并不是一种普通的补贴。

将未能把环境成本内部化作为一种补贴的观点,确实有其逻辑联系。但是,对所有类似情况的进口品施征抵消性关税的观点,基本上是贸易保护的论点而不是环境保护的论据。每一个国家所生产的商品,总有许多没有内部化的外部影响,或者说至少内部化程度没有其他国家那么高。如果允许其成员国为抵消国内和国外生产商品的所有货币上的成本差异,而施征某种形式的补偿性进口关税,多边贸易协定的签定与实施,便成为不可能。劳动者的条件如健康、安全规则以及退休福利,在各国差异甚大。处于较低发展阶段的国家,环境和安全标准可能不如发达国家那么严格。尽管贸易及海外投资趋向于减弱这些差异,但是,试图以贸易歧视的方式来强制达到环境标准的均一,于贸易或环境保护均不见得是一种有效的方式。《关贸总协定》秘书处认为,允许成员国对其他成员国因环境实践问题实施限制,便意味着授权发达国家主宰发展中国家的环境政策。当然,有关贸易协定规则也应允许采用贸易限制的途径,处理一些对全球环境造成重大危害的事例。但这种限制的基础是国际共识,而并非各国之间环境标准的差异。协定成员国也应有自由来限制造成跨越国境污染的产品进口,这与各国保护其环境的基本权利是一致的。例如,贸易协定不应该强制一个签约国去买国境另一侧的铜,因为铜的冶炼污染了该国的环境。然而,受到这些限制影响的出口国应该有权反诉,如果他们认为这种环境破坏的指控证据不足,或这种指控仅仅是为了对国内生产商给予商业保护。这些案例应由有关贸易协定的争议机构来裁决。

环境保护组织认为,各个国家可以通过限制进口以保护自然资源,或付钱给农民使土地休耕以恢复水土。但是,关贸总协定的确允许成员国直接补贴农民用以土壤保持,只是要求这种补贴没有具体到某一特定作物的生产。而且,《关贸总协定》规则的第 20 条允许成员国为资源保护,进行出口的数量限制,只要这种限制与国内消费限制成比例。似此,除非国内的原木消费者也面临有消费限制,为保护资源而禁止原木出口,就违犯了《关贸总协定》规则的第 20 条规定。日本指责当前美国的原木出口限制,违背了关贸总协定规则。《关贸总协定》关于自然资源产品出口的规则所基于的理性原则,与亚当·斯密所用的是一样的。他反对英国限制羊毛出口给国外服装与纺织业制造商。这样的限制歧视了外国生产者。所以,如果美国停止采伐西北森林的目的,是为了保护资源,而不是为了使国内木材商的竞争条件优于日本人。那么,美国也应该限制其国内木材消费。

用于环境保护的限制与反对贸易歧视的规则,并不必然冲突。环境与自然资源保护的目标,可以在有《关贸总协定》中得到明确承认。这种承认既可以通过制定或修改条款,也可以通过缔约国理事会的决议来实现。只要国内与国外的生产者和消费者遵守一样的规则,这种承认就不会支持贸易歧视。为明确保护目标,贸易协定中应该包含有一个条件说明,规定在符合这些条件时才允许贸易干预,由此而引发的贸易争端之裁决程序,也应遵守这些条件。

14.4 南北贸易关系与发展中国家的环境

贸易对环境的促进作用,在发展中国家往往难以转化为现实。而国际贸易对环境的不利影响,却对发展中国家的环境形成巨大的冲击与压力。显然,贸易与环境的关系,在发达国家与欠发达国家之间,存在不对称现象。即发达国家的环境,可能更多地获益于国际贸易,而发展中国家的环境,在实践中受到更多的不利影响的冲击。造成这种不对称影响的原因包括国际经济与技术的差异、生产方式与消费结构的不同等。概括起来,可以分为三类:(1)资源占有与消费的不平等;(2)生产与消费结构的差异;(3)国际合作中地位的主动与从属矛盾。

发达与发展中国家之间环境与资源背景相去甚远,形成资源不平等占有与消费的现实格局。国际贸易有助于强化这种格局,使发展中国家的环境承受更大的压力。

从自然环境资源的禀赋情况看,北方国家的环境承载容量相对说来要大些,而许多南方国家的环境更为脆弱些。世界上许多发展中国家和地区位于干旱或半干旱地区,承受着与自然容量极不相称的社会经济压力。在温饱或生存都未能解决的自然环境基础上,进行以经济效率为准则的国际自由贸易,无疑要加剧这些地区的资源消耗与环境退化。

经济与技术水平的南北差异,是构成贸易对南北环境非对称性影响的一个内在原因。从人均收入上看,1991年低收入国家人均国民生产总值只有350美元,而经济合作与发展组织成员国高达21 530美元,瑞士更是高达33 610美元,为南亚地区发展中国家的110倍。① 技术、资金多为发达国家所占有,世界经济活动也在相当程度上为发达国家所控制。主要为工业化国家所控制的37 000家跨国公司,控制着世界70%的市场。21类主要粮食产品的70%的市场,也为跨国公司所占有。联合国贸易和发展会议(UNCTAD)1992年的一份调查表明②,全世界1 000家业务在两国或两国以上、年销售额超过10亿美元的跨

---

① 参见世界银行:《1993年世界发展报告》,95页。
② 参见 UNCTAD, *Environmental Management in Transnational Corporations*, UNCTAD, New York,1993。

国公司,只有一家位于发展中国家(印度)。余者除少数几家在澳大利亚和新西兰外,均位于北美、欧洲和日本。根据联合国的估计,跨国公司1991年在注册国以外的投资高达2 340亿美元,其中95%来源于工业化国家。世界上350家最大的跨国公司的年销售额,超出所有发展中国家国民生产总值额近千亿美元。全世界90%的技术和产品专利,为跨国公司所占有。而发展中国家的跨国公司,只占有全世界350万项专利的6%。经济与技术力量的南北差异,不仅表明环境改善投入数量的差异,而且还意味着对环境作用力强度上的差异。

与经济和技术实力相关的是对自然资源的消费。发达国家不论是从总量上还是从人均消费数量上,都占绝对支配地位。低收入的发展中国家,人口占全世界总数的近60%,而年总收入额只占5%(见表14-1)。人均能源消费,前者只是后者的7.4%。一个瑞士人的资源消费量,等于40个索马里人的消费量。①

表14-1 发达国家与发展中国家资源占有与消费比较

	人口(%)	面积(%)	收入(%)	人均能源消费(kg油当量)
低收入国家	58.44	34.88	5.00	376
中等收入国家	26.00	36.68	15.88	1 351
高收入国家	15.37	28.46	79.12	5 106
合计(平均)	100.00	100.00	100.00	1 341

资料来源:世界银行,《1993世界发展报告》,94页。

许多全球环境问题,尤其是污染和森林资源的耗减,在相当程度上是工业化国家生产和消费的结果。根据世界资源研究所编汇的《1992—1993世界资源报告》中的数据②,1989年人均二氧化碳的排放量,世界平均为4.21吨,非洲只有1.03吨,燃煤大国中国只有2.16吨,

---

① 参见IUCN(世界自然保护联盟)(1980)。
② 参见世界资源研究所等:《1992—1993世界资源报告》,283页,中国环境科学出版社,1993。

印度更低,只有 0.77 吨。而美国高达 19.68 吨,苏联 13.26 吨,欧洲平均 8.74 吨。从总量上看,全球温室气体排放总量中,美国占 18.4%,苏联占 13.5%,日本占 5.6%;而中国和印度两个人口大国加在一起,也只占 11.9%。热带雨林面积减少的一个重要原因,就是一些工业化国家对木材的大量进口消费。

发达国家与发展中国家,对资源占有与消费的不对称性,还表现在对子孙后代利益的照顾上。在发展中国家,经济不稳定,通货膨胀率高,市场贴现率也就高。厂商和投资者在资源利用的决策中,常常是急功近利,只顾高回报率的短期利益。为生存所困扰的贫困国家和地区,为了当代人的温饱问题,很可能被迫牺牲未来的长远利益。这两种情况均促使发展中国家和地区的环境处于经常性高压之下;而发达国家的低利率与相对富裕,使厂商与消费者均可从长计议,维护子孙后代的环境利益。

南北差异还表现在生产方式与生产结构上。发达国家的资金、技术和管理才能,可使现代的专业化生产和规模效益得以充分实现。但这种生产方式在发展中国家,常常与当地的传统模式相矛盾,形成对国外资金、生产资料和市场的依赖性,并与债务连接在一起,使得贸易自由化与环境的关系难以像发达国家那样,形成良性循环,而易构成一种恶性怪圈。

专业化生产,是以工业贷款为基础形成的。相伴而产生的有两种必然后果:需要进口大量基本货物和还贷。这两种后果意味着,这些第三世界国家必须不断增加出口,获取外汇,以购买生产资料继续生产和还债。在生产增加时,市场价格下跌迫使他们增加产量以换取同等数额的外汇。而要增加产量,他们必须增加化肥农药的使用量。这些生产资料依赖于进口。为此,他们需要增加当地自然资源的出口和借新债。借新债进一步增加了债务负担。如此恶性循环,终使发展中国家的专业化生产难以维系,环境和当地社区人们生活得不到保障。

在债务国无力还债时,国际货币基金组织建议并强制采用结构性调整贷款。这些措施促进了贸易自由化,外资投入自由化。并通过增加生产和当地货币贬值来刺激出口。与此同时,公共开支也受到削减,尤其是教育和卫生预算。与此影响相反,这一调整体系的受益者,则是银行和跨国贸易公司。跨国公司在这些国家的经营,可以得到更为廉价的劳动力、税收优惠政策和宽松的环境与资源利用的管制。

在此,我们可以用一个实际例子来说明。巴西南部的农民在外国资本涌入前,主要从事园艺与水果生产,供应国内市场。生产方式为传统的兼营多种作物的小规模经营。由于生产的外部投入低,经济不甚宽裕,但却是可持续的。20世纪70年代外资的大量进入,使农民可以轻易得到信贷,让他们生产出口产品(主要为大豆)。结果使农民改变了生产方式,引入农药化肥及农机具以增加产量。起初,出口贸易改善了生产条件,增加了农业收入。随后,产量增加引起价格下跌,这一外向性体系出现了危机。而且,农药化肥的过量使用,引起土壤肥力的不断降低。结果使得数以千计的农民破产,被迫放弃土地,背井离乡,移居亚马逊森林腹地,靠毁林开荒维持生计[①]。这一例子中的自由贸易,显然没有从根本上,或最终帮助生产出口农产品的农民。相反,自由贸易导致了农民背井离乡,破坏热带雨林,破坏土地自然肥力,污染了水源。

从生产与贸易结构上看,发展中国家的农业和初级产品占有较高比重,而发达国家则偏重于工业和服务业。表14-2列举了一些发展中国家和发达国家的生产与贸易结构。发展中国家出口商品中,初级

---

① 参见 Runnalls,"Trade Liberalization and Sustainable Development",*Trade and the Environment*,GATT,TE 009,July 1994,pp.19-22。

产品及主要以初级产品为原料的纺织品占 50% 以上,苏丹与伊朗几乎全为初级产品。与此相反,发达国家的初级产品出口只占总额的 20% 以下,日本只占 2%。从中国与日本的贸易结构上看,1991 年中国的进口品中,只有 4.4% 是初级产品,95.6% 为工业品。同年中国的出口结构,50.1% 为初级产品,49.9% 为工业品①。这种生产和贸易结构格局,意味着发展中国家通常以资源消耗来获取收益和提供环境服务,而发达国家则以资源加工获取高附加值,并利用全球环境资源,分摊其生产的环境成本,如二氧化碳气体的自由排放。

表 14-2 部分国家的生产与贸易结构(%)

	生产结构			出口商品结构		
	农业	工业	服务业	初级产品	纺织品	其他工业品
印度	31	27	41	27	25	48
中国	27	42	32	24	28	48
伊朗	21	21	58	97	1	2
苏丹	44	14	42	99	0	1
巴西	10	39	51	44	4	52
日本	3	42	56	2	2	96
美国	3	35	63	20	2	78
瑞典	3	34	63	11	2	87

资料来源:世界银行:《1993 世界发展报告》。

在国际贸易和环境政策的制定与实践中,发达国家以其经济技术优势,往往占据支配地位;而发展中国家则多处于从属或配合地位。因此,发达国家的政策,对发展中国家的贸易与环境有着巨大的影响。

如果发达国家以环境保护之名,对发展中国家的生产与贸易进行干预,其影响要视具体情况而论。如果发展中国家的资源消耗过速、环境污染过重,或是对濒危物种生存、国际共享资源产生威胁性破坏,从

---

① 参见李京文、张守一:《中美日经济关系的演变与展望》,77—89 页,载《太平洋学报》,1994 年 1 月刊。中美贸易关系也大抵相仿。

而影响到其可持续发展,那么,这种干预的意义可能是积极的。尽管它对所涉及的发展中国家的经济利益,会带来不利影响。但如果发达国家只是借环境保护之名,行贸易保护之实,则会抑制发展中国家利用贸易促进持续发展的实践,不利于环境保护。但不论是何种情况,均是发达国家占据支配地位,于发展中国家的贸易与环境产生重要影响,而且在许多情况下可能是不利影响。

发达国家在制定政策时,通常只考虑自身的利益和实际需要,而将发展中国家排斥在外。其结果势必伤害发展中国家的利益。例如,1992年,欧洲共同体采用了一项规定,在共同体内建立生态标识系统,指定一些国家制定产品的标识标准。丹麦负责建立造纸产品的标准,以增加废纸回收利用,使用清洁技术,减少生产过程中的废物排放。对此,巴西的纸浆生产商和出口商觉得,丹麦所提出的标准完全是基于欧洲的生产格局,没有考虑实现同一生态目标的其他方式。尽管巴西厂商有异议,也没有让他们直接或间接地参与确定这些标准。这样,发展中国家厂商在国际贸易中只能处于劣势。

发达国家针对发展中国家制定的环境政策,有些并非是出于贸易保护目的。但却因未考虑发展中国家的实际,起不到环境保护的预期目的。这里有两种情况:

一是发展中国家的收入分配机制,使贸易对环境的积极作用得到削弱。例如绿色革命。绿色革命在提高农业生产方面十分成功。但是,它并未考虑有关资源占有的基本问题,也未涉及利润的社会分配问题。因而,绿色革命的收获多在富有者中进行分配,尤其是那些已占有较多资源的富有者,而不占有资源的穷人,却几乎没有得到实际收益,饥荒与营养不良在当今世界上并未减少。由于自由贸易和投资,智利国民生产总值从绝对数字上讲,得到了很大增加。但在另一方面,40%的人口的生活水平下降了,生活在贫困线以下。

二是发达国家对发展中国家的环境保护实际未作深入了解,便以贸易手段实施强制性的保护。例如象牙禁运对非洲大象的保护,确实对大象起到了保护作用。但结果是,大象种群数量过快过量增加,对当地的水资源和植物资源造成破坏。因而一些非洲国家政府计划,每年人为淘汰 3%—5% 的象群,以维护当地的生态系统。

从以上分析可见,贸易与环境问题作为南北关系的一个重要内容,不仅涉及经济利益的分配,而且关系全球环境保护的实践效果。发展中国家在决策与实践中所处的不利地位,不利于全球贸易自由化与环境保护的进程。而现实的南北差异,又不可能使两者在义务与行动上完全一致。这就要求两者加强交流与理解,积极寻求国际合作,协调好南北贸易与环境的关系,促进全球可持续发展。

14.5 贸易自由化的环境政策保障

正如环境与发展一样,贸易与环境应该是相互联系的统一体。如果这样,就需要将环境问题纳入国际贸易政策中统一考虑,或将贸易作为保护与改善环境的积极手段。在实践中,可以将环境或生态成本,以经济手段在国际贸易往来中加以适当反映。但这种反映需要国际理解与合作,在多边或双边贸易协定中,得到缔约国各方的承诺与应用。

产权界定与环境税收

经济手段具有激励机制,是一种重要的政策保障措施。促使贸易各方为了自身的利益,而使环境得到保护。经济激励的手段有很多,包括资源所有权界定、商品定价、污染者付费、税收或补贴等。

在发展中国家,环境保护中所涉及的产权问题,常常没有明确界定。许多用以生产的自然资源,没有明确所有者。因而,这些商品的价格偏低。发展中国家的政府，为了宏观经济平衡，也继续低估这些资源的价值。例如，政府决定其货币贬值，相应地，也就减少了用于生产出口商品所需的所有投入的价值，包括原料、能源和劳动力。从宏观上看，这一贬值使其出口品具有全球性竞争优势，但这种优势并非是通过生产过程的效率，而主要是忽略其自然资源的完全成本来实现的。这里的完全成本，指维持自然资源得以持续生产所需的成本。从长远看，对完全成本的忽略，导致环境破坏。

要防止对自然资源价值低估，发展中国家需要确保所有资源均有明确的产权所有关系。这是正确定价、使自然资源得以持续利用和保护的第一步。例如在巴布亚新几内亚，社区民众应用其产权，有效阻止对社区内矿产的滥采和伐木公司的滥伐。传统的地主现在不仅要求利润分享，而且还要求对环境破坏给予补偿。① 可见，当地社区所有权是防止国际贸易中低估自然资源价值的重要步骤。

对于环境保护，需要有一个商品最低限价，以确保生态保护和持续生产的投资。大多数欠发达国家主要依赖初级产品出口换取外汇。如果消费者不愿负担真实的生态价格，贸易自由化必然忽略环境成本。例如香蕉贸易。欧洲共同体成员国与69个非洲、加勒比和太平洋地区发展中国家所签署的《洛美协定》，允许发展中国家的大部分农产品免税进入欧共体市场。由于香蕉的专业化生产，对生态环境产生不良影响。从环境保护的角度出发，应将香蕉生产的生态与环境成本计入国际贸易价格。但一些欧共体国家缺乏这种意愿。在香蕉价格因包含生态成本而较高时，便在其他更为便宜的地方购买。这些国家采用"以邻为壑"的态度，而不去考虑这一政策的生态影响。同样，一些其他进

---

① 参见 Sharma,"Ownership and Governance: Keys to Ensure Sustainable Development with Trade Liberalization", *Trade and the Environment*, GATT, TE 009, July 1994, pp.15-18。

口商品如茶叶、糖、产品价格在不断下降。① 出口国家被迫强化生产，施用更多的于环境有害的无机化学物品。

目前，尚没有任何北方国家作出承诺，愿意支付生态成本。美国的一些学者称，北方地区的消费者对于合理的生态价格，还是愿意支付的。但谁来决定在生态环境相去甚远的不同地区所生产商品的生态成本呢？此外，富裕消费者在以前的消费中所积累的生态债务，又该由谁来支付，如何支付呢？因此，生态价格只是在原则上被接受。在实践中，因涉及利益分配与公平问题，其实际操作十分困难。

对于全球性公有资源，如大气、海洋和由发展中国家提供给国际社会的环境服务，对全球环境保护有重要贡献。但却没有得到任何回报。例如热带雨林，所提供的服务包括吸收二氧化碳和生物多样性。这些服务往往被估价过低，导致过度开发利用。如果热带国家能够得到补偿，如同发达国家补偿农民让其耕地休闲而保护环境那样得到不开发森林的机会成本，这些国家的毁林就会得到有效制止。森林的价值是否可以市场计量？英国全球变化经济社会研究中心的学者的计算表明，保护每公顷热带雨林的价格约为 40 美元。其根据有三条：(1)热带雨林的碳含量估计在每公顷 30—90 吨；(2)冻结英国工业部门的碳排放需要课征碳税(carbon tax)，税率为每吨碳排放量为 25—50 美元；(3)亚马逊土地的市场价格，为每公顷 20—400 美元。按每公顷 40 美元的保护价格计算，保护 7.2 亿公顷的亚马逊热带雨林约需要 290 亿美元，保护地球上所有 17.6 亿公顷的热带雨林，则需要 700 亿美元。

汽车的生产和使用，是引起温室效应的一个主要来源。但在其生产与贸易中，却没有计入清洁大气的成本。既然没有计入，这便形成

---

① 咖啡价格从 1980 年的每千克 3.44 美元，下降到 1993 年的 1.37 美元，同期糖的价格则从每吨 632 美元下降到 230 美元。据世界银行资料，大多数农产品价格呈下降趋势。

"生态倾销"。因此,为保护大气,制止生态倾销,需要控制汽车的生产、使用与贸易。世界银行也曾作过计算,如果碳排放许可权按每吨碳25美元计,工业化国家将要付给发展中国家约700亿美元,才能满足其1988年的年排放水平。这一数字便足以用于保护热带雨林。

对于税收,一般都很反感。不过,越来越多的人认识到没有免费"午餐"的美事。人们消费生态与环境服务,应该出钱。但在事实上,大多数人利用或破坏诸如新鲜空气或大海等国际公有资源,没有出钱或出得太少。因为环境保护项目需要钱,征收公有资源使用税或环境税的要求十分迫切。这些税的形式有多种,如飞机票附加费、海洋运输费、地球卫星站停靠费、国际所得税等。

补贴可以看作一项负向税收。既然征收环境税的目的,是用于全球环境保护。那么,对积极参与和从事环境保护的公司及其产品,视其对环境保护的贡献,给予税收减免,乃至财政补贴或国际转移支付,同样可以在国际贸易实践中,起到保护环境的作用。西方国家的一些政府援助项目,便是一种明显的用以环境保护的转移支付。20世纪80年代末90年代初,国际上一些自然保护组织和政府机构筹措资金,开展债务与自然相交换的项目。即将一部分发展中国家的国际债务给予减免,所获债务额用于债务国购买自然保护区的土地,维护资源保护。据世界资源研究所的统计,截至1991年底,已有近7亿美元的债务用以债务国的环境保护。

生态标签

生态标识是一类自我行为约束的保障手段,旨在给消费者提供有关产品的信息,表明具有标记的产品在设计、制造和包装上均较不具标识的产品,更为有益于环境。这些标识由政府职能部门和私人机构核定授予,鼓励生产者和消费者减少对环境的危害。

一般说来,在授予产品的生态标识以前,需要对产品从生产到消费各个环节的环境影响进行全面评价。如果符合有关参数标准,便允许附加生态标识。需要注意的是,它不同于单项标识,因为后者只考虑产品的一个环境属性,如生物降解性,而不涉及产品生产的环境影响。生态标识也不同于负效应标识,后者只是包括对可能有害产品使用的警告提示,如烟草产品的健康警告,药品或农药的安全警告标识。

在环境意识日渐增强的今天,产品的生态标识已成为一种重要的产品促销手段。尤其在发达国家的市场上,消费者有意识地选择绿色产品,如有机农产品或无公害蔬菜。工业产品的生态标识,也正在迅速扩散之中。获得标识的厂商,在贸易竞争中往往容易赢得消费者,占据较大的市场份额。例如,德国于1977年开始了称之为"蓝天使"的产品生态标识工程。第一种列入的产品,便是日常使用的卫生间手纸。为了获准在产品上印有"蓝天使"标识,要求生产卫生纸使用回收废纸。由于没有事先征询德国厂商的意见,德国厂商联合起来抵制这一标识工程。这时,刚好有一家美国厂商在德国投资建了一个厂,生产卫生间手纸。该厂商向德国政府申请,并得到了这一标识。政府通过电视等新闻媒介广为宣传,一夜间,这家新投产的纸厂占有了30%的市场份额。结果抵制这一工程的德国厂商也只好迅速改变初衷,加入生态标识的行列,而不是失去其市场份额[1]。

由此可见,生态标识形成一种市场刺激,促使生产商改进其产品和生产过程的环境属性。生态标识还会影响消费者的行为,提高其绿色意识,产生良好的环境保护效果。正是由于这样一种机理,在联合国环境与发展大会上通过的《21世纪议程》中,明确指出了消费品的环境影响信息在环境保护中的重要作用。一些发达国家正在积极推行这种生

---

[1] 参见 Meht, *Existing Inequities in Trade*, GATT, TE 009, 1994。

态标识工程,使产品的环境影响成为一个重要的质量属性,在国内市场和国际贸易中服务于环境保护。

平等合作

平等合作是协调贸易与环境关系的基本保障。这里的平等合作,主要是一个南北关系问题。此处的平等,要求责任与能力作为国际合作的政策基础。实际上,要求发展中国家立即在国际贸易中接受或采用发达国家的标准,是不现实的。发展中国家仅凭现有的技术与经济力量,在国际贸易中作出过多的环境保护承诺,也是不利于全球环境保护的。贸易与环境的决策实践,也要防止权力的失衡。当前的国际经济贸易格局中,权力明显地倾向于发达国家。如果发达国家以环境保护为借口,而应用其国际权力实施贸易限制,发展中国家只能处于一种被动的不利地位。因为其环境很可能在实际上存在不完善的地方,需要改进。一些国际经济的调节杠杆也有碍于国际合作。例如国际货币基金组织和世界银行的决策按权重投票,发展中国家几乎没有参与决策的权力。而发达国家在决策实践中,往往与政治条件混在一起,更易激化贸易与环境的南北矛盾,阻碍国际合作。平等合作的另一个因子,是要在政策中考虑各个国家环境的实际状况。出于善意的环境政策,如果不符合具体情况,不仅有碍于国际贸易和引发国际争端,而且也不利于环境保护。

发展中国家许多农村社区,在处理人与自然的关系中,积累有数千年的经验。这些地区的环境实践,不应该也不必要照搬发达国家的现代化专业化规模经营的模式。在涉及贸易纠纷时,也不一定适宜由发达国家或地区的专家来裁定。

制度因子在贸易与环境政策的实践中具有重要意义。在一些国家的贸易政策中,维护竞争占有支配地位。例如在美国,如果白宫竞争委员会认为美国环境保护局制定的有关环境政策有碍竞争时,也要加以修改,以减少对竞争的影响。① 关贸总协定的立场,也是承认当前各国的环境状况和环境标准的差异,避免环境保护干预国际自由贸易。显然,在贸易协定中加入环境保护的条款,有许多实际操作上的困难。但是,贸易中的环境问题,又非常现实地影响和困扰着贸易自由化,有必要设置专门机构,来处理有关贸易与环境的问题与争端。在1994年结束的乌拉圭回合贸易谈判中,关贸总协定的117个成员国的经济贸易部长们作出决策,在新成立的世界贸易组织内设立贸易与环境委员会。在世界上最大最权威的多边贸易组织中常设环境问题专门委员会,为协调全球贸易与环境的关系提供了机构保障。因为这一机构的设立,可以将贸易与环境问题的争端统一考虑,而不是由贸易或环境专家进行分解式分析。这样,该委员会的调查取证和裁决更具公正和权威性。

在一些地区性的贸易组织中,设置专门机构可能比较困难,但在贸易协定的条款中,可以明确有关环境保护的内容,至少可以作为缔约国各方的行为准则。例如由美国、加拿大和墨西哥三国签订的《北美自由贸易协定》(简称《协定》)。《协定》不仅强调贸易自由化,而且注重环境保护。就环境保护方面看,该《协定》要求:(1)加强环境合作;(2)确保协定的法律和各项规定能够提供较高的环境保护水平;(3)确认三国中没有任何一个国家,为了吸引外资而降低或放宽环境管制;(4)在环境法律制定过程中,增进公平性与公众参与;(5)增进环境审计与自愿依从协定。

在贸易协定中设立环境委员会,或商定环境保护条款,是协调贸易与环境的一类制度保障。另一类制度保障,是在环境保护的国际条约

---

① 参见 Scott, *Strategic Environmental Policy & International Trade*, CSERGE, London, 1992。

中应用贸易制裁的手段。尽管在大多数有关全球或地区性环境保护的协定中没有贸易制裁的条款，但在《关于消耗臭氧层物质的蒙特利尔公约》中，包含有贸易制裁的条款。根据该条约，贸易制裁的目的在于防止非缔约国获得比较优势，制约氟利昂生产设备流入非缔约国，从而刺激尽可能多的国家加盟该条约，以保护臭氧层。贸易制裁的内容包括，缔约国禁止从非缔约国进口有关耗减臭氧层的受控物质；从1993年元月1日起，任何缔约国均不得向非缔约国出口受控物质。

上述制度保障，无疑是国际贸易与环境保护的重要政策手段。但发展中国家在作出承诺前，需要全面了解有关制度措施对本国贸易与环境的制约与促进效应。

从以上分析可见，环境保护并非一定与贸易自由化相矛盾。相反，许多环境保护政策有助于比较利益的实现，促进自由贸易。实践中，如何协调环境与贸易，需要注意一些问题：(1)与贸易规则一样，环境政策并非为单一的一种或几种手段，而是一种政策体系，需要根据环境保护和自由贸易的实际加以综合应用。但不能认为一种政策手段的应用，就可以确保贸易与环境的协调。(2)由于国际贸易是多边的，环境政策之应用也应该是多边的。单方面的环境政策不仅不利于自由贸易，而且也有碍于全球环境保护。(3)考虑到各国环境、经济及社会诸方面的差异，国际理解与合作是保护环境、促进自由贸易的一个基本条件。尤其要承认南北差距，明确责任与义务，通过对话与沟通，协调南北关系，促进贸易规则与环境保护的统一。

参 考 文 献

英文参考文献

Anderson, Dennis, Cavendish, William, "Efficiency and Substitution in Pollution Abatement: Three Case Studies," World Bank Discussion Paper no.186, Washington DC, 1992.

Anderson, Terry L. and Leal, Donald R., *Free Market Environmentalism*, Westview Press, Boulder, USA, 1991.

Arden-Clarke, C. *Green Protectionism*, WWF, Gland, 1994.

Arrow, Kenneth J. and Fisher, Anthony C., "Environmental Preservation: Uncertainty and Irreversibility", *Quarterly Journal of Economics*, 88:312 – 319, 1974.

Barbier, Edward B., *Economics, Natural Resources, Scarcity and Development: Conventional and Alternative Views*, Earthscan Publications Ltd., London, 1989.

Barlowe, Raleigh, *Land Resource Economics*, Prentice-Hall, New Jersey, 1978.

Barnett, Harold, "Scarcity and Growth Revisited", in V. Kerry Smith (ed), *Scarcity and Growth Reconsidered*, The Johns Hopkins University Press, Baltimore & London, 1979.

Barnett, Harold and Morse, Chandler, *Scarcity and Growth: The Economics of natural resource scarcity*, The Johns Hopkins University Press, Baltimore & London, 1963.

Barney, Gerald O. (Study director), The Global 2000 Report to the President: Entering the 21st Century, Report prepared by the Council on Environmental Quality and the Department of State, Penguin Books, Middlesex, England (1982 reprint), 1980.

Barrett, Scott, *Strategic Environmental Policy and International Trade*, 1992.

Baumol, William J. and Oates, Wallace, E., *Environmental and Natural Resource Economics*, Cambridge University Press, Cambridge, 1988.

Bishop, Richard C., "Endangered Species and Uncertainty: the Economics of Safe Minimum Standard", *American Journal of Agricultural Economics*, 60: 10 – 13, 1978.

Boserup, Mogens, "Are there really depletable resources?", in C. Bliss and M. Boserup (eds), *Economic Growth and Resources* (Vol 3: Natural Resources), Macmillan, London, pp.49 – 63, 1980.

Madeley, J., *Trade and the Poor*, Intermediate Technology Publications, London, 1992.

Bromley, Daniel W. and Hodge, Ian D., "Private Property Rights and Presumptive Policy Entitlements: Reconsidering the Premises of Rural Policy", *European Review of Agricultural Economics*, 17: 197 – 214, 1990.

Brookshire, David S., Eubans, Larry S and Randall, Allen, "Estimating Option Prices and Existence Values for Wildlife Resources", *Land Economtics*, 59: 1 – 15, 1983.

Brown, Gardner M. and Field Barry, "The Adequacy of Measures for Signaling the Scarcity of Natural Resources", in V Kerry Smith (ed), *Scarcity and Growth Reconsidered*, The Johns Hopkins University Press, Baltimore & London, pp.218 – 248, 1979.

Clark, Colin W., "Profit Maximization and the Extinction of Animal Species", *Journal of Political Economy*, 81: 950 – 960, 1973.

Coase, Ronald, "The Federal Communications Commission", *Journal of Law and Economics*, vol 2, October, 1959.

Coase, Ronald, "The Problem of Social Cost", *Journal of Law and Economics*, vol.3: 1 – 44, 1960.

Cole, H.S.D., Freman, Christopher, Jahoda, Marie and Pauitt, K.L.R. (eds), *Thinking about the Future: A Critique of the Limits to Growth*, Sussex University Press, London, 1973.

Commoner, Barry, "The Ecosphere", in M.I. Glassner (ed), *Global Resources*, Praeger Publishers, New York, pp.24 – 34, 1983.

Conrad, Jon M. and Clark, Colin W., *Natural Resource Economics*, Cambridge University Press, Cambridge, 1987.

Court, Thijs de la, *Beyond Brundtland: Green Development in the 1990s*, Zed Books Ltd., London, 1990.

Curtis, A. and Zarka, S., "Trend Analysis of Fertilizer Applications", *FAO Statistical Monthly*, 1993.

Dales, J.H., "Land, Water and Ownership", *Canadian Journal of Economics*, 1: 791 – 804, 1968.

Daly, Herman E., "The Economics of the Steady State", *American Economic Review*,

64:15 - 21,1974.

Daly, Herman E., "The Economic Growth Debate: What Some Economists Have Learned But Many Have Not", *Journal of Environmental Economics and Management*,14:323 - 336,1987.

Daly, Herman E., "Towards some Operational Principles of Sustainable Development", *Ecological Economics*,2:1 - 6,1990.

Daly, Herman E., "Operationalizing Sustainable Development by Investing in Natural Capital", in R. Goodland (ed) *Environmental Assessment and Development*, IAIA-World Bank, pp 152 - 159,1994.

Dasgupta, Partha S, *The Control of Resources*, Basil Blackwell, Oxford,1982.

Dasgupta, Partha S, "Exhaustible resources", in L. Friday and R. Laskey (eds), *The Fragile Environment*. Cambridge University Press, Cambridge, pp.107 - 126,1989.

Dasgupta, Partha S., "The Population Problem", Beijer Discussion Paper Series No. 11, *Beijer International Institute of Ecological Economics*, The Royal Swedish Academy of Sciences,1992.

Dasgupta, Partha S. and Heal, Geoffrey M., *Economic Theory and Exhaustible Resources*, Cambridge University Press, Cambridge,1979.

Dasgupta, Partha S. and Maler, Karl-Goran, "Poverty, Institutions and the Environmental Resource Base", Environment Paper 1994 no.9, World Bank, Washington DC,1994.

DeSerpa, Allan C., "Pigou and Coase in perspective", *Cambridge Journal of Economics*,17:27 - 50,1993.

Duddin, J. and Hendrie, R., *World Land and Water Resources*, Hoddles, London,1988.

Fisher, Anthony C., "Measures of Natural Resource Scarcity", in V Kerry Smith (ed), *Scarcity and Growth Reconsidered*, The Johns Hopkins University Press, Baltimore & London, pp.249 - 275,1979.

Fisher, Anthony C., *Environmental and Natural Resource Economics*, Cambridge University Press, Cambridge,1981.

Flavin, C. *Plan now for Climate Change*, World-watch 2, March-April,1989.

Freeman III, A.M., "The Measurement of Environmental and Resource Values: Theory and Methods", *Resources for the Future*, Washington DC,1993.

Friberg, Mats and Hettne, Bojorn, "The Greening of the World: Towards a Non-deterministic Model of Global Processes", in H. Addo (ed), *Development as Social Transformation: Reflections on the Global Problematique*, Hodder & Stoughton, London, pp.204 – 270, 1985.

Fridtjof Nansen Institute(ed), the *Green Globe Yearbook of International Cooperation on Environment and Development 1994*, Oxford University Press, 1994.

Goeller, H.E., "The Age of Substitutability: A Scientific Appraisal of Natural Resource Adequacy", In V. Kerry Smith (ed), *Scarcity and Growth Reconsidered*, The Johns Hopkins University Press, Baltimore & London, pp.143 – 159, 1979.

Goeller, H.E. and Weinberg. A.M., "The Age of Substitutability", *Science*, 191: 683 – 689, 1976.

Hardin, Garrett J., "The Tragedy of the Commons", *Science*, 162: 1243 – 1248, 1968.

Hartwick, John M., "Intergenerational Equity and the Investing of Rents from Exhaustible Resources", *The American Economic Review*, 67: 972 – 982, 1977.

Heggelund, Gorild M., "Moving A Million: the Challenges of the Sanxia Resettlement", *NUPI Report* No.181, Norwegian Institute of International Affairs, 1994.

Hirsh, F. *Social Limits to Growth*, Harvard University Press, Cambridge, MA, 1976.

Hirsch, Philip, "Social and Environmental Implications of Resource Development in Vietnam: the Case of Hoa Binh Reservoir", RIAP *Occasional Paper* No.17, Research Institute for Asia and the Pacific, University of Sydney, Sydney, 1992.

Hotelling, Harold, "The Economics of Exhaustible Resources", *Journal of Political Economy*, 39: 137 – 175, 1931.

IUCN, UNEP and WWF, *World Conservation Strategy: Living Resources Conservation for Sustainable Development*. IUCN, Gland Switzerland, 1980.

IUCN, UNEP and WWF, *Caring for the Earth: A Strategy for Sustainable Living*, IUCN, Gland, Switzerland, 1991.

Juma, Calestous, "Promoting International Transfer of Environmentally Sound Technologies: the Case for National incentive schemes", in The Fridtjof Nansen Institute (ed), *Green Globe Yearbook of International Cooperation on Environment and Development*, Oxford University Press, pp.137 – 149, 1994.

Kitabatake, Yoshifusa, "Optimal Exploitation and Enhancement of Environmental Resources", *Journal of Environmental Economics and Management*, 16: 224 – 241, 1989.

Kneese, Allen V., *Economics and the Environment*, Penguin Books, Harmondsworth, 1977.

Kneese, Allen V. and Schulze, William D., "Ethics and Environmental Economics", In A.V. Kneese and J.C. Sweeney (eds), *Handbook of Natural Resource and Energy Economics*, Vol I. Elsevier Science Publishers B.V., Amsterdam, pp.191 – 220, 1985.

Krutilla, John V., "Conservation reconsidered", *American Economic Review*, 57:777 - 786, 1967.

Kverndokk, Snorre, "Tradeable CO_2 Emission Permits: Initial Distribution as A Justice Problem", CSERGE GEC Working Paper 92 - 135, 1992.

Kwong, Jo, "Ecorealism: the New Challenge to Western Environmentalism", Paper presented at the China Workshop by Atlas Economic Research Foundation & Friedrich Nauman Foundation, April 21 - 23, Beijing, China, 1995.

Lee, Hiro and Rolandholst, David, "International trade, the Transfer of Environmental Costs and Benefits", *OECD Development Centre, Technical Paper* 91, 1997.

Leggett, J. (ed), *The Green Peace Report*, Oxford University Press, Oxford, p.64, 1990.

Leopold, Aldo, *A Sand County Almanac and Sketches Here and There* (first published in 1949), Illustrated by Charles W. Scharwartz, Introduction by Robert Finch, Oxford University Press, Oxford, 1987.

Luken, Ralph A. and Fraas, Arthur G., "The US regulatory analysis framework: a review", *Oxford Review of Economic Policy*, 9(4):96 - 106, 1993.

Madeley, J. *Trade and the Poor*, Intermediate Technology Publications, London, p.33, 1992.

Magrath, W.B. and P.L. Arens, "The Cost of Soil Erosion on Java: A Natural Resource Accounting Approach", Working Paper 18, World Bank, Environment Department, Washington DC, 1989.

Malthus, Thomas R., *Principles of Political Economy* (2nd ed), Basil Blackwell, Oxford, 1951.

Malthus, Thomas R., An Essay on the Principle of Population. Everyman's Library (two volumes), with Introduction by M.P. Fogarty, Dent, London, 1967.

Marsh, George P., *Man and Nature or Physical Geography as Modified by Human Action* (ed by D Lowenthal), Cambridge, Mass, 1965.

Meadows, Donella H., Meadows, Dennis L. and Randers, Jorgen, *Beyond the Limits: Global Collapse or a Sustainable Future*, Earthscan, London, 1992.

Meadows, Donella H., Meadows, Dennis L., Randers, Jorgen and Behrens Ⅲ, William W., "The Limits to Growth: A Report for the Club of Rome's Project on the Predicament of Mankind", *A potamac Associates Book*, Earth Island Ltd., London, 1972.

Mehta, P.S. *Existing Inequities in Trade*, GATT, TE 009, 1994.

Mikesell, Raymond F., "GATT Trade Rules and the Environment", *Contemporary Policy Issues*, 11:14 - 18, 1993.

Mill, John S., *Principles of Political Economy* (in two volumes), Longman, London, 1971.

Mollison, Bill, *Permaculture: A Designer's Handbook*, Tagari, Talgrum, New South Walse, 1988.

Munasinghe, Mohan, "Environmental Economics and Sustainable Development", *Environment Paper* No.3, World Bank, Washington DC, 1993.

Ness, Gayl D., "Population and the Environment: Framework for Analysis", Working Paper No.10, The Environmental and Natural Resources Policy and Training Project, EPAT/MUCIA, University of Wisconsin-Madison, USA, 1994.

Norton, Bryan G., "Intergenerational Equity and Environmental Decisions: A Model Using Rawls' Veil of Ignorance", *Ecological Economics*, 1: 137 – 159, 1989.

Page, Talbot, *Conservation and Economic Efficiency*, The Johns Hopkins University Press, Baltimore & London, 1977.

Pan, Jiahua, "Economic Efficiency and Environmental Sustainability, with A Case Study on Nitrate Pollution Control in East Anglia, England", Unpublished PhD Dissertation, University of Cambridge, Department of Land Economy, 1992.

Pan, Jiahua, "A Comparative Assessment of Alternative Approaches to Sustainable Development", *Journal of Environmental Sciences*, Vol.6(4): 402 – 411, 1994.

Pan, Jiahua. "A Synthetic Analysis of Market Efficiency and Constant Resource Stock for Sustainability and Its Policy Implications", *Ecological Economics*, Vol.11(3): 187 – 199, 1994.

Pan, Jiahua, "Comparative Effectiveness of Discharge and Input Control for Reducing Nitrate Pollution", *Environmental Management*, Vol.18(1): 33 – 42, 1994.

Pan, Jiahua and Hodge, Ian D., "Environmental Standards Versus Structural Changes as Sustainability Alternatives: An Empirical Evaluation of Nitrate Pollution Control", *Environment and Planning A*, Vol.25(12): 1759 – 1772, 1993.

Pan, Jiahua and Hodge, Ian D., "Land Use Permits as an Alternative to Fertilizer and Leaching Taxes for the Control of Nitrate Pollution", *Journal of Agricultural Economics*, Vol.45(1): 102 – 112, 1994.

Panayotou, Theodore, "Environmental Kuznets curves: Empirical Tests and Policy Implications, Mimeo.", *Harvard Institute for International Development*, Harvard University, 1992.

Pearce, David W. "Economic Valuation of Natural Resources", *World Development Report Background Paper*, WPS988, World Bank, Washington DC, 1992.

Pearce, David W. and Puroshothaman, Seema, "Protecting Biological Diversity: the Economic Value of Pharmaceutical Plants", CSERGE Discussion Paper GEC 92 – 97, 1992.

Pearce, David W. and Turner, R. Kerry, "Economics of Natural Resources and the Environment", *Harvester Wheatsheaf*, Hertfordshire, England, 1990.

Pearce, David W. and Warford, Jeremy J., *World Without End: Economics, Environment and Sustainable Development*, Published for the World Bank, Oxford University Press, 1993.

Pearce, David W., Whittington, Dale, Georgiou, Steven and Hadker, Nandini. *Economic Values and the Environment in the Developing World: A Report to UNEP*, Nairobi, 1994.

Pearce, Fred, "The Biggest Dam in the World", *New Scientist*, pp.25 – 29.28 January 1995.

Pigou, A.C., *Economics of Welfare* (4th edition). Macmillan, London, 1932.

Pontryagin, L. S., Boltyanskii, V. S., Gankrelidze, R. V. and Mishchenko, E. F., *The Mathematical Theory of Optimal Processes*, Wiley, New York, 1962.

Principe, P. "Quantitative Analysis of Monetary Benefits from Pharmaceutical Plants", *Unites States Environmental Protection Agency*, Washington DC, 1991.

Rawls, John, *A Theory of Justice*, Oxford University Press, Oxford, 1972.

Repetto, R. *Trade and Sustainable Development*, UNEP, Geneva, 1994.

Ribeiro, S., "Trade Liberalization and Unsustainable Development", *Trade and the Environment*, GATT, TE 009, July 1994; pp.23 – 26.

Ricardo, David, *The Principles of Political Economy and Taxation* (3rd ed), Everyman's Library, with Introduction by D Winch, Dent, London, 1973.

Runnalls, D., "Trade Liberalization and Sustainable Development", in *Trade and the Environment*, GATT, TE 009, July 1994; pp.19 – 22.

Scherzo, An, "Accounting for the Environment in Statistical Information System", *Fifth National Accounting Colloquium of the Association de Comptabilite Nationale*, Paris, 13 – 15 December 1993.

Schneider, G. et al, *Task Force: Environment and the Internal Market*, Commission of the European Communities, Brussels, 1989.

Scott, B. *Strategic Environmental Policy & International Trade*, CSERGE, London, 1992.

Scudder, Thayer, "Recent Experiences with River Basin Development in the Tropics and Subtropics", *Natural Resources Forum*. Vol 18(2): 101 – 113, 1994.

Serageldin, Ismail and Steer, Andrew (eds), *Valuing the Environment: Proceedings of the 1st Annual International Conference on Environmentally Sustainable Development*, the World Bank, Washinton DC, September 30 – October, 1993, 1994.

Sharma, R., "Ownership and Governance: Keys to Ensure Sustainable Development with Trade Liberalization", *Trade and the Environment*, GATT, TE 009, July 1994; pp.15 – 18.

Shulze W. et al., "The economic Benefits of Preserving Visibility in the National Parklands", *Natural Resources Journal*, Vol.23, January, 1983.

Simon, Julian, L., *The Ultimate Resource*, Princeton University Press, New Jersey, 1981.

Simon, Julian L. and Kahn, Herman (eds), *The Resourceful Earth: A Response to Global 2000*, Basil Blackwell Publisher Ltd., New York, 1984.

Singer, S. Fred, Will the US withdraw from the Montreal Protocol? Paper presented at the *China Workshop* by Atlas Economic Research Foundation & Friedrich Nauman Foundation, April 21 – 23, Beijing, China, 1995.

Slide, James H., "The Adverse Effects of Information Highway on the environment", *Futurist*, March/April, 1995.

Smith, Fred L. Jr., "Markets and the environment: a critical appraisal", *Contemporary Economic Policy*, Vol, 13(1):62 – 73, 1995.

Solow, Robert M., "On the Intergenerational Allocation of Natural Resources", *Scandinavian Journal of Economics*, 88:141 – 149, 1986.

Solow, Robert M., "An Almost Practical Step toward Sustainability", An invited lecture on the occasion of the 40th anniversary of Resources for the Future, Washington DC, 1992.

Stavins, Robert N., "Transaction Costs and the Performance of Markets for Pollution Control", *Discussion Paper QE* 93 – 16, Resources for the Future, Washington DC.

Stiglitz, Joseph E., "A Neo-classical Analysis of the Economics of Natural Resources", In V Kerry Smith (ed), *Scarcity and Growth Reconsidered*, The Johns Hopkins University Press, Baltimore & London, pp.36 – 66, 1979.

Sugg, Ike and Kreuter, Urs, "Elephants and Ivory: Lessons from the Trade Ban", IEA *Studies on the Environment* No.2. Institute of Economic Affairs, London, 1994.

Szwed, Dariusz, "Trade Liberalization: An Environmental Problem", In *GATT Trade and the Environment*, TE 009, 1994.

Takayama, Akira, *Mathematical Economics*, Cambridge University Press, Cambridge, 1985.

Taylor, Paul W., *Respect for Nature: A Theory of Environmental Ethics*, Princeton University press, New Jersey, 1986.

Teerink, J. and Takashima, K., "Water Allocation, Rights and Pricing: Examples from United States and Japan", World Bank Technical Papers, No.198, Washington DC, 1993.

Tiwari, Dirgha N., "Measurement of Sustain- ability Indicators and Implications for Macroeconomic Policy Modeling in Developing Countries", *International Symposium on Models of Sustainable Development*, Exclusive or Complementary Approaches of Sustainability? Paris, 16 – 18 March. 1994.

Tolba, Mostafa K., *Sustainable Development: Constraints and Opportunities*, Butterworths, London, 1987.

UNCTAD, *Environmental Management in Transnational Corporations*, UNCTAD, New York, 1993.

Victor, Peter A., "Indicators of Sustainable Development: Some Lessons from Capital theory", *Ecological Economics*, 4: 191 – 213, 1991.

Warford, J., "Marginal Opportunity Cost Pricing for Municipal Water Supply", Discussion Paper, *Economy and Environment for Southeast Asia*, Singapore, 1994.

Walsh, R., "Estimating the Option and Existence Values of Wild Habitat", *Land Economics*, 60: 14 – 29, 1984.

WCED, *Our Common Future*, Oxford University Press, Oxford, 1987.

Whittington, D, J Briscoe, X Mu, and W Barron, "Estimating the Willingness to Pay for Water Services in Developing Countries: A Case Study of the Use of Contingent Valuation Surveys in Southern Haiti", *Economic Development and Cultural Change*, pp.293 – 311, 1990.

World Bank, "Hungary: environmental issues. Environment Division", *Technical Department*, EMENA, Washington DC, 1990.

World Bank, *World Development Report* Oxford University Press, Oxford, 1992.

World Bank, "Price Prospects for Major Primary Commodities, 1990 – 2005", in *Quarterly Review of Commodity Markets*, 1993.

中文参考文献(按拼音顺序排列)

鲍强(主编),2000年环境保护战略目标定量化,中国环境科学出版社,1993
毕宝德(主编),土地经济学(修订本),中国人民大学出版社,1993

陈传道,自然资源与法,中国经济出版社,1993
陈国阶,陈治谏等,三峡工程对生态与环境影响的综合评价,科学出版社,1993
陈伟烈,张喜群,梁松筠等,三峡库区的植物与复合农业生态系统,科学出版社,1994
道·格林奥尔德(主编),经济学百科全书,中国社会科学出版社,1992
黄时达,徐小清,鲁生业等,三峡工程与环境污染及人群健康,科学出版社,1994
黄永贵,试论在水库移民中推行"西寺坪模式"的必要性与可行性,水利经济动态,1983(1)
李伯宁,殷之硌,库区移民安置,水利电力出版社,1992
李京文,张守一,中美日经济关系的演变与展望,载太平洋学报,1994(1)
联合国粮农组织,贸易年鉴,第45卷(1991)
罗志如,范家骧,厉以宁等,当代西方经济学说(上下册),北京大学出版社,1989
潘家华,论土地资源的价格基础,经济研究,1993(12)
潘家华,世界环境与发展的南北途径及其趋同态势,世界经济,1993(11)
潘家华,从极限到持续,生态经济,1994(1)
潘家华,环境问题的经济理论与应用,世界经济,1994(9)
潘家华,排污许可额的市场配置原理与应用,科技导报,1994(12)
潘家华,三峡投资的社会评价及其政策含义,江汉论坛,1994(8)
潘家华,水资源跨流域配置的资源经济问题研究,自然资源,1994(4)
沈益民,童乘珠,中国人口迁移,中国统计出版社,1992
世界银行,1993年世界发展报告,中国财政经济出版社,1993
世界资源研究所,联合国环境规划署,联合国开发计划署,1992—1993世界资源报告,中国环境科学出版社,1993
王乃琮,张华,郑振华,先秦两汉经济思想史略,海洋出版社,1991
夏振坤,绿色革命之路,湖北人民出版社,1994
袁清林(编),中国环境保护史话,中国环境科学出版社,1989
张塞(主编),中国统计年鉴(1994),中国统计出版社,1994
徐琪,刘逸农等,三峡库区移民环境容量研究,科学出版社,1993
中国国家环保局科技标准司(编).环境质量与污染物排放国家标准汇编,中国标准出版社,1992
中国国家计划委员会,国家科学技术委员会,中国21世纪议程:中国21世纪人口、环境与发展白皮书,中国环境科学出版社,1994
中国环境报社(编),迈向21世纪:联合国环境与发展大会文献汇编,中国环境科学出版社,1992
中国环境年鉴编辑委员会(编),中国环境年鉴,中国环境科学出版社,1993

后 记

本研究的顺利完成,得到了国内外有关部门的经费资助和许多人的帮助。提供研究经费的单位有:国家人事部博士后管理委员会博士后研究基金、国家教育委员会留学回国人员研究启动基金、国家计划委员会和水利部南水北调工程评价项目、加拿大国际发展研究中心"中国南方部分省区持续发展项目"课题协调组、东南亚经济与环境项目、国家自然科学基金等。

在研究中,中国社会科学院世界经济与政治研究所、中国科学院生态环境研究中心、湖北省社会科学院、水利部长江水利委员会、长江水源保护局、新加坡东南亚经济与环境项目、美国环境与自然资源政策与培训项目、美国阿特拉斯经济研究基金、世界银行环境部等机构提供了研究设施和(或)有关资料。课题研究中,得益于许多专家学者的指点帮助。他们是:中国社会科学院世界经济与政治研究所的徐更生、刘振邦、谷源洋,数量与技术经济研究所的李京文,西欧研究所的裘元伦,农村发展研究所的何乃维,中国21世纪管理中心的刘培哲,北京大学中国经济研究中心的张维迎、张帆,湖北省社会科学院的夏振坤、廖丹清、高映轸,中国科学院生态环境研究中心的王如松,国家土地管理局的戚名琛,长江水利委员会的邱忠恩,长江水源保护局的邹家祥,湖北省宜昌市移民局的黄永贵,《不动产纵横》编辑部的夏万年,福特基金会的麦斯文(Stephen McGurk),美国阿特拉斯(Atlas)经济研究基金会的 Jo Kwong,哈佛大学国际发展研究所的 Theodore Panayouto,英国 York 大学的 Edward Barbier,剑桥大学的 Ian Hodge,东南亚经济与环境项目的 David Glover,挪威国际问题研究所的何秀珍(Gorild Heggelund)等。此外,还有不少同事和朋友对研究给予了帮助和支持。庄贵阳帮助校阅了初稿,曹启磊、何永田、李晓燕等人帮助打印了部分文稿,中国社会科学院人事局的钱伟,世界经济与政治研究所的涂勤、张宝珍、胡法成、周圣葵、苑郑高,及图书资料、科研、人事、行政、财务的有关同志提供了大量帮助。湖北省社会科学院的熊厚平、东南亚经济与环境项目的 Dianne Liew,也给了不少帮助。

还需要特别提出的是,妻子杜亚平为了我的研究工作,不仅承担了带孩子、操持家务的全部工作,还花费大量时间与精力,帮助查阅整理资料、文字处理、计算及校对等。在研究期间,夫妻分居时间较多,没能尽到丈夫和父亲的责任与义务。二位年迈体弱的双亲远在乡间,理解并支持我的研究。谨以此书敬献给双亲及妻子、女儿。

没有上述机构研究经费的支持、研究设施的提供及专家学者、同事、亲人的支持、理解和帮助,本研究将不可能按期顺利完成。在此谨向上述机构和人员深表谢忱。同时,书中所述观点并不代表资助机构和提供研究支撑的单位的意见,所有错误与疏忽皆本人之责,特此说明。

潘家华

1996 年 3 月于北京霞光里